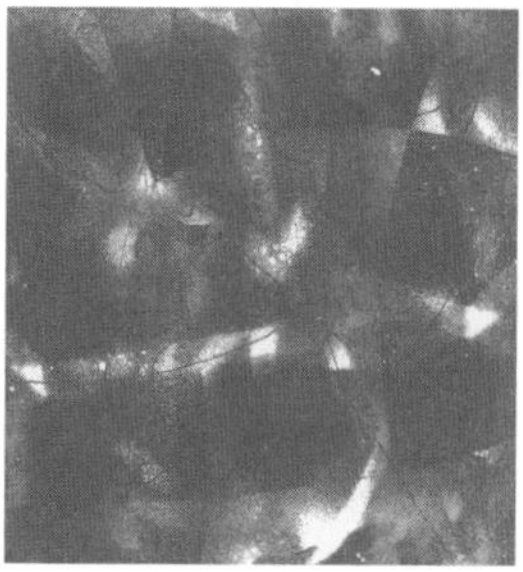

法の支配と実践理性の制度化

田中成明

有斐閣

目次

エピローグ

プロローグ

はじめに

「法とは何か」という問いは、法哲学・法理学の伝統的諸問題の中心的課題であり、この問いのもとに、法の概念の解明に関わる相互に密接に関連した根本的な諸問題が論じられてきた。だが、この問いの性質や主題自体についてすら必ずしも十分なコンセンサスがあるとは言えず、アプローチについて基本的な方法論的対立が続いているだけでなく、関連諸問題に関しても、様々な見解が説かれてきており、現在でも、それらが鋭く対立し合っている。私も、幾つかの重要と考える関連問題について、代表的な見解を比較検討しながら、〝法的なもの〟の理解を深めるべく、その諸側面の解明に取り組んできたが、考察すればするほど、次々と新たな論点が浮上し、これまでの考察結果の見直しが必要になったり、アプローチの軌道修正を迫られたりして、「法とは何か」という「問い」の全体像すら把握しかねている。

このような状況に加えて、研究を始めた当初から問い続けてきている難問であるが、世界解釈の概念図式・理論枠組が特定の視点と相関的とするパースペクティヴィズム（perspectivism）について、このような哲学的見解の主張内容やその意義をどのように受けとめるべきか、パースペクティヴィズムから脱却すべきなのか、はたしてそれが可能なのか、あるいは、そもそもそのような超克をめざす必要があるのか、むしろパースペクティヴィズムの徹底をめざすべきではないかなど、根本的な考察姿勢を決めかねているところもある。

「法とは何か」という伝統的な問いに関連する現代的諸課題について、私は、現在のところ、パースペクティヴィズム的な理論構成の一種ということになるのだろうが、法動態への相互主体的視座、実践理性の法的制度化としての「議論・交渉フォーラム」という法構想、自立型法と管理型法・自治型法からなる「法の三類型モデル」を組み合わせた、いわば複合的なアプローチで取り組んでいる。もちろん、当初からこのような複合的なアプローチをめざしていたわけではなく、関心をもった幾つかの法理学的な根本問題について、法理学をはじめ隣接諸分野の内外の代表的な諸見解との対話から学びつつ、試行錯誤的な考察を積み重ねているうちに、結果としてこのような形になったというのが実情である。これらの視座・構想・分析モデルについては、かなり以前にそれぞれ試論的見解を提示して以来、批判や指摘を受けたり自分で気付いたりして、補正や敷衍を試み、全体として整合的な法理学的理論が提示できるように努めてきたけれども、依然として、それぞれの哲学的基礎や基礎的諸概念・理論枠組の説明が十分でなかったり、相互関係の説明にも明確でなく曖昧なところがあることは自覚しており、本書もまたこのような補正と敷衍の試みの現時点における暫定的なまとめである(1)。

このプロローグでは、法動態への相互主体的視座、議論・交渉フォーラム構想、法の三類型モデルについて、それぞれの概要とねらい・問題点および相互関係とその背景的措定を素描し、本書全体の構成と各章の位置づけについて概観的な説明しておきたい。

I　法動態への相互主体的視座と議論・交渉フォーラム構想

一　強制的命令システムから議論・交渉フォーラムへ

法動態への相互主体的視座と議論・交渉フォーラムという法構想について、私は以下のように考えている。(2)

法というものは、法律家に限らず法的過程に関与するすべての人びとの法的実践によって用い動かされてはじめて、その目的や機能が具体的に実現されてゆく動態的な制度的規範的秩序である。そして、このような法動態への相互主体的視座とは、市民一人ひとりが、たんに法的な規制・保護を受ける客体としてではなく、それぞれが善き生き方・正しい社会と考えるものを追求・実現するために、必要に応じて法を用い動かす主体であることを自覚して、相互に自由平等な人格として尊重・配慮し合いながら、自分たちの共生・協働の公正な制度的枠組としての法システムに関わり合うという姿勢のことである。

法というものを、善き生き方や正しい社会の在り方について意見や利害を異にする人びとが、法的規準を中核とする公共的理由に依拠しつつ公正な手続に従った自主的交渉と理性的議論によって行動調整を行うフォーラムとみる法構想は、以上のような法動態への相互主体的視座の確立にとって不可欠な知的地平を切りひらき、法に関わるすべての人びとの法的実践に対して、それぞれにふさわしい位置づけを法的空間内部において与えることを可能とするものである。

このような議論・交渉フォーラムという法構想は、法というものを、強制的で権力的なものとしてとらえ、国家がその権力行使として、強制的サンクションを一般的に規定して人びとの行動を規制したり個別具体的紛争を強制的に裁定したりする「強制的命令システム」ととらえる法の見方の偏りを是正し、法システム全体の作動方式とそれに関与する人びとの法的実践の在り方をそれにふさわしい知的地平で解明することをめざしている。もちろん、現代社会における国内法システムの存立と作動が国家の強制的な権力行使と深く結びついていることは厳然たる事実であり、法システムの存立条件と作動様式の解明においても、法規範の多くが強制的サンクションを規定しており、そのような強制的サンクションの実現が最終的には国家の物理的実力の行使によって制度的に保障されているという事実は直視されなければならない。けれども、同時に、現代社会における法システムの社会的機能の多様化と法規範の規定方式の変容に伴って、強制的サンクションの規定や物理的実力の行使を伴わない国家権力の行使が増えているだけでなく、そもそも法規範がその行為理由指図とともに強制的サンクションを規定するねらいも、規定するだけで法規範が自主的に遵守・準拠され社会的相互作用が円滑に行われることであり、物理的な強制権力を行使すること自体が法の目的ではないこともまた見落とされてはならない。法システム全体の作動過程において現実に国家の強制権力が行使されるのは、法規範のこのような第一次的な行為理由指図機能が功を奏さなかった場合に、例外的な第二次的な機能としてである。

大体において実効的に作動している法システムのもとでは、法的規準・手続に準拠した行動・議論・決定が、法規範の指図内容の強制的実現を保障する権力行使から自立化し、それだけで十分機能を発揮できるようになっているのが通例である。そして、このような通例的状況が確保されていることが、法システムを議論・交渉フォーラムとして構想することが実践的意義をもちうる前提条件である。

市民の日常社会生活における法の第一次的な機能は、国家の強制権力の行使と直接関連しない社会的次元において、個々の私人の自主的な活動や私人相互の自主的な相互作用活動の指針と枠組となる公共的理由を指図することである。そこでは、個々の私人は、どのような行動が法的に許容され禁止されているかを自主的に判断して行動し、相互にどのような権利義務関係にあるかを了解し合っており、必要な場合には関係者との自主的な交渉によって、新たな権利義務関係を形成したり従来の法的関係を変更したりして、たいていは自主的に規律し相互関係を調整しているのである。法システムは、このような私人間の自主的な相互作用活動に対して、不当な強制が排除され公正な状況で自主的な交渉や理性的な議論が行われ、社会の正義・衡平感覚に著しく反した合意が形成されないように、様々な側面から間接的な規制を加えたり指針を示したりして活動を促進するとともに、権利侵害などの紛争の発生に備えて、権利救済・紛争解決の規準・手続を整備し、裁判制度を設け、このような社会的次元の活動の円滑な作動を外面的に保障するという役割を果たしている。

法を強制的命令システムととらえ、国家と私人の垂直関係における法規範の機能に焦点を合わせるアプローチは、このような社会的次元における義務賦課規範による私人の行動規制までは法的空間のなかに位置づけることができる。けれども、私人間の水平関係における私的権能付与規範に準拠した自主的な相互作用活動を〝法的なもの〟として正しく法的空間のなかに位置づけることはできない。

もちろん、強制的命令システムにおける法の中心的な社会的機能とされる社会統制については、その〝法的〟特質は、法による人びとの行動様式の義務づけという、上から下への第一次的統制よりも、国家の強制権力の行使を法的規準・手続によって厳格に規制するという、下から上への第二次的統制にみられるということが、「法の支配」の基本的要請として強調されている。けれども、国家と私人の垂直関係でしか法の社会的機能をみていないことには変わりはなく、国家権力の行使から相対的に独立した社会的次元における私人間の水平関係での自主的な相互作用活動を促進するという機能は、視野の外におかれたままである。国家権力に対する下から上への法的統制を実効的に行いうる主体的姿勢が強化されるためにも、その前提として、社会的次元における相互主体的な法的活動が活性化され、このような私人間の水平関係における法的実践が法システム全体の公正な作動の原動力となることが重要である。〝相互〟主体的視座の強調には、このような意味合いもこめられている。

二　実践理性の法的制度化という構想

このような相互主体的視座に支えられた「議論・交渉フォーラム」という法構想の理論的基礎については、私は、〝法的なるもの〟の領域を、「実践理性の法的制度化」という知的地平に位置づけ、裁判官などの法律家だけでなく、国家権力の行使に関わる人びとや一般私人をも含め、法を用い動かすすべての人びととの法的実践を、実践理性の公共的行使としてとらえるという実践哲学的アプローチをとっている(3)。

このような実践理性の法的制度化という構想について、私の当初の理論枠組では、実践理性全般ではなく、実践的議論に焦点を合わせ、〝法的なるもの〟の領域も、実践的議論に関する「対話的合理性（dialogical reasonableness)」基準を法的観点から「制度化」した空間として、裁判官などの法律家の裁判における法的実践をパラダイムとする説明をしていた。対話的合理性基準は、各議論領域の主題・論拠・情報などを構成・規律する共通観点の相互了解を背景的コンセンサスとして、公正な手続に従った討議・批判・説得などの対話的議論を通じて形成される理性的な合意を合理性・正当性の核心的基準としており、このような基準が、現実の実践的議論に対して可及的に充足されるべき規制的理念として措定される。

だが、現実の実践的議論では、このような基準の要請する諸条件を充たす理想的な状況を確保できなかったり、それらの条件をすべて充たしても、必ずしも一定の具体的な結論が得られるとは限らない。そのため、限られた期間内に何らかの公共的・集合的決定が社会的に必要とされる一定の実践的問題については、できるだけ公正な手続的状況のもとで理性的な決定作成が行われるように、様々の制度的仕組みが形成されるようになる。それらの制度においては、それぞれの問題領域の特性に適合した議論の遂行に理想的な手続的条件とともに、議論参加者が共通に受け容れるべき権威的な理由・論拠を規定して、手続・実体の両面から議論・決定を枠づけ方向づけることによって、各々の議論の領域と過程を相対的に自立的なフォーラムとして構造化されるが、法的形式による制度化はその典型的事例とみられている。

このような実践的議論の法的制度化の特質は、法的議論・決定の正当性の実質的評価規準として実定法規範が存在し、法的議論・決定の権威的前提とされ、法的正当性はこの法的規準に準拠して議論・追求すべきものとされ、そのような法的議論・決定のフォーラムとして裁判制度・手続が整備され、意見の不一致・対立は、両当事者間の法廷弁論を経て、最終的には裁判官の権威的な拘束力ある判決によって解決される仕組みになっているという、実質的規準と手続的条件の二側面にみられる。実践的議論の法的制度化という構想では、立法・裁判という典型的な法的制度も、これらの制度のもとでの法的議論・決定という実践も、対話的合理性基準の可及的実現を志向すべきことが要請されており、このように、正しく理に適ったものへ志向を内在化しているが故にこそ、〝法的〟制度・実践としての規範的正統性が認められることになる。

私は、このような実践的議論の法的制度化という構想のもとで法的議論に対して要請される内容を、「法の支配」原理の一環としての「合法性ないし自立性」原理と位置づけている。それ故、法的議論も、法独自の合法性原理による一定の制約に服するけれども、基本的には対話的合理性基準を共通の一般的基礎として、正しく理に適った決定を志向しており、法的議論と一般的実践的議論とは、一方が他方に対して従属的ないし付加的な関係に立つのではなく、全体として相補的な統合的ないし共生的な関係に立つものと理解することになる。

「実践理性」の法的制度化という構想は、もともと、このように「実践的議論」の法的制度化についての考え方として、法的思考の実践知・賢慮としての特質を再評価し、その独自の規範的構造や合理性・正当性基準を解明しようという、法律学的方法論に関する試論として、一九八〇年代初めに提示しはじめたものである。当初は、実践理性全体の公共的使用の制度化ではなく、実践的「議論」に限定した法的制度化の理論であり、裁判における法廷弁論や判決の正当化などの法律家の法的議論に焦点を合わせ、立法から司法へという、トップ・ダウン的な二段階の法的制度化を念頭においた理論枠組だったので、「議論フォーラム」という表現を用いていた。(4)

一九八〇年代末から、先ほど素描したような法動態への相互主体的視座の確立のためには、一般私人が国家権力の行使と直接関係しない社会的次元で自主的に法規範に準拠して行動を決定し相互関係を調整するという法的実践をも、法的空間のなかに位置づけ、法システム全体の公正な作動の確保におけるその第一次的な重要性を強調するようになった。それに合わせて、従来の「議論フォーラム」という表現は、このような法的空間全体をカバーするには不適切であることから、「議論・交渉フォーラム」という表現に改めた。また、実践理性について、実践的議論に関する能力に限定せずに、実践的問題に関して理性的に熟慮・判断・行為する能力と広く解し、「対話的合理性」基準の要請内容についても、このような実践理性の公共的行使全般に関する基準として、裁判官などの法律家だけでなく、国家権力の行使者や一般私人も含め、法を用い動かすすべての人びとの法的実践に対しても一般的に妥当するようにとらえなおすことをはじめ、基礎的諸概念や理論枠組を法の一般理論にふさわしいものとすべく、順次見直しはじめた。けれども、法律家の専門的な法的議論だけでなく、国家権力の行使者や一般私人の法的実践まで含めたうえで、さらに、一般私人の社会的次元での自主的な法の遵守や法に準拠した相互作用活動を重視し、法動態への相互主体的視座を確立するという問題関心とも整合的なものとするためには、取り組まなければならない課題が少なくなく、しかも、多岐にわたっている。そのため、このような拡大された法的実践全体の「法的制度化」に関する基礎理論にまで理論枠組を拡充し再定式化する作業は、まだ道半ばである（このような再構築途上の中間的な暫定的整理として、田中二〇一一、五二–六一頁、三六二–七六頁、五二一–二八頁参照）。

国家権力の行使としての法の形成・運用についてはともかく、国家権力の行使と直接関連しない社会的次元での「私人間」の相互作用的な法的実践について、どのような状況でいかなる条件のもとに、そのどのような側面を実践理性の「公共的行使」として論じることができるかは、公私区分論・私的自治論などとも絡む原理的に難しい問題である。様々の論点に取り組む前提として、法的交渉を、法的議論と並ぶ法実践の独自の形態として、実践理性の公共的行使として法的空間内部に適切に位置づけるためには、交渉と議論の異同・関係、実践的議論の合理性基準の交渉への適用の在り方、法的交渉における法規範の用い方、裁判の内外における法的議論と法的交渉の関係などについて、法律家の裁判での法的議論を念頭においた従来の基礎的諸概念・理論枠組を見直すことが不可欠である。

第一章では、これらの問題を中心に、J・ハーバマス、R・アレクシー、N・マコーミックらの実践的議論・法的議論の先導的理論の新たな理論展開、法的交渉理論・法社会学などの隣接諸領域における最近の理論動向と擦り合わせつつ、私の従来の見解の点検と補正を行い、実践理性の法的制度化についての基礎的諸概念・理論枠組の射程の限界や視座の偏りを是正し、法の一般理論としての「議論・交渉フォーラム」構想の基礎理論にふさわしいものに拡充し再構築することを試みる。

このような議論・交渉フォーラム構想のもとでは、法の効力（妥当性）などの法の規範性の問題、法の自立性の問題、法の支配の法理論的位置やその原理的要請内容など、強制的命令システムという法の見方に照準を合わせて形成されてきた従来の法理学的考察の基本的諸概念についても、見直しと新たな定式化が必要であり、これらの問題については、第二章第一節三、第三章第三節などにおいて考察する。とくに第三章における法の支配についての考察では、法システムが、その「強制的命令システム」という側面を適正に規律され、法律家だけでなく一般市民の相互主体的視座にも支えられて、実践理性が法的に制度化された「議論・交渉フォーラム」として公正かつ実効的に作動することを確保し促進するために、法の支配の制度的・実践的諸原理をどのように再定式化するかについて、英米法理学における最近の二つの合法性構想をめぐる論議の批判的検討を手がかりに、その基本的な方向と構図をさぐりたい。

Ⅱ　法の自立性の観念と法の支配の理念・原理

一　議論・交渉フォーラム構想と法の三類型モデル

議論・交渉フォーラム構想と法の三類型モデルは、いずれも、以上で説明したような法動態への相互主体的視座の確立という問題関心と同時に、現代法システムの社会的機能の多様化や構造的変容に伴う〝法的なるもの〟の領域の拡散傾向に理論的・実践的にどのように対応するかという問題関心を背景とする理論枠組である。そして、議論・交渉フォーラムが、「制度化された実践」としての法の規範的特質とその知的地平の解明をめざす、法の一般理論としての法理学的な法概念論であるのに対して、法の三類型モデルは、主として現代日本法の問題状況の分析とそこでの対応戦略の考察に照準を合わせた理論であり、法理学に限らず法の基礎理論研究に汎用的なモデルであり、理論枠組のレベルと射程にズレがあると認識している。

法の三類型モデルは、法の概念規定において法と法でないもの（とくに道徳と政治）を区別することに主たる関心を向けてきた、法理学の従来の支配的アプローチとは違って、法的な領域ないし空間を、〝法的〟特質の濃いものから薄いものまで、隣接諸領域と交錯している領域をも含めて広くとらえる。そして、〝法的なるもの〟の核心をなす狭義の法類型である自立型法と、この自立型法と重なり合って作動し、補完的ないし対抗的な機能を果たしている、拡大された広義の法類型である管理型法と自治型法という、三つの理念型法類型を構成して、これら三つの法類型を用いて拡大された現代的法状況で生じている理論的・実践的諸課題を解明しようとする。

このような多元的な法類型モデルにおける各法類型の基本的特徴、思考・決定方式の特質、重視する法的過程、「法化」「非＝法化」「反＝法化」論議との関係などに関する基本的なことだけを図表化して示せば、次頁のように

【法の三類型モデル】

法類型 ＼ 特徴	管理型法	自立型法	自治型法
基本的特質	特定の政策目標の実現手段	一般性，形式性，普遍主義	非公式性，自生的性質
思考・決定方式	目的=手段図式	要件=効果図式	合意型調整図式
法的過程	行政過程	裁判過程	私的交渉過程
法的関係	垂直関係	三者関係（triad）	水平関係
法化への対応戦略	法道具主義	リーガリズム	インフォーマリズム

【「法化」「非=法化」「反=法化」】

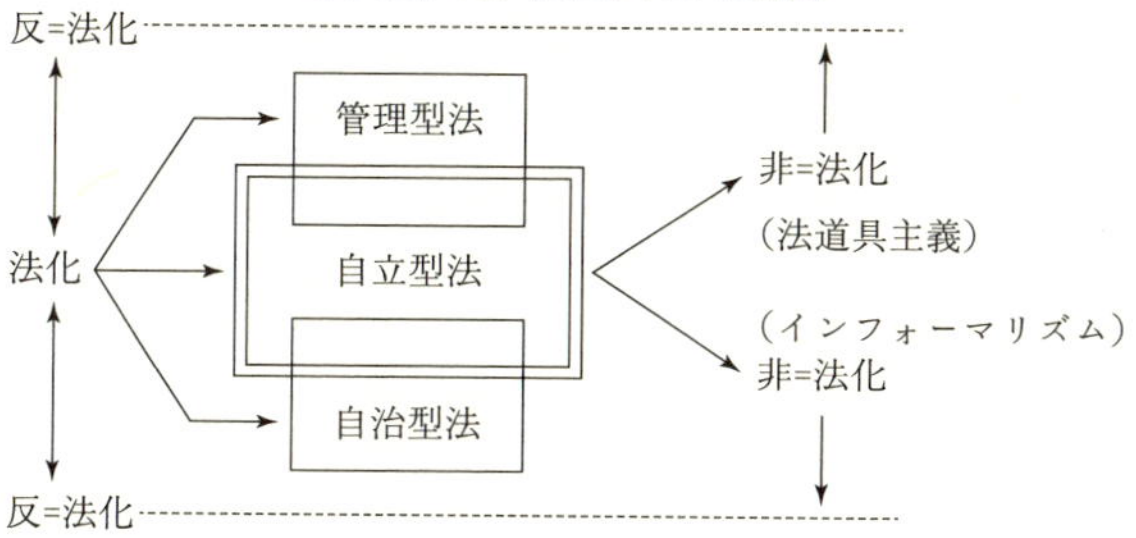

なる（詳しいことは、田中二〇一一、第3章参照）。

議論・交渉フォーラム構想と法の三類型モデルという、レベルと射程にズレのある二つの理論枠組を用い、「法の支配」の理念・原理によってこれらの構想とモデルを接合するという複合的なアプローチをとっているのは、現代法システムのもとでの〝法的なもの〟の拡散傾向のなかで、改めて〝法的なもの〟の核心を再確認するとともに、その境界領域で生じている諸々の理論的・実践的問題をも法理学的問題と位置づけて哲学的に解明することが必要である、という認識と問題関心によるものでもある。

このような法への視座・法構想・分析モデルの相互関係について、当初からこのように理解していたわけではなく、一九七〇年代中頃に、法の三類型モデルを用いはじめた頃は、このモデルによって法動態を重層的かつ主体的に理解することもめざしていた。だが、八〇年代になって、法的実践の哲学的・倫理的特質を考察するにあたって、法を用い動かす人びとの法への視座について、たんに主体的ではなく、〝相互〟主体的ということを強調することが必要であると認識し、対話的合理性基準の法的制度化としての議論・交渉フォーラムという実践哲学的地平で法の規範的特質を解明することに関心が向かうようになり、法の三類型モデルでめざしていたねらいのある部分については、議論・交渉フォーラム構想によって対応するほうが適切ではないかと考えるようになった。それに合わせて、これらの視座・構想・モデルの相互関係を見直し、法の三類型モデルの当初の問題関心の重心を移したりその意義づけの説明を変更したりして、軌道修正をはかり、議論・交渉フォーラムとの関係の再調整にも努めてきた。法の三類型モデルのほうが提唱しはじめた時期が早く、また、裁判の機能拡充や「法化」「非=法化」論議などを中心に、このモデルを用いてわが国の法状況の分析や改革提言を試みてきたこともあって、いろいろと批判や問題点の指摘を受けることが多く、各法類型の名称・位置づけ・特徴づけなども修正して対応してきた。だが、一一頁の図表からも分かるように、法の三類型モデルの特徴づけの多面化・多目的化に伴って、議論・交渉フォーラムとの関係の明確な整合的説明が難しくなって、どのような方向で対応するか、整理の仕方に迷っているところもある。(5)

本書では、法の三類型モデルにも関連箇所で必要に応じて言及することはあるけれども、このモデルの理論枠組自体について立ち入った考察はしない。法の三類型モデル自体については、比較的最近提示した従来の理論枠組と説明（田中二〇一一、第3章）を前提として、以上のような批判や問題点の指摘を受けて対応を試みてきたなかで、法理学的説明の必要を感じていながら、具体的な問題状況の分析や改革提言に追われて先送りしてきた法理学的諸問題のうち、いわゆる「法の自立性」の問題と「法の支配」の問題に関連する幾つかの論点を重点的に取り上げて考察する。

二　法の自立性と法の支配との問題連関

法の三類型モデルは、三つの法類型によって〝法的なるもの〟の領域の拡散傾向への理論的・実践的対応の在り方を考察する前提として、法的領域の核心の同定とその境界の画定をめぐって、「法の自立性」という論争的な観念について一定の措定をしている。また、その狭義の法類型である自立型法は、「法の支配」の要請を制度化したものと特徴づけているが、法の支配の法理論的位置や要請内容についても一定の見解を前提としている。しかも、法の自立性の問題と法の支配の問題は、相互に関連しており、法理学上の伝統的な根本的論点に関わっている。法の三類型モデルの理論枠組は、法の自立性と法の支配に関する一定の法哲学的見解を基礎に構築されているが、これらの問題に関する法哲学的見解は、実践理性の法的制度化としての議論・交渉フォーラム構想による法の規範的特質とその実践哲学的地平の解明とも内的に関連し合っており、法の三類型モデルと議論・交渉フォーラムを接合して整合的な法の全体像を構築するにあたって基幹的な位置を占めている。法の自立性と法の支配をめぐるこのような問題連関を、法理学の学問的性質とその任務という方法論的争点とも関連づけて考察することが、本書で取り組んでいる今ひとつの現代的課題である。

現代法システムにおける法の機能の複雑多様化とその構造的変容に伴って、法の形成と実現において行政過程の占めるウエイトが飛躍的に高まるとともに、このような規制国家的な法運用の強化に対抗して、社会的次元の私人間の自主的な法的交渉過程を活性化しようという気運も強まっている。そして、一般的な法的規準の定立とその個別具体的事例への適用という、従来の法理学的考察の中心的対象であった立法・司法過程に加えて、このように拡大された重層的な法的過程全体の動態の解明に対する理論的・実践的関心が高まってきている。このような拡大された法的領域について、法の三類型モデルは、法の生成・実現の動態の重心を司法過程におく自立型法を、狭義の典型的な法類型、行政過程におく管理型法と私人間の法的交渉過程におく自治型法を、広義の法類型と位置づける。このような多元的な法類型モデルでは、現代法システムが社会の法的ニーズの複雑多様化に適切に応答するためには、これら三つの法類型を適宜使い分け組み合わせて用いる必要があるけれども、権利義務関係の一般的規準による規律とその規準の個別事例への公平な適用を基幹的な作動方式とする自立型法が、法システム全体の背景的枠組として、管理型法や自治型法の適正な作動を規範的に規制していることが、〝法的なるもの〟の領域の相対的自立性とその固有の内在的価値を確保するために不可欠であり、このことが法内在的な道徳的価値である「法の支配」の根幹的要請であると措定される。

このような法の三類型モデル全体の理論的枠組と各法類型の特徴づけは、法の自立性と法の支配についての一定の法哲学的見解を前提にしている。だが、〝法的なるもの〟の領域の自立性という観念自体について、その現代的意義や具体的内容をめぐって鋭い見解の対立がみられるだけでなく、法の支配の法理論的位置とその原理的要請内容についても、それに優るとも劣らぬ見解の対立が続いている。いずれの問題も、実践理性の法的制度化としての議論・交渉フォーラムという法構想においても、避けて通れない難問であり、本書の各章で考察を行うに先立って、法の自立性の問題と法の支配の問題の法理学的意義およびこれらの問題の内的関連について、どのように理解しているか、その基本的な考え方を説明しておきたい。

三　法の統合的自立性ということ

「法の自立性」という観念は多義的であるが、本書では、法的観点から制度化された実践としての〝法的なるもの〟の領域を、道徳的価値や社会的事実に還元したり従属させたりすることなく、価値次元と事実次元の双方と重なり合いつつも、相対的に自立的な独自の制度的規範的次元として存在しており、このような法的領域の存立と作動が、一定の道徳的価値や社会的事実と関連づけられることがあっても、どのように区別され関連づけら

れるべきかが、法内在的に「制度化」されているという、法の存在形態の特質を「統合的自立性」として理解する。(6)

法の自立性のこのような理解は、法的領域を実践理性の法的制度化としてとらえることと相関的なものであり、このように理解された法の自立性の観念は、一定の制度的諸原理と法的諸規範がいわゆる排除置換的な（preemptive）判断枠組と正当化理由として作用する、独自の限定された〝法的〟領域が存在するという措定と、このような法的な判断枠組や正当化理由の同定や適用において、どのような道徳的価値や社会的事実をどのような仕方で考慮に入れることが法的に正統とみなされるかは、「法的」と確定された一定の制度的諸原理・諸規範との「関連性（relevancy）」という法内在的な基準によって判断するという、確立されたコンベンションから構成される。このような措定とコンベンションが、裁判官らの法律家の間だけでなく国家権力の行使者や一般の人びとの間でも、「法的観点」として大体において受け容れられ共有されていることが、一定の行為・議論・決定が、「法的」実践として遂行的意味をもつための前提条件である。

法のこのような自立性は、理論的には、道徳的価値と社会的事実の双方との関係で問題となる。だが、〝法的なるもの〟の領域の存立と作動が一定の社会的事実をその条件ないし前提としていること自体は、それをどのように理論化するかをめぐる見解の対立はともかく、自明であるとみてよいから、法理学的議論の焦点は、法実証主義的な法・道徳分離テーゼをめぐる論争に典型的にみられるように、道徳的価値との区別・関連の在り方に向けられてきた。概念的テーゼの措定の問題としては、法の存立や作動において道徳的その他の関連諸領域の価値・原理やその考慮が全面的に排除されるとする、完全な閉鎖的自立性ということも考え得るけれども、統合的自立性という考え方は、このような観念には与せず、それらの非=法的な価値・原理にも一定限度開かれており、それらの非=法的な価値・原理との関連や考慮の仕方が「法内在的に」規定されていることを重視するものであり、いわゆる部分的ないし相対的な自立性という観念についての一つの考え方である。完全な閉鎖的自立性という考え方からみれば、部分的ないし相対的な自立性や開かれた統合性自立性という考え方は、一見形容矛盾という観があるけれども、法の自立性という観念は、もともと、価値と事実の緊張・対立関係を内含する擬制的な観念であり、制度的規範的秩序としての法の存在形態と作動様式に関する概念的真理の問題ではなく、そのような法の存在形態と作動方式に関する解釈学的構想の問題である。開かれた統合的自立性という観念をあえて用いるのは、法実証主義的テーゼと法の自立性の観念を一体視する従来の法実証主義対反法実証主義（自然法論）の対立構図にとらわれずに、法システムの存立形態と作動様式を解釈学的に再構成し説明するためである。

このような法の統合的自立性という観念は、現代法システムのもとでの〝法的なるもの〟の領域の拡散傾向を直視しつつも、そのような拡散によって法独自の内在的価値である「法の支配」の根幹的価値が損なわれないためには、拡散の仕方には一定の制約があり、拡散の境界もまた画定されるべきだという考え方に基づくものである。先ほど触れた法の三類型モデルにおける自立型法と管理型法・自治型法の関係もまたこのような考え方に対応するものである。従って、法の統合的自立性という観念は、実践的には、法的領域の存立と作動が、道徳的その他の法外在的な原理・価値とも関連しており、法システムが、道徳的その他の法外在的な原理・価値の追求や実現の手段という道具主義的な性質をもつようになっている現実をふまえつつも、そのような法の道具主義的利用に一定の原理的制約を課し、法システムが、特定の政治道徳・社会倫理の押しつけ、国家の権力的意志の強制的貫徹、無原則な政治的妥協取引、経済的利益の赤裸々な追求などのたんなる道具・手段になってしまわないように、法的形式によって国家の強制権力の行使を規範的に制約し枠づける前提となる観念である。このような意味において法の自立性という観念は「法の支配」の基本理念の背景的措定に他ならないのである。

四　法の支配の再定式化

法の三類型モデルにおいては、自立型法が法の支配の原理的要請を制度化した典型的な法類型として、現代法システム全体の存立と作動の背景的枠組と位置づけられる。そして、管理型法や自治型法がこのような自立型の存在理由を全面的に否定したり、その規範的制約を全く受けずに作動することは、〝法的なるもの〟の相対的自立性を損ない、法の支配の否定につながりかねないという関係にあるとされる。法の三類型モデルにおける三つの法類型の相互関係をこのように理解することは、法の統合的自立性という観念と法の支配の基本理念について以上で説明したような内的連関が存在することに基づくものである。

国家権力の恣意専断の抑止という、法の支配の基本理念の重要性自体は、現代法システムのもとでもいささかも減じるものではない。けれども、従来の「法の支配」論でその基本的要請とされてきた諸原理の内容は、法を強制的命令システムととらえる見方のもとでの立法・司法過程に照準を合わせたものであり、現代法システムのもとで拡大された法的領域における管理型法や自治型法に関する制度と実践を構成・規制する原理としては不十分なものとなっている。「法の支配」論は、このような拡大された法的領域全体を実践理性の法的制度化ととらえる「議論・交渉フォーラム」構想に合わせて、その制度的原理と実践的原理を再定式化する必要がある。

とはいえ、強制的命令システムから議論・交渉フォーラムへと法の見方を転換しても、法という制度的規範的秩序の存立と作動において国家の強制権力の行使が不要となるわけでもなく、一般私人の自主的な交渉と理性的な議論だけで、現代社会における多種多様な法的ニーズに適切に応答し、国家の複雑化した統治機構を実効的に規制できるとも考えられない。議論・交渉フォーラムとしての法構想においても、法的秩序が規範的空間として安定的に存立し公正かつ実効的に作動することによって各種の法的ニーズに適切に応答するためには、国家権力の行使と一般私人の自主的・理性的な活動の協働が不可欠である。それ故、「法の支配」の原理・要請の再定式化においては、このような公私の協働的実践を確保・促進するための制度的枠組の構築とそのもとでの実践的指針の提示ということが重要な課題となる。

「法」の支配の理想は、「人」の支配や「力」の支配にとって代わることだと言われてきているけれども、「法の支配」の個別具体的な実現は、法律家をはじめ法の運用に直接的責任を負うプロフェッショナル集団である「人」によらなければならないことが多く、その実効的な実現も、最終的には国家の強制権力という「力」による制度的な支えを必要とする。このような人間社会の現実を直視するならば、法の支配の原理的要請もまた、内的な緊張・対立を含んだ複雑なものとならざるを得ない。法の支配による実践理性の法的制度化の在り方を構成・規制する諸原理の現代的定式化においては、法律家や一般の人びとの実践理性の適正な行使に期待するだけでなく、人間の実践理性の限界にも留意し、人間社会に不可欠な権力や強制の行使をここまで規範的に枠づけ構造化してきた叡智を正しく評価して継承することが肝要である。知的能力に限界があり道徳的に必ずしも強靱でない人間が〝正しく理に適ったもの〟を協働して志向するにあたっての智慧として、一般的規準の定立と公正な手続によるその公平な適用という、「法の支配」の基幹的な作動方式によって、公共的・集合的決定作成過程における国家の権力的意志の強制的貫徹を規範的に枠づけ構造化しているところに、政治や道徳に還元できない、あるいは還元すべきでない法独自の存在理由があると考えるべきであろう。

たしかに、人びとの価値観・利害関心が多様化し政治社会の仕組みも複雑化した現代において、法システムのこのような作動方式が、社会的調整・政治的統治の一つの方式として、重要な役割を果していることは否定し難い。けれども、このような法的方式は、決して万能ではなく、いつも正しく理に適った結果をもたらすとも限らず、一定のメリットもあれば、同時に、一定のコスト・リスクなどのデメリットを伴っていることも明白である。だが、人類は長い歴史のなかでときには大きな代償も支払い試行錯誤を積み重ね、人間社会に生じる様々な問題・紛争のうち、一定領域の問題・紛争については、〝数〟や〝力〟や〝利〟の論理を斥けて、〝正〟や〝理〟の論理に優先的な位置を与え、権利義務に関する一般的原理・ルールを共通の公的規準として、何が正しく理に適っているかを決め手とする議論・交渉によって調整・解決する仕組みを共有することが、意見や利害を異にする人びとが共生し協働するために不可欠だとする相互了解を、実践的叡知として確立するに至ったのである。自由で公正な社会における〝法的なるもの〟の存在理由は、そのような問題・紛争を解決・調整する公共的制度を相対的に自立的な領域として存立させ作動させることにある。

以上、プロローグ後半では、法の三類型モデルと議論・交渉フォーラム構想が、法の支配の理念・原理を媒介に内的に関連しており、法の統合的自立性の観念と法の存在理由についての一定の措定がそのような内的連関の背景にあることについて、概観的な説明を試みた。このような説明をふまえて、第一章では議論・交渉フォーラム構想に焦点を合わせ、第三章では法の支配の理念・原理に焦点を合わせ、このような問題連関の重要な側面についての法理学的解明に取り組むが、法の三類型モデル自体については、本書における「法の支配」論の基本構図の確認をふまえ、その現代的再定式化の問題と関連づけてさらに多面的に考察する必要があるため、機会を改めて論じることにした。また、法の統合的自立性の観念については、第二章第一節三（一一八−一二一頁）において基本的な考え方と問題の所在を素描した上で、第三章における「法の支配」論の法理学的諸論点の考察と関連づけて、この観念が各論点の解明とどのように関連しているかを説明している。法の存在理由については、それぞれ関連箇所で必要最小限の説明はしているが、それらの説明の前提となる人間観・社会観の哲学的考察にまでは立ち入ることはできなかった。

本書のテーマとアプローチ

最後に、本書のテーマとアプローチについて少し方法論的なコメントをしておきたい。本書における法理学的考察は、法の一般理論、正義論、裁判過程・法的推論の理論（法律学的方法論）という、法理学の三つの主要問題領域のうち、法の一般理論における「法とは何か」という伝統的な根本的な問いに関連する問題群に取り組んでいる。このような法の一般理論を中心とする法理学の学問的性質や任務については、かなり根本的な見解の対立がみられる。けれども、私は特定の方法論的立場にコミットして論陣を張ることにあまり関心はない。むしろ、各問題ごとに示唆に富む見解を提示している代表的な理論を批判的に比較検討し、方法論的立場にこだわらずに、私なりに納得できた理論や知見を自分の理論枠組に取り込んでゆくというアプローチをとっており、本書でも同様である。

本書における考察については、現代分析法理学の法実証主義的理論から多くのことを学んできたが、その理論動向とはかなり異なった視座とアプローチをとっており、法理学、とくに法の一般理論の学問的性質と任務、法の一般理論と正義論や裁判過程・法的推論の理論との関係、さらに政治・道徳哲学、個別法理学（法律学）、法の経験科学的研究や社会的理論などとの交錯については、現代分析法理学にも法実証主義的理論にも基本的に批判的な姿勢をとっている。同様に、ロン・L・フラーやR・ドゥオーキンらの反法実証主義的法理論からも多くのことを学んだが、彼らの法理論（及び政治・道徳哲学的見解）に全面的に賛同するものではなく、とくに彼らの法実証主義批判はかなり一面的だとみている。これらの点について詳しいことは、それぞれ関連箇所で説明する。

このような方法論的な問題については、第二章で、H・L・A・ハートらの現代分析法理学に対するR・ドゥオーキンの政治・道徳哲学的方向からの批判とW・トワイニングらの社会学・社会理論的方向からの批判を手がかりに、私のめざしている基本的な方向を説明することを試みた。第三章における英米法理学の最近の二つの「合法性」構想をめぐる論議の批判的検討を手がかりとする「法の支配」論の考察においては、第二章でのこのような方法論的考察によって得た知見をふまえたものであり、第一章の考察でも基本的にこのような方法論的姿勢をとっている。なお、議論・交渉フォーラム構想と法の三類型モデルを組み合わせた複合的アプローチをとる思想的・方法論的理由については、第二章第三節三（一四六-四八頁）で少し個人的な事情からの説明をしている。

（1）　これらの視座・法構想・分析モデルの相互関係と全体的な理論枠組については、田中成明『現代法理学』（有斐閣、二〇一一年）第1章、第3章において、従来の私見を点検しつつ、問題点を指摘し、軌道修正の方向をさぐるための概観的な説明を試みたところである。本書は、そこで示唆した方向にそって、全体としてより整合的な法理論の展開をめざして、基礎的諸概念を整理し、理論枠組の拡充と再構築を試みたものである。以下、プロローグでは、この拙著の関連箇所の参照指示は、適宜本文の括弧内に田中二〇一一という略号で注記する。

（2）　強制的命令システムと議論・交渉フォーラムとの関係、法の社会的諸機能や法的サンクションの理解との関連に関する以下の説明について、詳しくは、田中『現代法理学』前掲注（1）四一-五二頁、七一-七八頁、一八九-二一四頁参照。

（3）　対話的合理性基準とその法的制度化の以下の理解について、詳しくは、田中『現代法理学』前掲注（1）五二-六〇頁、三五五-七五頁、五二一-二八頁参照。なお、それぞれ関連箇所で触れるが、R・アレクシーの「正当性主張」を法概念に内在化させる法理論（第一章第三節二、第三章第三節二）、L・L・フラーの「法内在的道徳」としての合法性概念（第三章）、「統合性（integrity）」としての合法性概念を法概念内部に位置づけるR・ドゥオーキンの法構想（第二章第二節三、第三章）について、とくにその理由を説明せずに賛同的に取り上げているのは、それらの見解が、それぞれ賛同し難い点もあるけれども、基本的に実践的議論の法的制度化をこのように理解することと整合的な法構想として適切とみているからである。このこと自体についての立ち入った説明は、実践哲学の法的制度化という構想自体の哲学的説明を敷衍するとともに、それぞれの法理学者の理論全体と関連づけた文献研究的考察が必要であるため、本書では必要最小限の言及にとどめ、機会を改めることにしたい。

（4）　田中成明「法的思考の合理性について（三）（四）」法学教室二三号六－一六頁、二四号一八－二七頁（一九八二年）（同『法的思考とはどのようなものか』（有斐閣、一九八九年）第三章、第四章に加筆して収録）参照。

（5）　法の三類型モデルにおける各法類型の名称・位置づけ・特徴づけなどの変更・修正の経緯、議論・交渉フォーラム構想との関係などについて、詳しくは、田中成明「法の三類型（自立型法と管理型法・自治型法）モデル再考」北海道大学情報法政策学研究センター編『新世代法政策学研究』四号（二〇〇九年）五九－九二頁参照。また、このモデルを用いたわが国の法状況の分析と改革提言については、田中『裁判をめぐる法と政治』（有斐閣、一九七九年）、同『現代社会と裁判』（弘文堂、一九九六年）、同『転換期の日本法』（岩波書店、二〇〇〇年）など参照。

（6）　法の「統合的自立性」という観念については、その基本的な考え方を、田中成明「法の自立性について―政治社会における法の存在理由を索めて」『知的資源としての戦後法哲学・法哲学年報一九九八』（有斐閣、一九九九年）一二八－四七頁（同『転換期の日本法』前掲注（5）第二章に加筆補正して収録）において、法の自立性の観念に対する私の基本的な問題関心とアンビバレントな視座をパーソナル・ヒストリー的に回顧しつつ、試論的に素描し、その後、関連する諸論点の考察結果に合わせて、理論枠組を改めたりアプローチの軌道修正を試みたりしてきたが、本書第二章第一節三（一一八－二一頁）で、この観念についての現時点での私見を要約的に示した。なお、旧稿で、ドゥオーキンの「統合性としての法」構想（R. Dworkin, *Law's Empire* (1986)）を、統合的自立性の観念の一例とみることができると示唆する説明をしたのは、「統合性としての法」構想を、彼が初期に提示していた「制度的自立性」の観念（Dworkin, *Taking Rights Seriously* (1977) pp. 101-04）の継承発展と理解していたからである。だが、その後の彼の理論展開からみると、「制度的自立性」の観念は放棄されたと解するのが整合的であり、旧稿のような私の理解（善解ないし改釈）を彼は誤解と斥けるであろうから、「実定法的規準を基軸としつつも、それと整合的な一定の政治道徳をも取り込んで独自の法的言説領域を確立しようとする」という「統合的自立性」の観念の基本的な考え方自体は変更しないが、ドゥオーキンの見解への言及は撤回する。ドゥオーキンの後期の法理論をこのように理解することについては、本書第二章・第三章の関連箇所で説明する。

第一章　実践理性の法的制度化と「議論・交渉フォーラム」
―法の一般理論としての法構想への再定位に向けて―

はじめに

人びとが法的規準を中核とする公共的理由に依拠しつつ公正な手続に従った自主的な交渉と理性的な議論によって行動を調整し合う「議論・交渉フォーラム」という法構想について、私は、実践的議論に関する「対話的合理性基準」を「法的観点」から「制度化」したものとして法的空間をとらえる法理論を、その理論的基礎として提示している。だが、対話的合理性基準とその法的制度化という考え方は、もともと、裁判実務における法律家の法的議論を実践理性の公共的使用の法的形態として解明する法律学的方法論を展開するための試論として提唱しはじめたものであり、法的空間の全体像の構想に関わる法の一般理論への含意まで十分視野に入れた理論枠組ではなかった。

法の一般理論の在り方については、このような法律学的方法論の基礎理論との整合的な関連をあまり意識せずに、法動態への相互主体的視座の確立という問題関心を重視し、国家の強制権力の行使の法的な規制や正当化に専門的に関わる人びとの法実践だけでなく、国家権力の行使と直接関係しない日常的な社会生活における一般の人びとの自主的な法の遵守や法的相互作用活動をも法的空間のなかに取り込み、法を用い動かすすべての人びとの法実践を多層的な法的空間の動態的過程のなかに適切に位置づけうるような法の全体像の構築が重要な課題であることを強調してきた。けれども、対話的合理性基準とその法的制度化に関する私の従来の説明は、裁判実務を法実践のパラダイムと位置づけ、法律家の法的議論に焦点を合わせたものであり、一般の人びとの日常社会生活における法実践については、法動態の相互主体的活性化にとっての第一次的重要性を強調しつつも、実践理性の公共的使用の法的形態としての考察はほとんど行ってこなかった。また、実践理性の「法的」制度化についても、裁判制度・手続に焦点を合わせた説明がほとんどで、規範論理的にその前段階に位置する立法手続自体を、実践理性の法的制度化の一形式として考察することも行ってきておらず、法規範の作用方式の考察も、その裁決規範レベルでの法的議論との関連が中心となり、その行為規範レベルでの一般の人びとの法実践との関連は考察の射程外におかれていた。

このような事情から、「議論・交渉フォーラム」という法構想を、法動態への相互主体的視座の確立という問題関心に応えうる法の一般理論へと再定位するためには、対話的合理性基準とその法的制度化という基礎理論についても、これらの射程の限界や視座の偏りの是正を中心に、基礎的諸概念や理論枠組を見直す必要がある。(1) 本章では、このような見直し作業の一環として、議論と交渉という基礎的概念の異同・関連を実践理性の公共的使用という観点から整理した上で（第二節）、実践理性の「法的」制度化の全体的構造をとらえ直し（第三節）、補正された理論枠組のもとでの法的交渉と法規範・法的議論との関係の基本的な考え方を説明し（第四節）、さらに裁判の特質と位置、裁判の内外における法的議論と法的交渉の関係を再考すること（第五・六節）を中心に、若干の考察を試みたい。考察に先だって、まず第一節で、「議論・交渉フォーラム」構想の再定位の背景と方向について、以上で素描した事情を私のこれまでの研究の展開過程に即して敷衍し、本章でめざしていることをもう少し具体的に説明しておきたい。

（1）　このような対話的合理性基準の法的制度化としての「議論・交渉フォーラム」という法構想の軌道修正の必要性は、第一節で説明するように、かなり以前から気になっていたところであるが、本章で説明するような基本的な方向は、田中成明『現代法理学』（有斐閣、二〇一一年）をまとめる過程で、このような法構想を着想した当初に直接的な示唆を得た、同世代のR・アレクシーやN・マコーミックの法理論のその後の展開とそれらに関する論評を中心に、関連文献を少し系統的に読み直すなかで全体的な輪郭がみえてきたものである。併せて、方法論的には、実践的議論の法的制度化に関する従来の理論枠組を、政治哲学における公共的理性（public reason）理論や学際的教育・研究分野としての交渉理論・交渉学の展開から学びつつ、「議論・交渉フォーラム」という法構想に適合したものに拡充し再構成するという問題関心もあった。このような事情から、本章では、実践的議論とその法的制度化に関する理論枠組やその基礎理論については、『現代法理学』などにおける従来の私見を前提にして、できるだけ説明の重複を避け、法的交渉・法的議論・法規範の関係をはじめ、法構想の軌道修正に伴って補正・敷衍が必要な事項を中心に、概念的整理と法理学的論点の検討を試みたため、独立の論考としてはバランスを欠き、やや不体裁なものとなったことをお断りしておきたい。

第一節　「議論・交渉フォーラム」構想の再定位の背景と方向

一　法律学的方法論の基礎理論から法の一般理論としての構想へ

「議論・交渉フォーラム」という法構想においては、法的空間を、法的諸制度とそれを用い動かす法実践からなる動態的過程ととらえ、法システム全体の作動方式と法実践の知的地平を、実践理性の法的制度化と公共的行使という両側面から統合的に理解し、制度的規範的秩序としての法の全体像を解明することをめざしている。そして、このような法の一般理論としての「議論・交渉フォーラム」構想の説明において、私は、現在では、実践的議論に関する「対話的合理性基準」を「法的観点」から「制度化」したものとして法的空間をとらえる法理論

を、その理論的基礎として位置づけている。(2)

けれども、対話的合理性基準とその法的制度化という考え方は、もともと、一九八〇年代初めに、実践哲学の復権をめざす諸潮流、とりわけ実践的議論の理論と規範的正義論の理論展開から学びつつ、法的思考の実践知としての特質を再評価し、その独自の規範的構造や合理性・正当性基準を考察しようという、法律学的方法論に関する私見を展開するための試論として提唱しはじめたものであった。(3) 実践理性の法的制度化に関する基本的な理論枠組は、直接的にはR・アレクシーやN・マコーミックらの法的議論・推論に関する見解(4)から示唆を得ながら、同傾向の実践的・法的議論の理論、手続的正義論、民事訴訟の手続保障論などの動向も参照しつつ私なりにまとめたものである。そのため、当初は、法廷弁論や判決の正当化における法律家の法的議論を、実践理性の公共的使用の一形態と位置づけることによって、その規範的構造や正当性・合理性基準を解明するという、法律学的方法論の問題関心に制約されたものであり、法的空間の全体像の構想に関わる法の一般理論の展開まで視野に入れた理論枠組ではなかった。

他方、法の一般理論の在り方については、私は、法動態への相互主体的視座の確立という問題関心を重視しており、このような視座を確立するためには、国家の強制権力の行使の法的な規制や正当化に専門的に関わる人びとの法実践だけでなく、国家権力の行使と直接関係しない日常的な社会生活における一般の人びととの自主的な法の遵守や法的相互作用活動も法的空間のなかに取り込み、しかも、一般の人びとが日常社会生活において自主的に法を遵守したり法に準拠したりして行動調整する法実践が、法システム全体の公正かつ円滑な作動にとって第一次的な重要性をもっていることを適切に説明できる法理論の構築が不可欠であることを強調してきた。(5) 八〇年代末頃から、このような法動態への相互主体的視座の確立という問題関心に応える法の一般理論として、「議論・交渉フォーラム」構想を位置づけるようになり、それに合わせて、従来の「議論フォーラム」という表現は、法的空間全体をカバーするには不適切であることから、「議論・交渉フォーラム」という表現に改めた。それに並行して、「対話的合理性基準」自体の要請内容については、法動態への相互主体的視座の確立という問題関心とも整合的なものとするための調整は行ったけれども、対話的合理性基準の「法的制度化」の理論枠組全体を、このような問題関心に対応させて拡充し再定式化することまで行うことはできなかった。

「議論・交渉フォーラム」と、交渉を議論と並べて法実践の独自の形態と位置づけたものの、この段階では主として裁判外での法的紛争の自主的解決における交渉を念頭においたものであり、(6) 法システムの相互主体的動態化という関心から注目していた契約取引交渉をめぐる理論動向との関連づけまで視野に入れたものではなかった。(7) また、議論と交渉の異同・関連をどのように理解するかをはじめ、交渉を独自の法実践と位置づけることによって、実践理性の法的制度化という考え方の基礎的諸概念や理論枠組をどのような方向に補正し整理し直すかについては、法的制度・実践の規範的考察と経験科学的考察の接合の在り方をめぐる方法論的問題ともからんで、迷いがあり、確固たる見通しはもてなかった。振り返ってみると、対話的合理性基準の法的制度化としての「議論・交渉フォーラム」構想の理論的射程を拡げる軌道修正を、いわば見切り発車的に開始したという観を免れないものであった。

二　新たな理論的課題とその対応方針

法の一般理論としての「議論・交渉フォーラム」構想において、「交渉」を「議論」と並ぶ法実践の独自の形態と位置づけるにあたっては、もともと実践的「議論」に照準を合わせて構成された対話的合理性基準と「交渉」との関係をどのように理解するかについて、基準自体を議論と交渉の双方に適用できるように再構成するか、それとも、議論に対する基準を適宜修正して交渉にも準用するか、いずれのアプローチをとるかという問題が生じる。理論的には前者のほうが明快であり、実践理性の公共的使用の作法とでも呼ぶべき統合的な規制的理念・原理・ルールなどを構成する方向も考えられる。政治哲学における公共的理性（public reason）理論などは、基本的にこのような方向にあるとみてよいであろう。けれども、法的交渉については、政治的交渉と同一視できるかどうかということだけでなく、そもそも法的交渉をすべて実践理性の「公共的」使用ととらえることが適切かどうかという原理的な問題がある。また、実践的問題解決の手続過程とその結果が理性的で正当かどうかの規範的評価基準を論じる場合には、正当性の理由づけを主眼とする議論と合意形成を主眼とする交渉とでは評価の関心方向も異なり、議論のほうが交渉よりも規範的評価になじむと一般的に了解されており、実践的議論の評価基準をめぐる考察のほうが理論的蓄積も豊富である。これらの事情を考え合わせて、本章では後者のアプローチをとり、交渉は、実践理性の公共的使用として規範的規律・評価の対象となる場合には、議論に対する評価基準が準用される、と理解して検討を進めることにしたい。

このようなアプローチは、基本的に、実践的討議に加えて公正な妥協のための交渉という概念を導入するJ・ハーバマスのアプローチ(8)に倣ったものである。だが、彼の討議・合意と交渉・妥協の異同・関連に関する具体的な見解にすべて賛同する趣旨ではなく、彼の見解の問題点と私見との異同については、後ほどそれぞれ関連箇所で言及する。

このように、議論と交渉を原理的に区別するアプローチをとるにしても、実際の規範的問題の解決過程においては両者は相互に入り組んでおり、現実に区別することはかなり難しいことは認めざるをえない。とくに、議論を通じた理性的合意の形成と交渉による合意形成との異同・関連については、後ほど改めて論じるように、議論と決定を構造的に接合することを基本的特徴とする法的制度化に関して、判決などの法的決定を議論を通じた理性的合意の形成によって正当化するという理論的説明に直観的に違和感があること、また、法的空間においては、規制的理念としての理性的合意の他にも、交渉による合意形成をはじめ、多様な合意の概念が相互に規制し合いつつ制度的・規範的に重要な役割を果たしている状況全体を整合的に説明することにもかなり理論的工夫がいることなど、「議論・交渉フォーラム」構想の法の一般理論への再定位に伴う理論的課題は少なくない。

対話的合理性基準の法的制度化について、法律学的方法論の理論的基礎として論じていた段階では、「法的」制度化の具体的構造をもっぱら裁判制度・手続に焦点を合わせて論じ、法規範の理由指図機能に関しても、裁判での法的議論・判決の正当化理由という裁決規範レベルの作用方式を中心に考察していた。けれども、法的制度化の問題を、法の一般理論の理論的基礎として論じるためには、立憲民主制下の実定法システムの段階的構造からみて、少なくとも司法の上位に位置する立法手続・過程をも実践理性の法的制度化の独自の形式と位置づけて考察することが不可欠である。また、法規範の理由指図機能についても、規範論理的に裁決規範に先行する行為規範レベルにおける一般の人びとの行動調整に対するその作用方式を、実践理性の法的制度化の一側面どころか、第一次的に重要な側面として考察することが、相互主体的視座の確立という問題関心から実践理性の法的制度化の重層的構造の動態を解明するために不可欠である。このような実践理性の「法的」制度化の段階的および重層的構造について、従来の理論枠組を拡充し再定式化することが、「議論・交渉フォーラム」構想を法の一般理論へ再定位することに伴う今ひとつの重要な理論的課題である。

このうち、実践理性の法的制度化の全体的構造を段階的に遡ってゆく方向は、「議論・交渉フォーラム」構想の射程を、法律学的方法論から法の一般理論へだけでなく、さらに正義論へと拡げてゆくことによって、実定法システム・法規範の存在やその具体的内容を法理学的考察の所与的前提として無批判的に受け容れることなく、それらを批判的に考察する理論的基礎を確認するという、法理学的考察の理論枠組の再構築にもつながる重要な意義がある。アレクシーの法システムの四段階手続モデル(9)やJ・ロールズの正義原理の社会的諸制度への適用の四段階順序枠組[10]などが、このような方向への考察の拡充の手がかりを提供している。とりわけ立法手続・過程をも実践理性の「法的」制度化の一段階と位置づけ、実定法規範自体とその生成過程もまた対話的合理性基準の諸要件を充たすべきであるという規範的要請について、その理論的基礎を明確にすることは、後ほど改めて触れるように、実定法システムの制度的正統性・規範的妥当性を「正しい（正義に適った）法への志向」の内在化と関連づけて基礎づけるという、法の妥当根拠論の展開を試みている私の立場からはきわめて重要である。

他方、法規範の裁決規範レベルの作用方式だけでなく、行為規範レベルの作用方式をも、実践理性の「法的」制度化の重要な側面と位置づけ、その重層的な動態を考察する方向への理論展開の必要性は、法的紛争解決におけるＡＤＲ（代替的紛争解決手続）の拡充要求と並行して、法的紛争解決における交渉の役割を重視する「非=法化」「反=法化」傾向の理論が台頭し、それらの理論を批判的に検討しているなかで徐々に認識しはじめたものである[11]。訴訟=判決手続による司法的解決には種々の制度的限界と避けがたい逆機能があることは否定し難く、また、現代法の機能の拡大・多様化に伴って、「法的」紛争・問題ではあるが、「司法的」解決が「法的に」不適切あるいは不可能なタイプの法的紛争・問題も増えてきており、必ずしも判決による司法的解決への収斂を想定しなかったりそれをむしろ回避することをめざしたりする法的交渉が広く行われていることも無視できない事実である。このような現実への法的対応の在り方について、「非=法化」「反=法化」傾向の理論動向には賛同し難いところが依然として少なくない。けれども、現在では、紛争解決交渉や契約取引交渉などの行為規範レベルにおける法規範の作用方式について、裁決規範レベルの作用方式との関連から切り離して独自の位置づけを与える必要があり、議論と交渉の関係も、法的議論の側から交渉を考察するだけでは不十分であり、法的交渉の側から議論を考察することも不可欠であり、このような双方向的な考察を統合的に組み合わせることによってはじめて、法的空間における実践理性の法的制度化と公共的行使の動態を的確に解明できる、と考えるようになっている。

以下において、これらの新たな理論的課題について、はしがきで示した順序で、私が従来から示唆を得てきた内外の限られた文献を主な手がかりとする管見の域を出るものではないが、若干の考察を試みたい。

（2）　このような構想と理論の現時点でのまとまった説明として、田中『現代法理学』前掲注（1）、とくに三八-四〇頁、五二-六〇頁参照。「議論・交渉フォーラム」という表現を用いはじめたのは、同『法的空間』（東京大学出版会、一九九三年）三一頁などからであるが、「議論フォーラム」という表現でこのような見解を展開しはじめたのは、同「法律学と哲学―実践哲学の復権の一側面」哲学研究五五四号（一九八七年）二八-五八頁（同『法的思考とはどのようなものか』（有斐閣、一九八九年）「Ⅲ　法律学と実践哲学―法的思考の哲学的背景」として加筆し収録）、同「法哲学の現況と課題」理想六三七号（一九八七年）二-一三頁（同『法への視座転換をめざして』（有斐閣、二〇〇六年）二一四-三二頁に再録）からである。

（3）　田中成明「法的思考の合理性について㈢㈣」法学教室二三号、二四号（一九八二年）六-一六頁、一八-二七頁（同『法的思考とはどのようなものか』前掲注（2）第3章、第4章に加筆して収録）など参照。

（4）　R. Alexy, *Theorie der juristischen Argumentation* (1978). N. MacCormick, *Legal Reasoning and Legal Theory*, 1st ed. (1978), 2nd ed. (1994)（亀本洋他訳『判決理由の法理論』成文堂、二〇〇九年）, MacCormick, Legal Reasoning and Practical Reason, *Midwest Studies in Philosophy* VII (1982), pp. 271-86, MacCormick, Contemporary Legal Philosophy: the Rediscovery of Practical Reason, *Journal of Law and Society*, 10 (1983), pp. 1-18 など参照。アレクシーとマコーミックの法的議論・推論の理論の概要とその比較検討として、亀本洋「法的議論における実践理性の役割と限界」同『法的思考』（有斐閣、二〇〇六年）一-一二四頁参照。

（5）　このような考え方を、法における垂直関係と水平関係という比喩的表現を用いて整理し提示した初期の文献として、田中成明「法における垂直関係と水平関係―法動態への主体的視座に関する覚え書」判例タイムズ五四八号（一九八五年）一〇-一九頁、同『現代日本法の構図』（筑摩書房、一九八七年）第三章、第四章など参照。このような法の見方については、とくにL・L・フラーの相互作用的な法の見方や当事者の訴訟手続への主体的参加を重視する裁判理論から示唆を得たところが多い。L. L. Fuller, *Anatomy of the Law* (1968), Fuller, *The Morality of Law*, Revised ed. (1969), ch. V, Fuller, *The Principles of Social Order*, K. I. Winston (ed.) (1981), ch. II など参照。

（6）　田中成明「法的空間」長尾龍一・田中成明編『現代法哲学1法理論』（東京大学出版会、一九八三年）三五-三九頁（田中『法的空間』前掲注（2）七七-八一頁に収録）など参照。

（7）　田中成明「法システムの相互主体的動態化をめざして」法学教室二〇〇号（一九九七年）六-一二頁（同『転換期の日本法』（岩波書店、二〇〇〇年）第五章に加筆して収録）参照。

（8）　討議（Diskurs）・合意（Einverständnis）と交渉（Verhandlung）・妥協（Kompromiß）の異同・関連に関するハーバマスの見解は、微妙に変化してきているが、本章におけるこの問題に関する彼の見解への言及は、とくに断らない限り、J. Habermas, *Faktizität und Geltung* (1992)（河上倫逸・耳野健二訳『事実性と妥当性（上）』未来社、二〇〇二-〇三年）, S. 134, 173-77, 196-207, 218-19, 408-15 に依っている。ハーバマスの交渉・妥協に関する批判的考察として、平井亮輔「妥協の問題—ハーバマスを中心とした覚書」山下正男編『法的思考の研究』（京都大学人文科学研究所、一九九三年）三九五-四〇七頁、同「妥協としての法—対話的理性の再編に向けて」井上達夫・嶋津格・松浦好治編『法の臨界［I］法的思考の再定位』（東京大学出版会、一九九九年）一九四-二〇四頁参照。

（9）　R. Alexy, Die Idee einer prozeduralen Theorie der juristischen Argumentation, *Rechtstheorie*, Beiheft 2 (1981), S. 185-88 —Alexy, *Recht, Vernunft, Diskurs* (1995), S. 104-08 に収録—, Alexy, *Theorie der Grundrechte* (1985), S. 499-501, Alexy, Idee und Struktur eines vernünftigen Rechtssystems, *ARSP*, Beiheft 44 (1991), S. 36-39 参照。その批判的検討として、田中成明「法的思考についての覚え書」山下編『法的思考の研究』前掲注（8）五七三-八〇頁参照。

（10）　J. Rawls, *A Theory of Justice* (1971)（川本隆史・福間聡・神島裕子訳『正義論（改訂版）』紀伊国屋書店、二〇一〇年）, pp. 195-201 参照。

（11）　民事紛争解決に関する「非=法化」「反=法化」傾向の批判的検討として、田中成明『現代社会と裁判』（弘文堂、一九九六年）とくに第二章、第三章参照。本章では、後ほど関連箇所で説明するように、「非=法化」「反=法化」傾向に対するその当時の批判的立場を部分的に修正している。

第二節　実践理性と実践的議論について

一　実践理性の公共的行使としての議論と交渉

実践的議論に関する対話的合理性基準とは、実践的問題の理性的解決をめざす議論における規範的言明の正当化に関する基準であり、その基本的な特徴は、各議論領域の主題・論拠・情報などを構成・規制する共通観点の相互了解を背景的コンセンサスとして、公正な手続に従った討議・批判・説得などの対話的議論を通じて形成される理性的な合意を合理性・正当性の核心的識別基準とすることである。このような対話的合理性基準という考え方の骨子と意義・問題点については、別の機会に説明したところであり、[12] 以下のように、多少追加的な理論的整理をして、その理念・原理・ルールなどを再定式化する必要はあるけれども、その内容自体は基本的に適切と考えているので、ここでは、そこでの説明を前提に、幾つかの論点について補足的な検討を加えたい。

このような実践的議論の基礎理論は、実践理性ないし実践知の復権をめざす実践哲学の幾つかの潮流の理論展開から学びつつ私なりに整理統合したものであるが、実践理性、実践知、実践的議論などの基礎概念をそもそものように理解するか自体について、かなり共通の了解がみられる一方、基本的な見解の対立も続いている現況のなかで、一定の態度決定を前提とした理論構成は避けがたいところである。

多元的社会における一般的実践的議論の基礎理論の展開や基礎づけは、できるだけ特定の哲学的立場に依拠せず、広く共通了解が得られそうなごく一般的抽象的なレベルにとどまることが基本的には適切と考えられる。だが、このような自立的なアプローチがそもそも可能か否かは、ロールズがその政治的リベラリズム構想について「重なり合うコンセンサス」と「公共的理性・理由」という観念を導入して「公共的正当化」という考え方を提示して以来、論議が続いている難問である。[13] 実践的討議理論の代表的論者の間でも、例えばアレクシーは、実践理性の現代的構想として、アリストテレス的、ホッブス的、カント的という三つの構想と、実践理性概念を徹底的に批判するニーチェ的構想が競い合っているとみて、このような対立を、人間の共同生活の規範的基礎と個人・社会の自己了解に関わるものと認識した上で、彼自身の実践理性の討議理論的構想は、カント的構想の一種であると位置づけて、一般的実践的討議の原理・ルールなどを展開している。(14) 他方、ハーバマスは、実践的討議の主題に応じた類型区分を導入した討議理論では、規範の正・不正を論じる道徳的討議、善き生あるいは善き共同体・共通善の自己了解に関わる倫理的‐実存的討議と倫理的‐政治的討議、合目的性に関わるプラグマティックな討議、さらに公正な妥協のための交渉に分け、それぞれ、カント、アリストテレス、功利主義、ホッブスの実践理性の伝統を受け継いでいると整理して、これらすべてを理性的で公正な集合的意見形成・意思決定のための実践的討議の制度化に関する手続主義的理論のなかに取り込んで独自の理論枠組を提示している。(15)

このような見解の対立状況をもふまえて、まず、実践理性の概念については、実践的問題について熟慮・判断して意志や行為を決定する理性的（reasonable）能力、と緩やかに理解し、アリストテレス的な実践知＝賢慮（phronesis）、カントの実践理性だけでなく判断力をも含めるとともに、ホッブスや功利主義などの経験科学的・形式論理的な合理的（rational）能力とも対立的にとらえることなく、むしろ実践理性のなかに取り込み、全体として理性的側面が合理的側面を規律すると、実践理性の概念自体を複合的な知的能力ととらえるのが適切であろう。このような理解に対応して、実践的な判断・行為やその結果の正当性基準についても、基本的に倫理的・規範的な適理性（reasonableness）と経験科学的・形式論理的な合理性（rationality）の重層構造からなると、実践的議論の合理性概念を拡大して理解し、広義の合理性＝適理性のなかに狭義の合理性を位置づけることになる。従って、「対話的合理性規準」基準という考え方も、厳密には「対話的適理性」基準とするのが正確であるが、法的議論だけでなく一般的にも、適理性の意味で合理性という表現が用いられることも多いので、とくに必要な場合以外はこの慣行に倣うことにし、従来通り「対話的合理性」基準という表現を用いることにする。

議論（argumentation）と交渉（negotiation）の異同・関連についても、様々な理解が可能であるが、本章では、議論を「一定の主張の正当性を論拠を挙げて論じ合うこと」（理由づけ型対話）、交渉を「一定の取り決めのために話し合うこと」（合意志向型対話）と、ごく一般的に規定して論を進めたい。たしかに、議論は理性的・推論的性向、交渉は意志的・決断的性向がそれぞれ強いけれども、交渉も理性的・推論的性向を排除するものではなく、一定の要件を充たしている限り、いずれも基本的には実践理性の行使形態であると、必ずしも両者を対立的にとらえることなく、観点次第で、交渉を議論の一亜種として位置づけることも、逆に議論を交渉の一手法と位置づけることも可能であると理解して、両者の適切な相互関係の在り方を統合的に解明するというアプローチをとるのが適切であろう。また、議論や交渉が、どのような場合に実践理性の「公共的」行使に該当するとみるかは、公私区分論・私的自治論などの理解に関わる原理的な問題であるが、法的議論や法的交渉については、何らかの形で法的制度・手続・規範に準拠した実践であり、「法的観点」からその規範的当否が論じられる限りで、そのような側面については、裁判などの公権力の行使に関わる場合だけでなく、日常的な取引交渉などの非権力的な私的な法的相互作用の場合でも、実践理性の「公共的」行使としてその在り方を論じることができると考えたい。

二　実践的議論と道徳的議論の関係

実践理性の概念を以上のように緩やかに理解する場合、次に問題となるのは、一般的実践的議論の領域における道徳的議論の位置づけである。この問題もまた、道徳と倫理を区別するか否か、正と善という基本観念の相互関係をどう理解するか、義務論的正当化論拠と目的論的正当化論拠の異同・連関をどのようにとらえるか、法と道徳の区別と連関に関する伝統的な法理学的論点をどのように考えるか、などをめぐる原理的な見解の対立とからむ難問である。

一般的実践的議論と道徳的議論の関係については、アレクシーやマコーミックが法的議論を制度化された実践的議論と位置づける考え方を提唱しはじめた当初は、あいまいであり、一般的実践的議論と道徳的議論がほぼ同義に用いられているきらいもあった。[16] ハーバマスは、その討議理論では、一般的実践的討議を、正義など規範の正・不正を義務論的に論じる道徳的討議、善き生あるいは善き共同体などの価値を目的論的に論じる倫理的討議、目的=手段関係の合目的性を論じるプラグマティックな討議に分類して、「討議原理」はこれらすべての討議類型を規律するのに対して、「普遍化原理」は道徳的討議のみを規律するという理論枠組を展開するようになった。[17] この頃から、いわゆるリベラル=コミュニタリアン論争の争点ともからみ合って、このような区分自体の適否、普遍化原理の規律対象を道徳的討議に限定することの当否などが論議の的となり、道徳的議論の議論領域をどのように規定するかということが問題化することになった。

アレクシーは、一般的実践的討議においては、ハーバマスのいう三種の道徳的・倫理的・プラグマティックな問いと論拠が相互に補完し浸透し合って結びついており、正・不正の問題と善・価値の問題も複雑に入り組み相互依存関係にあり、各人の善・価値の了解の変化によって正義構想も変化することがありうることを承認しつつも、ハーバマスのような道徳的討議の限定的理解と普遍化原理の規律対象の限定には与しない。そして、正義観念を規定する普遍的な「道徳的観点」が、善・価値の問題や目的=手段関係の問題にも関わり、一般的実践的討議の全領域において優先的な位置を占めることによって、一般的実践的討議において統一的な実践理性が体系的に必然的な関連として示されることになる、という見解を説く。[18]

一般的実践的議論では、アレクシーが指摘するように、議論の主題に応じて、正・不正の問題、価値や善悪の問題、目的=手段関係の合理性の問題などが相互に交錯し、いずれの問題の議論においても、義務論的論拠、目的論的論拠、目的合理性の論拠が、議論領域ごとにそれぞれウエイトや優先関係は異なるが、議論の方向や結論を左右する重要な位置を占めている、と理解するのが適切である、そして、各議論領域ごとにこれらの問題と論拠の全体的な構造的相互関連についての関係者の実践的慣行・一般的了解などの解釈学的解明によって、議論の手続過程とその結果の合理性・正当性の識別基準を再構成することが、重要な方法論的課題となる。各議論領域ごとにこのような問題と論拠の構造的相互連関を解明するにあたって、ハーバマスのように、道徳と倫理を区別し、規範の正・不正の義務論的討議と価値や善の目的論的討議をそれぞれに対応させ、道徳的議論を一般的実践的議論の三類型のうちの一類型ととらえる理論枠組は、一つの明快な整理の仕方ではある。けれども、現実の実践的議論における諸々の問題と論拠の複雑な構造的関連を的確に理解するには過度に図式的であり、プロクルステスの寝台というきらいがあるし、議論領域ごとの合理性・正当性基準についても、とくに普遍化原理がこのように区分された道徳的討議のみを規律するという見解には疑問が多い。むしろ、アレクシーの見解に近いが、道徳的議論を、「道徳的観点」の相互了解に基づく議論であるが故に普遍化原理の規律のもとにあると、議論参加者が共有すべき観点と相関的な議論領域としてととらえて、一般的実践的議論のうち、正義問題が典型であるが、他者関係的な行為調整や公共政策の形成・実施などのように、関係者すべての利害関心を公平に取り扱うことが要請される実践的問題を主題とする議論は、普遍化原理によって規律されるべきであると、一般的実践的議論と道徳的議論の関係を、議論領域の主題と相関的に要請される普遍的な「道徳的観点」の問題と考えるのが適切であろう。

正義論をはじめ道徳理論においては、普遍化原理は、伝統的に立場の相違を超えてほぼ共通して「道徳的観点」の核心をなすものと了解されてきた「公平性（impartiality）」観念を受け継ぐ原理と位置づけられてきており、何らかの普遍化原理を実践的議論の中核的な規制的原理とすることには、私も基本的に賛同するものである。しかし、その規範的要請内容を具体的にどのように特定化するかについては、ハーバマスの提唱する帰結主義的な普遍化原理(19)の要請内容は、規制的理念としても強すぎるように思われ、アレクシーの一般化原理のような弱い解釈[20]で十分であろう。対話的合理性基準という考え方においては、さらに、原理整合性の要件を付け加える他、実践的議論の正当性確保のもう一つの根幹である「自律性」観念に基づく自由かつ平等な参加保障の要請とも組み合わせ、議論の手続過程の公正の確保に関わる語用論的要件をも取り込んで、多元的に公平性の要請を再構成するのが適切であると考えている。[21]

三　実践的議論の理論の展開方向とその基礎

一般的実践的議論の基礎理論の展開と基礎づけは、基本的にメタ倫理学的考察という学問的位置づけになるのであろうが、その理論的射程を政治や法の領域への実践理性の「制度化」という方向へ拡げてゆくためには、規範的正義論をはじめ、公共哲学の多彩な展開の成果をも積極的に取り入れ、従来のメタ倫理学的理論枠組を超えて、公共的正当化理論という方向への理論展開が必要であろう。実践的議論の理論のこのような方向への展開において先導的な役割を果たしているのが、ハーバマスであり、その討議理論を基礎とする独自の熟議民主制論や手続主義的法理論を自ら展開しているだけでなく、ロールズとの論争などを通じて方法論論議の深化にも寄与している。ハーバマスとロールズの見解の対比的検討が、熟議民主制や規範的正義論における「公共的理性・理由(public reason)」「市民的義務(civility)」「互恵性(reciprocity)」などの基礎的観念をめぐる公共的正当化理論の中心的論点の一つとなっている。[22]私も、これらの論議の展開から学びつつ、対話的合理性基準とその法的制度化に関する説明を部分的に改めたところもあるが、まだ暫定的な補正にとどまっており、とくに実践的議論の理論では論理的・手続的要件の定式化に偏っている要請内容を、対話的な徳性・責任倫理に関する要件をも取り込む方向に拡充してゆくことが不可欠であると考えている。[23]実践的議論の基礎理論をこのような方向に拡充してゆくことによって、交渉理論との接合も可能となり、将来的には、議論と交渉を統合する対話的な実践的問題解決のネットワークの全体的構造に関わる、実践理性の公共的使用の作法とでも呼ぶべき基礎理論が構築されることが期待される。

一般的実践的議論の基本的な理念・原理・ルールなどの理論的な基礎づけについては、直接的にはハーバマスらの用いる「遂行的矛盾（performativer Widerspruch）」観念による語用論レベルの正当化だけでも十分だと考えられるが、それらの理念・原理・ルールの要請内容が、決して道徳的に中立的なものではなく、アレクシーも指摘するように（三三―三四頁参照）、人間存在と社会関係の在り方に関する一定の道徳的内実を内含ないし前提としていることは否定し難い。対話的合理性基準という考え方も、かけがえのない個人としての自律的人格を相互に尊重し公正に配慮しあうという相互承認関係を、人間存在と社会関係に通底する規範的基盤として共通に受け容れることが、実践的問題の理性的解決をめざす相互主体的コミュニケーションを必要とするとともに可能とする前提条件であるとみる人間観・社会観を、このような道徳的内実の核心として内含している。そして、私の法理学的理論の全体構造のなかでは、法動態の相互主体的視座の背景的な哲学的基礎もまたこのような相互承認的な人間観・社会観に求められており、実践理性の法的制度化としての「議論・交渉フォーラム」という法構想とはこのような人間社会の規範的基盤の了解を共通の基礎として内的につながっている。

このような相互承認的な人間観・社会観をさらに哲学的にどのように彫琢するかという課題は残るが、実践的議論の基礎理論だけでなく、正義論などの公共的正当化理論をも含めて、現代の多元的社会における実践的問題の理性的解決の在り方を考察している論者たちの間で、基本的にこのような人間観・社会観に一般化抽象化できそうな考え方が共通の背景的コンセンサスとしてかなり広く前提とされていると想定できるならば、現実に実践的問題の理性的解決に真剣に取り組んでいる人びとに対しても、そもそも実践的議論の合理性・正当性基準を意味あるものとして論じ合う前提として、このような人間観・社会観をミニマムの道徳として受け容れて然るべきだと要請することが穏当であろう、と考えている。

このような相互承認的な人間観・社会観について、その思想史的起源をカントに求めるか、ヘーゲルに求めるか、また、リベラルあるいは共同体主義的などと、特定の哲学的立場として特徴づけるかどうか、さらに、実践的議論の基礎理論に内在的なものと位置づけるか、その前提にある背景的な存在論的見解と位置づけるかなどは、それぞれ哲学的には興味深く重要なテーマではある。けれども、実践理性の法的制度化と公共的使用の在り方の考察という議論領域では、これらの問題についての哲学的見解を異にする人びとの間でも大枠としてのコンセンサスの得られそうな共通基盤をさぐることが先決問題となる。

（12） 田中『現代法理学』前掲注（1）とくに五二-六〇頁、三六二-七五頁参照。

（13） ロールズの公共的正当化理論の内容とそれに対する私の評価については、田中成明「ロールズと法理学―ハート、ロールズ、ドゥオーキン」井上彰編『ロールズを読む』（ナカニシヤ書店、二〇一八年）一四九-八〇頁参照。法の自立性という観念をめぐる論議とも重なり合う重要な問題であり、本書では、これらの問題に対する一定の見解を前提に考察しているが、この問題自体に詳しく立ち入ることはできない。

（14） R. Alexy, Eine diskurstheoretische Konzeption der praktische Vernunft, *ARSP*, Beiheft 51 (1993), S. 12-14 など参照。

（15） J. Habermas, Vom pragmatischen, ethischen und moralischen Gebrauch der praktischen Vernunft, Habermas, *Erläuterungen zur Diskursethik* (1991)（清水多吉・朝倉輝一訳『討議倫理』法政大学出版局、二〇〇五年）, S. 100-18 参照。

（16） 前掲注（4）に挙げたアレクシーとマコーミックらの文献参照。

（17） 前掲注（8）、（15）に挙げたハーバマスの文献参照。

（18） R. Alexy, The Special Case Thesis, *Ratio Juris*, 12 (1999), pp. 378-79, Alexy, Die juristische Argumentation als rationaler Diskurs, Alexy/ H.-J. Koch/ L. Kuhlen/H. Rüßmann (hrsg.), *Elemente einer juristischen Begründungslehre* (2003), S. 117 など参照。

(19)「規範が妥当するのは、問題となっている規範をすべての人びとが遵守したときに、すべての個人ひとりひとりの利害関心の充足にとって生じると予測される結果や副次的影響を、全員が強制なしに受け容れうる場合である」(H. Habermas, *Moralbewußtsein und kommunikative Handeln* (1983)(三島憲一・中野敏雄・木前利秋訳『道徳意識とコミュニケーション』岩波書店、一九九一年), S. 103 など参照)。

(20)「各人は、自己の主張する規範的言明で前提されているルールが各人ひとりひとりの利害関心の充足に対してもつ結果を、彼がこれらの人びとと同じ状況にいるという仮説的な場合にも、受け容れることができなければならない」(Alexey, *Theorie der juristischen Argumentation*(前掲注(4)), S. 251 など参照)。

(21) 田中『現代法理学』前掲注(1)三六七–七二頁参照。

(22) J. Habermas, Reconciliation through the Public Use of Reason: Remarks on John Rawls's Political Liberalism, J. Rawls, Reply to Habermas, *Journal of Philosophy*, 92 (1995), pp. 109–80, J. Bohman/ W. Reg (eds.), *Deliberative Democracy: Essays on Reason and Politics* (1997), S. Freeman, Deliberative Democracy: A Sympathetic Comment, *Philosophy & Public Affairs*, 29 (2000), pp. 371–418, J. Cohen, Truth and Public Reason, *Philosophy & Public Affairs*, 37 (2009), pp. 2–42 など参照。

(23) わが国では、平井亮輔「シビリティと語りの正義」田中成明編『現代法の展望』(有斐閣、二〇〇四年)三八七–四〇七頁などがこのような方向への理論展開の試みとして注目される。

第三節　実践理性の「法的」制度化の段階的・重層的構造

一　実践理性の「法的」制度化の構造の見直し

実践的問題の解決において、自由な一般的実践的議論にゆだねておいたのでは、対話的合理性基準を構成する原理・ルールなどの諸要件がすべて充たされても、必ずしも一定の具体的な結論が確実に得られるとは限らない。また、議論領域の主題・対象に関する相互了解が不十分で論点を適切に絞り込めなかったり、議論参加者が受け容れるべき共通論拠が不明確で相互了解が欠如していたりして、理性的な議論自体が成り立たなかったり、意見の相違を議論によって相互調整し何らかの結論に到達できない可能性もある。だが、社会全体の秩序だった存立と円滑な変動のためには、他者関係的な行動の調整や公共政策の形成・実施など、社会的に重要な実践的問題については、一定の時点においてあるいは限られた期間内に何らかの公共的・集合的決定が必要であることが多い。このような社会的調整・政治的統治の必要に応える根幹的なインフラの一つとして、対話的合理性基準を構成する諸要件を「法的形式」として「制度化」し、議論手続と決定手続を構造的に接合することによって、一般的実践的議論の不確定性に対処するという仕組みが、人類の智慧の積み重ねによって構築されてきた。従って、このような観点からみた実定法システムの存在理由は、理性的な議論を遂行するための理想的な手続的・制度的条件を整備するとともに、法的規準として権威的な公共的理由を規定することによって、手続・実体の両面から議論と決定を枠づけ方向づけ、一般的実践的議論の不確定性に対処することにあり、実定法システム独自の制度的正統性・規範的妥当性も、このような仕方で「制度化された実践理性」であるということによって基礎づけられる。

　以上のような基本的な考え方自体は変わらないけれども、実践的理性の「法的」制度化の具体的構造に関するこのような私の従来の見解は、もともと法律学的方法論の基礎理論として展開されはじめたこともあって、裁判制度・手続とそこにおけるフォーマルな法的議論に焦点を合わせたものであった。そのため、はしがきや第一節で触れたように、法動態への相互主体的視座に支えられた法的空間全体の解明に関わる法の一般理論の基礎理論としては射程が不十分で、視野拡大と理論枠組の再構成が必要となっている。このような実践理性の法的制度化の全体的構造の見直しは、相互に重なり合うところもあるが、法規範の形成・具体化過程の段階的構造にそった方向と、法規範の理由指図機能の作用方式の重層的構造にそった方向について、それぞれ以下のような補正を加えることが中心となる。

一方では、H・ケルゼンの法の段階構造論以来、法の妥当連関の規範論理的モデルとして広く受け容れられているる実定法システムの段階的構造からみて、法の形成・具体化過程において段階的に司法的裁判の上位に位置するとみられている立法段階の方向に遡って、実践理性の法的制度化の段階的構造の考察対象を拡げることによって、実定法システム・法規範の制度的正統性・規範的妥当性という、法律学的方法論・法の一般理論・正義論にまたがる法理学の根本問題の解明にも用いることのできる理論枠組として再定式化することが不可欠である。

他方では、法的空間を、立法過程や司法過程だけでなく、国家の強制権力の行使と直接関係しない社会レベルでの一般の人びとの法的相互作用過程にまで拡げて理解することに対応して、法規範の作用方式についても、裁決規範レベルだけでなく行為規範レベルをも視野に入れ、社会レベルにおける一般の人びとの行動調整に対する法規範の作用方式をも、実践理性の「法的」制度化の全体的構造のなかに適切に位置づけることができるように、その理論枠組を拡充し再構成することが必要である。実践理性の法的制度化という観点から裁決規範と行為規範の作用方式の異同・関連を的確に解明し、社会レベルにおいて法規範に自主的に準拠しつつ行われる交渉などの法的相互作用活動をも、実践理性の公共的行使の法的形態としてとらえる知的地平を切り拓くことが、「議論・交渉フォーラム」構想を相互主体的視座の確立という問題関心に十全に応えうる法の一般理論として再定位するにあたっての重要な課題である。

二　実践理性の法的制度化の段階的構造

(1)　実践理性の法的制度化の構造を段階的に遡ってゆく方向は、「議論・交渉フォーラム」構想の射程を、法律学的方法論から法の一般理論へだけでなく、さらに正義論へと拡げてゆくことになるが、先ほど触れたように(二九-三〇頁参照)、アレクシーの法システムの四段階手続モデルやロールズの正義原理の社会的諸制度への適用の四段階順序枠組などが、このような方向への考察の手がかりを提供している。実践理性の不確定性への対応のための制度化という観点から法システム論を展開するアレクシーは、実践的討議の法的制度化に直接関わる手続システムと、ルールと原理の区別を基軸とする規範システムの二側面を統合し、三次元モデルとして「ルール／原理／手続モデル」を提唱するようになった。そして、前者の四段階手続モデルについて、①一般的実践的討議、②国家法制定手続、③法的討議、④裁判過程手続という四段階の必要性を討議理論的に基礎づけ、討議と決定の構造的関連を説明している。[24] この手続モデルの一つの特徴は、法律・判例・法教義学に拘束される法的討議が、法的制度化の独自の段階として、立法段階と裁判段階の間に位置づけられていることであり、このような法的討議の位置づけは、裁判実務と法律学をいわば法的討議共同体として一体的にとらえ、裁判過程手続から段階的に切り離して法的議論の特質を考察する理論枠組として、後ほど改めて取り上げるように、裁判の内外における法的議論の在り方を統合的に理解するのに適した魅力的な考え方であると思われる。だが、私は、討議と決定の手続的接合を「法的」制度化の段階区分において重視しており、マコーミックらのように、法廷弁論や判決の正当化などの裁判実務を法的討議のパラダイムとして、法的討議と裁判過程を一体的に位置づけ、法律学はこのような裁判実務に一定の距離をおいて関与する学問ととらえている。それ故、法的討議をアレクシーのように理解して、実践的議論の法的制度化の独自の段階と位置づけないほうが適切だと考えており、この点については当初からアレクシーと異なる理解をしていた。アレクシーのような法的討議共同体の位置づけについては、このような段階的構造の一環としてよりも、次にみる行為規範と裁決規範という重層的構造との関連も視野に入れて、法的制度化の段階的側面と重層的側面が動態的に交錯する重要な場としてとらえるほうが適切ではないかと考えている。

いずれにしろ、私の従来の理論枠組は、立法過程を法的過程としてよりも主として政治過程という観点からとらえており、立法手続における議論と決定の接合を独自の「法的」制度化の段階と位置づけて考察するという問題関心は希薄であり、この点では不適切だったことは間違いない。実践的議論の法的制度化という観点から実定法システムを段階的に構造化する場合には、少なくとも、議会における政治的議論に基づく法規範制定と、裁判過程における法的議論に基づく判決という、議論と決定の構造化の二段階を区別する理論枠組を用いることが、立憲民主制・権力分立制・法の支配などの統治原理の制度的要請として不可欠であろう。なお、現代法システムのもとでの一般的法規範の具体化において裁判過程以上に重要な役割を果たしている行政過程について、実践理性の法的制度化の段階的構造の観点からどのように位置づけるか、とくに裁判過程と別系列の同段階という位置づけで十分かどうかも、権力分立制や法の支配の現代的形態の解明とも関連する重要な検討課題であるが、ここでは問題を指摘するにとどめておきたい。

さらに、このような立法から司法（および行政）へという、国家の権力行使に関わる手続過程だけで実践理性の「法的」制度化の全体的構造をとらえ尽くすことができるかどうかも、検討し直さなければならない。例えば、ロールズは、彼の提示する背景的正義原理の社会諸制度の適用について、正義原理と法的ルールの制度的分業を説き、①原初状態での正義原理の選択、②憲法制定会議、③立法段階、④個別事例において裁判官・行政官がルールを適用したり一般市民がルールに従ったりするという四段階順序枠組を提唱している[25]。立憲民主制下における実践理性の「法的」制度化の構造を論じる場合、憲法裁判の法理論的位置づけや市民的不服従の正当化の問題などの考察については、立法段階と憲法制定段階を区別することも必要であり、アレクシーもその四段階手続モデルの説明のなかでこのことを示唆している。また、ロールズがそこまで考えていたかどうかは疑問であるが、市民一般が法的ルールに従うという第四段階が、一般の人びとの法的ルールの遵守だけでなくそれに準拠した自主的活動をも含むと理解するならば、国家権力の行使と直接関係しない社会レベルの法的活動をも実践理性の

「法的」制度化という観点からとらえる枠組とも整合的な段階区分であり、注目される。さらに、ロールズは、このような各段階における正義原理の実現について、彼独自の手続的正義の類型区分と組み合わせて、立憲民主制的な政治過程が、理想的には完全な手続的正義を追求しつつも、現実には不完全な手続的正義でしかありえず、一定の範囲内で擬似的な純手続的正義の観念によらざるをえないのに対して、市場における経済活動については、適切な背景的制度を伴い適正に規制された競争的市場経済のもとでは、分配問題は純手続的正義の観念によるべきであり、各自の目的を増進することは個人や団体の自由にゆだねられているという見解を説いている。このような手続的正義の類型区分を用いた説明は、アレクシーの「討議上必然」「討議上不可能」「討議上可能」という概念区分と組み合わせるならば、裁決規範と行為規範における法規範の作用方式の違いや、議論の規制的理念の交渉への準用の在り方の考察に貴重な示唆を与えるものである。

(2)　実践理性の「法的」制度化が、裁判過程に限らず、実定法の形成と具体化の全過程に及んでいることを明確にする理論枠組が必要とされるのは、とりわけ実定法システムの制度的正統性・規範的妥当性が基本的に「制度化された実践理性」であることによって基礎づけられるとする、法の妥当根拠論と密接な関係にある。実定法システムの制度的正統性・規範的妥当性について、私は、「正しい（正義に適った）法への志向」が内在化されていることが、実定法システムの妥当性主張の前提条件であり、「法の支配（合法性）原理」を実定法内在的正義と位置づけ、形式的正義・手続的正義や一定の基本的自由権という、法の支配原理の中核的要請内容を組織的かつ全面的に無視する法システムや法規範には、人びとを法的に拘束する資格を認めることができないという立場をとり、このような立場は、実定法システムが対話的合理性基準を内在化して法の支配原理にのっとって存立し作動していることを要請することに他ならないという理解をしている。[26] 実定法システムの制度的正統性・規範的妥当性と対話的合理性基準の内的関連をこのように理解するならば、裁判・判決だけでなく、制定法の内容とその制定過程もまた、対話的合理性基準の諸要件を充たし、法の支配原理の少なくとも最小限の要請を内在化していなければならないことになる。だが、裁判過程に焦点を合わせた対話的合理性基準の法的制度化についての従来の理論枠組は、このような法システム全体の存立に関わる重要な要請を説明するには十分ではなく、法の支配（合法性）原理をめぐる議論状況をみても（本書第三章参照）、少なくとも立法過程をも実践理性の法的制度化の一形式と位置づけ、裁判過程に先行する独自の段階として考察することが不可欠である。

このように、法の支配原理を実定法内在的な道徳的原理ととらえ、その中核的要請内容を組織的かつ全面的に無視する法システムや法規範の制度的正統性・規範的妥当性を認めるべきではないという見解は、直接的にはＬ・Ｌ・フラーの合法性（legality）観念などから示唆を得たものである。だが、「正当性主張（Anspruch auf Richtigkeit）」を実践理性の法的制度化の理論の中核として位置づけ、基本的人権やいわゆるラートブルフ定式の討議理論的基礎づけを試みているアレクシーの理論展開とも似通っているところが多く、(27) アレクシーの見解とも関連づけながら、実定法システムの制度的正統性・規範的妥当性の問題を、実践理性の法的制度化の全体的構造の理論枠組のなかに整合的に位置づけて考察を進めることが、今後の理論的課題となる。この問題は、法と道徳の異同・連関という伝統的な法理学的論点にも関わる重要なテーマであるが、詳しく立ち入る余裕はない。ここでは、実定法システムの制度的正統性・規範的妥当性のこのような理解に対応して、法的議論の自立的な議論領域の確定に関わる「法的観点」について、実定法規範の妥当性・拘束力を無条件的に受け容れ、正義・公正などの道徳的な論拠や考慮を全面的に排除する法実証主義的な見解には与せず、法の支配（合法性）原理の要請を内在化して作動している限りにおける実定法システムの規範的妥当性を内的視点から受け容れている姿勢と理解すべきであること、また、実定法システムが法的ルールだけでなく法的原理も含む柔らかな構造をもっていることとも相まって、法的観点は、形式的正義・手続的正義や一定の基本的自由権の要請などを中心に、一定の道徳的な論拠や考慮に開かれたものであり、道徳観点とも部分的に重なり合い内的に関連していることを確認するにとどめておきたい[28]。

三　実践理性の法的制度化の重層的構造

他方、実践理性の「法的」制度化の考察を裁判過程以外の法的空間へも拡充してゆく理論展開については、ハーバマスが、その討議理論を法と政治の領域に適用して独自の民主的法治国家論・手続主義的法理解を展開し、先導的な役割を果たしてきた。彼は、一般的討議原理を先ほどみたような討議領域区分（三四頁参照）に応じて特定化する原理として、議論実践の内的構造に関する「普遍化原理」と並んで、一般的討議原理を平等なコミュニケーション的権利と参加権を基軸に法形式で制度化する「民主制原理」を新たに導入し、議会と公共圏における政治的討議および裁判所における法的討議を、このような民主制原理によって制度化された議論領域と位置づける。そして、政治的・法的議論領域が、相互に交錯しつつ、それぞれ、正義論などの道徳的討議・論拠だけでなく、倫理的-政治的討議・論拠、プラグマティックな討議・論拠、交渉による妥協にも開かれ、一定の内的連関の確立された討議と交渉のネットワークとして構造化されていることの解明を試みている[29]。すでにその一部に触れたように、彼の民主制原理の法的形式による制度化の具体的説明には賛同し難い内容もあるが、討議と交渉の制度化に関するこのような理論枠組の基本構図自体は、実践理性の法的制度化の動態的諸相の解明にも的確な地平を切り拓くものとして評価したい。

現代の立憲民主制のもとでの実践的議論の法的形式による制度化の典型的なフォーラムには、ハーバマスの見解と同様、法的議論だけでなく、政治的議論も含めて理解するべきであろう。そして、政治的議論の場合は、主として議会における一般的な政策目標の確定と法形成に関わるフォーラム、法的議論の場合は、主として裁判における法の適用と継続形成によって具体的な紛争解決に関わるフォーラムとして制度化されているが、両者は、相互に重なり合い規制し合い、それぞれ議会と裁判所を中核とし、それらを取り巻くインフォーマルな公共的空間を共通の背景として取り込んで、相対的に自立的な議論領域を形成している。このように、国家権力の行使と直接関わらない非権力的な生活空間をも含めて、法的空間全体を実践理性が「法的に」制度化された〝場〟ととらえ、そこにおける法律家だけでなく一般の人びとの法的相互作用活動をも実践理性の公共的行使の法的形態として位置づけることによって、立法過程をも含めた多層的な法的過程のそれぞれにおける議論と交渉の適切な相互関係を解明する共通の知的地平が切り拓かれることになる。そして、とりわけ現代型訴訟をめぐる裁判外の法的・政治的過程における議論と交渉の動態的な関連の分析にも新たな照明をあてることが可能となることの意義は大きい。

ハーバマスは、このように、実践理性の法的制度化と公共的行使の射程を拡げるとともに、討議と交渉の異同・関連についても独自の見解を提示している。彼は、基本的に討議が理性の行為であるのに対して、交渉は意志の行為であると区別し、討議による理性的合意と交渉による妥協は、理由づけの有無ないし理由づけへの合意の有無によって原理的に区別しているようである。だが、交渉がもっぱら戦略的行為なのか、それとも、その外的形式は討議の内的形式に対応していないけれども、間接的に討議原理の手続的規律（すべての関連利益の平等な考慮・すべての当事者への平等な権力付与・非強制的性質の確保など）が及ぶ限りで、コミュニケーション的行為の一亜種と位置づけているのか、あいまいなところがある。また、討議による合理的に動機づけられた合意が、すべての当事者が同一の仕方で納得する根拠に支えられるのに対して、妥協は、多様な当事者によってそれぞれ異なる根拠に基づいて受け容れられうるという相違があるとみている。けれども、このような理性的合意と妥協との区別は、ロールズの「重なり合う合意」と「暫定協定（modus vivendi）」の区別[30]と同様、現実にはかなり複雑微妙な依存・反発関係にあり、このような区別やその意義を認めるかどうか、意見が分かれるところである。

議論が理由づけ志向的であるのに対して、交渉が合意志向的であるという、コミュニケーション方式の関心方向の違いについては、ほぼ共通の了解がみられ、また、交渉の場合は、何らかの現実の合意が形成されるかどうかが決定的であり、その理由づけは副次的とみられるのが一般的であるという限りで、ハーバマスの見解を議論と交渉の基本的区別として受け容れてよいであろう。しかし、合意についての理由づけの有無によって議論と交渉を原理的に区別することが適切だとしても、複数裁判官が関与する判決の評決が理由ではなく結論への多数決によって行われる実践的慣行、最高裁判決などでは一定の結論を正当化する複数の理由が判決意見のなかで明示される慣行などに照らして、議論によって形成されるべき理性的合意について、すべての当事者が同一の仕方で納得する根拠に支えられるという厳しい要件は必要でなく、合意が複数の根拠によってそれぞれ整合的に正当化されうるものであり、それらの根拠が相互排斥的でない限り、同一の結論がすべての当事者によってそれぞれ異なる根拠に基づいて受け容れられうるという緩い要件で十分であろう。(31)

他方、法的交渉理論における統合的な問題解決型アプローチの提唱や熟議民主制理論における熟議的交渉（deliberative negotiation）概念の提唱などの新たな展開をみると、(32) 交渉・妥協の主題を一般化不可能な特殊な利害対立に限定したり、交渉によって形成される合意を、次善の解決という消極的ニュアンスが強い「妥協」に限定することについては、見直す必要があるように思われる。ハーバマスのいう公正な交渉、統合的な問題解決型交渉、さらに熟議民主制の規制的理想のもとでの熟議的交渉などによって形成された合意については、交渉の過程で当事者の選好だけでなく信念も変容する可能性を考慮に入れるならば、理由の対立を超えて相互に了解し合う「宥和（reconciliation）」という肯定的ニュアンスの解決をも含むように、交渉による合意概念の表現方法を改めたほうが適切ではないかと思われる。

ハーバマスは、実践理性の法的制度化と公共的行使の考察を、国家権力の行使に直接関わらない法的空間へも拡充してゆくための基本的な理論枠組を提示したけれども、討議と交渉のネットワークの考察は、主として熟議民主制的な政治過程に限られており、社会レベルの日常的な法的相互作用過程における討議と交渉の関連には及んでいない。社会レベルにおける法的交渉に対しても、実践理性の法的制度化と公共的行使という観点から独自の法実践としての位置づけを与えるためには、法規範の理由指図機能について、裁判過程における法的議論の権威的正当化理由という、その裁決規範レベルの作用方式の側面からだけでなく、社会レベルにおける人びとの自主的な法的相互作用活動に対する行為理由指図という、その行為規範レベルの作用方式との関連からの考察が不可欠である。

四　法規範の行為規範レベルの作用方式の特質

(1)　実定法規範の第一次的な規範的機能は、人びとの日常的な社会生活での相互作用的な行動の調整において一定の行為を行ったり差し控えたりする共通の規範的な行為理由を指図することであり、法規範は、非権力的な法的空間においても人びとが自己の行動を正当化したり他人の行動に対して要求・期待や非難をしたりするにあたっての権威的理由という位置を占めている。問題は、法規範の作用方式に関するこのような一般的な法理学的理解にもかかわらず、法的議論の理論における従来の考察では、裁決規範レベルの法規範の作用方式に焦点が合わされ、このような行為規範レベルの法規範の作用方式はその視野の外におかれがちであったことである。法動態の相互主体的視座の確立という問題関心から法的空間の全体像を構築するためには、これまでも度々強調したように、このような行為規範レベルにおける法規範の作用方式や人びとの法規範の遵守・援用方式をも実践理性の法的制度化と公共的行使の法的形態と位置づけうる理論枠組を再構成し、「議論・交渉フォーラム」としての法的空間のいわば裾野を拡充強化する必要がある。実践理性の法的制度化という法構想を提唱していたマコーミックも、裁判実務における法律専門家の法的議論に焦点を合わせる法理学的考察の偏りないし歪みを指摘し、このような方向への理論展開の必要性を早くから説いていた(33)。

マコーミックは、法を通じて適用される実践理性の法理学的考察においては、法廷内の司法的推論だけでなく、法廷外での一般の人びとの実践的推論における法の使用の仕方もそれに劣らず同様に重要であることを強調する。そして、市民の法的推論において法規範の果たす役割について、H・L・A・ハートの義務を賦課する第一次ルールと権能を付与する第二次ルールの区分、W・N・ホーフェルドによる権利・特権・権能・免除などの基本的な法的概念の相互関係の分析、J・ラズによる法規範の行為理由指図方式の分析などをふまえて(34)、次のような見解を提示している。

一般の人びととの実践的推論においては、法は、もっとも根本的には、正・不正の区別との連関でその思考のなかに入り、第一次的レベルでは、一定の犯罪や不法行為などを規定し、法的に不正な行為を実践的推論から排除する側面的制約として作用し、法的に正しい一定範囲の行為を画定する。しかし、法は、その範囲内にある行為の善し悪しには関心をもたないから、法的に許容された無数の目的とその実現手段が残ることになる。そして、一般の人びとが具体的に目的とその実現手段に関する推論において法を参照する第二次的レベルでは、法は、法的に有効な取引の対象として許可あるいは排除することによって、目的追求に対して制約を課したり、また、取引が実効的に行われ一定の法的効果が生じるための手続・人・状況などを制約したりする。だが、法は目的自体を決定することはなく、いずれにしろ、一定の法的な取り決めをする十全な理由は法的要素だけではないのである。このような規定方式は、民法・商法だけでなく、行政法などでも基本的に同じであり、法規範は、「側面制約的で手段規定的な(side-constraining and means-determining)」仕方で一般の人びとの実践的推論に限定的に関連するにすぎず、一定の法的効果を望む場合でも、それが法的であるが故にではなく、経済的その他の「法的でない」目的にとって必要な手段としてなのである。

そして、法のこのような作用におけるルールの役割については次のように説明する。複雑な社会においては、原理レベルでの意見の不一致がルールのレベルで蒸し返されていつまでも再論可能であってはならず、法が何を要求すべきかについて議論が続行中であっても、第一次的レベルと第二次的レベルで法が要求していることを我々は確定しなければならない。それ故、法を一般的抽象的な原理として定式化するだけでは不十分で、できるだけ明確に言明・布告されたルールによって一般の人びとでも法が要求することを確定できる法的推論が必要とされるのである。

マコーミックは、一般の人びとの実践的推論における法の役割とその正当化に関する以上のような見解に基づいて、ハード・ケースをめぐるＨ・Ｌ・Ａ・ハートとＲ・ドゥオーキンの論争のように、対立する諸原理の複雑な適用に関わる司法的推論からのみ法を考察するのは、法に対する視座を歪めるものであり、そうならないためには、市民の法的推論をも法を通じて適用される実践理性の重要側面と位置づけて考察することが法理学の重要課題であることを説いている。

(2)　マコーミックが指摘するように、法規範の行為規範レベルにおける行為理由指図作用は、一般の人びとの実践的推論における目的選択の理由の一部にすぎず、側面制約的で手段規定的な仕方で限定的に関連しており、裁決規範レベルにおける法的議論や判決の正当化の優先的・排除的（最近では排除置換的（preemptive）という用語が一般的）な中枢的理由という機能とは、実践理性の法的制度化の作用方式をかなり異にしている。しかも、このような行為規範レベルの法規範の行為理由指図作用は、法システムが実践的問題解決における不確定性を段階的に縮減し、正義に適い効率的に作動する過程において、立法から司法へという裁決規範レベルの直接的作用回路とは異なる独自の重要な位置を占めているのである。裁判過程における法的議論との関連でのみ実践理性の公共的使用の在り方を考察するという、従来の法律学的方法論のアプローチでは、このような社会レベルにおいて人びとが法規範を参照・援用しつつ行う自主的な法的交渉の独自の意義や多様な方向への展開の可能性を正しく理解し、法的空間の多層的過程の動態的展開のなかに適切に位置づけることはできない。

法的交渉は、契約取引交渉と紛争解決交渉の二類型に分けて論じられることが多いが[35]、紛争解決交渉の場合は、法規範の作用方式について、行為規範レベルの交渉から裁決規範レベルの司法的解決への展開を想定して、法的議論の側から法的交渉との関係を連続的に論じることで十分かもしれない[36]。しかし、契約取引交渉の場合は、このような司法的解決への展開を想定せず、むしろそれを予防・回避しようとする交渉も少なくないから、行為規範レベルにおける法的交渉と法規範の参照・援用方式の独自の在り方を基軸にすえた考察が必要となる。

だが、マコーミックは、このような的確な問題提起をしたにもかかわらず、その後、実践理性の制度化としての法的推論の考察を、このような見解を取り込んで軌道修正することはなく[37]、法的推論における交渉の位置づけについて論じることもなかった。

マコーミックの問題提起に比較的近い観点からの法的交渉の在り方の考察としては、例えば、山本顯治が、ハーバマスのコミュニケーション理論・法化理論や手続保障の「第三の波」理論などを「法の手続化・プロセス化」理論の観点から独自の仕方で導入して、契約交渉関係の法的構造の解明を試みているのが注目される[38]。山本は、契約に関する実体的規範を、裁判外の当事者間の交渉関係および裁判内における両当事者と裁判官との対話を規律する手続規範であると同時に、紛争主題の直接的な規律をめざす当事者間の議論の実体的論拠であるととらえる。そして、様々のインフォーマルな日常生活規範をも汲み上げ、ルールの不確定性を漸次的に確定し、契約当事者間の交渉と合意による自律的な関係形成・問題解決を促進する行為規範レベルのルールを抽出することが、第一次的に重要であることを強調する。再交渉義務や情報提供義務などをこのような交渉促進規範の例として挙げ、そのような裁判外の日常生活レベルにおける当事者間の交渉を活性化するためのルールが、裁判内の議論ルールとしても可及的に尊重されるべきだとし、法的交渉の側から法的議論の在り方をいわばボトム・アップ的に論じるアプローチによって、契約交渉関係の動態的な法的構造について示唆に富む考察を試みている。

このような山本の見解は、法的交渉の側からみた法的議論の在り方の提言として、法律学的方法論の視座拡大の適切な方向を示すものである。けれども、議論と交渉を一応区別しているにもかかわらず、両者の連続性を強調するあまり、その関連づけがかなり直線的で、議論を交渉に融合させてしまいかねないきらいがあり、法的交渉と法的議論の異同・関連に対する問題関心が必ずしも十分でない観がある。

以上のように、法規範の行為規範レベルの独自の行為理由指図方式と関連づけて法的交渉の規範的構造を解明することが、実践理性の法的制度化と公共的使用の考察の理論枠組の拡充と再構築にとって重要な理論的拠点であることを確認したうえで、次に、マコーミックや山本の見解について指摘したような問題について、角度を変えて、法交渉理論や法社会学の側から法的交渉と法規範・法的議論の関係がどのように論じられており、そこにおける指摘を法理学的にどのように受け止めるべきかという観点から検討してみたい。

(24)　前掲注（9）に挙げた文献参照。なお、法的討議に対するコメントは、従来の見解を変更している。本書第二章一三六–一三七頁注（16）も参照。

(25)　Rawls, *A Theory of Justice*（前掲注（10）), pp. 195–201 参照。なお、四段階順序枠組と手続的正義の類型区分との関連を含め、ロールズ正義論における手続的正義の役割の重要性については、田中成明「公正としての正義と手続的正義—ジョン・ロールズ」大橋智之輔・田中成明・深田三徳編『現代の法思想』（有斐閣、一九八五年）二八一–三〇九頁参照。

(26)　このように要約した見解については、本書第三章第二節・第三節で詳しく説明しているが、旧稿の要約には用語法が適切でなく誤解を招くところがあり、第三章の説明では修正したので、それにあわせて表現を改めている。旧稿執筆当時前提にしていた従来の私見については、田中『現代法理学』前掲注（1）九七-九八頁、三二七-二九頁参照。

（27）R. Alexy, Discourse Theory and Human Rights, *Ratio Juris*, 9 (1996), pp. 209-35, Alexy, A Defence of Radbruch's Formula, D. Dyzenhaus, *Recrafting the Rule of Law: The Limits of Legal Order* (1999), pp. 15-39, Alexy, The Dual Nature of Law, *Ratio Juris*, 23 (2010), pp. 167-82 など参照。本書第三章二五一-五二頁も参照。

（28）「法的観点」については、この箇所以外にも、法規範の作用方式、法の自立性、法実証主義の法・道徳分離テーゼ、法の支配（合法性）原理、法の効力、遵法義務などとの関連でも言及しているけれども、説明の仕方が必ずしも一貫していないところがあり、本書でも整理しきれなかった。さしあたり、基本的なことは、第二章第一節二(3)・三（一一六-一二三頁）の説明を中心に、これらの関連箇所の説明を参照いただきたい。

（29）Habermas, *Faktizität und Geltung: Beitraege zur Diskurstheorie des Rechts und des demokratischen Rechtsstaats*（前出注（8））参照。以下の説明については、いちいち注記しないが、前掲注（8）で掲げたハーバマスの見解の関連箇所と関連文献も参照。

（30）J. Rawls, *Political Liberalism* (1993), pp. 145-50 など参照。

（31）J・ロールズのいう「重なり合うコンセンサス」(Rawls, *Political Liberalism*（前掲注（30））, pp. 133-72 など参照)、C・R・サンスティーンのいう「完全には理論化されていない合意（incompletely theorized agreement）」(Sunstein, Practical Reason and Incompletely Theorized Agreements, *Current Legal Problems*, 51 (1998), pp. 267-98 など参照）も理由づけ型合意に含めるという趣旨である。

（32）C. Menkel-Meadow, Toward Another View of Legal Negotiation: The Structure of Problem Solving, *UCLA Law Review*, 31 (1984), pp. 754-842, J. Mansbridge et al., The Place of Self-Interest and the Role of Power in Deliberative Democracy, *Journal of Political Philosophy*, 18 (2010), pp. 69-72 など参照。

（33）N. MacCormick, Citizens' Legal Reasoning and its Importance for Jurisprudence, *ARSP*, Beiheft 40 (1991), pp. 15-21（亀本洋訳「市民の法的推論とその法理学にとっての重要性」矢崎光圀・野口寛・佐藤節子編『転換期世界と法』（国際書院、一九八九年）一五五-六八頁）、亀本洋「普通の人びとと法的思考―N・マコーミックの見解を中心に」理想六三七号（一九八七年）

二六‐三六頁参照。

（34）マコーミックは、H. L. A. Hart, *The Concept of Law* (1961)（長谷部恭男訳『法の概念（第3版）』筑摩書房、二〇一四年）, W. N. Hohfeld, *Fundamental Legal Conceptions as Applied in Judicial Reasoning* (1919), J. Raz, *Practical Reason and Norms* (1975) などを示唆を得た見解として言及しているが、ホーフェルドについては、内容的にはともかく、書名からみる限り、論旨とやや違和感もある。

（35）法交渉学実務研究会・小島武司編『法交渉学入門』（商事法務研究会、一九九一年）四‐五頁、小島武司・加藤新太郎編『民事実務読本［Ⅳ］和解・法的交渉』（東京布井出版、一九九三年）三‐二一頁など参照。

（36）私自身のこのような考察については、田中『法的空間』前掲注（2）七七‐八四頁、同『現代社会と裁判』前掲注（11）第2章、第3章など参照。本文で説明するように、法システムの社会的機能として、活動促進機能の第一次的重要性を強調しながら、このような考察を、もっぱら法の紛争解決機能との関連でしか行ってこなかったところに、議論と交渉の相互関係に関する私のこれまでの考察の偏りないし限界があったと理解している。

（37）もっとも、制度的法理論の一環として、市民社会における刑事法・民事法の作用方式について、市民の義務・責務や自由・自律、日常的な実践的推論との関係に焦点を合わせて、側面制約的で手段規定的な行為理由指図方式の全体的構造に関して示唆に富む分析枠組を提示していることが、このような問題関心の発展としての軌道修正とみることができる。N. MacCormick, *Institutions of Law* (2007), chs. 12, 13, MacCormick, *Practical Reason in Law and Morality* (2008), chs. 5, 6, 7 参照。

（38）山本顕治「契約交渉関係の法的構造についての一考察（1）～（3・完）」民商法雑誌一〇〇巻二号（一九八九年）一九八‐二二五頁、三号（同年）三八七‐四一一頁、五号（同年）八〇八‐三五頁、同「契約規範の獲得と正当化」『谷口知平先生追悼論文集2』（信山社、一九九三年）六九‐一二二頁、同「契約と交渉」田中成明編『現代理論法学入門』（法律文化社、一九九三年）四八‐七九頁など参照。なお、前掲注（7）に挙げた文献も参照。

第四節　法的交渉と法規範・法的議論との関係

一　法規範の法実践への作用方式

（1）「議論・交渉フォーラム」という法構想では、法的交渉は、法的議論と並ぶ典型的な法実践と位置づけられ、とくに法システム全体の相互主体的活性化にとっては、裁判所外の非権力的な法的空間における一般私人間の自主的な法的交渉が第一次的な重要性をもつことになる。このような法的交渉の役割を、法的議論から原理的に区別して正しく理解するためには、法規範の作用方式について、法的議論の正当化理由という裁決規範レベルにおける作用だけでなく、行為規範レベルにおける一般私人の相互作用活動への行為理由指図という作用をも、実践理性の法的制度化の重層的構造における独自の側面と位置づけ、法的交渉における法規範の用い方の特質とその法的議論との相互関係を解明する必要がある。

実践理性の「法的」制度化に関する法理学的考察においては、立法による一般的法規範の定立と裁判によるその個別事例への適用という方式によって、実践理性の不確定性を段階的に縮減し、いわゆる法の不確定性にも対応するという、法による国家権力の行使の規制と正当化という機能に焦点を合わせて論じられてきた。裁判制度・手続が、法システムの中枢的メカニズムとして、法システム全体が円滑に作動しその多様な機能を実効的に実現する上で重要不可欠の役割を果たしていることに対応して、一般的法規範の作用方式としても、このような裁判に対して優先的・排除的（排除置換的）な中枢的理由を指図するという、裁決規範レベルの機能が重視されてきたこと自体には何ら問題はない。しかしながら、法システム全体の作動方式をみた場合、裁判手続・制度や裁決規範の機能は、重要で不可欠ではあるけれども、法規範の行為規範レベルでの指図作用が期待された役割を実効的に果たせない場合に備えた補助的なものであり、法の主要な機能は、むしろ、「法が裁判所外での生活を規制し導き計画するために用いられる多様な仕方[39]」のなかにみられるべきである。

「法の支配」の要請としても、法規範には、権力行使の規制と正当化という機能だけでなく、一般私人に対してその日常社会生活での行動調整において準拠すべき理由を指図し、相互の行動の予測可能性を確保し自由な活動を保護・促進するという機能も期待されているのである。そして、法規範のこのような行為規範としての作用方式は、裁決規範としての作用方式に従属的なものではなく、独自の重要な位置を占めているのであり、私人間の法的交渉に対する法規範の作用方式も、何よりもまずこのような行為規範レベルで考察されなければならない。

注目すべきことは、現代法システムの規制対象の拡大と多様化に伴って、「法的」問題・紛争であっても、「司法的」解決が困難ないし不可能な事例が増えてきているという状況のもとで、法規範のこのような裁判所外での生活に対する独自の行為指図機能の重要性が、一段と高まってきていることである。そして、このような現代的法状況を背景に、法システムの作動における裁判の位置づけおよび裁決規範と行為規範の規範論理的関係やその作用方式にどのような影響を及ぼしているかを見きわめつつ、法的交渉と法的議論の異同・連関を正しく理解することが、法システム全体の作動方式の法理学的考察にとっても重要な現代的課題となっているのである。

(2)　法規範の行為規範レベルでの私人の行動に対する作用方式の考察においては、法規範の種別によって規律の仕方が異なり多様であることを、法システムの社会統制・紛争解決などの規制的機能だけでなく、活動促進・資源配分などの促進的機能との関連まで視野に入れて解明することが重要である[40]。以下においては、前節で紹介したマコーミックの見解（五一-五四頁参照）にそって、行為規範レベルにおける私人の行動に対する法規範の作用方式が基本的に「側面制約的で手段規定的」であるという側面に焦点を合わせて、行為規範レベルにおける私人の法的活動と法規範との関係について検討を進めたい。

法規範による行為規範レベルにおける私人の行動の規律方式については、一定の違法行為を禁止する限りで、一般私人を受動的な「義務の担い手・命令への服従者」という側面を中心に論じられがちである。けれども、それ以外の合法的な行動の範囲内での自主的活動については、法規範は側面制約的で手段規定的な仕方で限定的に関与するにすぎず、一般私人は、とく各種の私的権能付与規範によって能動的な「私的立法者」たる役割を果たすことができるという側面がもっと重視されて然るべきであろう。私人相互間で各人各様の目的を実現するために交渉が行なわれる場合、具体的な目的やその実現手段の選択・取り決めにあたって、義務賦課規範によって違法とされる目的や手段を選択・取り決めできない点では、法規範遵守義務があり、法的に拘束されるから、これらの第一次レベルの法規範に準拠するかどうかは、少なくとも法的観点からは交渉によって左右できる事項とすべきではない。それに対して、合法的な行動範囲内での具体的な目的やその実現手段の選択・取り決めについては、それぞれの目的実現やその手段として必要あるいは有益であれば、関連する個々の権能付与規範に自主的に準拠すればよく、このように目的志向的に準拠する場合には、その規定に従って法的な制約を受けるが、これらの第二次レベルの法規範に対する一般的な遵守義務はなく、それらの法規範に準拠するかどうかは、法的観点からみても当事者間の交渉事項となりうる。従って、第二次レベルの法規範の具体的内容や論拠としての価値は、一定の範囲内において、それが参照・援用される個別事例ごとに当事者間の交渉によって確定され、必要に応じて変更される余地があるから、法的交渉によってインフォーマルに法の形成や継続形成が行われ、それが判例変更などとして裁判所のフォーマルな判決内容に汲み上げられることもあり、法的交渉は、実定法規範の形成・発展過程の非権力的なボトム・アップ型ルートとして重要な位置を占めている。

M・A・アイゼンバーグは、「規範から自由な交渉」と「規範に拘束された裁判」という広く受け容れられていた対比的な考え方を拒否して、交渉過程において規範が統合的な役割を果たしていることを強調し、将来の行動を規制するルールを確立する「ルール作成交渉（rulemaking-negotiation）」というモデルを提唱し、法的交渉理論のその後の展開に一定の方向を示唆することになった。このようなモデルの意義も、以上のような法規範と交渉の相互関係を背景としてはじめて十全に理解できるものである。(41)

実定法システムは、このように、私人に一般的な遵守義務を課す義務賦課規範と、私人が目的志向的（purposive）に参照・援用し準拠する権能付与規範という、二種類の法規範を組み合わせながら、私人間の法的交渉を法的観点から規律・評価する。その場合、予測可能性の確保や自由の保護・促進のためには、できるだけ要件事実と法的効果を明確に特定化した一般的ルールを用い、個別事例ごとの要件=効果図式による法的正当化をめぐって意見の対立が生じないようにすることが望ましい。だが、指図内容のルール化の技術的困難・社会変動への弾力的対応・具体的妥当性の確保などのために、法原理によって一般的な枠づけと方向づけをするにとどめ、その行為規範レベルでの具体的な解釈・運用を一定範囲内で個別事例ごとの当事者の交渉・議論にゆだねる方式をとることもある。

従って、人権条項や公序良俗・信義則・権利濫用などの法原理が、法的交渉過程の公正の確保や衡平な合意の形成において重要な役割を果たす事例が少なくない。けれども、法原理の要請内容は、最適実現志向的な目的論的指図と閾値的最小限規制的な義務論的指図の両面をもっており、具体的な規範的要請内容についても意見が対立しがちであり、訴訟になると、ほとんどハード・ケースとなり、行為規範レベルにおけるその自主的利用の仕方は難しい。また、法規範による行為規範レベルでの法的交渉の規律は、私的自治の原則を最大限尊重し、危害防止原理などによって正当化できる必要最小限であることが望ましいが、必ずしも交渉の手続過程の規律だけに限られておらず、交渉の実質的な合意内容にも及んでいることが少なくない。例えば、一般的な民事取引交渉についても、その手続過程における詐欺・強迫などを犯罪としたり取消可能としたりして手続過程の公正を確保するだけでなく、公序良俗・信義則違反の合意内容を無効として不公正な交渉結果の法的保護を拒否したりして、ルールと原理を組み合わせ、手続・実体の両面から規律している。

以上のように、法システムは、私人間の法的交渉に対する法規範の行為規範レベルでの行為理由指図においては、義務賦課規範と権能付与規範、法的ルールと法的原理など、各種の法規範を組み合わせて法的交渉の公正を確保するために多面的に規律しているが、基本的に「側面制約的で手段決定的」な仕方で私人間の自主的活動を促進・支援することを主眼とする。このような作用方式が、法的議論の正当化のいわゆる排除置換的（preemptive）理由という裁決規範レベルでの作用方式とかなり異なっていることは明らかであり、法的交渉における法規範の役割や用い方については、法的議論の場合とは別個独立に考察されなければならない。

二　交渉における法規範の用い方

(1)　法規範の行為規範レベルでの私人間の法的交渉に対する作用方式が以上のようなものであるとして、問題は、法的交渉の当事者やその代理人らが、交渉において現実にどのように法規範を用いているか、また、「法的観点」からみて、どのような用い方が期待され、あるいは、どのような用い方まで法的に正統なものと許容されているかということである。このような法的交渉と法規範の関係の考察の一般的前提として、次のことを確認しておくことが重要である。

一定の交渉が「法的」交渉と特徴づけられるのは、交渉の目的や手法が何らかの仕方で法規範の形成・解釈・適用や法的権利義務関係の形成・変更・確認などに関わっており、その限りで、交渉の過程や結果が「法的観点」からの規範的な規律・評価の対象となるからである。交渉自体は、基本的に社会的相互作用であり、その一定の限られた側面が法的観点からの規律・評価の対象となる限りで、その側面が規範的な特質をもつ、という関係にある。「法的」交渉は、一定の法的な争点が含まれ法的な手法が用いられるが故に「法的」交渉として規律・評価の対象となるのであり、「法的」交渉とは、交渉全体の一定の限られた側面をとらえた特徴づけにすぎないのである。

「法的」交渉であっても、もっぱら法的目的の実現をめざしたり法的手法のみを用いたりする事例はむしろまれである。多くの「法的」交渉においては、経済的・政治的・社会的・道徳的・心理的等々の「法以外の」目的や手法も含まれており、これらの「法以外の」目的や手法のほうが重要な位置を占めている事例のほうが圧倒的に多いとみてよい。とくにそれぞれの選好の最大限の実現をめざす交渉当事者の立場からすれば、交渉の実質的目的の実現にとって、法規範や法的権利義務関係は副次的・手段的なものにすぎず、〝法的なるもの〟にできるだけ制約されずにその選好を最大化できれば、それに越したことはないというのが、交渉における〝法的なるもの〟の現実主義的な位置づけであろう。交渉におけるこのような〝法的なるもの〟の限定的な位置づけは、裁判過程における法的議論では法規範がいわゆる排除置換的理由として決定的に重要な位置を占めているのと対照的であり、法的交渉と法的議論の異同・関連の理解において無視できない特質である。

このような法的交渉と法規範との関係からみて、法的交渉において最も重要なのは、法規範を目的志向的に参照・援用して準拠するという自主的な用い方であるが、このような法規範の用い方について、法的交渉に対する規範的規律が基本的に側面制約的で手段規定的であることに伴う特徴とその問題点を確認しておこう。

交渉理論においては、交渉当事者が法的観点を受け容れているかどうかを問わず、交渉の過程と結果の一定側面が法規範によって規律されることがあるということだけでなく、交渉において法規範の参照・援用が必要あるいは有益であるということも一般的に認められているとみてよいであろう。とくに、統合的な問題解決型交渉や原則立脚型交渉（principled negotiation）など、新たな交渉の考え方を提唱するアプローチ(42)では、交渉の過程・結果の評価基準や合意形成の共通の基礎として、その理由は必ずしも同じではないが、両当事者のニーズ・選好の充足や効率性だけでなく、正義・公正などの道徳的基準をも重視すべきことがほぼ共通して強調されており、このこと自体は、実践理性の「公共的」行使という観点からみても歓迎すべきことである。そして、法規範もそのような公共的な基準・基礎として挙げられることが多いけれども、原則立脚型交渉でも、市場価格、専門家の意見、慣習などと並べて、公正な客観的基準の代表的事例の〝ワン・ノブ・ゼム（one-of them)〟として法の利用が推奨されているにすぎない。(43)

法的交渉理論では、一般的に、法規範には、裁判過程における法的議論の場合とは違って、経済的・道徳的等々の非=法的な諸々の論拠に対する排除置換的な権威的論拠たる特別の位置が認められることはない。また、法的交渉理論では、法規範の役割としては、一定の提案や解決案の正当性を基礎づけたり高めたり評価したりするのに必要・有益だとされることが多いが、裁判の場合とは違って、法規範が論拠として正しいか否かの判断を必要としないことが裁判外の交渉の第一のメリットとされていることもあって、(44)法的論拠の必要性・有益性、従ってまた正当性について何らかの客観的な判定基準が必ずしも共有されていない事例のほうが多いであろう。さらに、「法的」交渉であっても、個々の法規範の正当化理由としての価値は、一般的な遵守義務のある義務賦課規範と違って、権能付与規範については、当事者双方が法的観点を共有し、一般的に法規範の論拠価値について共通了解が存在するか否かという、主観的要因にかかっているから、法規範に対して、原則立脚型交渉モデルで提唱されているように、当事者の意志から独立した「客観的」基準という役割を（交渉ないし議論による相互了解の形成なしには）期待できない事例が少なくないことにも注意を要する。

(2)　法的交渉における法規範の正当化理由としての価値をどのように理解するかは、法規範の用い方と表裏の関係にある。法的交渉における法規範の用い方について、法社会学者の太田勝造は、理論的に「規範的」利用と

「戦略的」利用を区別して、規範的利用が、法を「内的視点」から自らも正当なものと受容して「自己の主張の正当化、相手への合理的説得手段として使用している」のに対して、戦略的利用は、法を「外的視点」からみて「自己の要求の貫徹のためにその正当性とは無関係に単なる『武器』として法を使用している」と特徴づけている。(45) しかし、同時に、現実の交渉過程における法の援用・議論では、「客観的基準通りに個別の紛争を解決する契機（規範適用の契機）」と、「客観的基準の正当性・妥当性を評価し検証し直して、当事者にとっての『公平な基準』を創造する契機（規範操作の契機）」とが交錯していることを指摘し、「法というものは、……人為的に創造された差し当たりの暫定的な定めであるに過ぎないことを認識し、その暫定的拘束力をどの程度のものとするのが社会的に妥当か、どのような合理的根拠があれば規範や法の方を修正すべきであるのかを議論していった方が、法を適用するべきか、法を無視するべきかの二者択一を議論するより生産的である」と、プラグマティックな考え方を提示して、内的視点からの規範的利用と外的視点からの戦略的利用という二者択一的な発想にも疑問を投げかけている。

法への内的視点と外的視点を原理的に区別すること自体は、法理学的考察でも一般的に行われているところであるが、具体的な見解はかなり錯綜しており、法の規範的拘束力に強弱の程度を認める太田の見解も、法理学的には争いのある論点であり、これらの難問自体に詳しく立ち入る余裕はない。ここでは、特定の実定法システム全体の制度的正統性の受容と個々の法規範の妥当性の承認とは必ずしも一致せず、ずれが生じうることなどを考慮すると、とくに法実践については、内的視点と外的視点を二者択一的に理解することは適切ではなく、両視点の概念規定をもう少し精細化するとともに、両視点の重なり合いや相互移行関係、内的視点・外的視点の内部での更なる区分など、法への内的・外的視点という概念の再定式化が必要であるという前提で、本章のテーマと直接関連する論点について若干のコメントをするにとどめておきたい。(46)

法的観点について、第三節二(2)（四七-四八頁）で説明したように理解すると、法実践において法的観点を受け容れることは、実定法システム全体の制度的正統性を内的視点から受け容れることを含意しているけれども、具体的な事例について個々の法規範の妥当性に疑問を呈したり異議を唱えたりすることとは必ずしも矛盾しないことになる。それ故、基本的に法的観点を受け容れていても、個々の法規範の妥当性・規範的拘束力を認めないという意味で戦略的に利用することは可能であり、法への内的・外的視点と法規範の規範的・戦略的利用との組み合わせは、太田も示唆しているように、内的視点＝規範的利用、外的視点＝戦略的利用という単純な組み合わせに限らず、個々の法規範の拘束力の程度まで考慮すると、現実にはかなり複雑な組み合わせが生じうることに留意する必要がある。また、このような理解をすると、特定の法規範の戦略的利用には、外的視点からのものだけでなく内的視点からのものも含まれ、フリー・ライダー的な便宜的な法利用、法と経済学アプローチの法の機能分析などの経験科学的な分析に基づく法規範のプラグマティクな利用、何らかの実質的正義論などの特定の道徳的観点へのコミットメントを法的観点に優先させる規範的立場から法規範を手段的に利用すること（法的モラリズムなど）など、様々の方式がありうることになる。それ故、法を戦略的に利用すること自体は、法理学的にみても、法実践の在り方として一概に否定的に評価されるべきではなく、経験科学的・道徳的などの方法や知見の活用として肯定的な評価を受けて然るべき姿勢をも含み、かなり多様であることにも注意すべきである。

以上のようなコメントの具体的な含意については、法的交渉における法的議論の意義と位置づけの考察と関連づけて後ほど改めて触れることにして、ここでは、法を内的視点から受容した規範的利用と外的視点から武器とみるにすぎない戦略的利用という、太田の大枠的な区分に即して、「法的観点」からの法的交渉の規範的規律の具体的な在り方について、それぞれの用い方をどのように考えるべきかを検討しておこう。

(3)　まず一般的に、法システムによる法的交渉の規範的規律の仕方が、既に説明したように（五一-五四頁、五九-六二頁参照)、私的自治の原則などに基づき側面制約的で手段規定的であることに対応して、法的観点からみても、契約の当事者に対しては、個々の法規範の妥当性を内的視点から受け容れて規範的に利用することを必ずしも一般的に義務づけておらず、法を外的視点から武器として用い、様々の仕方で戦略的に利用することを許容しているとみてよいであろう。しかし、このような法の戦略的利用が許容されるのは、義務賦課規範などによって画定された合法的な活動範囲内で権能付与規範などの法規範を目的志向的に参照・援用する場合である。その合法的な活動範囲自体を一般的に画定する、刑法や不法行為法などの義務賦課規範については、交渉当事者たちがそれらの法規範を内的視点から受容しているか否かを問わず、交渉に違法な手段が用いられたりその合意内容が違法であったりする場合、事実上黙認されている事例もないではないが、裁判などの公的な場では、刑罰や民事賠償などのサンクションを課せられ、違法な内容の法的保護・救済を求めることもできないから、法的観点からは、義務賦課規範のこのような戦略的利用という用い方自体が認められていないとみるべきであろう。従って、交渉における目的志向的な戦略的な法規範利用の仕方も、これらの一般的遵守義務のある法規範によって合法的とされている範囲内にとどまるべきであり、その義務賦課規範の具体的な指図内容や個別事例への適用に関しては、戦略的な法規範利用による交渉によって合法的とされている範囲を超えたり、その境界を交渉によって動かしたりすることも、法的観点からは許されないことになるであろう。(47)

法規範の正当化理由としての価値は、交渉の一定の目的や手段が違法であると非難する論拠として刑法や不法行為法などの義務賦課規範を挙げる事例では、交渉の相手方がその法規範に適切な論拠として同意するか否かを問わず、少なくとも法的観点からは客観的に定まっていることになる。従って、交渉当事者が一般的な遵守義務を負っているこれらの義務賦課規範は、交渉において当事者間の合意によって処理可能な領域を、当事者の意志と独立に外から規範的に制約する客観的基準として、重要な役割を果たすことができる。それに対して、目的志向的に一定の提案や解決案の正当化理由として個々の法規範を援用する場合は、交渉当事者の双方とも法的観点を一般的に共有していても、双方がその法規範を正当化理由として規範的利用することを承認し合っている事例でない限り、その正当化理由としての価値を理性的に議論・決定する共通の基盤は形成されず、原則立脚型交渉などで期待されているような公正な客観的基準としての役割を果たすことはできず、かえって新たな対立を生み、交渉の争点が増えるだけになりかねない可能性もある。

さらに、交渉における法的規範の役割の限界として留意すべきことは、交渉における法規範の用い方が「法的観点」からは以上のように規範的に規律されているとしても、交渉当事者は、「法的」交渉であっても、法的観点自体を受け容れる一般的義務を負っているわけではないから、交渉当事者双方が法的観点を内的視点から受け容れ共有していない限り、規範的と戦略的という、法規範の用い方の区別もほとんど意味がない、ということである。また、当事者双方が法的観点を共有していても、裁判外での法的交渉においては、法的観点は、経済的・心理的・社会的・道徳的等々の多様な観点のなかのあくまでも〝ワン・ノブ・ゼム〟にすぎず、個々の法規範を排除置換的な共通の権威的論拠とすることについての相互理解が成立しているとは限らない。それ故、当事者の一方あるいは双方が法的観点以外の経済的あるいは特定の道徳的観点などを優先している場合には、裁判における法的議論の場合とは違って、法規範によって他の諸々の観点を排除・制約してそれに優先するという、法的観点から法規範に期待されている基本的な役割を果たせなくなることも見落とされてはならない(48)。

三　法的交渉理論からみた法的議論

(1)　法的交渉において一定の提案や解決案の正当化の論拠として当事者の一方が何らかの法規範を参照・援用しても、その法規範の解釈・適用や論拠としての価値について、相手方が直ちにその見解に同意するとは限らず、疑問・批判・反論などが提起されることが少なくない。このような場合、両者の見解の対立やずれを意見交換や相互説得などによって調整する必要があり、一般に議論（argumentation）・討議（discussion）・討論（debate）などと呼ばれる対話的実践が行われることになる。しかし、このような交渉過程における議論、とくに法的議論の特質や役割をどのように理解するかについては、法的交渉理論内部でも見解がかなり分かれているだけでなく、そもそも、交渉と議論の異同や関係という問題に対する関心自体があまりないようにも見受けられる。(49)

このような状況は、法的交渉理論だけでなく、法社会学や法理学においても、交渉による合意形成の一手法としての議論という実践が、規範的主張の正当化（理由づけ）を中核とする自立的な議論という、法的議論に関する法律学的方法論が想定している実践と、同一性質の実践なのか、それとも異なった次元の実践なのか、交渉と議論は相互にどのような関係にあるのかなど、基礎的な概念・理論枠組について、共通の理解が確立されていない状況からみて、やむをえないところもある。だが、法的交渉理論の問題関心やその論議・知見を、法システムや法実践の全体的理解のなかに適切に位置づけて法理学的に考察するためには、このような理論状況を整理し、法的交渉と法的議論という、法的空間における実践理性の公共的行使の二つの典型的形態の適正な在り方と相互関係を解明するための共通の理論枠組を構築する必要がある。以下においては、基本的に法理学的な問題関心からの考察であるが、法的交渉理論・法社会学などの分野における論議との相互理解の促進のための概念的整理を試みたい。

(2)　全般的に、法的交渉理論においては、交渉の一手法としての議論については、賛否が二分法的に対立する争点に限定され、フォーマルな手続に準拠して、要件＝効果図式による主張・立証が要請される、裁判における法的議論との対比において、インフォーマルなふくらみのある議論ということが強調される傾向にあり、その結果、交渉と議論の区別にあまり関心が向けられず、両者を区別せずに、議論を交渉に融合させたり解消してしまったりしているきらいすらある。[50] しかし、法的交渉理論においては、議論の役割や意義に対する関心が全般的に低いというわけではなく、むしろ、管見の限りでも、それぞれの理論展開のなかで議論についても一定の理解と評価が示されていることが多いように見受けられる。法的交渉理論においても、例えば、問題解決型アプローチでは、伝統的な当事者対立主義的アプローチが、討議（discussion）における議論的な討論方式（argumentative, debate form）を強調することによって、攻撃・防御姿勢を強め、無原則な譲歩による妥協を招き、創造的な問題解決を妨げることになることが批判されているけれども、[51] 裁判外の交渉における議論の意義が全面的に否定的に評価されているわけではない。原則立脚型交渉アプローチでは、公正な客観的基準の協働的探求の一環として、法規範などのそのような基準に関する討議（discussion）における理由づけられた（reasoned）説得によって、原理に基づく（principled）合意をめざすことの重要性が強調されており、[52] 創造的な問題解決型アプローチでも、このような討議のメリットは認められている。[53]

しかし、法的交渉理論においては、議論・討議・討論などをどのように理解し、どのように位置づけるかについてかなり見解が分かれていることは否定し難く、交渉と議論の異同・関連について従来正面から論じられてこなかったことも、このような状況に起因しているのではないかと思われる。これらの見解の対立の背景やその意義を明らかにするためには、すでにこれまでも関連箇所で示唆してきたように、まず、議論について、交渉という社会的実践の一手法ないし一段階としてとらえるだけでなく、第一次的には独自の自立的な規範的実践と位置づけて、交渉と議論を、相互に交錯しつつも、基本的に次元を異にする実践として区別し、さらに、法的議論についても、法的交渉過程全般における法的議論の共通の特質を確定した上で、裁判におけるフォーマルな法的議論と裁判外のインフォーマルな法的議論とに分けて考察するというアプローチをとることが必要と考えられる。以下、このようなアプローチから基本的諸概念の整理を試みたい。

四　紛争解決における交渉と議論

(1)　交渉と議論の相互関係については、第二節において、それぞれ「一定の取り決めのために話し合うこと（合意志向型対話）」、「一定の主張の正当性を論拠を挙げて論じ合うこと（理由づけ型対話）」と暫定的に規定して（三四-三五頁参照）、それぞれの基本的な特質と相互関係を、主として法的議論の側から、交渉を議論の一亜種と位置づけて概観した。ここでは、紛争解決における法的交渉と法的議論の概念と相互関係について、法社会学と法的交渉理論における見解を手がかりに整理し、議論を基本的に交渉の一手法ないし一段階と位置づけるアプローチとの関連を明らかにすることによって、第二節の説明を補完したい。

法社会学者である六本佳平は、紛争の具体的な形態とその終結を、①説得・嘆願・取引などの「交渉」による「和解」、②相互の制裁力による威嚇やその現実の行使による「抗争」と制裁力の優越による「圧服」、③一般的規準を根拠とする自分の要求の正しさの相互主張である「争論」と一方当事者が説得される「和解」ないし「第三者の判断」という三類型に分け、現実の紛争過程は、これらの形態が併用されたり、混合しつつ進行するという分析的な概念枠組で説明する。(54) そして、このような紛争の形態と終結との関連における法システムの基本的機能は、「当該社会集団において一般的な拘束力を有すると認められる規範的規準に照らして、両紛争当事者の主張を評価し、いずれかの主張をこの規準に基づいて『正しい』とする判断を最終的に確定するメカニズム」として、裁判のための機関・手続・ルールを準備し、「圧服という紛争の強制的な終結そのものを安定的なものたらしめる」社会的必要に応えることであるとされる。法システムが、このように、裁判で確定的な決着が与えられる「法的争論」によって、具体的なケースにおいて法規範に基づいて何が最終的に「正しい」かを論証し確定することを通じて、紛争を圧服によってもなお安定的に収束させることを可能とするメカニズムであるが故に、法規範に依拠した争論が、紛争の重要な形態となる、と位置づけられる。

このような紛争解決における法システム・法規範・裁判・法的争論の役割の法社会学的説明枠組は、法システム・法実践を実践理性の法的制度化として解明する法理学的アプローチからみても、制度的規範的秩序としての実定法システムとそのもとでの法実践における規範的次元と事実的次元の相互関係の説明として基本的に賛同できるものである。六本のいう争論が私の用語ではほぼ議論に相応すると理解できるが、議論と交渉の関係の解明にとって重要なことは、争論一般について、「元来の紛争から、援用されている規準に関連のある要素を取り出して形成される争点をめぐって行われる抽象的なことばの上でのたたかい……であり、それに対する判断がそのまま紛争そのものの解決となるのではない[55]」と、争論の規範的自立性に注意を促していることである。

同じく法社会学者である村山真維と濱野亮も、社会的実態次元の紛争から「相手方および法的判断機関との相互作用を通じて、法的に関連性のある事実の存否と、適用されるべき法的ルールの解釈をめぐる」法的争論という次元の対立に転換させる法独特の手法について、六本とほぼ同様の趣旨の注意を促し、このような独自の性格をもつ法的ディスコースの精緻な発展により、実定法システムが相対的な自立性を獲得することが、「法の支配」という独特の社会統治の中核的特質であることを強調している[56]。交渉と議論、少なくとも法的交渉と法的議論を原理的に区別することは、実定法システムや裁判制度の社会的存在理由、法の支配やそれを支える法システムの自立性・法専門職の存在などと深く関連しているのであり、議論を交渉に還元したり融合させたりするアプローチによっては、実定法システムや裁判制度のこのような「法的」特質を十全にとらえることができないのである。

以上のような法社会学的枠組では、法的争論は、裁判による確定的な決着と一義的な規範的評価と内的な構造的関連をもつ自立的な規範的活動として、交渉とは異なる次元に位置づけられているが、裁判と相関的とされる法的争論の具体的特徴についての立ち入った言及はない。とくに法的争論に共通の特徴に加えて、裁判の内外でさらに差異化的特徴があるのかどうか、法的争論と交渉の関係は裁判の内外で異なるのかどうかなどに対する問題関心はほとんど示されていない。

(2)　主として交渉理論の理論枠組をベースに概念整理をする野村美明は、まず、紛争を、①利益や価値に関する対立や不一致という「利害対立」と、②一方からの要求を他方が拒絶した「主張対立」からなるプロセス（過程）ととらえ、交渉は、「当事者間に利害対立がある場合に、合意または共同の決定に到達するための、双方向のコミュニケーションのプロセス（過程）」として、利害対立（①）のみに関わり、紛争と交渉は重なり合って進行するものと位置づける。(57) そして、利害対立に関わる交渉に対して、主張対立（②）に関わる概念としては、議論ではなく討論という概念を用いるのが適切だとし、討論を、「①特定の命題について、肯定・否定の二組に分かれて行う、②ルールに基づいたフォーマルな議論」と定義している。

野村のこのような概念整理は、訴訟過程をすべて交渉に還元する「交渉還元主義」（和田仁孝の見解(58)）と、訴訟手続の特徴を何が法的に正しいかをめぐるフォーマルな当事者対立型議論にあるとみる「訴訟討議モデル」（私見）との論争の意義の整理と関連づけ、私の議論の用語に対する批判も含めて行われている。野村は、裁判における法的議論の特徴について、私が、裁判における議論と決定の構造的接合を重視して一体的に説明しているため、裁判官の決定まで議論の概念内容に含ませているようにみえることを批判し、いずれが正しいかをフォーマルな手続に従って議論するという特徴だけで十分であり、しかも、このような特徴づけならば、議論ではなく討論のほうが適切である、と指摘しているが、この点は全くその通りである。ただ、議論と討論を野村のように区別したうえで関連づけるという概念整理については、裁判の内外における法的議論の区別だけでなく、その基本的同質性と連続性も重視すべきだと考える立場からは、裁判の内外における「法的」議論の共通の特質が明確でなく、裁判外のインフォーマルな「法的」議論を適切に位置づけることができないのではないかという疑念があり、法的議論という用語を、六本らの法的争論とほぼ同じ意味で用い、議論と討議を区別しない用語法を続けることにしたい。

野村は、「議論」を一般的に「ある問題に対して理由を示して結論を述べること」と定義して「話し合い」とは区別するが、私の議論概念と比べると、正当性をめぐる議論という規範的特質を外して、かなり広く規定しているため、裁判外の交渉過程において行われる議論が、「法的」議論であるための識別基準が明確でない。裁判外の交渉過程における「法的」議論について、基本的にインフォーマルでアドホックなものであり、裁判におけるフォーマルな法的討議とは異なることは明言されているが、「特定の命題について肯定・否定の二組に分かれて行う議論が行われても何ら不自然ではない」と、討論的性質をもった議論も用いられることは認めており、このような肯定・否定の二分法的議論以外の「法的」議論が認められているのかどうか、また、認められているとして、「法的」議論であるための識別基準は何かについての言及はない。(59)

このように、議論と討論の関係、法的議論の概念整理に関しては、野村と若干見解を異にするが、交渉と討議・議論の相互関係を裁判過程と裁判外の紛争解決過程に分けて考察するという野村のアプローチには、私も賛同するものである。野村は、訴訟提起前の交渉と和解などの訴訟手続における交渉は性質を異にすると理解しており、「交渉過程でアドホック的な討論という言語行為が用いられたり、討議過程の合間に交渉が行われたりすることはあっても、フォーマルな討論と交渉過程とは、当事者が同じである限り同時並行的・重複的に行うことはできない」として、交渉還元主義と訴訟討議モデルとの論争については、訴訟におけるフォーマルな手続に従った討論過程をさみだれ式の討論を含む交渉に置き換えてしまうという、水平的交渉モデルの交渉還元主義に対する訴訟討論モデルによる批判は正当だとみている。

以上のような交渉と討論の概念と相互関係についての野村の見解は、交渉と争論を次元を異にする実践ととらえ、裁判による法的争論の裁定が紛争全体の解決ではないとする点では、六本らのアプローチと基本的に同じであるとみることができる。そして、交渉と討論の関係を訴訟前の紛争解決過程と訴訟手続過程で区別して論じている点が、六本らの概念枠組に新たに追加された問題関心である。また、野村が、議論概念を、六本らの争論や私の議論の概念よりも広く規定し、主張の正当性に関わる規範的特質を外していることによって、討議的な議論も含めて、議論が交渉という社会的行為と重なり合う過程が大幅に増え、交渉の一手法あるいは一段階としての議論という実践の位置づけを正面から論じる必要性を高めていることも注目される。

しかしながら、議論一般について、野村の概念規定のように、主張の正当性に関わるという特徴を外して、理由づけだけで特徴づけると、議論が基本的に規範的次元の実践であることがあいまいになるので、一般的規範に準拠した理由づけを重視する、六本の争論の概念規定の趣旨をも取り込み、「一定の主張の正当性を論拠を挙げて論じ合うこと」という暫定的規定を、規範的正当性の相互主張を中核的特徴とする規範的活動として理解して、野村の議論の概念規定よりも狭く規定するのが適切であろう。そして、法的議論については、裁判における法的議論の特徴づけとしては、野村の討論の概念規定のように、特定命題の肯定・否定という二分法的対立構成とフォーマルな議論手続という二つの特徴を概念内容とするのが適切であるが、これら二つの特徴は、二分法的判決方式と当事者対立主義的訴訟手続による制度的制約に対応するものであり、裁判外の紛争解決における法的議論にも共通する「法的」議論の一般的特徴としては限定的すぎるように思われる。法的議論の共通の特徴としては、「法的観点を共有し、実定法規範を権威的論拠として、要件＝効果図式を基幹的な理由づけ方式としている」という、もう少し緩やかな要件で十分であり、裁判外での紛争解決における法的議論については、このような実定法規範に準拠した要件＝効果図式による理由づけ（正当化）という方式が何らかの仕方で含まれている限り、議論は必ずしも二分法的対立構成をとって行われる必要はないと理解するのが、裁判の内と外での法的議論の差異化の仕方として適切であろう。従って、裁判外における法的議論においては、すべての法規範を排除置換的な論拠とする必要はなく、法規範を権威的論拠とする要件＝効果図式による正当化に関わる議論である限り、当該法規範の論拠としての価値も法以外の多様な論拠と比較考慮して、それぞれの論拠に関連する争点や事実もできるだけ考慮に入れ、必ずしも肯定・否定の二分法的討論だけに限らず、多数の見解のいずれがより適切かという優劣関係あるいは複数の論点や論拠のどのように組み合わせがより適切かという程度問題の判断などを多面的に検討し、いわゆるふくらみのあるインフォーマルな議論を行うことができるとみるべきであろう。

裁判の内外における「法的」議論の共通の特徴をこのように理解した上で、訴訟＝判決手続の制度的制約と相関的に裁判の内外で法的議論の特徴を差異化することが、法的交渉理論の問題関心を、法的議論のレベルでも受け止めて、裁判外の紛争解決過程における法的交渉と法的議論の協働の在り方を考察するための理論枠組として適切ではないかと考えられる。この点については、次節で実践理性の法的制度化における裁判の位置づけとその特質をめぐる論議の動向を検討した後に、改めて考察する。

（39）H. L. A. Hart, *The Concept of Law*（前掲注（34））, p. 39.

（40）法規範の種別と法の社会的機能に関する一般的な説明については、田中『現代法理学』前掲注（1）六三–七八頁参照。以下の説明は、そこでの説明を前提に、Hart, *The Concept of Law*（前掲注（34））, Ch. 3, N. MacCormick, Citizens' Legal Reasoning and its Importance for Jurisprudence（前掲注（33））などで説かれている見解を、本章の問題関心と関連づけて私なりに要約したものである。

（41）M. A. Eisenberg, Private Ordering Through Negotiation: Dispute-Settlement and Rule-making, *Harvard L. Rev.* 89 (1976), pp. 637-81 参照。

（42）伝統的なゼロ・サム・ゲーム型の対立抗争的（adversarial）交渉モデルから、両当事者の真のニーズを充たす非ゼロ・サム（ウイン・ウイン）・ゲーム型の創造的な問題解決型モデルへの転換を提唱した、Menkel-Meadow, Toward Another View of

Legal Negotiation（前掲注（32）参照）などがこのようなアプローチの先導的な代表例であり、原則立脚型交渉という概念は、R. Fisher & W. Ury, *Getting to Yes: Negotiating Agreement without Giving In* (1st ed. 1981, 3rd ed. 2011)（金山宣夫・浅井和子訳『ハーバード流交渉術』TBSブリタニカ、一九八二年）で提唱され、このようなアプローチで広く用いられている。このようなアプローチの主張内容については、法交渉学実務研究会・小島武司編『法交渉学入門』前掲注（35）、小林秀之編『交渉の作法』（弘文堂、二〇一二年）参照。

なお、交渉理論ないし交渉学は、経済学・心理学・経営学・行政学・政治学・法学などの分野を中心に、学際的な教育・研究分野として広く注目を集めるようになっているが、標準的な教科書の内容をみると、経済学、ゲーム理論、心理学、社会学などの方法や知見を用いて、各種の現実の交渉における当事者・その代理人・仲介第三者の行動やその過程・構造を記述的に分析し、体系的な分析のための理論枠組や基礎概念を提示する記述的説明と、当事者・代理人・第三者に対して、交渉の基本的な考え方やアプローチ、交渉の過程・成果の評価基準、主要な技法とそれらを活用する戦略・戦術などの指図的な助言をする規範的提言から構成されているものが多い。各論者によって、交渉の現実に関する記述的説明とあるべき姿に関する規範的提言の組み合わせ方は多様であり、管見の限りでは、H. Raiffa, *The Art and Science of Negotiation* (1982) pp. 20–25 における説明などが、標準的な組み合わせ方ではないかと推測される。いずれの側面にウエイトをおいているかも様々であるが、ほぼ共通して、アリストテレスの知・学問の形態の区分によれば、理論知（episteme）、実践知＝賢慮（phronesis）、技術知（techine）という、三つの形態の知のいずれをも多かれ少なかれ含んでおり、その学問的性質は、基本的に実践学の一分野と位置づけてよいであろう。

(43) Fisher & Ury, *Getting to Yes*（前掲注（42））, pp. 10–15, 82–93 など参照。

(44) Menkel-Meadow, Toward Another View of Legal Negotiation（前掲注（32））, p. 826 参照。

(45) 太田勝造『民事紛争解決手続論』（信山社、一九九〇年）一六–一七頁、二一四–一五頁参照。

(46) 法への内的視点・外的視点の問題については、第二章第一節二(3)一一六–二〇頁参照。私の概念区分では、太田の内的視点からの規範的利用は、コミットした内的視点に対応し、外的視点からの戦略的利用は、距離をおいた内的視点と外的視点からの戦略的利用に対応しているように理解でき、このような理解に基づいてコメントしているが、理解にズレがあるかもしれない。

(47) もっとも、法的観点からみても、このように、刑法と不法行為法を同列に扱ってよいのか、それとも、刑法の場合は、当事者間の交渉で金銭給付などの一定の条件のもとで犯罪行為の被害者となる合意をしても、原則として許容できないが、不法行為の場合は、当事者間の交渉で損害賠償に相当する金銭給付を条件に一定の権利侵害を受け容れる合意をすれば、当事者間の合意を理由に原則として許容できるとみるかは、法の規範的妥当性・拘束力、刑事責任と民事責任の異同をどのように理解するかともからむ微妙な問題である。

(48)　さらに、前掲注（47）で指摘した点とも関連するが、例えば、違法物品の取引契約交渉について、違法物品の取引が発覚して罰金を科せられるとしても、発覚する回数は限られているから、経済的観点からのコスト・ベネフィット計算だけからすれば、罰金を営業コストとみて、それを上回る多額の収益を上げることができるということで合意が成立し、法的観点からは許容できない交渉が行われても、法的観点を受け容れない者に対しては、違法物品取引を「犯罪化」することによって交渉における合意可能領域を規範的に制限するという法的規律は実効性をもたなくなるという問題も無視できない。もっとも、弁護士の場合は、その職業倫理として法的観点を受け容れる一般的義務があり違法行為に関与してはならないから（弁護士職務基本規程一四条「弁護士は、詐欺的取引、暴力その他違法若しくは不正な行為を助長し、又はこれらの行為を利用してはならない。」など参照）、このような取引契約当事者のいずれの代理人として交渉に関与することも、法曹倫理によって禁止されている。

(49)　例えば、加藤新太郎編『リーガル・ネゴシエーション』（弘文堂、二〇〇四年）二〇五-一〇頁における座談会の議論のやりとりを参照。もっとも、実践的議論や法的議論の基礎理論においても、ハーバマスが討議と交渉の関係に早くから関心を示した以外、議論と交渉の関係を正面から取り上げた文献はあまりなさそうである。

(50)　わが国では、和田仁孝『民事紛争処理論』（信山社、一九九四年）が代表的なものとみられているが、井上治典『民事手続論』（有斐閣、一九九三年）にも、揺らぎはあるが、基本的に同じような傾向がみられる。

(51)　Menkel-Meadow, Toward Another View of Legal Negotiation（前掲注（32））, pp. 777-78 参照。

(52)　Fisher & Ury, *Getting to Yes*（前掲注（42））, pp. 14, 90-91 など参照。

(53)　Menkel-Meadow, Toward Another View of Legal Negotiation（前掲注（32））, p. 824 参照。

(54)　六本佳平『法社会学』（有斐閣、一九八六年）一〇五-〇九頁、一二一-二九頁参照。

(55)　六本『法社会学』前掲注（54）一〇七頁。

(56)　村山眞維・濱野亮『法社会学（第2版）』（有斐閣、二〇一二年）三三頁、九三頁参照。

(57)　野村美明「紛争解決過程における交渉概念と討議・議論・対話の概念」仲裁とADR二号（二〇〇七年）一六-二九頁参照。

なお、野村「ディベートと交渉」太田勝造・野村美明編『交渉ケースブック』（商事法務、二〇〇五年）一七二―七九頁も参照。
(58)　和田『民事紛争処理論』前掲注（50）参照。
(59)　なお、野村美明は、対話についても独自の定義をして、交渉や議論・討論との関連について興味深い説明をしているが、私は、野村の限定的な対話概念と異なり、対話を言語的コミュニケーションと、ごく一般的に理解し、議論も交渉も対話の一形態と位置づけており、対話概念についての理解を異にしており、また、本章のテーマと直接関連しないので、野村の対話概念については言及しないことにした。私のような対話的な議論（対論）の理解に対して、「対話における宥和の要素と討論における攻撃と防御の要素が緊張関係に立ち、それぞれの特徴を消し合うおそれがあるので、特に訴訟手続において対話を強調する際には常に『境界線』を意識すべきであろう」（野村「紛争解決過程における交渉概念と討議・議論・対話の概念」前掲注（57）二六頁）という指摘には鋭いものであり、対話的合理性基準の法的制度化という観点から訴訟＝判決手続を協働主義的に説明することの難しさの一因はここにあると理解していることだけを付言しておきたい。

第五節　実践理性の法的制度化からみた裁判の特質と位置

一　対話的合理性基準と裁判の制度的枠組

司法的裁判の制度的枠組を対話的合理性基準の法的制度化という観点からどのように理解し、裁判とＡＤＲ（代替的紛争解決手続）の関係をどのようにとらえ、それぞれの手続における議論と交渉の役割をどのように位置づけるかについては、民事裁判・民事紛争解決を主たる対象にしたものであるが、これまで幾度かかなり詳しく考察したことがある。[60] 本節では、以上の各節の検討をふまえて、実践理性の法的制度化としての「議論・交渉フォーラム」構想を、法的空間における法的議論と法的交渉の双方向的な動態的関連の全体的構造の解明に適した理論枠組として再定位するにあたって問題となりうる争点を中心に、裁判の特質と位置について、従来の私見を要約しつつ、補足・補正したい。

司法的裁判の制度的枠組は、一般的な実定法規範への準拠という規準的制約だけでなく、当事者対立主義（adversary system）と公開性という手続的制約、対立当事者間の具体的な権利義務紛争の〝全か無か〟方式による事後的解決という対象的制約とも合わせて、三側面から統合的にとらえるべきである。そして、判決の法的正当性についても、妥当な実定法に準拠し裁判官が裁定するという、権威的要因だけでなく、裁判の手続過程において両当事者と裁判官の三者関係（triad）での協働的な法的議論が理性的に展開され、その結果として適切な理由に支えられた判決が形成されるという、理性的要因によっても基礎づけられる、と理解されなければならない。このような制度的枠組のもとでの法的議論は、実定法規範への準拠、訴訟手続によるフォーマルな規律、議論・判決の争点の限定とその二分法的対立構成、裁判官の裁定権限などの制度的制約のもとで「法的に正しい決定」を志向した協働的実践として遂行される。そして、実践理性の法的制度化としての法的空間においては、法の支配のこれらの形式的・手続的原理に基づく制度的制約は、一般的実践的議論の対話的合理性基準を排除するものではなく、むしろこの一般的基準を規制的理念として受け容れ、法的議論ができるだけ理想的な議論状況のもとで公正かつ理性的に遂行されることを制度的に保障しつつ、一般的実践的議論の不確定性に対処して法的に確定的な一定の具体的な決定に到達するために必要な制度的仕組みと位置づけられることになる。

司法的裁判の制度的枠組の存在理由を以上のように理解することは、現行の制度・手続とそのもとでの裁判実務の現状をそのまま肯定するという趣旨ではなく、むしろ、対話的合理性基準が「法的に正しい決定」をめざすべき裁判実務の目標あるいはその批判的評価基準として裁判制度・手続に内在化されているという趣旨であり、法の支配という法独自の政治道徳的理想に照らして裁判制度・手続を解釈学的に再構成したものという意味において理想主義的な見方である。法的議論は、このような制度的制約のもとで遂行される限りで、原理上自由な一般的実践的議論と異なる特殊性をもち、独自の自立的な議論領域を構成しているけれども、実定法規範の開かれた構造などのために、一般的実践的議論の不確定性を縮減できても、完全には排除できず、判決の法的正当性についても、実定法規範に準拠した権威的論拠だけでは十全な正当化はできず、通念的な正義・衡平感覚をはじめとする各種の実質的論拠を持ち出す一般的実践的議論をも組み込んだ整合的で統合的な正当化が必要となる。それ故、法的議論の自立性は、あくまでも相対的・限定的なものであり、法的議論が全体として対話的合理性基準を一般的な基礎としていることには変わりなく、法的議論にみられる実践理性の公共的使用の在り方が、一般的実践的議論の一特殊事例と位置づけられる所以である。(61)

二　判決の正当化と規制的理念としての理性的合意

裁判の制度的枠組を対話的合理性基準の法的制度化として理解するについて説明が難しいのは、議論・手続・合意という対話的合理性基準の三つの基本概念のうち、理性的合意と判決の正当性の正当化との関連である。この問題は、議論と交渉の異同・関連を、それぞれがめざすべき合意との関係でどのように理解するかという問題ともからむ重要な論点である。

民事裁判については、法的紛争が当事者間の合意による和解によって自主的に解決されない場合に、実定法規範に準拠した裁判官の権威的な判決によって強制的に解決する仕組みであるという理解が一般的である。そのなかで、裁判所内外での交渉や議論によって合意形成をめざしたにもかかわらず和解が成立せず、最終的に判決が下された場合、その判決の正当性をなお議論を通じて形成される理性的合意と関連づけて正当化するという考え方には、直感的に違和感があることは否定し難い。だが、法的空間が、価値理念レベル、規範・制度レベル、事実レベルにまたがる重層的構造をもつことに対応して、合意の存在形態も、重層的であり、各レベルにおける合意の概念内容や作用様式は、相互に規定し合いつつも、それぞれ異なっていることを正しく認識するならば、理論的には十分整合的な説明が可能である。(62)

対話的合理性基準の一環としての理性的合意は、法的議論の場合には、法的観点を共有する人びとすべてが相互に受け容れて然るべき適切な理由によって動機づけられていることを特徴とする。このような理性的合意は、価値理念レベルの規制的理念であり、現実の実践的議論においては近似値的にしか到達できないこともある目標として、規範・制度レベルで法的妥当性が承認されたりその根拠として要請されたりする合意を規範的に規律する。このような規範・制度レベルで制度的に要請される合意は、事実レベルの実在的合意を何らかの仕方で必ず含んではいるが、具体的決定の必要性をはじめ、制度の実効性の確保、個人の自律的選択の尊重、自主的な相互作用活動の促進などのために、法案議決、判決、契約など、それぞれに必要とされる合意の特性に応じて、主題・対象や範囲・形態、理由づけの要否・態様などを、多かれ少なかれ現実対応的に特殊化されている。要請される合意の具体的な形態も、対立する理由の当否・優劣をめぐって議論して最終的にいずれかの理由を適切として承認し合うべきとする、理念的合意の可及的実現の要請の強い厳格なタイプの理由づけ型合意から、様々の論拠をめぐって意見・利害を調整し合い何らかの現実の合意が形成されれば、その具体的な正当化理由までは問題とせず、さしあたりそれでよしとする、実在的合意の要因を重視する緩やかなタイプの調整型合意まで、相当幅のあるものとなっている。

現行司法制度の規範的要請の理解としては、判決は法的観点を共有するすべての人びとによって一般的に「正しい決定」として受け容れられるべきであるから、その正当化には厳格な理由づけ型合意が必要とされるのに対して、和解などの契約は、その内容が法的観点から許容される範囲内にある限り、当事者をはじめ直接関係者が納得して受け容れておれば法的に妥当とされるから、契約の成立のためには緩やかな調整型合意で十分であると、原理的に区別できる。けれども、実際の法的紛争解決過程においては、当事者相互あるいは第三者が介在した対話・説得などによって、当初の選好・利害関心だけでなく、一定の主張の法的正当性を理由づける論拠自体についての意見も変容し、それによって紛争が解決されるケースも少なくないことを考えると、二つのタイプの合意の境界も流動的であり、それぞれの合意形成をめざす議論と交渉も交錯しており、明確な区別が現実には難しい。

民事紛争解決過程全体のなかでは、訴訟上の和解をも含めて、判決以外のＡＤＲにおける和解については、当事者間に何らかの合意が現実に形成されれば、合意の形成過程で詐欺・脅迫がなくその内容が公序良俗違反でないなど一定の要件を充たしている限り、和解の法的妥当性は原則としてその実在的合意によって正当化される制度的仕組みになっている。それに対して、判決については、判決内容が正確な事実認定に基づき実定法規範を正しく解釈し適用したものであることを要件＝効果図式に則って適切に理由づけ正当化することを制度的に要請されている。従って、裁判官は、直接の両訴訟当事者はもちろんのこと、上訴審の裁判官をはじめとする法律家集団全体、さらには社会一般の人びとによって、その判決の理由づけが法的観点からみて適切であると一般的に受け容れられることをめざして、判決を法的に正当化することを制度的に要請されている。そして、裁判官が両当事者の法廷弁論をふまえてその判決を形成すべきとされていることに対応して、両当事者も、それぞれの主張・論拠が、直接的には裁判官と相手方当事者、さらには法律家集団と社会一般の人びとによって、判決の適切な正当化理由として一般的に受け容れられるように、法廷弁論を通じてそれぞれの理由づけについて法的観点を共有する人びとの間で理性的合意が形成されることをめざすことが制度的に要請されるのである。このように、裁判における判決だけでなく法的議論も、裁判官だけでなく両当事者も、理由づけ型合意の形成をめざすことを制度的に要請されているという意味で、裁判手続全体を対話的合理性基準の法的制度化として整合的に理解することができるのである。

判決の法的正当性の正当化に必要とされる理由づけ型合意の意義について、以上のように、理論的に説明することは十分可能であるけれども、対話的合理性基準の法的制度化という考え方にとっては、判決内容の理由づけに関する理性的合意だけを切り離して論じることは、その基準の語用論的特質を損ないかねないことに注意する必要がある。理性的合意という要件はあくまでも手続・議論に関する他の要件と統合的にとらえられるべきであり、そのような理由づけが公正な手続的状況のもとでの理性的な議論が尽くされた結果であるという、語用論的な正当化要件が決定的に重要な位置を占めていることが強調されなければならない。従って、裁判官の役割としては、判決内容を適切に理由づけることだけでなく、それ以前の訴訟の審理進行についても、両当事者間の実質的対等化をはかり相互主体的な弁論を活性化し、公正な手続への参加保障のもとに理性的な法的議論が展開されることを通じて適切に理由づけられた法的に正しい判決が徐々に確定されるように、手続過程全般に後見的に配慮することが、それに優るとも劣らない重要性をもつことになる(63)。当事者対立主義的訴訟手続も、裁判官のこのような適切な関与があってはじめて「法的に正しい決定を志向する協働的実践」のフォーラムとして、対話的合理性基準の要請に応えうるのである。

三　当事者対立主義的手続に対する見方の対立

(1)　以上のように、訴訟＝判決手続を実践理性の法的制度化の一形式と理解し、両当事者と裁判官の三者関係における法的議論を、「法的に正しい決定を志向する協働的実践」として、実践的議論の一特殊事例と位置づける見解は、実定法の適用と継続形成という、司法的裁判の公法的側面に焦点を合わせた説明としては、制度的要請に適合したものとして比較的受け容れられやすい。けれども、対立当事者間の私的な権利義務紛争を、当事者対立主義的手続に従った法廷弁論における両当事者の主張の攻撃・防御を経て、裁判官が勝敗の明確な〝全か無か〃方式による判決を下すという、民事法的側面に焦点を合わせるならば、制度的要請の理解としてかなり違和感があることは否定し難い。このようなゼロ・サム・ゲーム的な対立的競争と二分法的な裁定という制度的特質に焦点を合わせて訴訟＝判決手続を現実主義的に理解する立場からは、法的議論を実践的議論の一特殊事例ととらえる理想主義的立場自体に反対する見解が説かれたり、あるいは、そのような制度的特質を否定的に評価して、代替的ないし補充的な法的紛争解決手続（ＡＤＲ）の拡充と技法の開発をめざす「非＝法化」「反＝法化」傾向の多彩な理論展開が試みられたりしているのである。

そもそも、実践的議論の基礎理論の展開をめざした論者の間でも、St・トゥールミンやCh・ペレルマンらのように、当事者対立主義的手続や法廷弁論を理性的な実践的議論のモデルとして肯定的に評価する見解がある一方、(64)他方では、当初のハーバマスのように、相互了解をめざすコミュニケーション的行為と自己に有利な結果をめざす戦略的行為を区別し、当事者対立主義的手続のもとでの法廷弁論は戦略的行為であるとして、法的議論を実践的議論の一特殊事例ととらえることに反対する見解がある。(65)たしかに、当事者対立主義的手続は、両当事者にそれぞれ自分に有利な判決を得るための主張・立証の機会を平等に保障するという制度的特徴をその正統化理由とするから、そのもとで行われる現実の法廷弁論が、ハーバマスのいう戦略的行為という側面をもちうることは、現実主義的な理解に立たなくとも、制度的に想定されていることである。けれども、裁判制度・手続の規範的考察にとって重要なことは、当事者がそのような有利な判決を得るためには、自己の主張やその論拠が、たんに私的な利益要求や個別事情ではなく、法的観点を共有するすべての人びとによって一般的に受け容れられて然るべき正当な主張であり適切な理由であるという「正当性主張」を掲げ、前述のような法的に制度化された対話的合理性基準の諸要請に適合した理性的な議論を行い、自己に有利な判決が「法的に正しい決定」であることについての理性的合意の形成をめざさなければならないことが、制度的に要請されているということである。法的議論が戦略的行為という側面をもつことは、必ずしも実践的議論の一特殊事例という側面から批判されたり評価されたりするべきだという規範的要請のもとにおかれることを否定することにはならない。むしろ、それ故に、あるいは、それにもかかわらず、裁判における法的議論が規制的理念としての対話的合理性基準を受け容れた規範的次元で自立的な法実践として遂行されることを制度的に保障することが、「法の支配」の要請や法システム・司法制度の社会的存在理由から必要とされているとみるべきであろう。そもそも、ハーバマスのように、コミュニケーション的行為と戦略的行為を範疇的に区別すること自体が適切かどうか、疑問があり、具体的な実践的行為には多かれ少なかれ両側面が含まれ、「道徳的観点」あるいは「法的観点」からの規範的な評価・批判においてそのどの側面を規律対象とするかという観点の違いないしずれ問題とみるべきであろう。(66)

(2)　他方、訴訟＝判決手続のゼロ・サム・ゲーム的な対立的競争と二分法的裁定という制度的特質を否定的に評価して、代替的ないし補充的な法的紛争解決手続の拡充と技法の開発をめざす「非＝法化」「反＝法化」傾向の多彩な理論展開は、以上のようなハーバマスらの批判とは異なった方向をめざすものである。法的交渉理論の影響も受けて展開されているADR理論・民事紛争解決理論の最近の潮流のなかには、現行裁判の制度的特質をその理論構築の所与的な規範的制約として受け容れざるをえない法律学的方法論のアプローチの射程の限界を明らかにし、「議論・交渉フォーラム」構想を、法動態への相互主体的視座の確立という問題関心に応えうる法の一般理論として再構築するにあたっての貴重な手がかりを提供し、そのめざすべき方向を示唆しているものも少なくない。

第三節**四**・第四節**一**でみたように（五一‐五四頁、五九‐六二頁参照）、法規範の社会レベルにおける行為規範としての法的交渉に対する作用方式が側面制約的で手段規定的なものであり、法的交渉の目的の選択が大幅に当事者の自由にゆだねられているのに対して、裁決規範としての法規範は、議論・判決の法的正当化において排除置換的な中枢的理由として作用し、裁判における法的議論の目的は、二元的に対立する法的争点についての勝訴判決の獲得に絞られ、判決による権利義務関係の裁定も、当事者間の具体的紛争全体の解決からみれば部分的なものにすぎず、司法的に終局的な決着をつけても、当事者の本来の紛争解決目的がすべて達成されるとは限らない。法システム全体の多様な機能方式のなかでみれば、判決による司法的紛争解決は、法的に正しい決定ではあっても、法的に許容される唯一の解決方策であるとは限らず、公私各種のＡＤＲをはじめ、訴訟＝判決手続によらない法的紛争解決が許容されている。また、裁判制度の健全な作動のためにも、裁判外の公私の紛争解決手続の活用によって訴訟に持ち込まれる紛争を適正規模にスクリーニングすることが不可欠である。法システムにおいては、法的紛争に巻き込まれた人びとが、紛争当事者のニーズに適合した納得のゆく解決を、必要に応じて法規範を参照・援用しつつ、当事者間の相対交渉や第三者の仲介による自主的な合意形成によってはかることは、法システムの活動促進機能などに対応する正統な法利用活動として位置づけられており、このような私的自治の原則に基づく法的相互作用活動を促進・支援する各種の制度的仕組みも整備されている。

法システム全体の作動におけるこのような訴訟＝判決手続の限定的な位置づけは、法廷弁論をパラダイムとする法的議論の理論を基軸にすえて、多元化する法的紛争解決システムおよびそれを用い動かす多様な法実践の全容を統合的に解明しようとするアプローチの射程の限界をも明らかにするものである。このような問題状況の打開をめざす試みとして、訴訟＝判決手続のゼロ・サム的判決と対立的競争に規定された伝統的な対立抗争的（adversarial）交渉モデルから脱却し、契約取引交渉をも視野に入れて、両当事者の真のニーズに適切に応えうる創造的で統合的な問題解決型アプローチへの転換を提唱する法的交渉理論の展開[67]、さらに、公私各種のＡＤＲによる解決を〝二流の正義〟の実現とみるのではなく、訴訟＝判決手続による正義以上の良質の正義を実現する独自の存在理由をもつ法的手続と積極的に位置づけるＡＤＲ理論の台頭[68]などが注目されているところである。このような理論展開は、「非=法化」「非=司法化」傾向を一般的な背景として影響力を強めており、訴訟=判決手続の存在理由を全面的に否定するラディカルなポスト・モダン的「反=法化」傾向の提言はともかく、訴訟=判決手続による司法的紛争解決の機能には一定の制度的限界があり、避けがたい逆機能をもちうることもあるという現状認識自体は、法律家の間でも一般的な了解となりつつあるとみてよいであろう。

このような法的交渉理論やADR理論の新たな潮流においては、訴訟=判決手続の制度的限界・逆機能および法廷弁論をパラダイムとする法的議論の理論の射程の限界をふまえて、裁判所内外における法的紛争解決における議論と交渉の相互関係を、法的交渉の側からとらえ直し、民事紛争解決過程全体における裁判の位置とADRの関係についても、判決による終局的な司法的解決への収斂という過程の展開を必ずしも基軸としない、多元的あるいは脱中心的なアプローチを提言する方向への理論展開も試みられている。しかしながら、現行訴訟=判決手続にみられる制度的限界や逆機能にもかかわらず、現行の裁判を中心とする司法的紛争解決システムが、実践理性の法的制度化の全体的構造のなかの基幹的形式として、実践的議論の不確定性に対処する一つのメカニズムとして社会的に重要不可欠な役割を果たしていることもまた否定し難いところである。多元的あるいは脱中心的な法的紛争解決システムないしネットワークの構築も、現行の裁判を中心とする司法的紛争解決システムの社会的存在理由を否定して、それに全面的にとって代わりうるものではありえないであろう。むしろ、現代法システムのもとでの法的紛争・問題の複雑多様化という現状をふまえ、現行の司法的紛争解決過程を、訴訟=判決手続を中心とする自己完結的な一元的プロセスととらえずに、公私様々の法的紛争・問題解決システムないしネットワークと連動しつつ作動する一つの基幹的プロセスとして相対化してとらえ、司法的紛争解決システムへのアプローチを多元化・複線化することが急務であろう(69)。

(60)　その間に説明の仕方を若干修正した点もあるが、司法的裁判の制度的枠組の理解については、田中『法的空間』(前出注(2))第六章、第七章、同『現代法理学』(前掲注(1))二六九―八六頁参照。とくにADR論議・「非法化」「反法化」傾向・法的交渉理論などの展開を視野に入れた基本的な考え方については、同『現代社会と裁判』(前掲注(11))第一章四、第二章、第三章参照。

(61)　詳しくは、田中『現代法理学』前掲注(1)五二一―二九頁参照。

(62)　田中『法的空間』前掲注(2)六六―八九頁、同『現代法理学』前掲注(1)五五―五八頁など参照。

(63)　詳しくは、田中『法的空間』前掲注(2)二五三―五五頁、同「手続的正義からみた民事裁判の在り方について」法曹時報五五巻五号(二〇〇三年)三〇―五〇頁(同『現代裁判を考える』(有斐閣、二〇一四年)第三章に当初の講演調に戻して収録)参照。

(64)　St. Toulmin, *The Uses of Argument* (1958)(戸田山和久・福澤一吉訳『議論の技法』東京図書、二〇一一年), pp. 7-9, Ch. Perelman, What the Philosopher May Learn from the Study of Law, Perelman, *Justice* (1967), pp. 91-110 など参照。

(65)　J. Habermas / N. Luhmann, *Theorie der Gesellschaft oder Sozialtechnologie: Was leistet die Systemforschung?* (1971),(佐藤嘉一・山口節郎・藤沢賢一郎訳『批判理論と社会システム理論(上)(下)』木鐸社、一九八四年、一九八七年)S. 201 参照。ハーバマスは、その後、アレクシーの特殊事例テーゼに賛同して見解を改めた時期もあるが(Habermas, *Theorie des kommunikativen Handelns*, Bd. 1 (1981)(河上倫逸・M・フーブリヒト・平井俊彦訳『コミュニケイション的行為の理論(上)』未来社、一九八五年), S. 62-63 参照)、現在は、別の理由でアレクシーの特殊事例テーゼに反対している(Habermas, *Faktizität und Geltung* (前掲注(8)), S. 281-91 参照)。ハーバマスの当初の見解に賛同してアレクシーの特殊事例テーゼに反対する論者として、Ulfrid. Neumann, *Juristische Argumentationslehre* (1986)(亀本洋・山本顕治・服部高宏・平井亮輔訳『法的議論の理論』法律文化社、一九九七年), S. 84-85 参照。

(66)　この問題は、基本的には、第四節二(六二―六八頁)、**四**(七〇―七六頁)で説明した法の戦略的利用と法への視点との関係や法的交渉と法的議論の関係について指摘したことと同性質の問題である。

(67)　このような交渉理論における訴訟＝判決判決手続に対する批判的な見方の概要とその批判的検討として、田中成明「法的交渉と裁判・法規範・法的議論(一)―『裁判の影での交渉』からの脱却動向についての一考察」民商法雑誌一四七巻二号(二〇一二年）一四四―一五〇頁参照。

(68) ＡＤＲ理論の諸潮流の概要とその批判的検討として、田中『現代社会と裁判』前掲注（11）一二五―三五頁参照。

(69) 以上のような司法機能の拡充の在り方をめぐる論議は、自立型法の根幹的メカニズムである司法的裁判について、現代法システムの機能拡大に伴う自立型法と管理型法・自治型法の相互関連の全体的な見直しという問題状況の一局面として考察すべきテーマである。詳しくは、田中『現代社会と裁判』前掲注（11）、同『転換期の日本法』前掲注（7）第九章、同『現代法理学』前掲注（1）一二三―三三頁など参照。本章で示唆するような方向は、あくまでもこのような拡充方向の一つにすぎず、現代法システム全体については、法的紛争・問題の複雑多様化に対応して、法システムの紛争解決機能を、法的紛争・問題の「司法的」解決に限らず、「行政的」解決、「立法的」解決をも含めて拡大し、法的紛争・問題解決システム自体の拡充・再編成が必要であろう。

第六節　裁判の内外における法的交渉と法的議論

一　紛争解決における裁判の位置とＡＤＲとの関係

(1)　紛争解決過程における裁判の位置とＡＤＲとの関係について、以上のような方向で議論と交渉の相互関係の在り方に焦点を合わせて見直す場合、まず、問題となるのは、同一の裁判官のもとで訴訟＝判決手続と訴訟上の和解手続が一体的に運用され、判決と訴訟上の和解が民事紛争処理の車の両輪だと言われている実務の現状をどのように法理論的に評価・整理するかである。このような実務の現状を肯定的に評価して、フォーマルな訴訟＝判決手続だけでなく、インフォーマルな和解手続も裁判手続に組み込んで、裁判機能自体を拡充することによって、裁判の紛争解決機能に対する社会的ニーズに柔軟かつ積極的に応えるべきだという意見も有力である。たしかに、裁判官の適切な後見的配慮のもとにフォーマルな法的議論とインフォーマルな自主的交渉とがうまく組み合わされるならば、双方のメリットが合わさって、裁判所の紛争解決能力が高まり、当事者の納得する柔軟で迅速な法的紛争の解決というニーズに応えることができるかもしれず、訴訟上の和解を積極的に活用するという方向自体に異論はない。

けれども、訴訟＝判決手続と訴訟上の和解手続を裁判内手続として並存させ積極的に活用することはともかく、実務慣行として一時広く行われていた「弁論兼和解」のように、両手続を融合することによって裁判機能自体を拡充することは、議論を交渉の一環に解消してしまい、判決の正当化に不可欠である適切な理由づけのための議論実践の規範的自立性を解体し、公正な手続保障のもとでの理性的な議論を通じて権利義務関係を規範的に確定するフォーラムという、現行の司法的裁判の制度的正統性を支える根幹的な特質を空洞化するおそれがある。また、当事者の自主的紛争解決の促進・支援をめざしつつも、現実には裁判官の裁量的判断のウエイトを高め、司法の行政化を加速するリスクもあり、立憲民主制下の司法権や裁判官の権限の理解として疑義があり、にわかには賛同し難い。

ほぼ同じような趣旨から、すでに別の機会に詳しく論じたように[70]、裁判手続全体を議論の促進・整序の場から交渉の促進・整序あるいは取引交渉そのものの場に転換すべきとするポスト・モダン的提言や、民事訴訟の基本的解決手段は和解であり判決は応用的手段にすぎないとする極端な和解推奨論者の見解などにも賛同しかねる。法的交渉理論やＡＤＲ理論の最近の理論展開から学びつつ、実践理性の法的制度化としての裁判の規範的特質を見直すにあたっても、裁判制度・手続に関する限り、議論手続と交渉手続を原理的に区別し、「議論を要とする交渉フォーラム」という司法的裁判の構造的特質を堅持すべきであるという従来の見解を修正する必要はないと考えている。

このように、裁判手続開始後も、フォーマルな法的議論と並行して裁判所内外で当事者間の交渉が続行されているという裁判利用の実状の考察において、とくに留意しなければならないことは、当事者の裁判利用の仕方とそれに対する裁判官の対応について、その制度的正統性について別々の規範的評価が必要な場合があることである。例えば、裁判所外での自主的な交渉が円滑に進まない場合、訴訟を提起し法廷弁論を展開することによって、裁判所内外での交渉を促進しようという戦略がとられるケースが少なくないが、当事者にとっては、その主張が法的に適切に構成され法的に正しい判決を求める真摯な弁論が行われる限り、このような交渉への効果を視野に入れた訴訟手続の利用も、裁判を受ける権利の一内容であり、制度的に正統な法実践と位置づけうる。しかし、裁判官にとっては、法廷弁論の争点や範囲を正しい判決の形成のために必要かつ十分なものに絞り込み、法廷弁論自体を活性化することがその正統な職責であるが、それに加えて、このような裁判外での交渉との連動への当事者の戦略にどのような仕方でどれだけ配慮するかは、法的議論の自立性や裁判の公平性の確保などの観点から一定の制度的制約があり、とくに現代型訴訟などにおいてこのような制約をめぐって裁判官と各当事者の三者の意見がしばしば対立し、議論と交渉が交錯する局面での微妙な判断を迫られることが多い。

(2)　他方、法的紛争解決過程全体における裁判の位置づけ、とくにＡＤＲとの関係については、個別具体的紛争に即して社会一般の正義・衡平感覚を汲み上げつつ実定法を適用・継続形成するという、訴訟＝判決手続の公権的で最終的な法的規準設定機能に焦点を合わせる場合には、例えば小島武司の「正義の総合システム（正義のプラネタリ・システム）」構想のように、裁判（判決）が中心に位置し、その周囲に同心円の形で多層的にインフォーマルな各種ＡＤＲ・相対交渉が開かれており、判決内容と周囲の自主的解決の合意内容が、波及作用と汲み上げ作用によって相互に交流し合うという全体像でとらえるのが基本的に適切と考えられる。(71) けれども、個別具体的紛争の納得のゆく適切な解決を求める当事者の視点からみるならば、すでに説明したような訴訟＝判決手続による解決の制度的限界や弊害などからみて、紛争の全体的解決についてはもちろんのこと、その「法的」解決についてすら、裁判制度・手続による「司法的」解決を中心的かつ最終的な目的とすることがいつも最も望ましいルートであるとは必ずしも考えられない。また、小島のようなモデルでは、各種のＡＤＲは制度的に裁判補完的な手続と位置づけられ、各ＡＤＲが司法的裁判では制度的に不可能な衡平な解決を柔軟かつ迅速に提供できるという独自の紛争解決機能を果たしうることのメリットを適切に位置づけることができないきらいもある。

さらに、現代法システムの規律対象の拡大に伴って、法的紛争・問題が著しく複雑多様化し、現代型訴訟などのように、判決による「司法的」解決が制度的に難しかったり適切な解決策でなかったりして、最終的には行政あるいは立法レベルの交渉によって新たな解決策を創り出すことが望ましいあるいは不可欠な「法的」問題が増えてきており、裁判（判決）中心の司法的紛争解決システムの制度的対応能力の限界が一層顕在化してきている。このような現代的法状況に適切に対応するためには、「裁判所の影での交渉」という伝統的な紛争解決交渉モデルからの脱却をめざす法的交渉理論やＡＤＲ理論の展開をふまえ、新たな多元的ないし脱中心的な法的問題解決システムを構想する必要性が一段と高まってきているとみるべきであろう。

第三節三（四八‐五一頁）で議論と交渉の関係の見直しの重要拠点として指摘した法規範の重層的な作用方式と関連づけて説明し直すと、法規範の裁決規範レベルの機能に焦点を合わせた「司法的」紛争解決システムの意義を相対化し、このような公権的な最終的裁定としての判決に収斂するルートから相対的に独立したルートとして、法規範の行為規範レベルの活動促進機能に焦点を合わせ、法規範を適宜用いて自主的に交渉する人びとのニーズに合わせた法的問題解決システムについて、現代法システムの機能拡大と法的紛争・問題の複雑多様化に対応しうる新たなモデルを提示することが重要な法理論的課題となっているということである。そして、このような方向をめざす多元的ないし脱中心的な法的紛争解決モデルとして、例えば、井上治典が、訴訟外方式から訴訟への移行だけでなく、訴訟から訴訟外方式への移行も認める「相互乗入れ」が理想的な多層構造であり、訴訟も、多元的な紛争解決機構のなかのワン・ノブ・ゼムにすぎず、紛争解決の最終局面とは限らず、紛争解決のひとこま（中間項）で足り、解決への一里塚としての役割を果たせば十分だとし、小島のような富士山モデルに対して、八ヶ岳モデルを提唱している[72]。判決・和解融合論を説き、裁判手続全体を交渉の促進・整序の場に転換すべしという、裁判手続に関する井上の見解には、既に指摘したような難点があり、依然として賛同できないけれども、法的紛争解決システムの全体像に関する彼の八ヶ岳モデルは、法的交渉理論の側からみた法的紛争解決ネットワーク構想の一つの方向として傾聴に値するものであり、現在では、この点に関しては以前の消極的評価を改め、このような八ヶ岳モデルと小島の富士山モデルを並存させることができる統合的な理論枠組の構築をめざす必要があると考えている[73]。

二　法的交渉と法的議論の協働の在り方について

(1)　裁判とADRの関係、法的交渉と法的議論の関係についての以上のような理解をふまえて、最後に、法的議論と法的交渉の区別と関連、適切な協働の在り方をどのように考えるかという問題をみておこう。

まず、野村美明の整理（七二―七四頁参照）と同様に、裁判外の紛争解決過程と、訴訟＝判決手続と一体的に行われる訴訟上の和解などの裁判内の紛争解決過程とを分けて考えることが重要である。そして、裁判における議論と交渉の相互関係については、別の機会に詳しく説明し[74]、本章でも第六節一など関連箇所で触れたところであるが、実定法システム・裁判制度を内的視点から受け容れる法的観点からは、法的議論と法的交渉を次元を異にする実践として原理的に区別し、訴訟＝判決手続の制度的制約に対応するために法的議論の規範的自立性を確保することが、法の支配の要請や裁判の独立・公平・公正などの価値理念の実現に関わる根幹的要請として、裁判過程における実践理性の法的制度化にとって決定的に重要である。それ故、裁判における法的議論を法的交渉と融合させたり、法的議論を法的交渉に還元したりすることは、実定法システム・裁判制度の存在理由の否定・解体につながるものであり、法理論的にも認めることはできない。

裁判過程においては、「議論を要とする交渉フォーラム」という、議論の交渉に対する自立的・優先的地位を制度的に保障する構造的特質が堅持されなければならず、野村も指摘するように、「フォーマルな討論と交渉過程とは、当事者が同じである限り同時並行的・重複的に行うことはできないない」[75]というのが現行司法的裁判の制度的要請とみるべきであろう。裁判という国家権力の行使に関わる公的な制度・手続を専門的に運用する裁判官や弁護士だけでなく、それを利用する一般私人もまた、このような制度的制約に服さなければならないのであり、訴訟上の和解などのインフォーマルな法的交渉もまた、このような意味では「裁判所の影での交渉」から脱却することは制度的に認められないのである。

他方、裁判外の紛争解決過程における法的議論と法的交渉については、当事者間の相対交渉だけでなく、公私各種のADRの場合も、以上のような「議論を要とする交渉フォーラム」という裁判の構造的特質に制度的に制約されることはない。契約取引交渉だけでなく、紛争解決交渉についても、固定したパイの取り分をゼロ・サム的に調整する分配型交渉を、パイを拡大して両当事者が満足するウイン・ウイン（非ゼロ・サム的）的な調整をめざす統合型交渉に可及的に転換するために、「裁判所の影での交渉」からの脱却が必要とされ、可能でもあるのは、主としてこのような裁判外の紛争解決過程においてである。[76]

法的紛争解決における議論と交渉の相互関係が、裁判の内と外で以上のように異なることは、法特有の要件＝効果図式（一般的ルールの規定する一定の要件にあてはまる具体的事実の存在が認定されれば、一定の法的効果を帰属させる図式）と、政治・経済などの領域で広く用いられている、目的＝手段図式（一定の目的の実現に最も効率的な手段を選択する図式）と合意型調整図式（関係者のその場ごとのアド・ホックな交渉によって相互に合意可能な解決案をさぐり利害調整をはかる図式）という、三つの思考・決定モデル[77]を用いて説明するならば、次のように整理できる。裁判における紛争解決では、訴訟＝判決手続は、法の支配の要請に基づき、要件＝効果図式による正当化が不可欠であり、目的＝手段図式は補助的にのみ用いられ、合意型調整図式は、原理上排除され、訴訟上の和解などで用いられるにすぎない。それに対して、裁判外の紛争解決においては、当事者間の自主的な交渉による利害調整・合意形成、すなわち、合意型調整図式が中心であり、要件＝効果図式や目的＝手段図式は、必要に応じて補助的に用いられるにすぎない。法的紛争解決において三つの思考・決定モデルの占める位置が、このように、裁判の内と外で異なることが、法的議論と法的交渉の相互関係の違いにも反映されているのである。

(2)　問題は、裁判外の紛争解決過程における法的議論と、第四節二（六二－六八頁）で検討した交渉における法規範の用い方との関連である。法規範の規範的利用と戦略的利用という、太田勝造の大枠的な区分と関連づけて検討を進めると、まず、裁判外の紛争解決過程における法的議論は、当事者双方が、法的観点を受け容れ、法規範を権威的論拠として、要件＝効果図式によって一定の法的主張の理由づけを行なうという要件を充たしている場合は、基本的には法規範の内的視点からの規範的利用ということになろう。だが、裁判外の紛争解決過程における法的議論では、訴訟＝判決手続内での法的議論と違って、賛否の二分法的対立構成にとらわれずにインフォーマルでふくらみのある議論が行われることが多いから、一定の法的主張の要件＝効果図式によるミクロ正当化とマクロ正当化[78]のうち、マクロ正当化に関わる議論を比較的自由に行うことができ、いわゆる政策論・立法論をも含めた複数の法解釈論の適切性・優劣などの議論も多面的に行うこともできる。第四節二で紹介した太田の用語を借りれば[79]、「規範操作」の契機のウエイトが高まり、それに応じて法規範の論拠としての価値も、関連する多数の論拠の〝ワン・ノブ・ゼム〟と相対化し、他の諸々の論拠と比較衡量し、批判的に論じる余地が拡がることになる。このようなマクロ正当化にウエイトをおいたインフォーマルな法的議論では、訴訟＝判決手続による制度的制約は緩やかになり、立法・裁判段階における法的制度化以前の一般的実践的議論という段階に遡り、思考・決定スタイルとしても、要件＝効果図式による法特有のフォーマルな縛りは緩くなり、目的＝手段図式による議論のウエイトが高まることになり、とくに合意型調整図式が用いられる場合には、議論と交渉の境界はあいまいとなる。(80) 裁判外の法的議論のこのような変容は、分配型交渉から統合型交渉への転換とほぼ並行して進む事例が多いとみてよいであろう。

このように、裁判外の法的議論においては、個々の法規範の正当化理由としての価値が相対化され、法的観点だけでなく経済的・道徳的等々の観点からも評価され比較衡量されるようになるにつれて、法システム全体には内的視点をとっていても、個々の法規範については戦略的に利用するという姿勢が強まることが多いから、現実の法的議論では、法への内的・外的視点と法規範の規範的・戦略的利用方式が複雑に交錯した状況が生じることになる。すでに指摘したように（六四-六八頁参照）、もともと理論的に法規範の二つの利用方式を二者択一的に区別することが難しいだけでなく、裁判外のインフォーマルな法的議論においては、たとえ当事者双方が法的観点を共有していても、訴訟手続のようなミクロ正当化に照準を合わせたフォーマルな議論手続や裁判官という第三者の関与手続がないため、双方の主張の噛み合った理性的な議論の遂行自体が難しく、法的観点と経済的・道徳的等々の法的以外の観点の優先順位についての当事者双方の見解が異なっている場合などには、双方の他者の観点の相互了解が不十分だと、議論が噛み合わず、水掛け論の応酬になりやすい。当事者間の交渉だけでは理性的な法的議論のための議論領域について共通了解を形成することが難しく、公私各種のＡＤＲによる第三者の斡旋などによって適切な議論領域を形成することが必要とされる所以である。

一般的に、裁判外の交渉においては、分配型交渉から統合型交渉への転換が進むにつれて、裁判との関係が緩やかになることもあって、交渉全般に対する法的観点の規範的規律力も相対化し弱まることが多い。それに伴って、法的観点に代わる適切な第一次的・優先的な共有観点あるいは複数の共有観点間の優劣関係などのウエイトを、他ならぬ交渉によって形成・確認し、統合的交渉にふさわしい議論領域について相互了解を成立させることが重要な課題となる。

裁判外のインフォーマルな法的議論は、以上のような開放性の故に、実践的議論の不確定性を縮減するという法的制度化の趣旨に逆行しかねないデメリットをもつ反面、法規範の正当化理由としての価値をめぐる議論を、裁判手続によって法的に制度化される以前の一般的実践的議論の段階に戻し、関係者の心構え次第で、例えば対話的合理性基準の理念・原理・ルールの要請する諸要件を可及的に充たす状況において自由闊達に議論を遂行する可能性を高めることができ、個別具体的な事情を考慮しつつ社会一般の正義・衡平感覚を汲み上げることによって、法的ルール・原理を新たに形成したり継続形成したりする非権力的なフォーラムとなりうるというメリットをもつことも見落とされてはならない[81]。「裁判所の影での交渉」からの脱却をめざす創造的ないし統合的な問題解決型アプローチの提言の内容や方向をみると、現行の訴訟＝判決手続を所与的前提としたフォーマルな法的議論は批判されているけれども、裁判外の交渉におけるインフォーマルな議論の在り方として、対話的合理性基準の理念・原理・ルールの諸要請を可及的に実現した実践的議論をその理想的形態として推奨していると読み取ることもできるような提言が少なくないことも、このような観点から注目されるところである。

当事者双方が、裁判における法的議論のように、交渉全般の優先的・排除的な共有観点としては法的観点を受け容れていなくとも、法的観点を相互に尊重すべき一つの共有観点として相応のウエイトを認めて受け容れ、法規範の正当化理由としての価値に共通理解が存在する限り、法規範の戦略的利用の場合でも、以上のような仕方で、法的議論がそれなりに理性的に遂行されることもありうる。けれども、当事者の一方あるいは双方が法的観点自体を受け容れない状況での法規範の戦略的利用となると、法規範の正当化理由としての適切性・優劣関係の判断は各当事者でまちまちであり、共通の規準に基づいて正当性を理性的に論じ合うという規範的次元も形成されないことになるから、法的議論の自立的な規範的特質を重視する本章のような概念枠組では、法的議論の概念のなかに取り込むことができないことになる。

このように、共通の規準に基づき正当性を論じ合う規範的次元が存在しない場合には、法規範による理由づけは、規範的正当性の相互主張ではなくなるから、もはや規範的な正当化（justification）ではなく、社会学的・心理学的な合理化（rationalization）として、原理的に区別するべきであろう[82]。法的交渉理論においては、そもそもこのような正当化と合理化の原理的区別がなされていないか、区別が一応されていても、重視されていないという一般的な傾向がみられる。このような傾向は、法的交渉における法規範の作用方式が側面制約的で手段規定的であり、当事者に対して法的観点からすべての法規範を優先的・排除的（排除置換的）な権威的論拠として受け容れることを一般的に義務づけられていないため、すでに触れたように、法の内的視点からの規範的利用と外的視点からの戦略的利用との境界を明確に区別することが難しいこととも内的に関連している。しかし、裁判外の法的交渉が、アイゼンバーグのいう「ルール作成交渉[83]」として、ボトム・アップ的に実定法規範を創造的に継続形成するインフォーマルなフォーラムという役割を適切に果たすためには、法規範を援用した理由づけが、当事者それぞれの主観的意図が、規範的利用、戦略的利用のいずれであれ、第三者的な法的観点からみて、規範的正当化のレベルでも自立的な規範的活動と評価でき、法的議論の共通の一般的規準や適切な論拠として抽出するに価する内容をもっていなければならない。それ故、議論を交渉に融合したり還元したりして、法的交渉と交錯しつつ行われる法的議論の独自の制度化された規範的次元をおよそ認めず、正当化をすべて合理化という次元でしかとらえないアプローチでは、法的交渉の在り方を一面的にしか論じることができず、アイゼンバーグらが強調するように、裁判外の法的交渉によって裁判内の法的議論の適切な論拠としての法規範が形成されることもある所以を明らかにすることができないことになろう。

(3)　いずれにしろ、裁判外の法的議論における法規範の正当化理由としての価値について、経済的・心理的・道徳的等々の、法的観点以外の観点からの考慮のウェイトが高まったり、それに伴って考慮に入れることのできる情報の範囲も拡がったり、法規範の戦略的利用という側面が強まったりするにつれて、法的議論の規範的自立性が弱まり、議論と交渉の区別が相対化する。そして、法的議論の法的交渉に対する規範的規制力も弱まり、議論と交渉が、相互に交錯しつつ同時並行的・重複的に行われるようになり、議論の主題や論拠の適切性・優劣関係・考慮できる情報の範囲などを構成する議論領域自体が、交渉によって左右され確定されるようになり、交渉の一手法ないし一段階という議論の位置づけが強まることになる。裁判外の紛争解決過程においては、議論と交渉の相互関係について、裁判過程におけるような主従関係はなく、議論と交渉の原理的区別にこだわる必要もなく、現に両者の境界も明確でなく相互に交錯しているから、議論と交渉のメリットをうまく組み合わせて、創造的ないし統合的な問題解決をめざすことができるのである。

以上のような法的議論と法的交渉の協働の在り方についての考察は、主として紛争解決交渉についてのものである。法的交渉の今ひとつの重要類型である契約取引交渉の場合には、もともと分配型交渉よりも統合型交渉という性質が強く、紛争解決交渉の場合以上に、裁判利用を予防・回避することが共通関心事となる事例が多いこともあって、訴訟＝判決手続による制度的制約と相関的な法的議論の規範的自立性をそれほど意識する必要はない。交渉自体について「裁判所の影での交渉」からの脱却ということをことさら問題としなければならない事情も比較的少なく、創造的ないし統合的な問題解決型交渉というアプローチをとりやすい。法的議論と法的交渉の関係についても、交渉の一手法ないし一段階としてのインフォーマルな議論という側面が一段と強まることになっても、議論をすべて交渉に融合ないし還元させるアプローチについて以上で指摘してきた問題性を正しく認識している限り、法的議論と法的交渉の区別と連関という問題にあまりこだわる必要はないであろう。

重要なことは、法的交渉と法的議論の相互関係について、裁判の内と外で区別することであり、裁判過程においては、法の支配や司法的裁判の独立・公平・公正などの制度的要請に基づき、法的議論の規範的自立性の確保が不可欠であることから、法的議論と法的交渉を同時並行的・重複的に行い、両者を融合させることは制度的に認められていない。けれども、裁判外の紛争解決などの法的過程においては、法的議論は、訴訟＝判決手続の制度的制約から解放され、一般的実践的議論の段階に戻った自由な議論となる可能性が高まるとともに、法的論拠と他の各種の論拠の比較衡量が主題化すると、一定の主張・提案の正当化と合理化の区別も事実上難しくなり、議論と交渉の区別がつかず、同時並行的・重複的に行われることが多くならざるをえない。このようにして、裁判外における法的議論の規範的自立性が弱まり、法的交渉の一手法ないし一段階という側面が強まり、交渉と議論が明確に区別されず相互に交錯しながら行われることは、私人間の交渉に対する法的観点からの規範的規律が側面制約的で手段規定的なものに限られていることからみて、その交渉の過程と結果が、義務賦課規範によって外枠を画定された合法的な範囲内にある限り、議論と交渉の交錯の具体的な形態の当否は、もはや法的観点からの規範的規律・評価の対象外ということになろう。

しかし、現代法システムの機能の拡大・多様化に伴って、「法的」問題・紛争であっても、「司法的」解決が不可能ないし不適切な事例が増えてきているという状況のもとで、このような裁判外における自主的な法的交渉が、法システムの相互主体的動態化において、裁判による司法的解決とは独自に果たしている役割は、一段と重要となってきていることは否定し難い現実である。このような現実を直視して、「議論・交渉フォーラム」としての法構想における実践理性の法的制度化の全体的な構造を、議論と交渉をともに実践理性の公共的行使と位置づけ、一定の共通の倫理的・論理的・手続的要請のもとにおいたうえで、非権力的な法的空間における法実践との関連をも視野に入れて再定式化し、法システム全体の相互主体的活性化における法的交渉と法的議論の役割を統合的にとらえる理論枠組を構築することが、法理学の重要な重要な現代的課題となっているのである。

(70)　田中『現代社会と裁判』前掲注(11)七五‐八二頁、一三六‐五二頁参照。この点に関する私見に対する論評として、尾崎一郎「トラブル処理の仕組み」和田仁孝・太田勝造・安部昌樹編『交渉と紛争処理』(日本評論社、二〇〇二年)四三‐五九頁、佐藤彰一「裁判は何のためにあるか」同一〇五‐三五頁、野村「紛争解決過程における交渉概念と討議・議論・対話の概念」前掲注(57)二二‐二四頁参照。

(71)　小島武司「紛争処理制度の全体構造」『講座民事訴訟法1　民事紛争と訴訟』(弘文堂、一九八四年)三五五‐八〇頁、同「正義のプラネタリ・システム」同編『調停と法』(中央大学出版部、一九八九年)三‐三四頁、同「正義の総合システム再考」法曹時報四一巻七号(一九八九年)一‐四二頁など参照。

(72)　井上治典「紛争処理機関の多様化のなかでの訴訟の選択」同『民事手続論』(有斐閣、一九九三年)二一七‐三一頁、同「紛争とその処理手続き」井上治典・三井誠『裁判と市民生活』(日本放送出版協会、一九八八年)九‐一九頁など参照。なお、交渉理論の立場からの井上とは違った小島モデルの評価として、小島モデルにコペルニクス的回転を施して、その補完的な「新プラネタリ・システム」を提唱する、太田勝造「社会的に望ましい紛争解決のためのADR」仲裁とADR七号(二〇一二年)一‐一三頁参照。

(73)　田中『現代社会と裁判』前掲注(11)五一‐六〇頁、同『現代法理学』前掲注(1)三〇五‐〇七頁において小島と井上の見解を対比しつつ述べた見解は、本文で説明したように、一面的であり、このように改めたい。このような修正については、前掲注(70)に挙げた文献における私見に対する論評からも示唆を受けた。なお、このような方向での理論枠組の構築の試みとして、小島のようなアプローチを裁判補完的ADR、井上のようなアプローチを市民応答的ADRと特徴づけて、両者を統合する多元的・複合的な司法システムのモデルを提示する、守屋明「多元化する紛争処理システムにおける権利の生成について」田中編『現代法の展望』前掲注(23)二一三‐五二頁参照。

(74)　田中『現代社会と裁判』前掲注(11)七五‐八二頁、一三六‐五二頁参照。

（75）野村「紛争解決過程における交渉概念と討議・議論・対話の概念」前掲注（57）二六頁。

（76）このような分配型交渉と統合型交渉というアプローチのバランスのとれた説明として、小林『交渉の作法』前掲注（42）二五-一二五頁参照。

（77）要件＝効果図式・目的＝手段図式・合意型調整図式という三つの思考・決定モデルの特徴と相互関係については、田中『現代法理学』前掲注（1）一〇八-〇九頁、五〇九-一〇頁参照。

（78）法的議論の論理構造およびそこにおけるミクロ正当化・マクロ正当化の区別の意義と相互関係などについては、田中『現代法理学』前掲注（1）第16章、とくに五四七-五〇頁参照。

（79）太田『民事紛争解決手続論』前掲注（45）一六-一七頁、二一四-一五頁参照。なお、太田が交渉における法規範援用についていう規範操作と規範適用は、法的議論のレベルに移すと、規範操作がマクロ正当化、規範適用がミクロ正当化に対応すると理解できるであろう。

（80）法的議論における要件＝効果図式・目的＝手段図式・合意型調整図式の相互関係については、田中『現代法理学』前掲注（1）一〇八-〇九頁、五五七-六三頁参照。

（81）このような観点からの契約交渉関係の動態的な法的構造の解明の試みとして、法的交渉と法的議論の異同・関連があいまいであることなど、既に指摘したような問題があるが（五四-五五頁参照）、山本「契約規範の獲得と正当化」前掲注（38）六九-一二二頁など参照。

（82）このような正当化と合理化の区別については、田中『現代法理学』前掲注（1）四五四-五五頁参照。また、R. Fisher, Comment, *Journal of Legal Education*, 34 (1984), pp. 121-22 も参照。

（83）Eisenberg, Private Ordering Through Negotiation（前掲注（41）), pp. 665-81 参照。

むすびに代えて

以上、「議論・交渉フォーラム」という法構想を、法動態への相互主体的視座の確立という問題関心に応える法の一般理論へと再定位し、実践的議論に関する対話的合理性基準とその法的制度化という基礎理論についても、法律学的方法論に偏っていた射程の限界や視座の偏りを是正し、実定法システムの制度的正統性・規範的妥当性の問題をはじめ、正義論をも含めて法理学の伝統的諸問題全般の解明に共通の理論的基礎を提供できるように、基礎的諸概念と理論枠組を見直すことをめざして、若干の考察を試みてきた。

このような法構想の拡充と再構築をめざすにあたって私が参考にした主な見解と関連づけつつ、従来の私見を点検・補正するという手法をとったため、考察に繁簡精粗があり、関連論点の取り上げ方も必ずしも系統的でなく、独立の論考としての体裁が十分に整っておらず、覚え書的な整理にとどまっているところも少なくない。また、拡充・再構築に必要な準備作業も、議論と交渉という基礎的概念の異同・関連を実践理性の公共的使用という観点から整理した上で、実践理性の法的制度化の全体的構造の解明を二つの方向に拡充することが必要なことを確認し、そのうち、法的交渉について、法規範の用い方や法的議論との関係などに焦点を合わせ、実践理性の公共的行使の法的形態ととらえうる理論的基礎を解明し、このように補正された理論枠組のもとで司法的裁判の特質と位置を再考し、裁判の内外における法的議論と法的交渉の協働の在り方をさぐるところまでしか考察を進めることができなかった。

以上のような考察結果をふまえ、「議論・交渉フォーラム」としての法構想における実践理性の法的制度化の全体的な構造を、国家権力の行使と直接関係しない社会的次元の一般の人びとの法実践との関連も視野に入れて再定式化し、法システム全体の相互主体的活性化における法的交渉と法的議論の実践理性の行使としての役割を統合的にとらえうる理論枠組を構築することは、法の効力・妥当性や妥当根拠など、法の規範性の解明、「法とは何か」という法の概念ないし性質の解明、「法の支配」の法理論的位置づけやその要請内容の解明など、法理学の伝統的な根本的諸問題と関連する諸論点の検討をした上で、改めて取り組むことにして、ひとまず章を閉じることとしたい。

第二章　法の一般理論としての法概念論の在り方について

―現代分析法理学への二方向からの批判を手がかりに―

はじめに

「法とは何か」という、法の概念（concept）ないし性質（nature）の解明は、法哲学・法理学において繰り返し論じられてきた伝統的諸問題の中心的課題である。最近の英米法理論でも、現代分析法理学者H・L・A・ハートが『法の概念』などで提示した法実証主義的な法体系論の評価をめぐって、法の概念の基礎理論的研究の在り方、とりわけ、法理学の任務と学問的性質について再検討を迫る興味深い理論展開がみられる。

ルールに対する外的視点・内的視点を区別し、第一次的ルール・第二次的ルールの結合として法体系をとらえるハートの法理論に対しては、様々な方法論的・内容的批判が浴びせられてきた。本章では、それらのうち、法理学の任務に関する独自の見解に基づいてハートの法実証主義的ルール体系論にとって代わる「統合性としての法」構想を解釈的法理論として展開する、R・ドゥオーキンの政治・道徳哲学的方向からの批判と、分析法理学にとって代わる一般法理学（社会的法理論）を構想して多元主義的法概念論を展開する、W・トワイニングらの社会学的方向からの批判に焦点を合わせる。そして、これらの法理論の対立構図と主要争点を批判的に検討することによって、社会制度としての法の規範的・構造的特質を解明する「制度的」法概念論が法理学的な法の一般理論の中心的課題であることを確認し、このような法概念論の在り方をめぐる方法論的諸論点を、法理学の伝統的諸問題及び隣接諸分野との関連に留意しつつ考察する。

もっとも、法理学におけるいわゆるハート＝ドゥオーキン論争にも、法の基礎理論的研究における哲学と社会学のヘゲモニー争いにも、それぞれの議論枠組を前提に、これらの論戦に加わることをめざすものではない。私の法理学的研究における目下の問題関心から興味ある論点と見解を取り上げて検討するという、文字通り管見的な考察である。以下の考察の趣旨の理解に資するために、このような問題関心の背景をごく簡単に予め説明しておきたい。

私のこれまでの法理学的研究においては、ハート、ドゥオーキンだけでなく、J・ラズ、N・マコーミックらの現代分析法理学、また、トワイニング、R・コテレルらの本章で直接取り上げた法社会学・社会的法理論だけでなく、M・ウェーバー、E・エールリッヒら以降の法社会学・社会理論からも、多くのことを学び、彼らの方法論的立場の相違にあまりこだわらずに、彼らの示唆に富む視座・理論・知見などをかなり自由に換骨奪胎して自分の法理論的枠組のなかに取り込んできた。分析法理学者でも分析哲学者でもなく、方法論的立場をあいまいにしたまま、法哲学と法社会学（さらに法律学）にまたがる問題領域で法の基礎理論的研究に携わってきた、と自己認識している。

法概念論については、一九六〇年代中頃に研究を始めた当時、法の概念規定の方法論に関する加藤新平と碧海純一の論争が注目を集めていた（日本法哲学会編一九六四）。私もその論争をフォローしてみて、両者の哲学観の原理的対立にもかかわらず、法の概念規定の方法論に関する見解は実際上あまり相違ない方向に収斂してきており、実在論的本質主義対唯名論的規約主義というレベルの抽象的な方法論論議が、法自体の理解をさほど増進したり深化したりするとは思えず、方法論の意義に懐疑的になった。そして、法の概念は「経験に支えられた思弁的統一」であり、その概念規定は厳密な意味での真理値はもたず適切性（adequacy）が問題となる「綜合的判断」であるとする、加藤の基本的に実在論的で穏当な本質主義的アプローチ（加藤一九七六、二九八-三〇六頁、同「法の概念規定についての若干の論理学的方法論的考察」日本法哲学会編一九六四、一-六二頁）にそって、法哲学だけでなく法社会学・法人類学・法史学・比較法などの法の基礎理論的研究において提唱されてきた代表的な法の概念や見方について、具体的に何が争点となっているかを見定め、主要争点ごとに各見解を類型化して整理し、それらの前提・背景や目的・動機などを理解し比較検討することに関心を向けるようになった。

このような問題関心の延長線上で、基本的にM・ウェーバーの理念型概念・理論構成の手法を用いて、自立型法と管理型法・自治型法からなる、多元主義的な「法の三類型モデル」を、法の基礎理論的研究に汎用的な理論枠組として提示し、このモデルを用いてわが国の司法制度を中心とする法状況の現代的課題の解明を試みてきた（法の三類型モデル自体については、田中二〇一一、九九-一三四頁、同二〇〇九参照）。だが、このモデルにおいて自立型法を典型的な法類型と位置づけることは、「法の支配（合法性）」を法体系内在的な構成的価値と位置づける一定の法哲学的見解を前提としているが、このあたりの説明が十分でなく、また、法概念論の主要課題である、法の規範性の法哲学的解明と直接関連しないモデルであるという問題もあった。

私の法理学的理論枠組全体においては、法の規範性の問題をはじめ、法概念論と関連する伝統的な諸論点の法哲学的解明については、実践的議論に関する「対話的合理性基準」を「法的観点」から「制度化」した知的地平に法的制度・実践を位置づける「議論・交渉フォーラム」という法構想によって対応することをめざしてきた（田中一九九三、同二〇一一、四七-六一頁、三五五-七五頁、五一三-二八頁、五六四-七八頁）。だが、法動態への相互主体的視座の確立という、この法構想の背景的問題関心からみて、「実践的議論」の法的制度化に関する私の従来の説明は、裁判における法律家の法的議論に焦点を合わせたものであり、裁判外での法律家の活動や一般の人びとの法の遵守・援用活動をも含めた法的実践全体を適切に説明できず、法的領域全体の自立的な規範的構造を考察する理論枠組としては偏りがあるため、法の一般理論にふさわしいものとすべく、「実践理性」の法的制度化の理論へと軌道修正を試みているところである（田中二〇一三、本書第一章）。

本章では、実践的議論に限らず、実践理性の公共的使用全般の「法的制度化」の理論の再定式化によって、「議論・交渉フォーラム」という法構想と「法の三類型モデル」を統合する法の一般理論を構築するという、このような私の目下の問題関心に引き寄せて、ハートらの現代分析法理学に対する上述の二つの対照的な方向からの批判とそれらをめぐる議論について、その方法論的側面だけを抽象的に論じるのではなく、そのなかで提示されている具体的な法理学構想や実質的な法概念論と関連づけて、若干の考察を試みたい。

第一節　法理学の問題領域と法の一般理論の任務

一　法理学の主要問題領域とその関連諸分野との関係

学問分野の任務と在り方は、その考察主題とされる「問題」によって規定され、その「方法」はそれぞれの問題と相関的に決まるという考え方のもとに、法理学の主要問題領域と関連諸分野との関係について、ハート、ドゥオーキン、トワイニングという、本章で中心的に取り上げる三人の見解を具体例に、以下の考察の前提となる予備的な論点整理をすることからはじめたい。

伝統的に法理学の考察主題とされてきた基本的問題群は、現代では、（i）法の概念ないし性質の解明と法的思考の基礎的諸概念の分析に関わる「法の一般理論」、（ii）正義・自由・平等・法的安定性などの法の実現すべき目的の探究と実定法の評価・批判に関わる「正義論」、（iii）裁判における法的議論や判決の正当化の在り方を考察する「法的推論・裁判過程の理論」の三つの主要領域に分けるのが一般的である。そして、法理学と法哲学の異同・関連については、本書のように、両者を基本的に互換的とみる広義の法理学が、これら三領域をすべてカヴァーするのに対して、分析法理学など、両者を区別する狭義の法理学では、法の一般理論が主たる問題領域であり、法的推論・裁判過程の理論は周辺的テーマとされ、実定法の評価・批判に関わる正義論は、法の記述に関わるべき法理学の守備範囲外とみられてきた。最近よく用いられる「法理論」という名称は、これら広義ないし狭義の法理学と互換的に用いられたり、法の経験諸科学の基礎理論的部門まで含めて用いられたりすることもあり、論者によって様々である（詳しくは、田中二〇一一、一-二七頁参照）。

このような法理学の学問的な特質と位置づけについては、さらに、実用的法律学・裁判実務との関係、政治哲学・道徳哲学などの実践哲学との関係、法社会学など法の経験的研究との関係を、それぞれどのように理解するかが問題となる。

ハートは、広義の法理学の立場からの説明もしているが（Hart 1983, ch. 3）、評価的な規範的正義論の学問的資格には懐疑的であり、基本的に、法の評価と記述を峻別して、法理学の任務を実定法の記述的説明に限定する、ベンサムやオースティン以降の分析法理学の法実証主義的伝統を擁護し続けた。それに対して、ドゥオーキンは、ベンサムらの批判を受けて衰退した自然権論の現代的復権をめざし（MacCormick 1978b）、法理学を政治・道徳哲学の一部門と位置づけ、権利基底的な規範的正義論を展開するとともに、裁判過程を重視するアメリカ法理学の伝統を受け継いで、法理学を裁判における法的実践から明確に区別せず、法理学全体を、正義論と裁判における法的推論を解釈的・議論的実践として統合的に直結する規範的な学問分野と位置づけ、ハートらの記述的な一般的法理学は方法論的に不可能である、と批判した（Dworkin 1986, 2006a）。

イギリス分析法理学においては、実定法の道徳的に中立的で科学的な記述に関わる「一般（general）法理学」

と「個別（particular）法理学」（わが国などの法律学にあたり、裁判実務に関与する実践的任務をもつ）の区別が一般的に行われてきているが、両者の関係はかなり複雑であり、一般法理学の学問的性質にもあいまいなところがある（Twining 2000, ch. 2 など参照）。一般法理学の法一般（law in general）についての言説は、個別法理学の特定の実定法体系に限られたパロキアルな（parochial）言説とどのように異なり、どのように関連しているのか、また、一般性を普遍性や必然性と同視せずに、一般性のレベルに様々な程度があるとすれば、一般的な言説とパロキアルな言説を原理的に区別することができるのかなど、疑問がある。また、一般法理学が基本的に理論的分野であるとしても、伝統的にその法曹教育的役割が重視されており、実践的・実用的任務を全くもたないとは言い難い。さらに、法の概念自体の分析と法的諸概念の分析とは、その分析の手法や目的は同じなのか異なるのかも、必ずしも明確ではない。

法理学と法の経験的研究の関係については、ハート『法の概念』「はしがき」における法理学的概念分析と記述的社会学の関係に関する言及（Hart 1961, vii）の理解・評価が、一つの争点となった。ドゥオーキンが、社会学的法概念をはじめ、「社会学的問題」の哲学的・実践的重要性を一般的に否定するのに対して、分析法理学の方法やその法理論を批判しつつも、ハートのこの言及の趣旨を基本的に肯定して継承発展させようとする法理学者・法社会学者も少なくない。トワイニングは、法哲学を法理学の最も抽象的な部分と位置づけ、分析法理学の概念分析が法的ドクトリンやその前提を無批判的に受け容れがちであったことを批判し、法教義学的な「法的言説（law talk）」だけでなく、現実に作動する法の機能・制度・秩序などに関する「法についての言説（talk about law）」にも関心を向け、それらを学際的・経験的に考察する、法学の理論的部門として「一般法理学」を構想する（Twining 1979, pp. 574-76, 2009, pp. 18-25）。法社会学など法の経験的研究にほぼ共通してみられる特徴は、このように、裁判実務を規定している法律家的思考様式を、批判的分析の対象として主題化するとともに、法の一般理論の考察対象を、裁判実務以外の法律家の法実践や一般の人びとの法の遵守・援用活動にまで拡げたことである。法理学は、法の内在的理論と外在的理論（theory *of/about* law）からなると言われるが、法の経験的研究の隆盛は、法理学的考察の「視点」の両面性を浮き彫りにし、法理学の学問的位置づけだけでなく、その学問的性質の再検討を促すものである。

二　法の一般理論の学問的性質

次に、法理学の全領域ではなく、法の一般理論に焦点を合わせ、規範的正義論や法的推論・裁判過程の理論との関連にも留意しつつ、その学問的性質と任務の考察の前提となる若干の方法論的な論点について、いずれも難問であり、暫定的な試論しか示すことができないが、同じく予備的整理をしておきたい。

(1)　ハート＝ドゥオーキン論争における法理学の学問的性質・任務をめぐる議論は、「記述的」か「規範的」かという二分法的対比図式で論じられてきた（代表的な整理としてDickson 2001, 2004）。だが、社会科学における「価値自由（Wertfreiheit）」論議や科学哲学における観察の「理論負荷性」論議などを経て、政治哲学などの分野でも、「記述的」「規範的」の区別の可能性、具体的な特徴づけ、その境界・交錯状況などをめぐる議論が流動的な事情を多少なりとも知っている者にとっては、法理学におけるこのような対比図式には違和感があり、このような二分法的対比図式の適切性にも懐疑的たらざるをえない。

この議論が、J・フィニスの問題提起（Finnis 1980, ch. I）の影響のもとでウェーバーの「価値自由」論議の構図で展開されていることから、ウェーバー的用語（Weber 1968, ch. II, X 参照）と重ね合わせた必要最小限の整理を試みると、一般に「記述的」とされる言明は、ハートも認めているように、少なくとも行動主義的言明と解釈学的（価値関係的）言明に分けることができ、また、価値に関する「規範的」言明も、価値評価的（正当化的）

言明とそうでない価値分析的言明（価値選択の目的・手段・副次的効果分析、価値選択の世界観的前提の解明やその類型的構成・分類など）に分けることができる。そして、法理学の三領域における考察では、それぞれ取り組む主題の特性に応じて、いずれかの種類の言明が中心的となるが、他の各種の言明もその理論的説明のなかに適宜組み込まれており、とくに法的制度・実践のような社会的文化的現象に関する一般理論における概念分析・理論構成には、価値関係的言明と価値分析的言明が相互規定的かつ不可分的に用いられ、このような意味で記述的であると同時に規範的でもある説明が多い。従って、個々の言明についてはともかく、一つの理論としてある程度まとまった全体論的な言明群を、「記述的（経験的）」か「規範的」かを区別すること自体が難しく、区別の意義も乏しい。

ハートの「記述的」法理学とドゥオーキンの「規範的」法理学の具体的内容や彼らの個々の発言の趣旨をこのような言明の多層構造に照らして確定した上でなければ、両者の論争の意義を的確に理解することは難しく、両者の論争があまり嚙み合っていないのもこのあたりに起因している。とくに、規範的言明について、価値評価的言明の真理値を認めるかどうか（ウェーバー、ハートは懐疑的、ドゥオーキンは肯定）、価値分析的言明と価値評価的言明の区別を認めるかどうか、また、価値分析的言明と価値関係的言明の区別を認めるかどうか、価値分析的言明も「記述的」言明と呼ぶかどうかなどが、争点となる。(1)

(2)　法の一般理論、とくに分析法理学の学問的性質の考察においては、以上のような「記述的」か「規範的」かという二分法的対比図式の検討に加えて、倫理学を「規範的」「分析的」「経験的」の三部門に分ける図式における「分析的」倫理学に対応する「分析」法理学の性質の検討も不可欠である。(2)

法の性質に関する分析法理学の概念的主張やその概念分析的方法について、ドゥーキンは、分析法理学のアルキメデス的な特権的地位を否定し、メタ倫理的な概念的主張も実質的な規範的法理学（＝政治・道徳哲学）のなかに解消すべきであると主張するのに対して（Dworkin 2006a, ch. 6, 2011）、「法理学の自然主義化（Naturalized Jurisprudence）」を提唱するB・ライターは、同じように分析法理学の特権的地位を否定するが、逆に、概念分析を法の経験科学的研究の抽象的反省的部分に解消すべきであると説く（Leiter 1998, 2003）。分析法理学は、このような二方向から挟撃され、概念的主張や概念分析というその方法論的基礎の根本的な再検討を迫られているという知的状況が直視されるべきであろう。

このような議論展開について、分析法理学者でも分析哲学者でもない私は、概念分析を、分析哲学独自の方法としてよりも、哲学的分析に不可欠な一般的手法と緩やかに理解し、解釈主義（解釈学）、構成主義など、概念分析との異同・関連が論じられている他の手法についても、対立的な側面よりも相補的な側面を重視して、「解釈学的再構成主義」とでも呼ぶべき立場からその議論動向をフォローしてきたにすぎない。このような限られた問題関心からの整理であるが、以下の考察の前提として必要な限りでその主要争点に関する暫定的な見解の骨子を述べておきたい。[3]

法理学における法概念（*the* concept of law）をめぐる従来の論争については、「概念（concept）」と「構想ないし概念解釈（conception）」を区別し、法の概念が〝法的なるもの〟の領域を大枠的に画定し、法の構想は、このような法の概念を共通基盤として、制度的規範的秩序としての法の内的構造・作動方式とそれらの相互関連にほぼ共通した典型的な特質あるいは重要で意義のある特質を統合的に解明することによって、法の全体像を解釈学的に再構成するという、法の概念を解釈する構想（*my/a* conception of *our* concept of law）の在り方をめぐる論議ととらえ直すのが適切であろう。概念分析についても、言葉の意味・用法の分析に限定せずに、概念解釈や理論構成による構想の解明（explication）だけでなく、議論（argument）による正当化（justification）とも相互依存関係にあると、緩やかに理解し、このような概念分析と解釈学的・構成主義的技法を組み合わせて、記述的及び規範的な言明・説明を全体論的に提示するという、ポスト・クワイン／クーン的知的状況にも適合した哲学的分析のツールと理解する。概念分析的説明の目的・機能も、記述的・経験的なものに限らず、規範的・指図的、さらに評価的なものにまで拡がってきていると、記述と評価の区別を相対化する方向で理解する。

従って、法のような社会的文化的現象の概念が、基準的（criterial）か解釈的かをめぐる議論についても、二者択一的にとらえず、概念と構想を全体としてみるならば、程度の差はあれ基準的・解釈的の両面をもっており、法のような複雑な現象についての概念の意味分析は概念解釈でもあることが多いとみられる。また、ハートらの分析的法実証主義者に対するドゥオーキンの「意味論の毒牙」批判についても、ドゥオーキンも本質主義的独断と批判されてもやむをえないような意味分析的措定をしており、このレベルの方法論的論争自体は重視せず、各論者が具体的に提示する実質的な概念・構想に即してその適否を比較検討することに主たる関心を向けたい。

以上のような整理に基づいて、法概念をめぐる法理学的考察においては、法的制度・実践に関するコンベンショナルな通念・感覚を自明視して前提とするのではなく、それらを批判的に反省・吟味し、理論構成の核となる若干の概念的テーゼを措定するとともに、理論構成を枠づけ・方向づける一定の規範的想定（とくに人間観・社会観）と一般的事実を背景的事情として前提したうえで、諸々の規範的論拠や経験的データを組み込みつつ、制度的規範的秩序としての法の内的構造・作動方式とそれらの相互関連を全体として整合的に説明できる適切な法理論を展開することが競われているとみて、考察を進める。

(3)　内的視点・外的視点という区別は、一定の社会的実践に参加している者の視点とその実践を観察し理論化する者の視点を区別するために用いられるのが一般的であるが、法理学では、ハートが『法の概念』（Hart 1961）でこの区別を用いたのをきっかけに方法論議論の争点となった。だが、ハートの見解にはあいまいなところもあり、その理解は分かれており、ハートとドゥオーキンの見解も異なっている（Perry 1995, 2001）。法社会学者は、法理学者とは少し異なった区分の仕方をしており（Tamahana 1996）、コテレルは、内的・外的視点の区別、とくにドゥオーキンの区別を法律家的イデオロギーとして批判している（Cotterrell 1989, pp. 177–81, 1995, pp. 103–05）。この区別は、法理学の領域に限らず、法の基礎理論的研究の諸領域においても、法理論と法実践の関係、哲学的考察と経験科学的考察の関係、解釈学的方法の在り方などの理解をめぐって重要な争点となっている。(4)

法理学的考察では、裁判における法律家の法的推論・議論が法的実践のパラダイムとみられていることが多く、私も基本的にはそう考えてきた。けれども、内的・外的視点の区別が部外者の批判を排除するための法律家的イデオロギーであるという嫌疑を受けないためには、とくに法の一般理論では、裁判における法律家の専門技術的活動だけでなく、裁判外の法律家の活動、国家権力行使者の法の形成・適用・執行活動、個々の私人の法遵守・援用や私人間の法的相互作用などの自主的活動までを含めて、法的実践の範囲を広く理解することが重要である。(5)これらの公私の活動は、それらの行為・議論・決定が、正統な法体系の制度的諸原理とそのもとで妥当性をもつ法的諸規範を共通の判断枠組・正当化理由とする公共的で間主観的な「法的観点」からその規範的当否が論じられるかぎりにおいて、「法的」実践と特徴づけられる。法の支配の熱望的理想としては、このような法的実践に参加する人びとの多くが、法体系の正統性や法規範の妥当性を基本的に承認して法的観点を内的視点から受容していることが望ましいけれども、現実は必ずしもそうではなく、法体系の正統性を原理的に否定する人びとや、また、法規範をいわゆる排除置換的（preemptive）な正当化理由ないし判断枠組として受け容れない人びとも少なからず存在するのが通例である。法実践参加者のこれらの多様な視点をどのように理解するかは、法体系の正統性や法規範の妥当性という概念自体をめぐる見解の対立とも関連しており、難しい問題である。

法の規範性の法理学的考察においてこれらの法実践参加者の多様な視点がもつ意義を十全に解明するためには、参加者の視点については、少なくとも、（ⅰ）法体系の正統性や法規範の妥当性を基本的に承認して、法規範を排除置換的な正当化理由ないし判断枠組として受け容れている「コミットした内的視点」、(ii) 法体系の正統性や法規範の妥当性を基本的に承認するけれども、個々の法規範を諸々の非＝法的規準も含めた多様な考慮要因の一つとして相対化して比較衡量したうえで、最終的に一定の法規範を正当化理由ないし判断枠組として適用・執行ないし遵守・援用するか否かを戦略的に判断する「距離をおいた内的視点」、(iii) 法体系の正統性を原理的に否定し、法規範にもっぱら戦略的に対応して、法規範に事実上合致した行動をとったり違反行為をしたりする「外的視点」という、三類型に区別することが必要であろう。

これらの視点の区分は、必ずしも二者択一的なものではなく、相互に重なり合っているところもあり、とくに法規範の戦略的な遵守・援用は、一応距離をおいた内的視点と位置づけているが、外的視点からの法の戦略的な遵守・援用ということもありうるから、個々の私人の行動や私人間の相互作用活動における法遵守・援用を、実践理性の公共的使用という観点からどのような仕方で「法的」実践と理解し評価するかは、遵法義務や法の支配の理解の仕方とも関連する理論的に難しい問題である(6)。この問題については、第三章でも触れるが、私は、法実践に参加するすべての人びとがいわゆる遵法義務を一般的に負うとしても、同時に内的視点をとることまで要請されているわけではなく、裁判官などの国家権力の行使者だけが、法の支配の原理に基づく制度倫理・専門職責任として、コミットした内的視点からその権限・責務としての公的活動を行い、このような活動とその結果について説明責任を果たすことが要請されているという考え方をしている。他方、一般私人や弁護士は、それぞれの活動が、裁判官などの国家権力行使者のこのようなコミットした内的視点から、法的観点を共有しているという前提のもとに「法的に」理解され評価されることを承知あるいは覚悟していなければならないけれども、必ずしも同じような視点で法的実践に関与することまで要請されてはいないという理解をしている。なお、この「コミットした」内的視点は、法体系や関連法規範の道徳的正当性の承認を必ずしも含意せず、法体系の正統性・法規範の妥当性がそれらの道徳的正当性とどのように関連するかは、別個の問題として論じるのが適切である。

他方、法的実践の観察者については、経験科学的な観察者に限らず、古典哲学でいう観想者まで含めて理解することにするが、理論家は、実践に対して基本的に外的視点をとるとみられてきた。だが、このような外的視点も、内的視点と同様、それぞれの理論家の属する学問領域に応じて多様であり、社会学的・政治学的・経済学的あるいは道徳哲学的・宗教学的など、それぞれの観点から法的実践を観察して記述したり、解釈したり評価したりすることになる。もっとも、観察・理論と実践との関係については、ここでは一応区別して説明しているが、参与的観察（participant observation）方法とか、理論的実践（theoretical practice）という知行合一的立場も説かれており、とくに実践哲学の在り方については、相互関係はかなり複雑であり、実践哲学的説明が純然たる外的視点でありうるかどうか、見解が分かれるところである。

法の経験科学的には、法実践参加者の法的観点の受容など内的態度には関心をもたず、もっぱら外的行動パターンの一致に関心を向ける行動主義的アプローチもあるが、法実践参加者の内的視点からの法の自己理解を、内在的に、さらに理論家独自の関心をも交えて解釈学的に考察するアプローチもある。解釈学的アプローチは、このような意味で内的視点に依存・寄生した視点であり、純然たる外的視点とみることには疑問もあり、むしろ、内的・外的のいずれでもなく、いわばその境界線（この境界線をどこに引くかも難しい問題である）上で双方にまたがる複眼的な視点として、第三種類の視点と位置づけるのが適切であろう。

実践哲学としての法理学は、基本的にこのような解釈学的視点をとるが、法理学が、法の内在的理論と外在的理論（theory *of/and* law）とのハイブリッド的性質をもつことに対応して、いわゆる記述的な（価値中立的ではなく、価値関係的なものとしての）解釈学的アプローチだけでなく、規範的な解釈学的アプローチをもとるため、その規範的解釈が、価値分析的なものにとどまるのか、それとも価値評価（正当化）的なものまで含むのかどうか

については、既に触れたように、見解が対立している。(7)

法理学的考察は、このように、法的実践参加者の内的視点からの法の自己理解を内在的に解釈しつつも、一定の距離をおいて、諸々の外的視点の方法・知見をもふまえ、批判的に考察するところに、その複雑な学問的特質がみられる。解釈学的視点が基本的にハイブリッド的あるいは複眼的であるため、法理学的な解釈学視点からの理論化の姿勢・視座も多様となり、様々の学問分野の外的視点のいずれをどのように考慮するかだけでなく、内的視点についても、裁判官、弁護士、公務員、一般の人びとなど、どの参加者に照準を合わせるか、また、そのいずれか特定の視点と同化したりその代弁をしたりするのか、理論家独自の関心も交えて評価的に考察するのかなど、法理学者は難しい方法論的・世界観的選択を迫られ、その選択が法理論の内容を方向づけることになる。(8)

三　〝法的なるもの〟の自立性

法の一般理論の考察対象である法的領域は、法独特の制度と実践からなる「制度化された規範的空間」であり、当為次元の道徳的価値を志向する一方、他方では存在次元の社会的事実を基盤とし、当為的存在ないし存在的当為と呼ばれる次元で存立し作動する「相対的に自立的な」領域である（田中一九九三、第二章）。このような法的領域の存立と作動が道徳的価値や社会的事実とどのように区別され関連しているかについては、従来、法実証主義対自然法論という対立構図のもとに論じられてきたが、議論構図がいささか〝謎解きゲーム〟化し、法の一般理論の任務や法概念論の在り方をめぐる議論を偏らせているきらいもあるので、本章では、「法の自立性」の観念を基軸として、従来の対立構図からも距離をおいて批判的に考察することにしたい。(9)

法の自立性という観念は多義的であるが、本章では、法的観点から制度化された実践としての〝法的なるもの〟の領域を、道徳的価値や社会的事実に還元したり従属させたりすることなく、価値次元と事実次元の双方と重なり合いつつ、その中間に独自の自立的な制度的規範的次元として存在するという措定だけでなく、法的領域の存立と作動が、一定の道徳的価値や社会的事実と関連づけられることがあっても、どのように区別され関連づけられるかが、法内在的に「制度化」されているという規範的措定をも含めて、「開かれた統合的自立性」と理解する。すなわち、一定の制度的諸原理と法的諸規範がいわゆる排除置換的な判断枠組と正当化理由として作用する独自の限定された法的領域が、制度的規範的次元に相対的に自立的な領域として存在することが、一定の行為・議論・決定が、「法的」実践として遂行的意味をもつための前提条件として措定される。そして、このように限定された法的な判断枠組や正当化理由の同定や適用において、どのような道徳的価値・原理や社会的事実をどのような仕方で考慮に入れることが法的に正統とみなされるかは、既存の「法的」と確定された原理や規範との「関連性（relevancy）」という「法内在的な」基準によって判断されるという実践的慣行（コンベンション）が、裁判官らの法律家の間だけでなく国家権力の行使者や一般の人びとによっても大体において受け容れられている場合に、このような法の開かれた統合的自立性という観念が、法的制度・実践を構成・規制する背景的な「法的観点」として共有されていると理解する。

　法の自立性の観念を基本的に認める立場にも様々な見解があり、法の存立や作動において道徳的その他の関連領域の価値・原理やその考慮が全面的に排除されるとする、完全な閉鎖的自立性を説く見解もある。けれども、それらの非=法的な価値・原理に一定限度開かれている部分的ないし相対的自立性しか認めない見解がほとんどであり、法の開かれた統合的自立性という観念もこのような部分的・相対的自立性に関する一つの考え方である。理論的には、法の「閉鎖的自立性」か「開放的自立性」か、いずれを法理学的考察の前提とするかが、概念的テーゼの措定の問題としてありうるけれども、法理学的に重要な実質的争点は、実定法的規準の排除置換的な実践的作用を前提に、非=法的な原理・価値との関連やその考慮の在り方が法内在的に規定されているという基本的措定をどのように受け止め、法の存在理由のなかにどのように位置づけて説明するかということであろう。具体的には、法の支配という理想を法の存在理由との関連でどのようにとらえるか、法というものが、道徳的・政治的あるいは経済的等々、何らかの法外在的な原理・価値の追求・実現の手段という道具主義的存在理由しかもたないものとならないように、法の自立的な存立と作動を確保する制度的仕組みをどのように理解し、それらの法外在的な原理・価値を一定範囲内で実定法的規準に組み入れたり実定法の具体的内容の確定の考慮要因としたりする実践について、全体としてどのように整合的に説明するかであるとみてよいであろう。

法実証主義と自然法論の伝統的な対立も、このような法の自立性の説明の仕方をめぐる見解の対立としてみることができる。法・道徳分離テーゼ、社会的事実（源泉）テーゼなど、自立的な法体系の説明に関する法実証主義的な概念的テーゼに対して、ドゥオーキンが、法的推論・裁判過程の記述的・規範的モデルとして理論的に不整合であり実践的にも不適切であることを鋭く批判したことが、ハート＝ドゥオーキン論争の発端であった。このようなドゥオーキンの批判に応えて、法実証主義内部では、実践的差異テーゼという新たな概念的テーゼを付け加え、法的推論・裁判過程をも視野に入れた法実証主義的な法体系モデルの再構築がはかられ、ハードな実証主義とソフトな実証主義との対立が生まれた一方、他方では、ドゥオーキンは、もっぱら法的推論・裁判過程に焦点を合わせ、政治道徳的議論を内在化した独自の統合的な法的議論モデルを提示して、法の一般理論のいわば不要論を展開する。このように、法の自立性をめぐる見解の対立の背後には、法の一般理論の在り方、とくに法的推論・裁判過程論との関連、さらに法理論と法実践の相互関係についての考え方の対立があり、これが本章でとりあげる中心的テーマの一つである。

法の自立性の観念を具体的にどのように説明するかは、各論者の問題関心や議論領域に応じて様々であるが、以下の考察との関連では、次のような諸点に留意する必要がある。

まず第一に、法の自立性は、道徳的価値と社会的事実の双方との関係で問題になるが、制度的規範的次元の存立と作動が一定の社会的事実をその条件ないし前提としていること自体は、それを具体的にどのように理論化するかをめぐる見解の対立はともかく、自明であるとみてもよいから、議論の焦点は、法・道徳分離テーゼをめぐる法実証主義と自然法論の対立や法実証主義内部の論争に典型的にみられるように、道徳的価値との区別・関連の在り方に向けられてきた。しかし、理論的には、法適用過程における社会的事実の考慮の仕方についても基本的に同様の問題があり、しかも、道徳的価値との関係についての考え方と相互規定的な側面があることにも注意する必要がある。法独特の内的構造と作動方式の特質を解明するとともに、その存立と作動が道徳的価値と社会的事実とどのように区別され関連しているかを法内在的に「統合的に」説明し、法の全体像を提示することが、法理学における法概念論の中心的課題の一つであり、「法的制度化」という構想の主題である。

第二に、司法的裁判のもとでの法と道徳の区別・関連を論じる場合、実定法的規準の同定段階とその内容確定（法の解釈適用）の段階とを区別し、それに対応して、法適用過程において道徳的価値・原理などを考慮することについても、それらを権威的理由となる「法的」規準とみるのか、法的規準の内容確定における「非＝法的」考慮要因とみるのかを区別すべきであろう。法的規準・法体系の自立性と法的推論の自立性を、相互に関連づけて統合的に理解する必要はあるけれども、法源の同定と法的推論を段階的に区別して論じ、法の不確定性への対応の在り方についても、法の内容の不確定性が段階的に縮減される制度的・手続的仕組みととらえることによって、法の自立性の問題と不確定性の問題を混同することを避けるべきである。(10)

第三に、法の自立性の観念は、以上のように、法理学的考察の説明対象との関連で用いられる以外に、学問分野としての法理学・法律学や法律家的思考の方法論的自立性という側面から論じられることがある。後者に関する議論は、以下の考察でも適宜触れるように、対象領域の画定など、前者に関する議論と関連している面もある

けれども、独自の方法論的検討を要する面もあり、本章では、このような方法論独自の考察には立ち入らない。(11)

（1）「記述されるものが評価であっても、記述は依然として記述でありうる」(Hart 1994, p. 244)、「価値関係的・記述的説明理論」「間接的に評価的な判断」(Dickson 2004) などの言明・用語の意義をどのように理解するかということと関連している。なお、「記述（description）」は「説明（explanation）」とほぼ同義に用いられ、規範的言明も、とくに価値分析的言明については、「記述的」という用語が用いられることがあり、また、理論や命題の特徴づけには「経験的」と「規範的」という対比図式が用いられることも多いことから、本章では、文脈に応じて「記述的」と「経験的」を互換的に使い分けることにする。

（2）分析的倫理学は、メタ倫理学・批判的倫理学とも呼ばれ、正・善・価値・当為などの意味ないし定義の規定、それらの概念の用法の解明、道徳的原理・判断の正当化や妥当性の証明の理論的可能性などの方法論的諸問題に関わる。倫理学をこのように三部門に分ける見解については、William K. Frankena, *Ethics* (2nd ed. 1973, Prentice-Hall), pp. 4-5 参照。

（3）以下のような整理は、この論争に直接関連する文献のうち、分析哲学の概念分析方法に対する Leiter 1998, 2003 などの自然主義的批判をふまえた上で、Dworkin 1986, pp. 90-101, Halpin 1998, 2009, Schauer 2005, Oberdiek & Patterson 2007, Raz 2009, chs. 1, 2, Perry 2001, Chiassoni 2013 などの見解を対比検討しつつ、暫定的にまとめたものである。このように、概念分析を緩やかに理解するならば、概念分析、概念解釈、概念・理論構成の方法は、それぞれの分野の特性に応じた違いはあるものの、哲学的考察だけでなく、経験科学的研究、さらに法律学・裁判実務にも共通に用いることのできる思考一般の汎用的ツールとみることもできる。

（4）以下の説明は、法理学的考察の方法論的特質の解明という問題関心から、法社会学的論議を参考にしつつも、基本的に法理学的論議に焦点を合わせ、Hart 1983, pp. 13-15, 1994, pp. 242-43, MacCormick 1978, pp. 275-92, 1981, pp. 33-44, 2007, pp. 5-6, p. 302, Raz 1979, pp. 153-57, 1980, pp. 234-38, Perry 1995, pp. 97-135, 2001, pp. 342-53, Tamanaha 1996, Postema 1998, pp. 335-43, Eekelaar 2002 などの見解を対比検討しつつ整理したものであり、主として法的実践の範囲を拡大したことに伴い、従来の私見（田中二〇一一、一六-二一頁など）を改めたところがある。また、社会的規範・実践一般ではなく、法的規範・実践に限定して、「法的」規範・実践が、相対的にしろ、他の諸々の社会的規範・実践から自立的なものとして識別し同定できるという措定を前提に、「法的」諸規準を共通の行為理由・判断枠組（法的観点）として受容するか否かを内的視点・外的視点の区別基準とし、次に取り上げる法の自立性の問題と関連づけて、法の規範性の特質を解明するというアプローチをとっている。なお、「コミットした」「距離をおいた」という表現は、この用語を用いはじめたラズ独特の意味とは異なって、もう少し一般的な意味で用いている。

(5) もっとも、法的実践の範囲をこのように拡げて理解するとしても、法律専門家の法的実践と一般市民の法的実践の間には一定の差異や緊張関係があることは否定できず、法律専門家の支配に対する批判・反省・対応という問題関心とも絡んで、どちらの法実践に焦点を合わせるか、両者の関係をどのようにとらえるかによって、法のポイント観、法の実効性や妥当性の考え方、法構想、「法の支配」原理の理解などにも、様々な相違が生じるという問題があることに留意することも重要である。この問題については、本書では第三章で部分的に触れることになるが、見解を異にするところもあるけれども、Eekelaar 2002、那須耕介「法の支配の両義性について（一）（二・完）―複眼的な法的思考のために」法学論叢一四二巻一号（一九九七年）一五-三三頁、一四三巻一号（一九九七年）二六-四四頁などにおける説明が示唆に富む。

(6) 法的交渉における法規範の用い方に関する内的・外的視点の問題について、法社会学・法的交渉理論の理論枠組との擦り合わせとして、本書第一章第四節二（六二-六八頁）参照。法理学的理論枠組の洗練については、G. Postema, "Conformity, Custom, and Congruence: Rethinking the Efficacy of Law", M. H. Kramer et al. (eds.), *The Legacy of H. L. A. Hart*, Oxford U. P. (2007), pp. 45-65, Postema, "Normative Guidance, the Rule of Law and Legal Reasoning", Peter Cane (ed.), *The Hart-Fuller Debate in the Twenty-First Century*, Hart Publishing (2010), pp. 259-79 などにおける規範的指針規定（normative guidance）の諸形態の説明が示唆に富む。

(7) 私は、従来、法理学のこのような解釈学的視点を「距離をおいた内的視点」として説明していたが、法的推論・裁判過程の理論についてはともかく、法理学の他の諸領域、とくに法の一般理論については、ミスリーデングなので改める。現在では、Perry 1995, 2001, Postema 1998a, 1998b の見解に近い方向で法理学の規範的な解釈学的アプローチの適切な在り方をさぐるのが適切ではないかと考えている。

(8) 後ほど触れる法の自立性の問題や法のポイント論とも関連する難問であるが、例えば、ドゥオーキンの法理論は、裁判官の内的視点と同化してその全面化をめざしたが、法的観点の排除置換的な制度的自立性への配慮が不十分なため、政治・道徳哲学的な外的視点への従属に反転しているきらいがあり、「法の開かれた統合的自立性」についての法の一般理論としての説明としては成功していないとみることができる。本書プロローグ二二頁注（6）参照。

（9）「法の開かれた統合性自立性」という観念については、田中成明「法の自立性ということ―政治社会における法の存在理由を求めて」『知的資源としての戦後法哲学・法哲学年報一九九八』（有斐閣、一九九九年）一二八‐四七頁（同『転換期の日本法』（岩波書店、二〇〇〇年）に「第二章 問題状況の回顧と残された課題―法の自立性をめぐって」として再録）において、その基本的な問題関心や考え方を説明したことがある。この旧稿の問題関心と考え方は、直接的には次章で「法の支配」論と関連づけて敷衍されるが、本章では、その準備作業の一環として、法体系・法規範と法的推論・裁判過程を統合的に説明する記述的・規範的理論として法の一般理論を構想するためには、法の自立性という観念をどのように理解するのが適切かという論点に焦点を合わせて、問題点の整理と検討を試みたものである。なお、本書プロローグ一三‐一六頁参照。

以下の説明は、法の自立性の観念については、主としてPostema 1999の見解に依りながら、Schauer 2004, Raz 1994, chs. 10, 11, 14, 2009, chs. 1, 14の見解をも参照しつつ、法実証主義的テーゼをめぐる論争と距離をおくために、「源泉テーゼ」は除き、「限定領域テーゼ」（法は、公務員と市民が同様に利用できる諸々の実践的理由と規範の限定された領域を規定する）と「排除置換（preemptive）テーゼ」（限定された法的領域における諸理由は、実践的推論においてその領域外の一定の諸理由を排除する置換的理由として作用する）を中心に、法的議論の相対的自立性に関する私見（田中二〇一一、五二一‐二八頁）との整合性をはかるとともに、社会レベルでの私人間の法的交渉との関連をも視野に入れ、本章の考察の前提として必要最小限の整理したものである。

（10） この点に関連して、ポステマのlegal reasoningとjudicial reasoningの区別（Postema 1999, p. 94）、ラズのlegal reasoning about the lawとlegal reasoning according to lawの区別およびdoctrinal reasoningに対する批判（Raz 1994, chs. 11, 14, 2009, ch. 14）については、それらの区別や批判の趣旨は、それぞれの立場を前提にすればもっともなものであり、重要な論点の指摘であると理解しており、以上のような論点の整理もこれらの区別や批判から示唆を受けたところがある。けれども、本章では、法の自立性の問題について、法規範・法体系論と法的推論に分けて論じるのではなく、両者を統合的にとらえて考察すべきであると考えており、また、「法的推論」を、判決決定に至るまでの過程における裁判官や当事者の推論・考慮・議論全体を、いわゆる教義学的議論も含めて、緩やかに理解しており、彼らの概念的区別や批判の趣旨は、このような法的推論過程全体の解明における一論点と位置づけて理解している。これらの論点については、第三章の関連箇所でもう少し詳しく論じている。

（11）　法理学・法律学の学問分野としての方法論的自立性に対する総括的批判として、Richard A. Posner, *The Problems of Jurisprudence* (1990, Harvard U. P.), ch. 14 参照。ポズナーは、法の自立性を説く立場を「新伝統主義」と名付け、反還元主義、賢慮主義（prudentialism）、実践理性としての法、解釈共同体などのその基本的特徴をおおむね的確に摘出して、明快な批判をしている。法の自立性に関する本章の見解もポズナーの指摘する特徴の多くを共有しているが、法の自立性の観念を本文で説明したように「開かれた統合的自立性」と理解することによって、彼の批判には対応できると考えており、詳細は機会を改めて説明したい。

第二節　法理学の任務と法の概念をめぐるハートとドゥオーキンの見解

一　ハート＝ドゥオーキン論争の評価

いわゆるハート＝ドゥオーキン論争は、ハートらの法実証主義的法理学に対して、ドゥオーキンが争点を微妙にずらしながら繰り返した批判に、ハートやラズらの法実証主義者が反論・応答しつつ展開された一連の論争である（詳しくは、深田二〇〇四参照）。だが、ドゥオーキンがよかれ悪しかれソフィスト的とも評される（Leiter 2005, p. 177）独特の争論的スタイルで次々と挑発的な議論をしたこともあって、議論の応酬は必ずしも嚙み合ったものではなかった。そのため、幾つかの論点が交錯しつつ展開されたこの論争をどのように整理し評価するかはなかなか難しい。本章では、ハートのルール体系モデルの司法的裁量論に対するドゥオーキンの批判に始まり、法・道徳分離テーゼをめぐる法実証主義対自然法論という伝統的対立構図による論争を経て、記述的分析法理学と法実証主義的法概念論の方法論的可能性をめぐる見解の対立の前面化へと展開してきたと理解して、その意義を検討したい。(12)

論争の前期と後期でドゥオーキンの見解にズレがあるのではないかという見方があるが、前期の司法的裁量論に対する批判への応答として、法実証主義陣営内部がハードな（排除的）実証主義とソフトな（包括的）実証主義に分かれ、分離テーゼをめぐる新たな三者対立構図が構築された。だが、後ほど説明するように、ドゥオーキンが「既存法（existing law）」を「確定した（settled）一群の規準」ととらえる観念自体を否定することを強調するようになって、このような法実証主義サイドの対応は肩すかしを受けた観があり、分離テーゼをもっぱら法的推論・裁判過程論と関連づけて論じる議論構図が疑問視されるようになった。また、ソフトな法実証主義の提唱者であるJ・コールマンが、分離テーゼの主張内容について、社会的事実テーゼや実践的差異テーゼという他の法実証主義的テーゼとも関連づけて批判的な検討を重ねた末、分離テーゼを法実証主義の中心テーゼとみることを否定し、この〝謎解きゲーム〟から撤退する方向に軌道修正するに至り（Coleman 2007, 2009, 2011）、三者対立構図が崩壊したとみることもでき、議論構図自体の意義が問い直されている。

ハートの法理論は、法体系全体の内的構造と作動方式の制度的・規範的特質を説明する一般理論として、必ずしも法実証主義的という特徴づけだけでは十全に理解・評価できない貴重な洞察を含んでおり、また、法的推論・裁判過程に主たる関心をおいたものでもなかった。それ故、法的推論・裁判過程に焦点を絞ってその法実証主義的特徴の欠陥を批判するドゥオーキンの論争スタイルでは、ハート法体系論のこのような洞察のすべてを正しく理解・評価することができなかった。また、ドゥオーキンは、法理学の「哲学化」を、このように、法実証主義批判と一体的に推し進めることによって、ハートが、法理学の「哲学化」に貢献しただけでなく、法体系の存立と作動の理解における社会的次元を重視して、社会学などの経験的研究との連携にも関心をもっていたことの方法論的意義を無視することになり、法理学を誤った方向に導くことになったという見方もある（このような見方として、Schauer 2006, 2009, Green 2012 など。Schauer に対する反論として、Dworkin 2006b）。

以下においては、ハート＝ドゥオーキン論争の意義を基本的にこのように評価する立場から、法理学の任務と法概念論の在り方に関するドゥオーキン独特の見解に焦点を合わせ、「はじめに」で素描した問題関心から批判的に検討したい。

二　法理学の任務と法の観念

(1)　ハートとドゥオーキンの直接的な議論の応酬が十分に嚙み合わなかったのは、根本的には、ハートが『法の概念（第2版）』後記で総括しているように（Hart 1994, pp. 239-44）、両者の法理学、とくに法の一般理論の任務と学問的性質の理解が異なっていたことによるところが大きい。

ハートは、社会的制度としての法体系の構造的特質の解明と法的思考の基礎的カテゴリーの分析によって法の理解を深めることが法理学の課題であるとし、法体系の構造、法の妥当性や規範性、法と強制の関係、法と道徳・正義の関係など、法理学の伝統的問題群の概念的説明を試み、このような分析的説明が、記述的社会学という側面をもつとする（Hart 1961）。それに対して、ドゥオーキンは、ハートの司法的裁量論の批判をはじめた当初から、「一般的に裁判所の判決の適切な理由（good reason）は何か、これが法理学の問題そのもの（*the question*）」（Dworkin 1965, p. 640）であり、法哲学は、法実務から分離された一部門として、通常の法的推論を主題として第二段階の研究を行うのではなく、それ自体が「法的推論の中枢」（Dworkin 1977a, p. 1）である、と考えていた。そして、このような判決の一般的部分である法理学の取り組むべき哲学的問題は、個別的な権利義務などの法的関係の源泉となる「法命題（proposition of law）」の真理条件の解明であるとみる独特の法理学観をとっていた（Dworkin 1977b, 1986）。法理学の「理論的」任務を、このように、裁判実務の基礎理論という、法律家的関心に偏った「実践的」役割に照準を合わせて規定するところに決定的な特徴がみられる。

このようなドゥオーキンの法理学観は、法の観念を、(i)独特の社会的制度の一類型としての法、(ii)法律ないし法規としての法、(iii)一定の権利義務などの法的関係の個別的源泉としての法という、相互に関連しているけれども、別個の問題を生み出す三つの観念に分け、個別的判決を正当化する法教義学的議論のみが、法内在的な「法命題（proposition of law）」(iii)に関わり、ハートやラズらの法体系論のように、法の制度的規範的構造を説明する(i)(ii)の理論は、法外在的な「法についての命題（proposition about law）」である、とみる独自の見解に基いている（Dworkin 1977a, pp. 1-9）。

法理学的な法の一般理論が、法の内在的理論と外在的理論（theory *of/and* law）の両面をもっていることはよく指摘されるが、その場合の内・外の区別基準は論者によって異なり、内的・外的視点（言明）の区別に関してすでに指摘した難問（一一六-一二〇頁参照）ともからんでいる。以上のようなドゥオーキンの見解についても、法の制度的規範的構造を説明する理論、とりわけハートのような解釈学的方法をとる法体系論を、すべて法外在的な「法についての命題」と特徴づけ、「法命題」の真理基準を、法制度・法規範の体系的理論と関連づけることなく、裁判における法的議論についてのみ論じるアプローチが適切かどうかが問題となる。ドゥオーキンのように、法律家の裁判実務との関連を基準に法命題の内・外を区別する見解は、「法的言説（law talk）」と「法についての言説（talk about law）」という、社会的法理論で用いられる区別に似ており、ドゥオーキンの「統合性としての法」構想が、裁判官の内的視点の帝国主義的全面化による外的視点の排除と批判されたり（Hart 1994, pp. 241-43）、内的・外的視点の区別という観念自体が法律家的イデオロギーとして非難されたりする所以はこのあたりにある（Cotterrell 1995, pp. 103-05）。

法実践とその理論化について、内的・外的視点（言明）を区別する場合でも、考察主題に応じて、法律家による裁判実務をパラダイムとすることはあっても、法の一般理論においては、すでに指摘したように、法領域全体について一般の人びとの姿勢をも含めて、内的視点・外的視点の区別をし、内的視点・外的視点とも多様な視点が存在することをふまえ、それらの多様な視点を考慮しつつ、法実践の理論化を行うべきであろう。また、「法命題」という概念を、個別的判決だけでなく、一般的法規範についても用い、それぞれの規範的意味内容の記述方式とみて、前者を後者の具体化・特定化として論じるのが、法実務・法理論の慣行的了解であり、ドゥオーキンのように、法命題を判決理由レベルに限定して理解することは必ずしも一般的ではないのではなかろうか。

法理学的な法の一般理論の任務としては、ドゥオーキンのように、これらの法観念を区別することだけでなく、たとえばH・ケルゼンの法の段階構造論などのように、その相互関連を静態的・動態的に解明することも重要である。内的・外的視点（言明）をめぐる論議もこの点に関連しており、ドゥオーキンのような区別の仕方を前提としても、(i)の法秩序論を外在的理論とみることはともかく、(ii)の法規範論が外在的理論だけであるかどうかは疑わしく、法の規範的妥当性の概念分析やその識別基準に関する理論は、(iii)の法命題論の真理条件を規定する内的理論、少なくとも内在的・外在的理論を接合する解釈学的理論とみるべきである。法命題の真理基準などの法的議論の在り方を、(i)(ii)の法観念を体系的に説明し、法の制度的規範的特質を解明する何らかの法体系論・法規範論を前提とすることなしに、裁判における法的議論と政治道徳的議論を一体化して、正義・真理・規範的命題などに関する哲学的な一般理論とだけ関連づけて論じるアプローチでは、「制度化された」実践的議論の「法的」特質を適切に説明することはできない（MacCormick 1978, p. 271）。

たしかに、ドゥオーキンの強調するように、裁判における法的議論が、政治道徳的議論と基本的に同性質の実践という次元をもつことは、正しく認識されなければならない。けれども、同時に、法的議論の教義学的性質や司法的決定の権威的性質など、法体系・司法的裁判の制度的特質によって規定された「法的」制約が、規範的な制度的制約として、そのような実践を構成・規制していることも真剣に考慮されなければならない[13]。法秩序・法規範・法命題の相互関連を統合的に説明し、法的正統性が、政治道徳的正当性と関連しつつも、法の規範的妥当性に関わる独自の問題領域であることを解き明かすことが、法の一般理論としての「制度的」法概念論の重要な課題である（Raz 1994, ch.9）。

(2)　法の観念についての以上のようなドゥオーキンの見解は、彼が「既存法（existing law）」を「他の諸規準から区別され（discrete）確定された（settled）特定の法的諸規準（standards）の集合」とみる観念を「学者的フィクション」として否定することと密接に関連している（Dworkin 1977a, p. 76, p. 292, 1986, pp. 102-08, 2006a, p. 4）。彼は、司法的裁量論批判が、このような法的規準に「ルール」に加えて「原理」も含まれているかどうかの問題ではないとして、法実証主義サイドの反論や対応を再批判するにあたってこのことを強調しはじめたが、当初からこのように考えていたのか、それとも、途中からこのように考えるようになったのかは、よくわからない。また、法的規準が他の諸規準から「区別・確定された」ものとして明確に分類されるという観念を否定するだけなのか、「一般的な法的規準」という観念自体も否定するのか、あいまいなところがある。前者ならば、「法の不確定性」の問題にすぎないが、後者ならば、「一般的規準を適用した個別事例の裁定」という、近代的な「法の支配」の制度的諸原理（罪刑法定主義、事後立法禁止など）に関する法律家や一般の人びとの通念的理解と相容れないのではなかろうか。全般的に、「法的規準」についての彼の説明は終始不明確であり、原理の「法的」資格の説明だけでなく、法的規準の規範的機能を判決の正当化理由とだけみているのか、行為指図理由ともみているのか、両者の関係をそもそも法理学的考察の主題とみているのか、法のポイント論とも関連する問題についても、法実証主義サイドからの反論にきちんと対応していないのみか、肝心のところで独断的な措定をしていることも少なくない。この問題については、ドゥオーキンの独特の法の支配・合法性の構想との関連で改めて詳しく論じたい（本書第三章参照）。

ハードな法実証主義とソフトな法実証主義（及びドゥオーキン）の見解の対立や論争も、このようなドゥオーキンのいう「学者的フィクション」を前提として、「法の不確定性」への法実務的対応の理論化の仕方の問題として意味をもつのであり、そうでなければ「仮象問題」となってしまうであろう。だが、「一般的な法的規準」という観念自体を否定するとなると、ドゥオーキンが法命題の真理基準について「確定した法（settled law）を正当化する法理論」という場合（Dworkin 1977a, pp. 281-83）の「確定した法」はどのようにして同定されるのか、あるいは、彼の構成的法解釈理論の説明における前解釈段階の「法的諸規準の同定」（Dworkin 1986, pp. 65-66）ということは何を意味するのか。たとえ内容に不確定な部分が残るにせよ、そのような法的規準を特定して「確定した法」の存否・領域を同定する、(i)(ii)の法体系・法規範論を前提とせずに、言い換えれば、一群の一般的な法的規準が存在するという観念を共通の前提とせずに、法教義学的議論が法命題の真理値をめぐる独自の議論として成り立つのだろうか、ドゥオーキンのいう構成的解釈はそもそも可能なのであろうかなど、疑問は少なくない。結局、ドゥオーキンは、このような問題はもっぱら社会的・制度的事実の問題、あるいはパロキアルな個別法理学・法律学の問題であり、法律家の間で大体のコンセンサスがあればそれを自明視し、論争の余地があれば法解釈の一環として対応すればよく、いずれにしろ、一般法理学の独自の考察主題ではないとみているということであろう。

(3)　ドゥオーキンの法構想に対する分析法理学者からの最も紋切り型の反論は、法一般を主題とする一般法理学ではなく、アメリカの法制度・法実務に関わるパロキアルな個別法理学にすぎないという批判である（Raz 2009, chs. 2, 3 など）。だが、自国に限らず特定の国の法制度と全く関連なしに法一般を論じることができるのかどうか（例えば Raz 2009, ch. 3, p. 92 も「法の一般理論は普遍的であると同時にパロキアルでもある」ことを認めている）、一般理論の「一般性」をどのようにとらえるか、一般性にも様々なレベルがあるのではないかなど、様々な方法論的問題があり、これらの問題については、社会的法理論との関連も含めて、次節で改めて取り上げる。いずれにしろ、すでに指摘したように（一一一-一二頁参照）、一般法理学と個別法理学（法律学）の区別・境界はそれほど明確ではなく、ドゥオーキンの法理論をアメリカ的な「個別」法理学と決めつけるのは適切ではなく、「一般法理学」としても評価すべき側面があることは認めるべきであろう（ドゥオーキンがこの種の批判に対して「両方」をめざしていると答えているのが正しい。Dworkin 2006a, p. 231）。

他方、ドゥオーキンの法理論が、一般法理学であるとしても、「法」の一般理論とは言い難く、「裁判」の一般理論にとどまっているという批判（裁判理論と法理論を同一視しているというRaz 1994, p. 203, p. 323などの批判も同旨とみてよいであろう）については、彼の見解に対する以上のような評価の帰結として、基本的に賛同するものである。彼の「統合性としての法」構想の具体的内容や構成的解釈理論の具体的手法には、裁判の一般理論としては共鳴するところが少なくないけれども、裁判理論としてもかなり独特なものであることは否定し難い。裁判の在り方をもっぱら自然権論的な道徳的権利の実現という役割との関連で論じており、「法の一般理論」抜きに、裁判理論を「権利論」、さらに「正義論」と直結した規範的法理学を展開しており、ベンサムの批判した中世的コモン・ロー観の現代的復権という観があり、「前ベンサム主義者（pre-Benthamite）」（MacCormick 1978b）とみられる所以である。[14]

三　法の概念の諸相

以上のようなドゥオーキンの法理学の任務と法の観念についての独特の見解の批判をふまえ、次に、法の一般理論における法概念論の在り方をどのように考えるのが適切かについて、同じくドゥオーキンの教義学的（doctrinal）・社会学的（sociological）・分類学的（taxonomic）・熱望的（aspirational）という法概念の区分を用いて検討したい（Dworkin 2006a, pp. 1-5, pp. 223-40）。[15]

ドゥオーキンは、法命題の真理条件の根拠に関わる教義学的法概念のみが哲学的に重要であるとし、合法性（法の支配）に関わる熱望的法概念を教義学的法概念と関連づけて法概念のなかに取り込んだ「統合性としての法」構想を提示する。そして、ハートらの法実証主義者が法概念の制度的社会構造の解明を法理学の中心的課題とすることに対しては、教義学的法概念と、哲学的にも実践的にも重要でなく不明確な社会学的法概念とを混同した法構想を提示している、と批判する。他方、ハートらの法実証主義者は、法の制度的規範的特質の解明には、法・道徳分離テーゼなど、法的妥当性の識別基準に関わる教義学的法概念が不可欠であるけれども、社会的事実テーゼなど、教義学的法概念と社会学的法概念の概念的関連の説明のほうが先決課題である、と主張し、政治道徳的理想としての合法性（「法の支配」）の解明にも一定の関心を示すものの、熱望的法概念を法概念のなかに取り込むことには否定的である。

このように、ドゥオーキンは、法的議論における法命題の真理条件、法実証主義者らは、法体系・法規範の存立と作動の条件と、それぞれ関連づける問題群の方向は対立するけれども、どちらも、教義学的法概念を、法概念の法理学的説明の中心的課題としている。教義学的法概念が、これら両方向の問題群を関連づける役割を果たし、法の妥当性概念とその識別基準という、法の規範性の哲学的考察に不可欠な説明に関わっていることは間違いない。それ故、教義学的法概念を法概念の法理学的考察の中心的課題の一つとすることには基本的に賛同するものである。

だが、教義学的法概念の概念的解明において、ドゥオーキンとハートは、それぞれ異なった解釈学的方法を用いるけれども（その対比的分析としてPerry 2001, pp. 311-54 参照）、両者とも法独特の教義学的思考様式をいわば自明のものとして受け容れており、その特質や存立・作動の前提条件などの批判的考察を、法の概念的探究に内在化させていない。法実証主義者らは、法概念自体と法的諸概念の分析に基本的に同じ手法を用いているし、ドゥオーキンは、法的議論を、政治道徳的議論とも基本的に同一の真理基準に服する実践と想定している。だが、法教義学的思考やその前提とする教義学的法概念に対しては、M・ウェーバーの社会学的な批判的考察を嚆矢として、批判的法学の諸潮流に至るまで、様々のイデオロギー批判的・政治社会学的・学問論的考察が展開されており、[16]法概念の法理学的考察においても、これらの知見に対する何らかの批判的・反省的応答が不可欠であろう。その応答の在り方については、第三節で社会的法理論の分析法理学批判と関連づけて改めて取り上げる。

「合法性」という政治哲学的理想に関わる熱望的法概念を、法概念内部に取り込むということ自体については、「合法性」原理の法理論的位置づけやその具体的な解釈内容については見解を異にするところもあるが（詳しくは、本書第三章参照）、基本的にドゥオーキンの見解に賛同するものである。彼が合法性の解釈として提示する「統合性としての法」構想についても、法律家的センスに裏付けられ周到に構成された法理論であり、その具体的内容には共鳴するところが少なくない。けれども、私には、このような構想は、彼のリベラルな「原理の共同体」理論からのトップ・ダウン的な解釈よりも、むしろ英米型の立憲民主制的法秩序に内在的な諸原理・観念のボトム・アップ的解釈によって構成された法構想として、法体系論・法規範論と法命題理論を接合する「法的制度化」の構想の一環と再構成あるいは改釈したほうが、その法的推論・裁判過程に対する規範的規制力の意義も理解しやすいように思われる。

他方、社会学的法概念については、ドゥオーキンは、精密でなく実践的にも哲学的にも重要でないとして法理学的考察の外におきつつも、法観念の区分ではハートやラズの法実証主義的な法体系論を法外在的理論と決めつけていたのとは違って、教義学的概念と社会学的概念を混同していると、やや見方を修正し、教義学的法概念に対応する教義学的法実証主義（一般に規範的ないし倫理的法実証主義と呼ばれる）の側面だけが批判対象であると、彼一流の論法で標的をずらせている。いずれにしろ、ドゥオーキンの法観念の区別に対する批判と同様に、彼のこのような修正された見解にも賛同し難く、法実証主義者の主張するように、教義学的概念と社会学的概念の概念的関連の解明は、法理学的考察の重要な問題であるだけでなく、考察順序としては、教義学的法概念とドゥオーキンのいう法命題の真理条件の関連の解明に先行する問題と位置づけるべきであろう。

従って、法理学的な法概念論の任務は、法律家の職業的な実務的関心に規定された教義学的法概念の解明だけでなく、むしろ、法概念をドゥオーキンのいう教義学的・社会学的・熱望的概念の複合体としてとらえ、教義学的法概念自体の存在理由や特質を制度的規範的秩序としての法体系全体のなかに位置づけて、これらの概念要素の独特の関連からなる法体系の内的構造と作動方式の特質を統合的に解明することとみるべきであろう。

以下においては、このような法概念の法理学的考察の在り方について、ドゥオーキンがその法理学的意義を否定ないし軽視してきた側面に焦点を合わせ、これまで関連箇所で後ほど改めて取り上げると予告した諸論点を中心に、社会的法理論の側からの分析法理学批判を手がかりに検討を加えたい。

(12)　一般にハート＝ドゥオーキン論争と呼ばれているが、実際には、ラズとフィニスが、その対立構図の形成と論争の方向づけに重要な役割を果たしている。この論争については多くの総括的論評があるが、本章の説明をまとめるにあたって参照した主な文献は、基本的に法実証主義的な立場からのものとして、Dickson 2001, 2004, Coleman 2002, Marmor 1992, 深田二〇〇四、濱二〇一四、ドゥオーキン寄りの立場からのものとして、Perry 1995, 2001, 井上二〇〇三、二〇一五、距離をおいた第三者的立場からのものとして、Leiter 2003, Halpin 2005, 2010 である。とくに濱二〇一四と井上二〇一五に接したことが、それらのアプローチとは少し違った方向からこの論争の意義を自分の眼で確かめてみようと思い立った直接のきっかけであり、記して謝意を表したい。なお、毛利康俊「法的コミュニケーション――ルーマン派システム論から見た現代分析法理学」平野仁彦・亀本洋・川濱昇編『現代法の変容』（有斐閣、二〇一三年）一五三―七七頁における現代分析法理学とこの論争の意義の明快な整理は、システム論に与しない立場からみても示唆に富む。

(13) もっとも、ドゥオーキンは、一般的に、法が政治道徳の一部だということを随所で強調しつつも、洗練された「制度的構造」によってそれから特別な部分として区別されるとも述べており(Dworkin 2006a, pp. 34-35)、また、裁判による権利の実現の在り方に関して、背景的権利よりも「制度的」権利の実現が優先されるべきだとして、「制度的自立性」という注目すべき観念を提示している(Dworkin 1977a, pp. 101-05)。判決による権利の実現など、法解釈における制度的制約についても、憲法、制定法、判例ごとに法律家集団のコンベンショナルな見解を批判的に検討しつつ示唆に富む見解を提示しており(Dworkin 1977a, pp. 105-23, 1986, chs. 8, 9, 10)、「法的制度化」についての一定の法律家的「民衆理論」を暗黙知として自明視していたとみることもできる。そうだとすると、このような背景的理論が法律家の間で共有されていることを自明視して、リーガリズム的な法律家的信念に基づいて独自の解釈的法理論を展開していたが故に、分析法理学などの法の一般理論は不要とみていたということになろう。

(14) ドゥオーキンは、法観念に関する彼独特の見解(一二九-一三〇頁)によるものであろうが、「法適用」という役割から裁判の在り方を論じておらず、法思想史的にみれば、「個別的な権利義務関係の集合が法である」という中世的法観念に基づく裁判理論であり、「一般的な法的規準が権利義務関係を規定し、裁判はこの一般的規準を適用して個別的権利義務関係を裁定する」という、法の形成と適用を段階的に区別する近代的「司法的裁判」の理論とは言い難く、比較法的にみれば、コモン・ロー的裁判の理論ということになろう。また、「裁判官の下す判決のみが法である」という、アメリカ特有のリアリズム法学的な「ルール懐疑主義」の極端な裁判観を想起させる面もある。

(15) 法概念のこれらの四区分のうち、他の諸規準から区別された規準群としての法観念に関する分類学的法概念については、ドゥオーキンは、主として法的規準の存在形態に関する「学者的フィクション」を批判するために用いているが、彼の批判には前述のような問題点があるだけでなく(一三二-一三三頁参照)、他の三区分とは関連する論点の性質も少し異なる。また、どの程度明確な区別ができるかどうかはともかく、何らかの分類学的概念なしに、そもそも意味のある思考・判断・行動などが可能なのかどうかも疑わしく、法概念論をめぐる論議の稔りある展開にあまり役立たないように思われるので、ここでは、分類学的法概念を除いて、他の三区分を用いて、法概念論の在り方を検討する。

(16) 英米の法的推論・裁判過程論と違って、ドイツの法律学的方法論では、法教義学的思考の学問的特質や機能の法哲学的考察が重要な課題とされてきており、その理論的蓄積から学ぶべきことが多い(田中二〇一一、五二八-四二頁参照)。もっとも、英米法のコモン・ロー的裁判のもとでの法的推論についても、その教義学的特質を重視する見解もあり（Melvin A. Eisenberg, *The Nature of the Common Law*, Harvard U. P., 1991 など参照）、また、法社会学的研究では、コモン・ロー的裁判実務の法律家的思考の教義学的特質を批判する論調が多い（Cotterrell 1989, chs. 2, 6 など参照）。大陸法的思考と英米法的思考では、法教義学的思考の特質を法律学を中心に理解するか、裁判実務を中心に理解するかの違いがあるというにすぎず、法律家的思考様式の教義学的特質自体は共通に認識され、かつ、重視されているとみるべきかもしれない。

第三節　社会的法理論と法多元主義からの批判

一　ハート法理論に対する社会的法理論の評価

ドゥオーキンが、社会学的法概念や社会学的問題を哲学的にも実践的にも重要でないとして、法理学的考察の範囲外におくのに対して、ハートは、『法の概念』における法理学の伝統的問題群の概念分析的説明が「記述的社会学の試みとみることもできる」（Hart 1961, preface v）と述べ、ドゥオーキンとは対照的な見解を示している。ハートのこの言及の趣旨は、法理学者・法社会学者らによって様々に理解され、毀誉褒貶相半ばする論評を受けてきた。ハートは、後に、概念分析的説明が「記述的社会学に諸々のツールを提供する」という趣旨であると釈明しているが、ドゥオーキンのような法理学の「哲学化」方向に批判的なだけでなく、法社会学的研究にも距離をおいた姿勢をとっていた（Hart 2005, Lacey 2006）。だが、法理学者のなかには、N・マコーミックらのように、法の制度的社会的特質の解明を重視して、法社会学者らとも積極的に交流し、ハートの法体系理論の継承発展をめざすポスト実証主義的な「制度的」法理論の展開を試みる流れがある（MacCormick 2007 など）。法社会学者のなかにも、ハートの方法論的志向に一定の評価を与えつつ、その概念分析的手法や具体的な法体系理論を批判的に継承し、経験科学的方法に軸足をおいた「一般法理学」を構想し、そのなかにハートらの概念分析的手法やその法理論的知見を取り込もうとする流れがある（Twining 1979, 2009, Tamanaha 2001 など）。

ここでは、法理学的な法の一般理論と法社会学などの法の経験的研究の基礎的な一般理論とは明確に区別できず、交錯していると理解する立場（Schauer 2004, 2012 などが明言）から、社会的法理論の側からのハートなどの分析法理学に対する評価・批判を、法理学の側からどのように受け止めるのが適切かについて、以上で指摘してきた諸論点を中心に検討したい。

ハートの法理論に一定の評価を与える法社会学者は、ハートらの分析法理学の方法論については、ドゥオーキン（及びハート自身）と基本的に同じように、概念主義（概念分析）と経験主義（コンベンショナリズムも広義の経験主義の一種であろう）のハイブリッドとみている。そして、一般法理学としての社会的法理論では、その緊張ないし矛盾を、経験科学的方法によるデータ収集・分析と理論的一般化を基軸とする手法を拡充強化し、概念分析的手法や概念装置をそのツールとして用いるという方向で打開することがめざされているとみてよいであろう（Twining 2009, chs. 1, 2, Tamanaha 2001, ch. 6, Cotterrell 1989, ch. 4）。その具体的な経験科学的手法には、多様なものがあり、法理学の「自然主義化」を提唱するライターらのように（Leiter 1998, 2003）、行動主義的アプローチを重視するものから、トワイニングらのように、M・ウェーバーの流れを汲む理解社会学的手法をとっているとみられるものまで（このような理解についてはGalligan 2015参照）、かなり幅がある。以下の考察では、理解社会学的手法を、ハートの解釈学的アプローチと重ね合わせるという関心から、後者の手法に焦点を合わせる。

社会的法理論からのハートに対する方法論的批判として、ハートが、法の社会的機能に関する様々な見解の対立にもかかわらず、説明なしに社会統制機能を中心に法体系論を展開することに対して、タマナハらが機能的「本質主義」という批判を浴びせていることが（Tamanaha 2001, pp. 133-55 など）、後ほど取り上げる法のポイント論争との関連で注目される。ハートが、当時の社会学の議論動向に適切な配慮をせずに、法の機能について少しラフな説明をしていることはたしかであるが、彼の法の概念分析は基本的にルールの行為理由指図機能に焦点を合わせていたと理解するほうが整合的であり、機能的本質主義という批判は、むしろ、法のポイントを「国家の強制的権力行使の制限・正当化」とするドゥオーキンの見解（Dworkin 1986, p. 93 など）に向けられるべきであった。このような法のポイント観は、ドゥオーキン限らず、法理論・法実務ではかなり広くみられるものではあるけれども、法の多様な機能の考察視野を限定し、とくに社会レベルでの人びとの相互作用的行動における法の機能を考察対象外におき、法の機能の法理学的考察や経験的研究に重大な偏りをもたらしている、と批判される。

他方、社会的法理論の主題・対象の特徴は、すでに指摘したように（一一二―一一三頁参照）、実在的な法秩序だけでなく、観念的な法的思考も考察対象とすることである。そして、法秩序については、法理学と同様に、法システムの内的構造と作動方式を考察するだけでなく、法の社会的機能や実効性をはじめ、法システムとその社会的・文化的・倫理的環境などとの関連をも考察する。分析法理学が、法体系・法領域を隣接諸制度・領域や外的環境から区別することに主たる関心を向けているのに対して、社会的法理論は、それらの相互関連の動態の解明にも強い関心を向け、分析法理学の考察姿勢の偏狭性・閉鎖性を批判する。法的思考については、法的思考独自の教義学的性質やその存立条件の批判的考察を課題とし、概念分析的手法をはじめ、法教義学的思考を自明視する分析法理学の法概念論、さらに法教義学的思考の正当化理論の観すらあるドゥオーキンの法構想などに対するイデオロギー批判も試みられる（Twining 2009, chs. 2, 3, 4, Tamanaha 2001, chs. 1, 6, 7, 8, Cotterrell 1995）。

このような社会学的法理論の特徴と分析法理学批判を、法理学はどのように受け止めるべきか、その主な課題と対応方向について、以下、方法論的側面（二）と主題・対象面（三）に分けて、順次検討したい。

二　法理学的な法の一般理論の在り方

⑴　法理学的な法概念論の主な課題は、法概念の中核として一定の概念的テーゼを措定するとともに、理論構成を枠づけ・方向づける一定の規範的想定と一般的事実を背景的情況として前提したうえで、諸々の規範的論拠や経験的データを組み込みつつ、制度的規範的秩序としての法の内的構造・作動方式とそれらの相互関連を全体として整合的に説明できる法構想を、概念分析と解釈学的・構成主義的技法を組み合わせて構成することである（二一五―二一六頁参照）。以上においては、このような理解のもとに、その主要論点に関わる議論動向をそれぞれ関連箇所で整理し検討してきた。

このような法の一般理論としての法概念論をめぐる方法論的論点のうち、ここでは、概念的言明の性質、概念分析・解釈など、理論構成をめぐる論点について、ハート＝ドゥオーキン論争と直接・間接に関連する法理学的な議論状況に、社会的法理論の関連見解と議論動向を加え、以上の考察とは少し角度を変えて検討を続ける。

まず、概念的言明の性質について、ラズらのように、「必然的真理」の主張とみるオーソドックスな本質主義的立場に対しては、法理学者の間でも、法的制度・実践のような社会的文化的現象に関しては、論理的に厳密な必然的真理があるとしても、それらの論理的含意だけで説明できることには限界があり、法の理解を実質的に深めるのに有意義な概念的言明の多くは、法現象にほぼ共通な典型的特質あるいは重要で意義のある特質を概念的に確定するものとみるべきであるという、批判が加えられているが（Finnis 1980, ch. I, Schauer 2012, 2013 など）、社会的法理論では、このような非本質主義的立場がむしろ一般的である。[17] このような非本質主義的立場をとると、法的制度・実践に関するコンベンション・エンドクサ・共通感覚などを自明のものとして概念化するだけでは不十分であり、法の一定の特質がほぼ一般的にみられるかどうか、なぜ一定の特質を典型的とみるのか、どのような観点・関心から一定の特質を重要で意義があると理解するのかなどについて、概念的言明をテーゼとして措定したり前提として想定したり、概念の分析・解釈を行ったりするにあたって、経験的データや規範的論拠を適宜挙げて、そのような措定・想定や分析・解釈の適切な理由を説明することが必要となる。

ドゥオーキンが、法の概念・構想など、法理学の根本的問題に関する適切な理由の説明には、規範的論拠による議論を経た正当化が必要であるとしていることについては、彼のいう教義学的法概念・法命題だけでなく、制度的・社会的事実をも法理学的議論領域に取り込むという条件付きで、基本的に賛成である。だが、彼の法構想には、先ほど触れた法のポイントの問題など、このような見解と矛盾する断定的な概念的措定がみられるだけでなく、このような見解に基づいて、法理学の概念的理論構成を全面的に規範化し、記述的法理学は方法論的に不可能と主張していることについては、すでに指摘したように（一一三–一一四頁参照）、言明の多層的構造からみて短絡的なところがあり、賛同しがたい。

他方、社会的法理論などの法の経験的研究においては、一定の概念的措定・想定、一般的抽象的な概念装置、概念分析・解釈方法などが、法の経験科学的研究のツールとして必要で有益であることは、ほぼ共通して認められている。けれども、法理学的な法の一般理論と経験的データからの一般的な仮説理論の関係については、あまり説明されていないことが多い。法の平均的ないし標準的事例の一般化的記述から法理学的な法の概念・理論構成まではかなりギャップがあり、このギャップをいわば思弁的飛躍（思考実験の一種とみてよいであろう）によって埋め、経験的証拠や一般的事実を法理学的な概念・理論構成のなかに適切に組み込むためには、理解社会学の価値関係的な理念型概念・理論構成という、M・ウェーバー的なアプローチによって、ハートらの法理学的アプローチと重ね合わせることが考えられる（Weber 1968, ch. II, 加藤一九七六、五二–五三頁、Galligan 2015, pp. 382–90）。

だが、このように、ハートらの記述的法理学のアプローチを、理解社会学の価値関係的な解釈学的アプローチと重ね合わせてとらえ直すだけでは、実践哲学としての法理学のハイブリッド的な方法論的特質（一一九–一二〇頁参照）のもう一つの側面、規範的な解釈学的アプローチという側面まで十全に説明することはできない。また、法理学的な法の一般理論の主たる任務が、ドゥオーキンのいう教義学的・社会学的・熱望的概念の複合体としての法概念の哲学的解明であるとすれば（一三四–三七頁参照）、ハートらの法実証主義的な法概念の解明を社会学的法概念の解明にすぎないと批判するドゥオーキンの見解に対して全面的な反論をする方法論的な基礎についての更なる探求が必要である。法理学のこのような規範的な解釈学的アプローチが、価値関係的な解釈学的アプローチとどのように関連するのか、また、その規範的な解釈学的アプローチが、価値分析的説明に加えて、ドゥオーキンの主張するように、価値評価的（正当化的）説明を不可避的に伴うのかどうかなど、規範的法理学の在り方に関する重要な方法論的課題に取り組む必要がある。(18)

(2)　以上のように、法理学的な概念・理論構成自体を、基本的に理念型概念・理論構成とみることによって、ハート＝ドゥオーキン論争の方法論的争点となった、法のポイントをめぐる記述と評価の関係に関する論争も、法の理念型概念・理論構成の背景的価値関心の説明の問題の一環として位置づけて、争点の方法論的意義を明確化できる（詳しくは Finnis 1980, ch. I, Marmor 1992, Perry 1995, 2001, Dickson 2001, 2004, Coleman 2002 など参照）。法のポイントとは、法の主たる機能・目的・価値、要するに法の存在理由のことだと理解すれば、各理論家が法の理念型概念・理論構成において一定の特質を法のポイントとする論拠を説明する必要があるかどうか、その論拠は理論的なものか、実践的・道徳的なものか、理論家はその説明において法実践参加者のポイント観にどの程度拘束され、どのように考慮すべきなのかなどをめぐって、法実践の理論化の内的視点・外的視点・解釈学的視点の区別・関連に関する難問（一一六–二〇頁参照）ともからんで、見解が対立しているということになる。これらの複雑に交錯する個々の論点に関してどのような見解をとるにしろ、各自の責任において選択した立場について一定の世界観的関心を背景に統合的な説明をすることが、法理学的考察の最も根本的な哲学的契機である。

このような方法論的な哲学的課題と並ぶ、法理学的考察の主題面からみた今ひとつの重要的な哲学的課題が、法の規範性の説明における法の妥当性（効力）の概念とその識別基準及び妥当根拠（遵法義務）の解明であり、しかも、これらの方法論的課題と主題的課題とは密接不可分の関係にある。ハート＝ドゥオーキン論争でも、これらの課題の複雑な相互関係の解明が、法実証主義対自然法論という伝統的な対立構図と重ね合わされ、中心的争点となっていた。この伝統的な対立構図自体は見直す機が熟しているけれども、法の規範的妥当性を、たんに政治社会学的事実や社会心理学的事実を基礎としたものではなく、一定の価値理念への志向を内在化した概念としてとらえるには、法実証主義的アプローチや社会的法理論には限界があり、やはり一定の世界観的関心を背景とした根源的な批判的考察が不可欠であろう。[19] とくに法の妥当根拠・遵法義務の考察については、ドゥオーキンの強調するように、政治道徳的次元にまで遡った説明が必要である。だが、このことを基本的に認めるとしても、彼のアプローチには、これまで関連箇所で指摘してきたように、政治社会学的事実や社会心理学的事実を法理学的考察の範囲外におくことによって、一定の制度的・社会的事実を自明視し、しかも、法的制度化に伴う諸々の法独自の規範的制約を「真剣に考慮」せず、法的正統性の問題を政治道徳的次元のみで論じるという、還元主義的傾向がみられ、全面的には賛同し難い。

いずれにしろ、法理学的考察と法の経験的研究の境界線はそれほど明確でないということと同時に、法理学的考察の哲学的契機は、何らかの専門哲学的な方法の応用ではなく、繰り返し問われてきた伝統的諸問題への世界観的関心を背景とする全体的根源的な批判的考察姿勢にみられるということを正しく認識することが肝要である（加藤一九七六、とくに四三–五五頁、七一–一〇三頁参照）。法理学的考察のこのような哲学的説明が、価値分析的なものにとどまるべきか、それとも、価値評価的（正当化的）なものまで必要かについては、価値評価的言明の真理値についてドゥオーキンほど確信的にはなれず、決めかねている。実践哲学的言明の真理基準として、適切性

（adequacy）や道理性（reasonableness）の内実をどのように考えるかという難問の一環である。

三　法概念論への法多元主義からの批判

（1）法概念論をめぐる方法論論争のもう一つの争点である、法概念の普遍性と法理論の一般性については、ハートらの現代分析法理学の法体系論の具体的内容に対する社会的法理論の多元主義的批判と関連づけて検討したい。

分析的法理学における概念的言明が「法一般」に関する「普遍的真理」の主張であるとする見解に対しては、法理学内部でも、普遍と個物、一般と特殊の関係に関する古典的な哲学的論争を背景に、一般法理学と個別法理学の異同・関連の問題ともからんで（一一一―一二頁、一三三―三四頁参照）、批判的・懐疑的な意見が少なくなかった。法社会学・法人類学などの法の経験的研究は、むしろ、このような批判的・懐疑的な姿勢をその研究の方法論的前提としており、経験的研究が法理学内部の意見を補強しているという関係だけでなく、法の経験的研究と法理学的考察が一般理論レベルで重なり合うという状況を生み出している。このような関係・状況を法理学的にどのように受け止めるかについては、法一般のイデア的実在を確信し、普遍性を普遍妥当性と普遍主義的に規定するオーソドックスな本質主義的立場に立たない限り、法一般は、個別具体的な諸々の法的制度・実践の解釈による理論的構成物であり、普遍性も高いレベルの一般性・抽象性を意味するとみる、穏当な本質主義的あるいは非本質主義的立場から、法理学的考察に適切な法概念・法理論の一般性・抽象性のレベル如何を問うというアプローチをすることになろう。

法の規範的制度的特質の法理学的考察においては、「制度的」特質よりも「規範的」特質のほうが、一般性・抽象性のレベルの高い概念的言明で説明できるとみてよいであろう。ラズの法規範論などがその典型例であるが、彼は、行為理由指図という規範的機能を、諸々の社会的機能からカテゴリー的に区別し、機能的本質主義の批判を避けた概念的措定をしたうえで、規範の理由指図の諸方式について、ハートよりも精緻な概念分析を試みている（Raz 1975, 1979）。ラズの提示する一般的抽象的な概念枠組自体は、彼の独自の道徳・権威概念やハードな法実証主義的テーゼへの賛否とは別に、法理学だけでなく、法律学・法実務や法の経験的研究にもかなり広く用いることのできる理論である。[20] けれども、彼の規範理論自体は道徳規範にも共通に妥当するものであり、権威的法規範の排除置換的（preemptive）理由指図という「法的」特質の説明には、各種の法規範が組み合わさって法体系を構成し、その法体系が包括性（comprehensiveness）や最高性（supremacy）などをもつことについて、法の「制度的」特質の説明が不可欠であり、彼の法規範論も、その法体系論と一体的に展開されてはじめて、その本領を発揮できる理論構成になっている（Raz 1970, 1979）。ドゥオーキンが、法命題を規定する法独特の制度的制約に適切な考慮を払うことなく、法命題の真理値をもっぱら政治道徳的次元で論じるアプローチをとっているのとは対照的である。ドゥオーキンのアプローチに対して以上で幾つかの観点から指摘した問題性からみて、法理学的考察においては、ラズの法理論などを典型例とするような法規範・法秩序の体系的理論が、その制度的法概念論のなかに含まれていることが不可欠であろう。

問題は、法の制度的特質の説明は、法の規範的特質の説明に比べてどうしても一般性・抽象性のレベルが低いものとならざるをえないことであり、相当高いレベルの一般的・抽象的な制度的法概念論を展開しても、特定の法体制や法状況を前提としたパロキアルあるいは自文化中心的であるという批判を浴びせられがちである。逆に、法律学・法実務や法の経験的研究にも意義のある概念装置を提示するために、一般性・抽象性のレベルを下げた説明をしようとすると、特定の個別具体的な法体制や法状況と多かれ少なかれ関連づけた説明となり、法律学や法の経験的研究の知見に依存し、それらの基礎理論的説明と重なり合わざるをえず、法理学の概念的説明の哲学的独自性が薄くならざるをえないというジレンマがある。

法理学的な法概念論・法体系論に対する社会的法理論などの法多元主義的立場からの批判は、方法論的にはこのような問題状況のもとで展開されており、法理学的考察は、これらの批判を法外在的な外的視点からの非（あるいは反）哲学的な科学主義的理論とかイデオロギー的批判とみて無視することなく、それらの批判からも学びつつ従来の考察姿勢を見直し、その視座の拡充と再構築をはかることを迫られていることを自覚すべきであろう。

(2)　予定した紙幅をすでに大幅に超過しているため、この点については、私の個人的関心から基本的な考え方を素描することしかできないが、ハートらの分析法理学の法概念論に対する法多元主義からの諸々の批判のうち、最も根本的な問題は、その法概念論の考察対象が近代以降の国内法体系のフォーマルな構造に限定されていることが、分析法理学の理論的射程の狭さ・偏りとしてほぼ共通して指摘されていることを、法理学的にどのように受け止めるかであろう。現代分析法理学者たちも、明示的あるいは暗黙裏にこのことを自認している場合が多く、また、自らの法概念論だけが普遍的真理として優先的ないし排他的な地位をもつと主張する論者も少なくなってきている。けれども、我々日本の法理学者にとっては、グローバルなパースペクティブから考察するとしても、非西欧的な現代日本社会の法的現実という時空的制約を意識する限り、避けて通れない問題である。

もちろん、哲学的考察の本領は時空的制約を超えたところにあると確信して、彼らと「我々の法概念」を「民衆概念」として共有し、共通の基盤・準拠枠組で同一の法概念の適切な解釈をめぐる論争に加わるという選択もあろう。現代日本の法状況も、その制度的・規範的レベルでは西欧諸国の法体系と共通の特質をもっていることは明白であり、このような共通の側面に着眼する限り、このようなアプローチが理論的にも実践的にも有意義であることは否定し難い。しかし、法体系の現実の作動状況、法律専門家の法実践や一般の人びとの法文化の実情というレベルでみれば、看過し難い差異があることもまた明白であり、このような社会的文化的現実をその概念的把握の射程外におくアプローチによって、ヘーゲル『法哲学綱要』序文と必ずしも同じ趣旨ではないが、〝ここがロドスだ、ここで跳べ〟という課題に、実践哲学としての法理学が十全に応えられるかどうかは、きわめて疑わしい。法理学的考察において共通性と差異性のいずれを重視するか、あるいはその間のバランスをどのようにはかるかという視座選択レベルの問題として対応するのが適切かどうか、意見が分かれるところであろうが、私自身は、哲学一般についてはともかく、「法」哲学については、時空的制約を離れた哲学的思弁の意義をいまだ悟ることはできず、この点に関しては、現代分析法理学の概念装置や理論枠組から多くのことを学んできたけれども、その考察視座には馴染めないところがあり、いずれかといえば社会的法理論や法の経験的研究のアプローチのほうに親近感がある。現代分析法理学の法概念論については、基本的に近現代西欧型法類型の理念型概念化の試みの一つとして、比較史的に相対化して受け止め、その意義をそれぞれの問題関心から評価したうえで、適宜各自の法理学的考察枠組のなかに取り込んでゆくという対応をするのが適切ではないかと考えている。(21)

法多元主義者の提示する具体的な代替的法概念論は、多様であるが、近代国家法を典型的事例として、国際法や原始社会の法を境界的事例であるとみるような、自文化中心的な対比的理解を改めること、また、同じ社会的領域内でフォーマルな国家法とインフォーマルな多様な規範的秩序が対抗的あるいは相補的に並存し多層的に作動している動態的現実をトータルに概念化することを、ほぼ共通してめざしているとみてよいであろう。そして、その提示する法概念論には、大別すれば、タマナハやトワイニングらのように、このような重層的な法的秩序に共通する標準的な諸概念やそれら相互の構造的・機能的関連の分析枠組を提示したり、このような領域を法的に制度化された実践として画定したりする、拡大された法概念・法構想を提示する傾向（Tamanaha 2001, Twining 2009 など）と、慣習法・官僚的法・自立的法秩序という法の三概念を用いて比較史的に近代法を相対化する批判的分析を試みたR・アンガーの初期の社会的法理論（Unger 1976）などのように、複数の法概念からなる類型的法モデルを提示する傾向とがあり（田中二〇〇九参照）、いずれの傾向においても、その問題関心や提示される概念装置・法モデルは様々である。

私の「法の三類型モデル」は、現代日本の法状況の動態を主として比較史的に解明するという問題関心のもとに、一九七〇年代はじめにハーヴァード大学で在外研究をしていた頃から、直接的にはアンガーの法の三概念論の他に、リーガル・プロセス学派の法過程・法構造論（Fuller 1981, Hart & Sacks 1994）などからも示唆を得つつ、理念型概念・理論構成の手法で構想しはじめたものである。その後台頭してきた法多元主義的潮流による分析法理学批判やそのめざす拡大された法概念・法構想の意義については、当初から織り込み済みのものが多かったが、その後も、いろいろ問題点を批判・指摘されたり自ら気付いたりして、基本的概念・具体的内容はかなり修正してきている（田中二〇〇九）。補正の必要を自覚しつつもまだ対応できていないのが、自立型法を狭義の法類型と措定して法の三類型間の緊張した動態的相互関係を説明する基礎的理論枠組とその背景的視座を、法体系の存立と作動の「開かれた統合的自立性」という制度的特質と関連づけて法理学的にきちんと説明することであり、これまでしばしば触れてきた実践理性の「法的制度化」の構想が、その中心的課題である。

最近数年間めざしてきたことは、このような「実践理性の法的制度化」の構想を媒介に、「法の三類型モデル」を「議論・交渉フォーラム」構想と接合し、法理学的な法の一般理論として統合的な法構想をもう少し一般的抽象的レベルで構築することによって、法の全体像を提示することである。この法的制度化の構想については、現代日本の法状況の比較史的分析という理論的関心よりも、法動態の相互主体的活性化という実践的関心にウエイトをおいて、法体系の段階的構造だけでなく多層的な作動方式をも視野に入れ、各階・各層における法律専門家と一般の人びとの協働的な法的実践の創造的な役割にも正当な位置づけを与えうる動態的な制度的規範的特質を説明できる理論枠組を構築することを考えている（その準備的考察として、第一章参照）。理論の一般性・抽象性のレベルについては、このような問題関心と個人的な能力の限界などを考え合わせて、立憲民主制下の法的制度・実践の構成的・規制的諸原理を、「法の支配（合法性）」原理を基軸に解釈学的に再構成するというレベルでの理論化にまずは取り組みたい（第三章がこのような構想に向けた準備的考察である）。

(17)　もっとも、本質主義とは何かということ自体が哲学的な難問題であり、法の概念についても、法社会学者の本質主義の理解は、法理学者の理解とは若干ずれているようであり、また、法社会学者のいう非本質主義の内容についても必ずしも見解は一致していない。例えば、Twining 2009, pp. 65-66 と Tamanaha 2001, pp. 170-72 における本質主義的な法概念についての説明を比べると、微妙なずれがみられ、トワイニングの説明では、本文のような法理学内部の動向（穏当な本質主義とも特徴づけうる動向）も非本質主義に含めることができるが、タマハナの説明では、法社会学的アプローチでも、法一元主義はすべて本質主義とみられているようであり、非本質主義の理解がタマハナよりも限定的である。また、タマハナは、非本質主義をコンベンショナリズムとほぼ同義に解しているが、この点についても見解が分かれるところであろう。非本質主義についての本文の説明は、基本的にトワイニングのような緩やかな見解にそったものである。

(18)　この方法論的課題については、内的視点・外的視点・解釈学視点の区別と関連、法の規範性という問題と関連づけて、ハート的アプローチとドゥオーキン的アプローチの中間的な方向を探っている示唆に富む考察として、Perry 1995, 2001, Postema 1987, 1998a, 1998b 参照。

(19)　法の規範性の問題の解明に関する法実証主義や社会的法理論の限界については、前掲注（18）で挙げたペリーとポステマの文献参照。法の規範性をめぐる問題連関と議論構図における法実証主義や社会的法理論の位置づけと問題点に関する私見については、田中二〇一一、八九-九八頁参照。

(20)　個人的には、私も、裁判における法律家の法的議論に照準を合わせていた「実践的議論の法的制度化」という理論枠組を、「法の一般理論」の基礎理論として再定式化するために、法的制度化の対象を、裁判における法律家の「議論」に限定せずに、弁護士の裁判外での法的交渉や一般の人びとの法遵守・援用まで含めて、法的領域における法的「行為」全体の理由指図方式にまで拡げ、「実践理性の法的制度化」を段階的かつ重層的に解明するように軌道修正するにあたっては、ラズの法規範論・法体系論からも示唆を得たところが多い（田中二〇一三）。この点については、本章及び次章におけるドゥオーキンの法理論に対する批判は、私の従来の考察視座についての自己批判という面もある。なお、この点については、一部賛同し難いところもあるが、ラズの法理論とドゥオーキンの法理論の示唆に富む対比的分析構図として、Eekelaar 2002 も参照。

(21) 私の法理学的考察の基本的な理論枠組が、「議論・交渉フォーラム」構想と「法の三類型モデル」（及び「法化」「非=法化」論議）という二段階構成になっているのは、振り返ってみると、このような分析法理学に対するアンビバレントな研究姿勢に起因するところが大きいと認識しており、このような理論枠組や研究視座の問題性をようやく認識できるようになったものの、この二段階構成の理論構造を全体として統合的な法理学的理論として整合的に再構成できるかどうかは、はっきりとした見通しがあるわけではなく、今後の残された課題である。本書は、「法の三類型モデル」の側からみた問題点（田中二〇〇九）への対応も視野に収めつつ、主として「議論・交渉フォーラム」構想の側からこのような課題への法理学的アプローチを試みたものである。

むすびに代えて

以上、ハートらの現代分析法理学に対するドゥオーキンの政治・道徳哲学的方向からの批判とトワイニングらの社会学的方向からの批判を手がかりに、法の一般理論としての法概念論の在り方について、法的推論・裁判過程の理論、法律学と裁判実務、規範的正義論と政治・道徳哲学、法の経験的研究など、法理学内外の隣接諸分野との関連をめぐる主な方法論的な課題と論点を取り上げて一通り考察してきた。社会制度としての法の規範的・構造的特質を解明する「制度的」法概念論が法理学の伝統的諸問題の考察において占める中心的な位置を確認するとともに、そのような法概念論の各論点が、法体系の存立と作動の「開かれた統合的自立性」という制度的特質の整合的な説明という課題とどのように関連しているかについても、各論点の個別的な検討にはほとんど立ち入れなかったけれども、各論点ごとに基本的な考え方は示すことができたのではないかと思う。

多岐にわたる課題と論点を取り上げ、しかも、私の研究の目下の関心に引き寄せた検討となったため、概観的な整理にとどまったところも少なくなく、繁簡よろしきを得ない考察となったが、個々の論点について指摘した課題については、機会を改めて取り組み、不十分なところを補うことにして、ひとまず章を閉じることにしたい。

【参考文献】

Chiassoni, Pierluigi 2013, "The Model of Ordinary Analysis," L. D. d'Almeida, J. Edwards & A. Dolcetti (eds.), *Reading HLA Hart's The Concept of Law*, Hart Publishing, pp. 247–67.

Coleman, Jules L. 2002, "Methodology," J. Coleman & S. Shapiro (eds.), *The Oxford Handbook of Jurisprudence and Philosophy of Law*, Oxford U. P., pp. 311–51.

——2007, "Beyond the Separability Thesis: Moral Semantics and the Methodology of Jurisprudence," *Oxford J. of Legal Studies* 27, pp. 581–608.

——2009, "Beyond Inclusive Legal Positivism," *Ratio Juris* 22, pp. 359–94.

——2011, "The Architecture of Jurisprudence," *Yale Law J.* 121, pp. 3–79.

Cotterrell, Roger 1989 (1st ed.), 2003 (2nd ed.), *The Politics of Jurisprudence: A Critical Introduction to Legal Philosophy*, Butterworths

——1995, *Law's Community: Legal Theory in Sociological Perspective*, Oxford U. P.

——1998, "Why Must Legal Ideas Be Interpreted Sociologically?" *J. of Law and Society* 25, pp. 171–92.

Dickson, Julie 2001, *Evaluation and Legal Theory*, Oxford U. P.

——2004, "Methodology in Jurisprudence: A Critical Survey," *Legal Theory* 10, pp. 117–56.

Dworkin, Ronald M. 1965, "Does Law have a Function?; A Comment on the Two-Level Theory of Decision," *Yale Law J.* 74, pp. 640–51.

——1977a, *Taking Rights Seriously*, Harvard U. P.（木下毅・小林公・野坂泰司訳『権利論（増補版）』木鐸社、二〇〇三年、小林公訳『権利論Ⅱ』木鐸社、二〇〇一年）

——1977b, "Introduction," Dworkin (ed.), *The Philosophy of Law*, Oxford U. P.

——1986, *Law's Empire*, Harvard U. P.（小林公訳『法の帝国』未来社、一九九五年）

——2006a, *Justice in Robes*, Harvard U. P.（宇佐美誠訳『裁判官の正義』木鐸社、二〇〇九年）

——2006b, "Hart and the Concepts of Law," *Harvard Law Rev. Forum* 119, pp. 95–105.

——2011, *Justice for Hedgehogs*, Harvard U. P.

Eekelaar, John 2002, "Judges and Citizens: Two Conceptions of Law", *Oxford J. of Legal Studies* 22, pp. 497–516.

Finnis, John 1980 (1st ed.), 2011 (2nd ed.), *Natural Law and Natural Rights*, Oxford U. P.

Fuller, Lon L. 1981, K. I. Winston (ed.), *The Principles of Social Order*, Duke U. P.

Galligan, Denis J. 2015, "Concepts the Currency of Social Understanding of Law: A Review Essay on the Later Work of William Twining," *Oxford J. of Legal Studies* 35, pp. 373–401.

Green, Reslie 2012, "Preface to the Third Edition," H. L. A. Hart, *The Concept of Law* (3rd ed.), Oxford U. P.

Halpin, Andrew 1998, "Concepts, Terms, and Fields of Enquiry," *Legal Theory* 4, pp. 187–205.

——2005, "The Methodology of Jurisprudence: Thirty Years Off the Point," *Canadian J. of Law & Jurisprudence* 19, pp. 67–105.

——2009, "Methodology and the Articulation of Insight: Some Lessons from MacCormick's *Institutions of Law*," M. Del Mar & Z. Bankowski (eds.), *Law as Institutional Normative Order*, Ashgde, pp. 145–57.

——2010, "Methodology," D. Patterson (ed.), *A Companion to Philosophy of Law and Legal Theory* (2nd ed.), Blackwell, pp. 607–19.

Hart, H. L. A. 1961 (1st ed.), 1994 (2nd ed.), 2012 (3rd ed.), *The Concept of Law*, Oxford U. P.（長谷部恭男訳『法の概念（第3版）』筑摩書房，二〇一四年）

——1983, *Essays in Jurisprudence and Philosophy*, Oxford U. P.

——2005, "Hart Interviewed: H. L. A. Hart in Conversation with David Sugarman," *J. of Law and Society* 32, pp. 267–93.

Hart, Henry M. Jr. & Sacks, Albert M. 1994, W. N. Frickey & P. P. Eskridge (eds.), *The Legal Process*, Foundation Press.

Lacey, Nicola 2006, "Analytical Jurisprudence Versus Descriptive Sociology Revisited," *Texas Law Rev.* 84, pp. 945–82.

Leiter, Brian 1998, "Naturalism and Naturalized Jurisprudence," B. Bix (ed.), *Analizing Law: New Essays in Legal Theory*, Oxford U. P., pp. 79–104.

——2003, "Beyond the Hart/Dworkin Debate: Methodology Problem in Jurisprudence," *American J. of Jurisprudence* 48, pp. 17–51.

——2005, "The End of Empire: Dworkin and Jurisprudence in the 21st Century," *Rutgers Law J.* 35, pp. 165–81.

MacCormick, Neil 1978a (1st ed.), 1994 (2nd ed.), *Legal Reasoning and Legal Theory*, Oxford U. P.（亀本洋他訳『判決理由の法理論』成文堂，二〇〇九年）

——1978b, "Dworkin as Pre-Benthamite," *Philosophical Rev.* 87, pp. 585–607.

——1981, *H. L. A. Hart*, Stanford U. P.（角田猛之編訳『ハート法理学の全体像』晃洋書房，一九九六年）

——2007, *Institutions of Law: An Essays in Legal Theory*, Oxford. U. P.

Marmor, Andrei 1992 (1st ed.), 2005 (2nd ed.), *Interpretation and Legal Theory*, Hart Publishing.

Oberdiek, John & Patterson, Dennis 2007, "Moral Evaluation and Conceptual Analysis in Jurisprudential Methodology," M. Freeman & R. Harrison (eds.) *Law and Philosophy* 10, Oxford U. P., pp. 60-75.

Perry, Stephen R. 1995, "Interpretation and Methodology in Legal Theory," A. Marmor (ed.), *Law and Interpretation: Essays in Legal Philosophy*, Oxford U. P., pp. 97-135.

――2001, "Hart's Methodological Positivism," J. Coleman (ed.), *Hart's Postscript*, Oxford U. P., pp. 311-54.

Postema, Gerald J. 1987, "The Normativity of Law", Ruth Gavison (ed.), *Issues in Contemporary Legal Philosophy: The Influence of H. L. A. Hart*, Oxford U. P., pp. 81-104.

――1998a, "Jurisprudence as Practical Philosophy", *Legal Theory* 4, pp. 329-57.

――1998b, "Norms, Reasons, and Law", *Current Legal Problems* 51, pp. 149-79.

――1999, "Law's Autonomy and Public Practical Reason," R. P. George (ed.), *The Autonomy of Law: Essays on Legal Positivism*, Oxford U. P., pp. 79-113.

Raz, Joseph 1970 (1st ed.), 1980 (2nd ed.), *The Concept of Legal System*, Oxford U. P. (松尾弘訳『法体系の概念（第2版）』慶應義塾大学出版会、一九九八年)

――1979, *The Authority of Law: Essays on Law and Morality*, Oxford U. P.

――1975 (1st ed.), 1990 (2nd ed.), *Practical Reason and Norms*, Hutchson (1st ed.), Princeton U. P. (2nd ed.)

――1994, *Ethics in the Public Domain*, Oxford U. P.

――2009, *Between Authority and Interpretation*, Oxford U. P.

Schauer, Frederick 2004, "The Limited Domain of Law," *Virginia Law Rev*. 90, pp. 1909-56.

――2005, "The Social Construction of the Concept of Law: A Reply to Julie Dickson," *Oxford J. of Legal Studies* 25, pp. 493–501.

——2006, “(Re) Taking Hart: Book Review of N. Lacey, A Life of H. L. A. Hart,” *Harvard L. Rev.* 119, pp. 852–83.

——2009, “Institutions and the Concept of Law: A Reply to Ronald Dworkin (with some help from Neil MacCormick),” M. Del Mar & Z. Bankowski (eds.), *Law as Institutional Normative Order*, Ashgate, pp. 35–44.

——2012, “On the Nature of the Nature of Law,” *ARSP* 98, pp. 457–67.

——2013, “Necessity, Importance, and the Nature of Law,” B. J. Ferrer, J. J. Moreso & D. M. Papayannis (eds.), Neutrality and Theory of Law, Springer, pp. 17–31.

Tamanaha, Brian Z. 1996 “The Internal/External Distinction and the Notion of a “Practice” in Legal and Sociological Studies,” *Law & Society Rev.* 30, pp. 163–204.

——2001, *A General Jurisprudence of Law and Society*, Oxford U. P.

——2011, “What is ‘General’ Jurisprudence? A Critique of Universalistic Claims by Philosophical Concepts of Law,” *Transnational Legal Theory* 2, pp. 287–308.

Twining, William 1979, “Academic Law and Legal Philosophy: The Significance of Herbert Hart,” *Law Quarterly Rev.* 95, pp. 557–80.

——2000, *Globalization and Legal Theory*, Butterworths

——2009, *General Jurisprudence: Understanding Law From a Global Perspective*, Cambridge U. P.

Unger, Roberto Mangabeira 1976, *Law in Modern Society*, Free Press

Weber, Max 1968, J. Winckelmann (hrsg.), Gesammelte Aufsätze zur Wissenschaftslehre, 3. Aufl. J. C. B. Mohr

井上達夫二〇〇三『法という企て』(東京大学出版会) 序、第4章

――二〇一五「法と哲学」同責任編集『法と哲学』創刊一号（信山社）、一‐二五頁
加藤新平一九七六『法哲学概論』（有斐閣）
田中成明一九九三『法的空間―強制と合意の狭間で』（東京大学出版会）
――二〇〇九「法の三類型（自立型法と管理型法・自治型法）モデル再考」北海道大学情報法政策学研究センター編『新世代法政策学研究』四号、五九‐九二頁
――二〇一一『現代法理学』（有斐閣）
――二〇一三「実践理性の法的制度化再考」平野仁彦・亀本洋・川濱昇編『現代法の変容』（有斐閣）、三‐四九頁
日本法哲学会編一九六三『法の概念：法哲学年報一九六三（上）』（有斐閣）
濱真一郎二〇一四『法実証主義の現代的展開』（成文堂）
深田三徳二〇〇四『現代法理論論争：R・ドゥオーキン対法実証主義』（ミネルヴァ書房）

第三章　「法の支配」論の基本構図とその主要論点の法理学的考察
――英米法理学における二つの「合法性」構想をめぐる議論を手がかりに――

はじめに

(1)　「法の支配（the rule of law）」ということばは、法的・政治的問題をめぐる議論において、一国の法・政治体制全体だけでなく、国家などの公的機関や私的な団体・個人の個々の行動・政策・決定などを批判したり正当化したりするためによく用いられる。だが、権力の恣意専断を抑止し、個人の自由を保障するという、法の支配の基本理念について大まかなコンセンサスがあると言われるものの、それぞれのコンテキストで法の支配の名のもとに具体的に主張されている原理・要請の内容はかなり多様であり、相互に対立することすら少なくない。のみならず、政治的スローガン化し、具体的な原理・要請のなかには、現実には法の支配の基本理念に反するような機能を果たしている場合もあり、法の支配という概念自体やその現代的意義に懐疑的・批判的な見方も少なくない。

このような議論状況は、「法」の支配が、「人」の支配あるいは「力」の支配にとって代わるべき理想として説かれてきているにもかかわらず、「法の支配」の個別具体的な実現は最終的には法律専門家集団である「人」によらなければならず、その実効的な実現の最終的保障も国家の強制権力という「力」による支えを必要とするという、パラドキシカルな構造をもつことの宿命である。その反映として、「法の支配」の原理・要請もまた、内的な緊張・対立を含んだ複雑なものとならざるをえないにもかかわらず、理論的にも実践的にも、具体的な論争となると、一方的な主張・批判の応酬となりがちであり、このことがまた「法の支配」論に対する不信を招いているところがある。

「法の支配」は、「合法性（legality）」とほぼ同義的なものとされ、裁判官その他の国家権力の行使者の「法への忠誠（fidelity to law）」義務や一般市民の「遵法（obedience to law）」義務を説いたり正当化したりするために用いられることがある。けれども、法の支配や合法性の内容とそれらの相互関係、法への忠誠義務や遵法義務の性質・内容とそれらの相互関係については、見解がかなり分れており、法の支配・合法性と法への忠誠義務や遵法義務との関係は、それほど単純明快なものではない。法の支配については、そもそもいかなる「法」の支配かということが問われており、「法とは何か」という法哲学・法理学の伝統的な中心的課題に関連する諸論点とも絡みあって、古来、様々な見解が説かれてきており、現代でも見解の対立が続いている。

「法の支配」は、西欧的法・政治文化の中核的伝統の一つであるとみられている。けれども、古代ギリシャにはじまり中世・近代を経て現代にまで受け継がれてきたその規範的伝統は、それぞれの時代的背景のもとで生まれた幾つかの原型が交配を重ねつつ徐々に形成され、各国の文化・風土に合わせて制度化されてきたものであり、その内容は重層的で多面的である（Tamanaha 2004, Costa & Zolo 2007）。しかも、法の支配については、哲学・思想レベル、政治道徳レベル、法的原理レベル、法的専門技術レベルなど、多岐にわたる論点をめぐって議論が展開されてきており、現在では、「法の支配」が「本質的に論争的な概念（essentially contested concept）」であることは、議論に加わる論者の共通の認識であろう（Waldron 2002a）。

(2) このような「法の支配」の重層的で多面的な内容をめぐる複雑な議論状況をどのように解明するかについ

ては、様々なアプローチがありうる。本章では、現代日本の法状況のもとでの「法の支配」論の意義を解明しその再定式化の方向をさぐるための準備作業として、法理学的な議論領域に焦点を絞って、「法の支配」論の全体的な議論構図がどのようなものであり、その構図のなかで法理学上の伝統的な根本的諸問題をめぐる論点がどのような位置を占め、各論点が相互にどのように関連しているかを確認し整理することをめざしている。具体的には、二〇世紀後半から最近に至るまでの英米法理学における「法の支配」と「合法性（legality）」[1]をめぐる議論の展開を手がかりに、「法の支配」論の全体的構造を、基本理念―政治道徳的理想―法的制度・実践の構成・規制原理と段階的に区分して、これらの理念・理想・主要原理の内容と相互関連を解明するとともに、「法の支配」をめぐる主要な争点が、法の一般理論・規範的正義論・法的推論の理論という、法理学の伝統的な問題領域のなかにどのように位置づけられ、どのような課題を提起しているかについて、若干の考察を試みたい。

いわゆるハート＝フラー論争とハート＝ドゥオーキン論争は、二〇世紀後半から二一世紀初頭にかけての英米法理学の二大論争と目されているが、この二つの論争における中心的争点の一つが、「法の支配」「合法性」の理解をめぐるH・L・A・ハートらの法実証主義的な見解とL・L・フラーやR・ドゥオーキンらの反法実証主義（自然法論）的見解の対立である。だが、これらの二大論争については、それぞれの論争の直接当事者間の議論の応酬が嚙み合っていたかどうかを疑問視する論者も少なくなく、また、法実証主義対反法実証主義（自然法論）という対立構図にも、二つの論争全体についてみる場合と法の支配・合法性をめぐる見解に限定してみる場合ではかなりズレがみられる。いずれについても、法実証主義陣営内部における見解の分裂がみられるだけでなく、フラーとドゥオーキンの見解の関係も微妙であり、とくにドゥオーキンの見解は、前期と後期でかなり変化しているところがある。法の支配・合法性についての本章における考察は、このような法実証主義対反法実証主義（自然法論）という従来の対立構図からの脱却をめざすものであり、以下で説明するように、彼らの見解から学んだことが多いけれども、そのいずれの見解にも全面的に賛同するものではない。

フラーは、法の一般性・公知性など、法システムの存立と作動に不可欠な八要件を「法の内面的道徳」として提示し、これらの「合法性」の諸原理が一般に「法の支配」と呼ばれている要請にほぼ対応するとし、合法性の諸原理が全面的に損なわれると、「法」システムとは呼べず、その法的ルールを遵守する道徳的義務を基礎づけることもできないと、ハートらの法実証主義的な法・道徳分離テーゼを批判した。それに対して、ハートは、フラーの八原理が法システムの存立と作動に望ましい条件であることは認めつつも、法の存在と効力をこのような合法性の諸原理にかからせることには反対した。J・ラズは、法の効力について基本的にハートと同じ法実証主義的立場をとりつつも、フラーの合法性の諸原理と大幅に重なり合う、法の支配の形式的な八原理を提示して、その価値・機能を明快に分析した。その後の法の支配をめぐる議論の展開では、フラーとラズの見解がいわゆる「形式的合法性」構想の標準的な理解として受け容れられ、法の支配・合法性概念の「形式的」理論と「実質的」理論という対比図式が一般化することになった。

他方、R・ドゥオーキンは、ハートらの法実証主義のルール・システム・モデルの司法的裁量論への批判に対応して、法の支配についても、国家権力は公的ルールブックの明示的なルールに従って行使されるべきだとする法実証主義的な「ルール・ブック構想」を斥け、法の支配の理想は、個人の権利の的確な公的構想を裁判所などにおいて個々の市民の要求に基づいて強制的に実現することだとみる「権利（rights）構想」を提唱し、ハード・ケースにおける裁判官の法的決定の正当化について、「権利テーゼ」「正解テーゼ」など独自の見解を展開した。この時期のドゥオーキンは、法の支配の形式的・実質的理論という対比図式のもとでは、「実質的」理論の代表的論者とみられていた。

だが、ドゥオーキンは、『法の帝国』（一九八六年）において独自の「統合性（integrity）としての法」構想と構成的解釈理論を提示した後は、「統合性」を法の支配（合法性）概念と位置づけ、この独特の法的価値が、制定法や判例などとの適合性（fit）の追求と整合的諸原理に基づく法的実践全体の政治道徳的正当化という、構成的解釈の二つの相互規定的次元を、実質的正義や手続的公正の概念と複雑に絡み合いながら規律するという、新たな見解を展開するようになる。このドゥオーキンの新たな法の支配論は、法的ルールの確定性・自立性を重視する法実証主義的な静態的モデルに対する批判にとどまらず、法的実践の「議論的（argumentative）」特質を強調し、裁判官の法への忠誠義務と実質的正義への志向の緊張関係に焦点を合わせる動態的モデルを提示するものであるが、彼の以前の「権利構想」との関連については、彼自身の説明があいまいであり、理解も分かれる。

このような法の支配・合法性をめぐる法理学的論議は、法実証主義対自然法論、イギリス法理学対アメリカ法理学という、伝統的な議論枠組で理解されたり、大陸法系の法治国家論との対比でコモン・ロー的法体制・裁判制度を前提としたパロキアルな論争とみられたりしている。これらの観点をふまえて理解すべき面があることは否定できないないけれども、これらの議論枠組や論争が法の支配・合法性の理念・理想・原理などの理解を深めるのにさほど貢献しておらず、むしろ、建設的な議論の進展を歪めているきらいすらあるとしか思えない。これらの議論枠組や争点を前提に、各見解への賛否を論じるというアプローチは避け、それらの議論枠組や争点自体を批判的に検討することが議論の稔りある進展に不可欠であると考えられる。

本章では、これらの議論枠組・制度的背景が、よかれ悪しかれ議論構図の形成とその展開に大きな影響を及ぼしてきていることに留意しつつも、基本的には、法動態への相互主体的視座からの「実践理性の法的制度化」の理論を構想することをめざしている立場から（田中二〇一一、四一-六一頁、同二〇一三（本書第一章）、本書プロローグなど参照）、これら二つの合法性構想をめぐる法理学的論議について、法の支配の法理論的・比較史的考察にとって普遍的意義をもつ一般理論レベルで重要と考えられる側面・論点を中心に考察する。そして、法の支配・

合法性をめぐる論議のうち、「制度化された実践」としての〝法的なるもの〟の領域の構成・規制原理というレベルに焦点を合わせ、いわゆる形式的合法性概念は主として制度面の在り方、ドゥオーキンの統合性としての合法性概念は主として実践面の在り方に関する原理として、それらの意義・問題点などを批判的に考察し、それぞれの原理について私なりに穏当と考える理解を試論的に提示した上で、両側面に関する論議の架橋と統合をはかり、「法の支配」論の議論構図の現代的再定式化の方向をさぐりたい。

法の支配・合法性については、本章で取り上げる英米法理学の諸見解からも学びつつ、様々な機会に直接あるいは間接に私見を述べてきたが、それぞれ異なる問題連関で述べた見解には不整合なところもあり、また、個々の見解の法理学的基礎をきちんと説明していないものもあった。(2) 本章では、英米法理学の法の支配・合法性をめぐる論議の批判的検討を手がかりに、これまで気になっていた幾つかの論点について理解を深めつつ、従来の私見の敷衍・補正を試み、法の支配をめぐる中心的論点についての基本的な考え方を示すことに努めたい。このような考察によって私がめざしていることは、実践理性の公共的使用の「法的制度化」という知的地平において、「議論・交渉フォーラム」という法構想と「法の三類型モデル」を接合し、法体系・法規範の制度的構造的特質と法的実践の動態的過程を統合的に説明する法の一般理論を構築するという、私の目下の問題関心にあわせて、「法の支配（合法性）」を、「法的」制度・実践の構成・規制原理の中枢的構想として再定式化するための基礎的作業である。(3)

(3) 以上のような問題関心から英米法理学の二つの「合法性」構想をめぐる論議の検討をはじめる前に、「法の支配」に関する基礎的諸概念について、若干の約定的措定もまじえて、概念的整理をし、本章の法理学的考察の議論領域を暫定的に画定しておきたい。

まず、「法の支配」については、国内法・政治だけでなく国際法・政治のコンテキストでも論じられ、しかも、グローバル化に伴って国内問題と国際問題が交錯する状況が増えてきているが、本章では、国内法・政治に関する議論に焦点を合わせる。そして、国内法に関しては、国家その他の公権力機関の権限の配分・調整、このような公権力機関と私人との関係だけでなく、私人間の自主的な相互作用関係をも含めて、法的過程全般が、法の支配の諸原理によって構成され規制されていると理解する。法の支配は、国家的統治原理であるだけでなく、社会的調整・秩序づけの原理でもあり、従って、公法の原理か私法の原理かという論争以前に、「法一般（law in general）」に関わる原理として、法理学的考察の主題となる。

次に、法の支配の基本理念については、以上のような法の支配の諸原理の構成・規制領域に対応して、権力の恣意専断の抑止だけでなく、個人の自由と権利の保障という価値を含め、自由と権利の保障のための権力の恣意専断の抑止という相互関係を基軸に理解する。ここでいう「権力」については、国家権力を典型とする政治的権力を意味するとみるのが一般的であり、ラズのように（Raz 1979, p. 224）、法の濫用に限定する見解の支持者は少なく、むしろ、いわゆる社会的権力にまで含める見解（Postema 2014b, p. 11 など）が増える傾向にある。公私区分論批判や公法・私法区分見直し論とも関連する難問であるが、本章では、社会的権力の問題への対応も視野に入れつつも、基本的には、物理的強制力の行使を伴うか否かを問わず、国家機関の権力行使全般を念頭において考察を進める。

また、法の支配の価値が「自由」の保障であることについては、ほぼコンセンサスがみられ、自由だけしか掲げない見解が多い。本章では、自由と並んで「権利」を挙げているが、「安全」を挙げる見解もあり、私も、従来、コンテキストに応じてそうしたこともある。本章で自由と権利の保障としたのは、安全は自由の保障の一条件であり、安全だけが一人歩きして法の支配の中心的価値として主張されることは適切ではなく、自由を権利として尊重・保護するだけでなく、その実現・救済の手続的・制度的保障をすることが法の支配の本領だと考えるからである。

「法の支配」と国家権力行使者の「法への忠誠義務」や一般市民の「遵法義務」との関係については、法の支配の諸原理の要請内容が、閾値的最小限の規制に関わる義務論的なものだけでなく、最適実現を志向する目的論的な熱望的なものも含み、その規範的構造が複雑化し、機能も多面的であることが広く認識されるに伴って、理解が分かれている。本章では、法の支配の諸原理は、直接的には、国家権力行使者の法への忠実義務に関わる役割倫理であり、一般市民の遵法義務を直接的に正当化するものではなく、一般市民の遵法義務の問題は、法の支配を論じる前提条件に関わる別次元の問題であり、法の支配の議論領域とは、関連するけれども、別個の議論領域であると、区別するのが適切であると考えている。

法の支配に関する以上のような暫定的な概念的整理や約定的措定は、いずれも論争の余地のあるものである。これらの概念的整理や約定的措定をする理由について、本章で取り上げる英米法理学の論議と直接関連するものは、以下の考察のそれぞれ関連箇所で説明するが、私の法理学的な理論枠組による本格的な説明は、本章の考察をふまえ、機会を改めて取り組みたい。

(1) legality と Legalität の内実に関して、大陸法系と英米法系の論議にはズレがあることから、legality を「合法性」と訳することには異論も少なくない。Legalität については、制定法とほぼ同一視された実定法を忠実に適用・執行・遵守することあるいはそのような状態(制定法適合性 Gesetzmaßigkeit)という意味で、合法性という訳語を用いるのが一般的であるのに対して、本章で取り上げる英米法理学の legality をめぐる議論では、むしろ、そのように適用・執行・遵守される「実定法」がどのようなものであるか、あるいは、なければならないかということが主要争点となっている。このような違いを承知しつつも、私は、ドイツにおけるM・ウェーバーやC・シュミット以降の Legalität と Legitimität の関係をめぐる論議の争点と、英米法理学における legality と legitimacy の関係をめぐる論議の争点との間には、重なり合っている面があるという理解のもとに、この訳語が一般的に伴っているニュアンスに違和感がないでもないが、legality と Legalität、legitimacy と Legitimität をそれぞれ対応させて、合法性と正統性いう共通の訳語を用いている。ドイツの議論と英米の議論とをこのように関連づけた示唆に富む考察として、その所論には賛同し難い点もあるが、Dyzenhaus 1996 参照。

(2) 法の支配に直接関連する私見については、田中一九九七、同「法の支配をめぐる議論について―総括的コメント」(日本法哲学会編二〇〇六)一〇六―一二頁、同二〇〇八、同「法の社会的役割と基本的価値の理解のために」大村敦志・土井真一編『法教育のめざすもの』(商事法務、二〇〇九年)四五―六九頁、同二〇一一、一四四―四五頁、二五六―五七頁、三一五―一六頁、三二六―三六頁、同『法学入門〔新版〕』(有斐閣、二〇一六年)九四―九六頁、二二九―三七頁など参照。また、私見の概要とその位置づけ・問題点については、渡辺康行「『法の支配』の立憲主義的保障は『裁判官の支配』を超えうるか」(『岩波講座・憲法1・立憲主義の哲学的問題地平』岩波書店、二〇〇七年)六一―六五頁の的確な指摘参照。本章は、遅ればせながら、二〇〇五年度法哲学会学術大会シンポジウムでのコメントの趣旨を敷衍するとともに、渡辺教授の指摘の一部に応える内容となっており、シンポジウム企画責任者の深田三徳教授と報告者各位及び渡辺教授に改めて謝意を表したい。

(3) このような意味において、本章は田中二〇一七(本書第二章)のいわば続編であり、「議論・交渉フォーラム」構想を、裁判における法律家の専門的な法的実践の在り方に関わる法律学的方法論の基礎理論から、法体系の段階的構造と多層的作動方式をも視野に入れ、法律家と一般市民の協働的な法的実践にも正当な位置づけを与えうる動態的な法の全体像を説明できる法の一般理論へと再定位することに合わせて、「形式的合法性」構想と「統合性としての合法性」構想を架橋し、「法の支配」論の基本構図を再定式化することに焦点を合わせている。法の支配・合法性をめぐる方法論的論議について、田中二〇一七(本書第二章)と重複する箇所の説明は、関連箇所の参照指示にとどめ、とくに必要な場合を除き、簡略化したり割愛したりする。

なお、現代法システムにおける法の支配・合法性の「限界」への理論的・実践的対応の問題は、本章で取り上げる英米法理学における合法性概念をめぐる論議の主題とされていないこともあるが、私の法理学的理論枠組では「法の三類型モデル」(及び「法化」「非=法化」論議)のテーマと位置づけているため、「法の支配」論全体の「現代的」再定式化という課題の重要部分の考察が先送りされていることをお断りしておきたい。法社会学者Ph・セルズニックが、L・L・フラーの合法性概念とその法理論を手がかりに、独自の規範的合法性構想を再構成し、抑圧的法・自立的法・応答的法という発展論的な法類型理論を提示しており、私の法の三類型モデルとも問題関心が重なり、彼の法の支配へのアプローチから示唆を得たところが多いが、本章で取り上げていないのも、同様の理由による。セルズニックの合法性構想については、Philip Selznick, *Law, Society, and Industrial Justice* (Russell Sage Foundation, 1969); Selznick, *Law and Society in Transition: Toward Responsive Law* (Harper & Row, 1978)（六本佳平『法と社会の変動理論』岩波書店、一九八一年）; Selznick, *The Moral Commonwealth: Social Theory and the Promise of Community* (Univ. of California Press), chs. 12, 15. 田中一九九七、那須一九九七-九八参照。

第一節　英米法理学における法の支配と合法性をめぐる議論状況

一　法の支配の規範的伝統からみた英米法理学の最近の議論動向

「はしがき」で素描したような英米法理学の合法性構想をめぐる最近の議論の展開が、法の支配という西欧的法・政治文化の規範的伝統とどのように関連しているかを確認することからはじめたい。

法の支配は、かなり多様な価値・原理・要請・規準などからなる規範的伝統であるが、その中核は、政治道徳的理想と法的諸原理であり、それらは、一定の哲学的・思想的あるいは政治的・社会的背景のもとに生成し、裁判・立法などの法的制度・実践に関する政策論・解釈論の基礎ともなっている。法理学的論議の直接の主題となっているのは、政治道徳的理想や法的諸原理の具体的内容とそれらの相互関係であるが、これらの論議の理論的・実践的意義もまたこのような背景と射程の拡がりのもとに理解され評価されなければならない。けれども、一般的に、法の支配に関する法理学的論議は、政治・道徳哲学的考察や実際的な法的・政治的議論の主題とかなり乖離しており、問題関心にもズレがあるのではないかという批判的な見方もあり、本章で取り上げる英米法理学における論議の主題についても、同じような批判があるかもしれない。それ故、法理学的論議の考察に立ち入る前に、法の支配の規範的伝統とその現代的意義についてのJ・シュクラー「政治理論と法の支配」(Shklar

1987）における示唆に富む政治思想史的分析を手がかりに、[4] 彼女の現代英米法理論の法の支配論に対する低い評価の修正をはかりつつ、本章で取り上げる法理学的論議が法の支配の規範的伝統とどのように関連し、どのような現代的意義があるとみているか、以下の考察の前提となる私の基本的な視座を説明しておきたい。

シュクラーは、法の支配には、裁判官の法的判断に期待して「理性の支配」を生活様式全体に及ぼすことをめざすアリストトレス・モデルと、統治機関の制度的制約によって社会成員の抑圧を抑止する「制限政府」を説くモンテスキュー・モデルという、全く異なる二つの原型があるとする。そして、両モデルの政治的目的と知的・倫理的前提条件をそれぞれの背景的社会構造と関連づけつつ、その意義を対比検討したうえで、法の支配が「恐怖からの自由」の防御というその自由主義的目的を現代の政治社会的条件のもとで実効的に実現するためには、「理性の支配」モデルはその前提条件や実効性に難点があり、「制限政府」モデルが適切だという方向を示唆する。そして、A・V・ダイシー以降の英米法理論の法の支配論に対しては、両モデルの当初の政治的目的・背景を忘れ、各原型の意義をぼやかし一貫しないものとしてしまい、現代の政治的・知的条件に適合した「法の支配」の再定式化ができていないことを厳しく批判する。

法の支配の二つの原型として、アリストテレスの「理性の支配」モデルとモンテスキューの「制限政府」モデルを挙げることについては、「制度化された実践」としての〝法的なるもの〟の領域の構成・規制原理を、それぞれ実践と制度の側面から考察するという本章のアプローチにほぼ対応するものであり、両モデルの政治的目的と知的・倫理的前提条件をそれぞれの背景的社会構造と関連づけた鋭い分析にも基本的に賛同するところが多い。また、法の支配の目的を自由主義的なものととらえ、暴力の恐怖・恣意的統治の不安定・不正義の差別などに実効的に対応するためには、統治権力の法的制約ということが中心的課題であるべきだという現実的認識にも基本的には異論はない。

だが、「法の支配」の現代的再定式化において「理性の支配」モデルよりも「制限政府」モデルに期待する彼女の見解には、その独特の〝恐怖のリベラリズム〟の防御的姿勢とともに、法律家的イデオロギーとしてのリーガリズムに対する根強い不信が反映されている。[5] また、アリストテレスの「理性の支配」を「合理性(rationality)の支配」ととらえ、「適理性(reasonableness)の支配」であることを正しく理解していないことにもみられるように、賢慮(phronesis, prudentia)という、アリストテレスが重視し法的実務でも受け継がれてきた「実践理性」の伝統の評価に偏りがみられる。[6] さらに、アリストテレスやモンテスキューの法・裁判に関する見解の理解と意義づけにも不十分あるいは不適切なところがある。これらの点は、ダイシー以降の英米法理論の法の支配論についての彼女の一面的な理解と低い評価にも影響を及ぼしており、本章における考察の背景的構図としても賛同し難いので、補足と修正を加えておきたい。

アリストテレスにおける「法」とは、成文法だけでなく不文法も含み、ポリスの正しく理に適った秩序(一般的正義)のことであり、また、彼は、成文法が一般的であるが故に個別事例で不都合な結果を生じる場合に、「衡平」の観念によって補正して法的正義を実現すべきことも指摘しており、彼の場合には、法の支配とは「正しく理に適った法」の支配に他ならない。アリストテレスが法的正義の実現を知的・倫理的に優れた少数の裁判官の法的判断に期待したのは、シュクラーの言うように、アリストテレスがたんに裁判における三段論法的推論を信頼していたからではなく、むしろ、裁判官・法律家の賢慮に基づく説得的議論によって三段論法的推論が支えられていたからであり、また、彼女が的確に指摘するように、裁判官・法律家にはポリスの日常的な基本的規準や理に適った議論様式を保持する責務が課せられていたからである。アリストテレスにおける裁判の重視をこのように理解することが、シュクラーがこのような裁判を、「社会統制(social control)」ではなく、「調停(mediation)」の一種とみていることとも整合的であろう。

裁判における三段論法的推論自体に対する信頼は、むしろ、モンテスキューの権力分立制を前提とする「法の支配」論におけるように、制定法のみを法とみて、制定法に忠実に従った司法と行政を要請する、立法中心型法秩序モデルのもとでの「司法的裁判」を支えていたものである。それ故、シュクラーのいう社会統制としての裁判は、制定法の三段論法的推論による演繹的適用の合理性と可能性に対する楽観的な信頼のもとに構想され、その制度化が試みられたと解するのが適切である。このような司法的裁判のもとで裁判官に制度的に期待される役割は、基本的に制定法のトップ・ダウン方式による機械的適用であり、アリストテレスが想定したようなボトム・アップ方式による正しく理に適った法秩序の形成ではない。だが、制定法の三段論法的な機械的適用という制度的要請については、当初からその実行可能性が疑問視され、限界や弊害も指摘されており、この問題への理論的・実践的対応が近・現代の法の支配論の重要争点の一つとなるのである。

近代以降の国内法秩序に関する法の支配論は、立法・司法・行政という統治機構の権限配分を前提として論じるのが通例であるが、権力分立制は、その後、モンテスキューが想定したような立法中心型法秩序モデルを基本的な制度的前提としつつも、現実の法形成・運用スタイルについては、フランスやドイツなどの大陸法系の「法治国家」的行政主導型法秩序モデルと、英米法系の「法の支配」的司法主導型法秩序モデルとに分化してゆく(7)。立法・司法・行政の権限配分・役割分担などの制度化の具体的形態は、各法系、さらに各国によってかなり異なるから、「法の支配」論議でも、法（Recht, droit）を制定法（Gesetz, loi）に縮減することなく、立法＝法形成、司法＝法適用、行政＝法執行という対応図式を普遍的なものと当然視しないよう注意する必要がある。

このような「法の支配」の比較史的背景に照らして、シュクラーが、英米における法の支配論の基礎を築き大きな影響を及ぼしてきたダイシーの理論について、イギリスの中世以来のコモン・ロー的裁判の実務・手続の伝統的遺産を自明視して受け継いでいることを指摘して、「英米的偏狭」と酷評しているのは、政治思想史的観点からはともかく、法理論的観点からは、公平な評価とは言い難い。ダイシーの法の支配論は、モンテスキューの近代的な制度定位型理論とアリストテレス以来の伝統的な実践定位型理論を統合した独自のモデルとみることができ、議会主権の原理をオースティン流の法実証主義的思考枠組で理解した上で、それとの調整をはかりつつ、法の支配の三原理[8]を定式化し、コモン・ロー的立憲主義の基本的な枠組を提示している。法理論的には、立法と司法の関係についても、個人の自由・権利の憲法的保障の法的基礎についても、難点や限界も指摘されてきているけれども、モンテスキューに優るとも劣らない普遍的意義のある見解も含んでおり、コモン・ロー的伝統と切り離しても通用する、司法主導型法秩序モデルの典型的理論として位置づけられるべきである[9]。

シュクラーは、本章で取り上げるフラーやドゥオーキンの法の支配論を、アリストテレスの「理性の支配」モデルの現代的再定式化の試みと位置づけて、彼らの「法の内面的道徳」や「ヘラクレス的裁判官」に関する見解について、アリストテレスが前提としていた哲学的・政治的背景がないところで、アメリカ独特の裁判制度・実務の潜在的合理性を自明視して、裁判所や法曹に対して、アリストテレスと同じような政治社会的役割を期待していることの難しさを鋭く指摘する[10]。基本的に的確な認識ではあるけれども、ドゥオーキンが、アリストテレスと同じように「理性」と「三段論法的議論」を同視していると論断していること、ヘラクレス的裁判官の政治的威力が、論拠の合理性よりもその権力にかかっていると決めつけていることなどは、最近の実践的議論の理論で広く共有されている「合理性」と「適理性」の区別への関心の欠如によるものであろうが、法的制度・実践に受け継がれてきている賢慮の現代的意義の再評価を試みている本書の立場からは賛同し難い。

また、シュクラーは、フラー、ドゥオーキンだけでなく、ダイシーも含め、コモン・ロー的立憲主義の法の支配論が、私法に偏った法・裁判の見方を暗黙の前提としているため、刑事法的な実際的問題への関心が弱く、行政法などの領域における法の支配の実効的実現に適切に対応できないことを批判している。このようなコモン・

ロー的な法の支配論の弱みは、かなり広く認識されているものであり、私もまた、基本的に同じような見方をしている。けれども、同時に、近代以降の「国家的」制度となった司法的裁判について、その市民社会的基盤に支えられた「社会的」制度として固有の役割をもつことの強みも正しく評価して継承されるべきだと考えており、この点については、後ほど関連箇所で改めて触れる。

なお、シュクラーが、フラーやドゥオーキンが批判の的とした法実証主義的な法の支配論に全く言及していないのは、少し奇異な感がある。法実証主義が彼女の評価するモンテスキューの「制定法の支配」モデルに添った理論展開をしているため、とくに付け加えて言及する必要がないと肯定的にみていたからなのか[11]、それとも、リーガリズム・イデオロギーの典型である法実証主義的見解は、政治思想的観点からの論評に値しないとみたのか、その理由は分からない[12]。

（4）　Shklar 1987 は、法の支配に関する標準的な政治思想史的考察として言及されることが多いが、法の支配の法理学的考察の前提として言及するものとして、それぞれ視角は異なるが、Dyzenhaus 1999a, Waldron 2002a, 井上二〇〇三など参照。

（5）　J. Shklar, "The Liberalism of Fear", Nancy Rosenblum (ed.), *Liberalism and the Moral Life*, Harvard. U. P. (1989), pp. 23-38, Shklar, *Legalism*, Harvard U. P. 1986 (revised ed.)（田中成明訳『リーガリズム』岩波書店、一九八六年）参照。

（6）　私の法理学的理論枠組からみれば、シュクラーの法の支配論は、〝法的なるもの〟の領域を「強制的命令システム」という次元でのみとらえており、「議論・交渉フォーラム」という次元を視野に入れていないということになり、本章における私の法の支配論の問題関心の一部しか論じられていないということになる。田中二〇一一、四七-六一頁参照。

（7）　法の支配論とこのような法秩序モデルとの関係については、土井真一一九九八、同「立憲主義・法の支配・法治国家」日本法哲学会編二〇〇六、三〇-四一頁、佐藤幸治『日本国憲法と「法の支配」』（有斐閣、二〇〇二年）三一-一二二頁、高橋和之「法の支配の分析視座」日本法哲学会編二〇〇六、九四-一〇五頁、同『現代立憲主義の制度構想』（有斐閣、二〇〇六年）一一三一-九三頁、田中二〇〇八、四四九-五七頁など参照。本章は、土井一九九八で提示された「法の支配」論の構想に基本的に賛同する立場から、その法理学的側面に関わる主要論点ついて、英米法理学における二つの合法性構想をめぐる議論を手がかりに考察したものであり、わが国の憲法学の議論枠組にもそった考察には、本書の考察をふまえ、機会を改めて取り組みたい。

(8) ダイシーの法の支配の三原理については、以下においてしばしば言及することになるので、それぞれの原理の骨子を紹介しておく。第一原理「恣意的権力の影響と対立する正規の法の絶対的な優位ないし優越、政府の側の恣意性・特権・広汎な裁量権の存在の排除、国の通常裁判所において正規の法的な方法で確定された法に明確に違反する場合を除いて何人も処罰されず合法的に身体・財産を侵害され得ないこと」。第二原理「法の前の平等、すべての人が、通常の司法裁判所の運用する、国の正規の法に等しく服すること」。第三原理「人身の自由の権利などの憲法の一般的諸原則は、個々の事件において私人の権利を決定する司法的判決の結果であること」(Dicey 1958, pp. 183-205)。これらの原理の論評については、本文の関連箇所で取り上げる文献の他、Costa & Zolo 2007 所収の関連諸論文参照。

(9) フラーやドゥオーキンをダイシーのコモン・ロー的法の支配論の流れを汲むものとして位置づける見解として、Allan 1988, 2001, Dyzenhaus 1999a, 1999b, 2000 など参照。

(10) Schauer 1987 も、Dworkin 1986 について、思想史的にシュクラーとほぼ同様な位置づけをして、彼女の法実証主義的姿勢を法理学的にいわば補完するような批判的検討を加えている。

(11) 例えば、Dyzenhaus 1999a, p. 2 は、法実証主義的伝統の枠内での論評とみて、批判的なコメントをしている。

(12) 政治思想的には、法の支配がリーガリズムの典型的イデオロギーであることについては、MacCormick 1989, 那須一九九七-九八など参照。リーガリズム・イデオロギーの法理論的意義については、田中成明『法的空間』(東京大学出版会、一九九三年)第五章「法的思考とイデオロギー」、Roger Cotterrell, *Law's Community: Legal Theory in Sociological Perspective* (Oxford U. P. 1995), chs. 1, 13 など参照。シュクラーやコテッレルらのリーガリズム・法の支配・合法性に対する批判への対応は、私の法理学的理論枠組では「法の三類型モデル」(及び「法化」「非=法化」論議)レベルのテーマであり、本章では、「議論・交渉フォーラム」構想における法の支配・合法性の理念型の解明とその位置づけという問題に焦点を合わせるため、現代法システムにおける法の支配・合法性の「限界」への理論的・実践的対応の問題には立ち入らない。

二 「形式的」合法性構想の内容とその特質・意義

(1)　ハート＝フラー論争において、フラーは、法実証主義の法・道徳分離テーゼを批判するが、その中心に位置しているのが、『法の道徳』(Fuller 1964) で提示された「法の内面的道徳」としての「合法性」という概念である。彼は、法を「人間の行動をルールの支配に服させようとする企て」とみる立場から、このような目標・理想に向けて法システムを構成し運用するために不可欠な「法の内面的道徳」として、①法の一般性、②公布、③遡及法の濫用禁止、④明晰性、⑤無矛盾性、⑥遵守可能性、⑦相対的恒常性、⑧公権力の行動と宣言されたルールとの合致という、八要件を「合法性」原理として提示し、これらの形式的原理は、一種の手続的自然法であり、一般に「法の支配」と呼ばれているものにほぼ対応する、と主張した。そして、これらの合法性原理は、法システムによって追求できる実質的目標にも一定の制約を課すだけでなく、それらの原理の最低限の要請さえ充されない場合は、厳密には「法」システムと呼べないのみか、そのような類の法的ルールを遵守する道徳的義務も基礎づけることができないから、合法性は、法の実効性だけでなく、その効力の不可欠の要件だとする。さらに、フラーは、このような独自の合法性概念を提示する以前から、ルールの意味の「核心部」と「周縁部」を区別するハートの法解釈論を批判していたが、この批判を受け継いで、法の支配の維持・実現において裁判での法解釈実践が中枢的位置を占めていることを強調し、ハード・ケースなどで合法性の諸原理の調整をはかるという困難な協働的活動に対して、ハートの法解釈論は全く役立たないことを批判する (Fuller 1958, 1964、田中一九七五、一八七-九〇頁)。

ハートは、フラーのこれらの合法性原理が法システムの実効性確保に一定の手段的価値をもつことは認めつつも、その道徳的価値を認めず、法システムの効力要件とすることも否定した。そして、ハード・ケースにおける法解釈問題については、フラーのような批判をアメリカの法的伝統に特有な「周縁部へのとらわれ」と片付け、従来の司法的裁量論を修正することなく主張し続けた (Hart 1961, chs. 7, 9, 1983, chs. 3, 4, 16)。

いわゆる形式的合法性構想について、法・道徳分離テーゼに関する自然法論と法実証主義の対立を超えて、一定の共通の了解が形成されるのに与って力があったのは、J・ラズ「法の支配とその道徳的美点」(Raz 1979)である。彼は、法の支配の基本的観念は実効的な行動指針の提供であるとし、このような基本的観念から統治のシステムと方法に直接関わる原理として導出される形式的な諸要請のうち、比較的重要なものとして、次の八原理を挙げる。①法規はすべて非遡及的で公示され明晰であるべし、②法規は相対的に安定しているべし、③個別の法規(個別の法令)の制定は、公示され安定し明晰な一般的ルールによって導かれるべし、④司法部の独立が保障されなければならない、⑤自然的正義の諸原理が遵守されなければならない、⑥裁判所は、法の支配の他の諸原理の履行についての審査権をもつべし、⑦裁判所へのアクセスは容易であるべし、⑧犯罪防止機関が法を曲げるために裁量を行使することは許されるべきではない。

ラズは、ハートと同じく、法の支配という政治的理想と法の効力との関係については法実証主義的分離テーゼを堅持しつつも、以上のような八原理を、民主制・基本的権利・平等と正義について何も語らないという意味で「形式的な」要請として提示し、法の支配の価値と機能について独自の見解を展開し、法の支配をめぐるその後の議論において「形式的」理論の典型として位置づけられることになった。ラズの掲げる法の支配の形式的諸要請だけでなく、その導出手法や実質的価値との関連づけの仕方も、フラーと基本的立場を異にするにもかかわらず、似通っているところが少なくない(田中一九七九、那須一九九七、Waldron 2007b, 2008a など参照)。

以上のようなフラーやラズの掲げる合法性・法の支配の諸原理については、自然法論者、法実証主義者を問わず、基本的にほぼ同じような原理を合法性・法の支配の核心的内容として説く論者が存在し(Finnis 1980, pp. 270–76, Summers 1993, 1999, Marmor 2007 など)、一般に「形式的」原理と特徴づけられ、「形式的」「実質的」理論という対比図式で論議されることが多い(Craig 1997, Summers 1993, Tamanaha 2004, 深田三徳「法の支配をめぐる諸問題の整理と検討」日本法哲学会編二〇〇六、七-一七頁など)。本章も、このような一般的な議論枠組を前提に論を進めるが、このような特徴づけや対比図式には、誤解を招き議論を混乱させるところもあり、必ずしも適切ではなく、とくに以下のような点に注意する必要がある(田中二〇〇八、四五六-五七頁、Gardner 2012, ch. 8)。

形式(form)は、一般に内容(content)あるいは実質(substance)と対比されることが多い。だが、法の支配の形式的原理は、法の内容に対しても何らかの要請を伴っているのが通例であることから、立法や裁判の一般的「方式」と、その方式に従った個々の法律や判決の内容というように、限定的に理解する必要がある。実質との対比についても、内容と実質の区別・関連自体が難しく、分かりにくいところがあり、手続法と実体法という区分に対応させて理解されることもあるが、この場合は、形式よりも「手続」というほうが適切であろう(Gardner 2012, 198-204)。また、ラズは、既述のように「形式的」の意味を明示した説明をしているが、フラーは、「形式的」と「手続的」という意味の区別をあまり意識せずに用いており、彼のいう合法性原理(とくに⑧)が法的過程全体に対する手続的要請であることが正しく理解されていない一因であろう(Waldron 2008a, p. 1145, 2008b, p. 7)。さらに、「形式的」「実質的」理論という対比図式は、議論の整理のために有用な図式ではあるが、後ほど説明するように、手続的原理が、形式的原理と重なり合うけれども、それに還元できない独自の価値をもつことを適切に位置づけにくいことや、形式的正義・手続的正義・実質的正義の複雑な相互関連を正しく表現できないことなどの難点もあり、その有用性の限界にも留意しつつ用いる必要があろう。

これらの問題点をみると、合法性概念全体の特徴づけとしては、ガードナーの提案のように(Gardner 2012, pp. 205-11)、"formal"よりも"modal(形態的・様式的)"のほうが適切だと考えられる。だが、個々の特質については、"formal"のままで問題ないものもあり、いちいち使い分けることは難しいので、本章では、「形式的」という一般的に用いられている表現で統一するが、論点によっては厳密に区別して論じる必要のあるものもあることに注意を喚起しておきたい。

(2) フラーとラズが掲げる合法性・法の支配の諸原理については、何よりもまず、立法過程だけでなく、裁判過程も含め、法的過程全体が、法を遵守するだけでなく法に準拠して自主的に活動する一般市民との関係でどのように構成され規制されるべきかに関して、立法者・裁判官などの国家機関の担い手に向けられた要請として提示されていることを、法の支配を論じる原理的視座として確認しておくことが重要である。

法の支配の諸原理は、国家機関相互の権限の配分・調整、国家機関の私人との関係における活動の規準・手続だけでなく、個々の私人の法遵守・準拠行動や私人間の自主的な相互作用活動の「法的」特質を構成し規制することにも関わるものである。それ故、法の支配の諸原理による国家機関相互の権限の配分・調整や国家機関の私人に対する行動の規準・手続の在り方は、たんに国家機関相互の権限配分・調整という観点からだけでなく、個々の私人の法的行動や私人間の相互作用的な法的活動との関連も視野に入れて論じることが不可欠である。このように、「法の支配」論の射程が、国家権力の行使と直接関わり合わない社会的次元の水平的な法的過程にも、言い換えれば、公法関係だけでなく私法関係にも及ぶことを正しく認識することが、法の支配を論じる原理的視座として決定的に重要である(Allan 2001, 2014, Postema 2014a, 2014b)。

法の支配は、国家統治の在り方に関する原理であり、公法の原理であるとみるのが一般的ではあるが、以上のようなその射程をみれば、国家の統治原理であるだけでなく、社会の調整・秩序づけ原理でもあり、公法の原理か私法の原理かという論争以前に、「法一般(law in genera)」に関わる原理であり(Allan 2001, 2014, 土井二〇〇六、田中二〇〇八、Dyzenhaus 2014)、「法とは何か」という法理学の伝統的問題に関連する原理なのである。このような法の支配という理想の本領は、市民の遵法義務を説いたり正当化したりすることではなく、そのような遵法義務の制限ないし阻却条件として、遵守し準拠するに値する「法の品質」がどのようなものであるかを示し、その確保・実現を国家機関の担い手に要請することにある。

以上のような法の支配の原理の射程を確認した上で、フラーとラズが掲げている諸原理を法の形式的・手続的・制度的側面に関する要請に分けて、各原理に関する説明も参考にしながら対比・整理すると、おおまかには、フラー①②③④⑤⑦とラズ①②③が形式的要請、フラー⑧とラズ⑤が手続的要請、ラズ④⑥⑦⑧が制度的要請と整理できる。形式的要請は、両者の定式化にズレがあるが、「法の一般性とその公平な適用」という観念を核心とした諸原理とみてよいであろう。法の一般性については、「一般的ルール」による規定が要請されているとみられてきたが、後ほど改めて触れるように、法的規準がルールだけでなく「原理」なども含む重層的な構造をもつことが共通の認識となっていること、また、ルールと原理の区別が問題化する以前の議論では、法的ルールは原理なども含めて「法的規準」という意味で用いられることが多かったことなどを考え合わせると、現在の議論状況では、「ルール基底的な一般的規準（rule-based general standard）」と、緩やかに定式化し直し、法の確定性の問題も、明確性・公知性などの要件とも関連づけて再検討する必要がある。フラー⑥は、その説明からは形式的要請とみることもできるが、ラズのように、法の基本的観念に含まれ、法の支配の前提条件とみるほうが適切であろう。また、フラー⑤は一応形式的要請に分類したけれども、説明内容からは、後ほど取り上げるドゥオーキンの「統合性」の要請に含めて理解すべきかもしれない。

手続的要請には、ラズ⑤の自然的正義の諸原理だけでなく、フラー⑧の説明で言及されている適正手続（デュープロセス）の要請も含まれるが、形式的原理の「公平な適用」という要請と重なり合うところもあるため、形式的要請と区別されずに、そのなかに含めて一体的に理解されることも少なくない。けれども、形式的原理は、主としてルールなどの法的規準の一般性という法制定過程に対する要請であり、公平な適用という法の適用・執行過程に対する要請は、このような一般的規準の存在を前提とした副次的な要請であるのに対して、手続的要請は、そのような規準の存否を問わず、関係当事者の公正な扱いを要請するものであり、法の適用・執行過程に固有の要請であり、関心方向を異にしている。法の一般性の要請よりも、公正な扱いという手続的要請のほうが、関係当事者の尊重・保護という機能が明確であり、その要請内容を個人の権利として構成し、制度的に保障しやすいことは、適正手続や自然的正義の観念の生成・発展過程に徴しても明らかである。それ故、合法性の手続的原理は、形式的原理と重なり合うところがあるけれども、それに還元すべきでない独自の価値をもち、形式的原理に優るとも劣らない重要な位置を占めていることが正しく評価されるべきである。さらに、手続的原理については、このような特質の故に、後ほど触れるように、形式的合法性構想を、ドゥオーキンの議論的・解釈的実践に焦点を合わせた「統合性としての法」構想との接合を媒介する原理として重視されていることにも注目する必要がある。(13)

両者の挙げている諸原理を対比すると、ラズが形式的・手続的要請の制度化あるいは法の支配の制度的保障に関わる諸原理（④⑥⑦⑧）を含めていることが注目されるが、権力分立制を前提とする近代以降の法の支配論においては、これらの制度的要請がその中心的な関心事であったことが忘れられてはならない。(14)法の支配の形式的な原理として、裁判所と刑事司法機関に関するこれらの一般的な制度的要請を加えることは、形式的合法性概念をめぐる法理学的論議が立法・制定法中心に展開されがちである状況を改め、現代英米法理論に対するシュクラーの厳しい批判に応えるべく、法の支配論の射程とその現代的再定式化の課題を明確にする上でも重要な意義があると考えられる。

ラズがこれらの制度的要請を掲げておりながら、それ以上立ち入った議論をしないのは、法理学的な一般理論の分析課題とはみなかったからであろう。フラーが、これらの一般的な制度的要請に触れていないのは、彼の合法性概念提示の趣旨と直接関連しなかったこともあるが、アメリカの法制度・実務のもとでは、法の支配を論じる当然の前提として自明視していたからでもあろう。合法性の制度的要請をどのように一般化して定式化するかは、各国の具体的な法的制度化の形態が異なることから、一般法理学とパロキアルな法律学の役割分担という問題があるだけでなく、民主制・基本的人権・平等と正義などとの関連如何という、法の支配の形式的・実質的理論の線引き問題とも絡み、見解の分かれるところである。けれども、本章では、法の支配の原理のなかに一定の制度的要請、とくに裁判制度に関する要請を取り込むことが「法の支配」論の稔りある展開にとって不可欠とみるアプローチをとっており、ラズの挙げているような制度的原理の内容をもう少し特定化して法の支配の要請に含ませるのが適切だと考えている。

法実証主義の法の支配論は、一般に立法中心だとみられているが、法実証主義においても、ハートやラズなどは、一般的ルールを個別事例に適用する制度として、裁判所のような何らかの紛争裁定制度が法体系の存在にとって不可欠だとみている（Hart 1961, Raz 1975）。だが、法実証主義が、法の性質の解明において主として関心をもつのは、裁判における法適用の結果である判決というアウトプットであり、その手続過程や作動様式には関心を示さず、ラズが、法の支配の裁判に関する形式的要請として挙げている諸原理（④⑤⑥⑦）も、法の概念レベルの特質ではなく、法の評価レベルの特質としてであるとみられる。けれども、ラズの挙げているような手続的原理は、法の一般性などの形式的原理とともに、裁判制度のなかに内在化されているとみるべきであり、そのような意味において、法の支配のいわゆる形式的諸原理は、法の概念に内在的なものと位置づけられるのである（この点について詳しくは、Waldron 2011 参照）。このような観点から注目されるのがフラーの裁判制度論であり、彼の「参加テーゼ」と呼ばれる独自の裁判理論は、ウォルドロンらの指摘するように、法の支配の制度的要請の一環と位置づけ、彼の形式的合法性概念と一体的にとらえることが、法の支配の法的推論に対する実践的要請と統合的に関連づける理論的枠組として不可欠だと考えられる。[15]

(3) フラーの法の支配論については、法理学的な議論においては、「法内在的道徳」としての合法性概念を中心に論じられてきているけれども、彼の法の支配論の本領は、むしろその独自の裁判理論にあるとみるべきである。法の支配に関する法理学的論議においても、フラーの裁判理論をも視野に入れて、彼の合法性概念の意義や射程を論じるのが適切であり、その特徴を、以下で取り上げる法の支配をめぐる諸論点との関連に焦点を合わせてみておこう。

フラーは、裁判を、司法権の行使だけに限定せずに、社会的秩序づけの一形態として広くとらえ、各形態にはそれぞれが適切に機能するために充さなければならない内在的要素が含まれており、それは関係当事者の決定への参加様式にあるとみて、「裁判の特徴は、自己に有利な決定を得るために証拠と理由づけられた論拠を提示するという、決定への参加の独自の形態を関係当事者に付与するという事実にある」(Fuller 1981, p. 92) とする。そして、このような当事者対立主義的手続 (adversary system) への独特の参加方式が一定の制度的枠組によって規定され保障されているところに裁判の本質があるとみて、裁判の形態と限界について、法実証主義などの一般的見解のように、その規準面だけに焦点を合わせるのではなく、手続面と対象面の特徴とも関連づけて、主要論点ごとに検討が行なわれている。

「証拠と理由づけられた論拠の提示」による当事者の参加が有意義であるためには、自己の論拠が適切であり証拠が重要な関連をもつようにする「原理」が主張されなければならず、このように、「理由づけられた議論」と「原理」に基づく決定に制度的にコミットしているところに、裁判の合理性の識別基準が求められている。そして、この原理が「等しき事例は等しく扱われるべしという要請に意味を与えうる」ものとされ、「そのすべての段階について直接かつ明示の理由を要求する」厳格な合理性に対する高度の責任が、社会的秩序づけの一形態としての裁判の強みであるとともに弱みでもあるとされる。さらに、原理に支えられていることによって、権利の主張や罪の訴追は、裸の要求や不快とか憤慨のたんなる表明から区別され、裁判の通常の〝自然な〟領域が、権利主張や罪の訴追に関する判断のなかに見出されるとされている。このように、フラーによれば、裁判の固有の特質は、その独特の参加形態、その合理性の識別基準、裁判に適した問題領域という三側面から構成されているとされる（Fuller 1981, pp. 92-98）。

裁判の合理性の識別基準となる「原理」「理由」の源について、フラーは、裁判所と法的ルールのいずれがまず存在すべきかという論争と関連づけて論じている。「法の支配」の目的は、暴力を平和的紛争解決によってとって代えることだから、裁判所が「法の支配」にとって不可欠であるとしたうえで、論争については、明確な法的ルールがなくとも、裁判を実効的に始めることができる場合があること、その場合、法的原理のケース・バイ・ケースの発展がしばしばみられるが、このような発展がいつも生じるわけではなく、法の外に既存の強い共同体感覚があり、法的ドクトリンへと徐々に結晶されうる、一般的に共有されている善悪の見方が存在する場合に限られることなどに注意を喚起している（Fuller 1981, pp. 98-103）。

裁判の限界については、裁判に本来的に適しない種類の問題を「多中心的（polycentric）問題」という概念に焦点を合わせて論じている。その特徴として、争点ではなく決定の型が複雑であること、実際上、関係当事者が多数で、事態が流動状態にある場合が多いこと、何が多中心的問題であるかは程度問題であり、裁判で解決されるほとんどすべての問題に多かれ少なかれ多中心的要素がみられることなどが指摘され、行政法の領域の問題や経済的資源の配分問題が、裁判で合理的に解決することが難しい事例だとされている。

以上、フラーの裁判理論の骨子を追加的に紹介するとともに、フラーとラズが掲げる法の支配・合法性の形式的・手続的・制度的諸原理について、それらの基本的な意義と内容的な特徴を概観した。それらの形式的・手続的・制度的要請が相互にどのように構造的・機能的に関連しており、全体としてどのような価値をもち、どのような機能を果たすことが期待されているかについては、ドゥオーキンの法の支配・合法性に関する見解をめぐる論議を同様に概観した上で、両者を関連づけつつ、改めて取り上げることにして、考察を先に進めたい。

(13) MacCormick 2005, ch. 2, Waldron 2008, pp. 54-61 では、フラーの原理⑧の説明とは関連づけずに、一般的に、手続的要請が、形式的合法性構想とドゥオーキンの議論的・解釈的実践に照準を合わせた統合性としての合法性構想とを接合する重要な役割を果たしていることが強調されている。私も同じ見方をしているが、このような理解が、「実践理性の法的制度化」という法構想に親和的であるとみており、以下の説明もこのような理解を背景としたものである。

(14) 法の支配の形式的理論における制度的原理の論じ方には微妙な相違があり、本文で触れるように、法の支配の制度的側面の法理論的な位置づけの難しさがうかがえる。例えば、Finnis 1980, pp. 270-72 は、フラーやラズとほぼ同じような八つの形式的・手続的原理とは別に、法の支配の制度的側面として、司法部の独立、裁判手続の公開、他の裁判所や公務員の手続・行動に対する裁判所の審査権限、すべての人びとの裁判へのアクセス可能性を、歴史的経験がさらに望ましいものとして示しているという、穏当な説明の仕方をしている。Summers 1999, pp. 1693-95 は、法の支配の形式的諸原理として、一八原理を挙げ、フラーやラズの挙げている形式的・手続的諸原理にほぼ対応する一二の原理（①〜⑪、⑯）と一緒に、⑫紛争発生時の事実問題の解決と法適用の権限をもった政治的に独立した公平な裁判制度と行政委員会の存在、⑬そのような裁判所・行政委員会が例外的に既存の法令・先例を修正する限定的権限をもつこと、⑭このような例外的な権限の行使自体も法に規律されたものであること、⑮犯罪被害者や民事・行政紛争の当事者が独立の公平な裁判所・行政委員会に訴追・救済を求める権限、⑰上訴の機会があること、法的助言や法廷弁論をおこなう独立の法曹組織の存在、国選弁護制度、⑱法的制度・過程へのアクセスが一般的に容易であることなど、他の形式的理論よりも詳しい幾つかの制度的原理も挙げている。だが、これらの制度的「原理」は、法の形成や作動の方法を規律し、法の形態を特定化するものであり、それらの原理を実現する特定の「法的装置（devices）」とは区別されるべきことを強調している。

(15) Waldron 2008a, p. 1145 は、Fuller 1964, ch. 2 における法の支配の手続的側面に関するフラーの説明が不適切・不十分であることを指摘し、フラーの裁判理論によって補強されるべきことを注記しているが、同感である。また、Allan 2014, pp. 52-59, 77-87 では、フラーの「法内在的道徳」としての合法性という主張を、「手続的」合法性と特徴づけ、自律的で責任を負う法的主体性の尊重という「法内在的道徳」が、当事者対立主義的訴訟手続への参加保障を基軸とする彼の裁判理論のなかにどのように制度化されているかが明快に説明され、彼の裁判理論がその合法性構想において中心的な位置を占めることが強調されている。Dyzenhaus 2014 では、フラーの裁判理論が、彼の合法性の諸原理、とくに原理⑧と一体的なものであることが明快に再構成され、ドゥオーキンの原理重視の法的推論の理論とのつながりも示唆されている。

ウォルドロンやアランが挙げている論文 Lon L. Fuller, "The Forms and Limits of Adjudication" は、一九五〇年代末にハーバード・ロースクール法哲学討議会で発表され、その後フラーの法理学の講義で謄写版印刷で資料として配付され、同じく謄写版で講義資料として配布されていた Hart, Henry M. Jr. & Sacks, Albert M. *Legal Process*—その後、W. N. Frickey と P. P. Eskridge の編集により Foundation Press より一九九四年に刊行—とともに、「リーガル・プロセス学派」の綱領的見解を示すものと目されていた。フラー教授追悼号 *Harvard L. Rev.* 92 (1978), pp. 349-409 ではじめて公刊され、その後、Fuller (Winston ed.) 1981, pp. 86-124 に編者の解説を付して、他の裁判関連論文とともに収録されている。この論文で示されたフラーの見解は、訴訟当事者への参加保障、当事者の立証・議論に対する決定の応答性、訴訟過程の協議的特質という、コモン・ロー裁判の典型的特質を理論的に定式化したものとして、コモン・ロー法学者によって評価されているだけでなく、公共訴訟・政策形成訴訟をめぐる論争では、「私権モデル」「紛争裁定モデル」などと評され、伝統的な裁判理論の典型として論評された (Melvin A. Eisenberg, "Participation, Responsiveness, and the Consultative Process: An Essay for Lon Fuller", *Harvard. L. Rev.* 92 (1978), pp. 410-32, Abram Chayes, "The Role of the Judge in Public Law Litigation", *Harvard L. Rev.* 89 (1976), pp. 1281-1316 参照)。なお、裁判理論を含む、フラーの社会秩序理論の概要については、田中成明「ロン・L・フラーの社会秩序理論」同『法への視座転換をめざして』(有斐閣、二〇〇六年) 三一四-三五頁参照。

三　ドゥオーキンの法の支配・合法性に関する見解

(1)　ハート＝ドゥオーキン論争では、ドゥオーキンが争点を微妙にずらせながらハートらの法実証主義的分析法理学の諸側面に執拗な批判を繰り広げたが（田中二〇一七、一五-二三頁）、法実証主義的な法の支配論に対する批判もその一環である。ドゥオーキンの法の支配・合法性に関する見解にはかなりの変化がみられ、法実証主義批判の論拠もそれに応じて微妙に異なり、彼の見解が首尾一貫していたかどうかについては理解が分かれている。

ドゥオーキンは、フラーの「法の内面的道徳」という観念を批判していたけれども（Dworkin 1965）、「統合性」としての合法性を「熱望的（aspirational）概念」として法概念内部に位置づける後期の構想は、この観念の継承とみることができ、全般的に、「在る法」と「在るべき法」の概念的区別を否定し、法の存在と効力の同定や法解釈・判決において道徳的原理・考慮の果たす規範的役割の重要性を強調して、法実証主義の法・道徳分離テーゼに対して終始批判的姿勢をとっており、反法実証主義という点では共通している。[16] また、契約法も専攻するフラーの多元的法的過程論が法の作動の社会的次元を重視するのに対して、憲法も専攻するドゥオーキンの解釈的法理論が法的実践の政治道徳的次元を重視するという違いはあるけれども、両者とも、コモン・ロー的法文化・裁判の伝統を背景に、制定法中心の法観念と制定法への裁判官の忠誠義務を強調する法実証主義的見解に批判的なことでも共通している。さらに、政治思想的な立場は異にするが、一時期アメリカで主流派的位置を占めていた「リーガル・プロセス学派」に特徴的な見解、すなわち、法をルール・原理・政策などからなる目的志向的な制度的システムととらえ、裁判が、立法・行政・私人らとの有機的連関のもとに、それぞれの制度的権能に適した問題処理を行いつつ、法の形成・適用に関与し、司法的決定が原理に基づき（principled）理由づけられた（reasoned）推論によるべきことを強調した見解を共有していたことも、多くの論者によって指摘されており、フラーは、この学派の代表的論者の一人と目されており、ドゥオーキンも、この学派の影響下に育ったとみられている。[17]

ドゥオーキンの法実証主義批判は、法実証主義が理論的にも方法論的にも周辺的な関心しか向けない裁判過程・法的推論に関する見解に対する批判から始まったが、法の支配・合法性についても同様である。法の支配・合法性に関する彼の見解が、終始、裁判過程・法的推論に焦点が合わされているところに、その特徴（と限界）

がみられる。

初期のドゥオーキンの法の支配論は、「政治的裁判官と法の支配」(Dworkin 1985, ch. 1) という挑発的なタイトルの論文で展開されている。そこでは、ハートの法実証主義的なルール体系モデルに対して当時加えていた批判に対応して (Dworkin 1977, 田中一九七五、一九六-二一〇頁)、国家権力は公的ルールブックの明示的ルールに従って行使されるべきだとする法実証主義的な「ルールブック構想」を斥け、実質的正義を法の支配の理想の一部とみて、「個人の権利の的確な (accurate) 公的構想による支配」を理想とする「権利構想」が提唱される。この構想は、市民は相互に諸々の道徳的権利・義務をもち、国家全体に対して政治的権利をもっていると想定し、「これらの道徳的・政治的権利は実定法のなかで承認されるべきであるから、実際に可能な限り、裁判所その他のよく知られた類の司法的機関を通じて個々の市民の要求に基づいて強制されるべきだと主張する」(Dworkin 1985, pp. 11-12. 傍点強調は原文)。

当時のドゥオーキンは、法実証主義の司法的裁量論を批判するだけでなく、裁判を「権利の劇場」「原理のフォーラム」などと特徴づけ、ハード・ケースにおける裁判官の法的決定について、「権利テーゼ」「正解テーゼ」などの独自の見解を織り交ぜつつ、独特の規範的拘束力をもつ「原理」からの整合的な解釈による正当化が必要かつ可能であることを強調していた (Dworkin 1977, 1985)。この時期のドゥオーキンの法の支配論は、基本的にダイシーの法の支配の三原理を継承発展させ、反功利主義的な権利基底的正義論と独自の真理・正当化理論によって合理的に再構成したもの解することができ(18)、法の支配の形式的・実質的理論という対比図式では、「実質的」理論の代表的論者とみられていた (Craig 1997, Tamanaha 2004 など)。

この時期のドゥオーキンの法の支配論では、ハード・ケースにおける法的決定が公正と正義の整合的で非妥協的なヴィジョンから導出されるという側面が強調され、既存の法規や判例の拘束力との緊張関係など、裁判官の法への忠誠義務に関わる側面にはほとんど言及されず、原理の法制度的位置づけ、道徳的権利が制度的・法的権利と同定される要件など、法実証主義対自然法論の伝統的争点に関する説明も不十分であった[19]。法実証主義的見解の欠陥に対する鋭い批判ではあるが、全面的にとって代わる理論とまで評価できるものではなかったとみてよいであろう。

(2) だが、『法の帝国』(Dworkin 1986)において独自の「統合性(integrity)としての法」構想と構成的解釈理論を提示した後、『裁判の正義』(Dworkin 2006)では、「統合性」を合法性と同視し、「熱望的概念」として法概念内部に位置づけるという、法の支配(合法性)に関する新たな解釈的法理論が、法実証主義的見解にとって代わるものとして提唱される。「統合性としての法」構想のもとでは、裁判官は、「法は、正義・公正・手続的デュープロセスに関する一群の整合的な諸原理によって構造化されている」(Dworkin 1986, p. 243)と想定することを求められる。そして、「統合性」という独特の法的価値が、判決における法的データと原理整合的な「適合性(fit)」の追求とその政治道徳的価値に照らした「正当化(justification)」という、構成的解釈の相互規定的な二次元を、手続的公正と実質的正義の価値とも複雑に絡み合いながら規律する構成的解釈のプロセスについて、独自の説明が展開されるようになる。統合性概念と正義・公正などとの相互関係については、彼自身が法実証主義的説明よりもはるかに複雑なものであること随所で強調しているが、彼の説明も必ずしも分かりやすいものではなく、『法の帝国』と『裁判の正義』では説明に微妙な変化もみられる。

ドゥオーキンの「統合性としての法」構想以降の法の支配論(以下、「統合性構想」と呼ぶ)は、確定的な法的ルールによる法的推論の規範的拘束力とその限界の記述的説明に焦点を合わせる法実証主義的な静態的見解に代えて、法的推論の議論的・解釈的実践に対する法制度全体の構造的規律の規範的説明に焦点を合わせる動態的見解を提示する。このことによって、法的推論だけでなく、法的秩序・過程全体に関わる法概念論の問題連関のなかに、合法性概念を位置づけることになった。この新たな法の支配論についても、法実証主義サイドからの反論だけでなく、記述的・規範的両レベルで各種の批判が浴びせられており、具体的見解については、後ほど順次みてゆくように、検討課題が少なくない。このような彼の統合性構想について、法実証主義対自然法論という伝統的対立構図、法の支配・合法性の形式的理論と実質的理論という対比図式と関連づけて、一般的に考察することは、以上の説明でも示唆してきたように、「法の支配」論の現代的再定式化にあまり役立つとは思えない。そこで、本章では、考察視座を限定して、いわゆる形式的合法性構想が、「制度化された実践」としての〝法的なるもの〟の領域の制度面に関する原理であるのに対して、ドゥオーキンの統合性構想は主として実践面に関する原理であると位置づけ、これらの制度的原理と実践的原理をめぐる論議を架橋し、「法の支配」論全体の基本的構図を再定式化する可能性とその条件をさぐるという問題関心から、統合性構想の意義・問題点などを、形式的合法性構想との関連に留意しつつ、批判的に考察するというアプローチをとることにしたい。

ドゥオーキンの「統合性としての法」構想と構成的解釈理論の重要な特徴は、法的実践の議論的・解釈的特質に焦点を合わせ、熱望的な「合法性」概念を法的実践の指導原理として法概念内部に位置づけていることである。このような彼の統合性構想について、私は、法的推論の理由付与（reason-giving）という正当化実践の構造とその独特の適理性（reasonableness）に関する記述的・規範的モデルとしてとらえ、法的実践過程に正法への志向という反省的自己批判の契機を内在化させている側面を重視して、法的議論の構造・手続やその正当性基準を実践的議論の一類型として解明しようとする現代法理論の潮流のなかに位置づけて理解・評価することが適切だと考えている。[20] ドゥオーキンの統合性構想をこのように位置づけることは、アリストテレスの「理性の支配」モデルの現代的再定式化の試みととらえるシュクラーの見解と基本的に合致するだけでなく、実践理性の公共的使用の「法的制度化」の理論の構築という問題関心から英米法理学における最近の法の支配・合法性をめぐる論議を検討しようとする本章のアプローチとも適合する。

ドゥオーキンの「統合性構想」の意義をこのようにとらえる場合、彼が以前に提唱していた「権利構想」との関係が問題となる。『裁判の正義』では、「合法性」概念の考え方について、実質的正義に適い賢明な仕方で国家の強制権力を行使するという「的確性（accuracy）」、確立した規準による統治という「効率性」、原則として万人に適用可能な一群の諸原理による統治という政治的「統合性」のいずれの価値が重視されているかに応じて、三類型に分け、統合性構想の意義が説明されている（Dworkin 2006, pp. 172-78）。彼は、「権利構想」を提示した当時は、この分類に従えば「的確性」重視の類型に属するとみられる説明をしているが、「権利構想」や「的確な裁判（accurate trial）」などの関連概念に関する彼の説明には、「統合性」重視の類型の説明と重なるところもかなりある一方、他方では、三類型の説明においては、政治的保守主義や中世自然法論が「的確性」重視の例として挙げられ、統合性構想が以前の「権利構想」とは異なることを示唆しているようにも読め、両構想の関係はあいまいである。

コモン・ロー的立憲主義の法の支配論は、ダイシーの法の支配の三原理も含めて、この三類型区分では、基本的に「的確性」重視の類型に属するとみることができる。ドゥオーキンの法の支配・合法性に関する見解も、政治道徳哲学・法理学だけでなく、憲法基礎理論のレベルまで議論領域を拡げてみれば、この伝統を継承発展させたものと位置づけることができる（Allan 1988, 1999）。このような思想史的流れのなかでみれば、「権利構想」から「統合性構想」への展開のなかで、「的確性」重視の過去志向的傾向を弱め、「統合性」重視の将来志向的傾向を強める方向へと軌道修正され、また、「権利構想」を支えていた「権利テーゼ」と「正解テーゼ」は、前面に現れなくなっているけれども、基本的には背景理論として受け継がれているとみることができる。[21]「統合性」構想と両テーゼとの関連の理解の仕方には幾つかの可能性があるが、「権利テーゼ」と「正解テーゼ」については、彼独自の見解への賛否とは別に、裁判官の判決は当事者の権利主張に応答的であるべきだという制度的役割・責任に関する見解と、当事者の権利主張も裁判官の判決も、ともに正しい判決を志向すべきだという要請は、それぞれ「権利テーゼ」と「正解テーゼ」の最小限の内容として受け継がれていると解しないと、彼の「統合性構想」の意義も正しく理解・評価できないのではないかと考えられる[22]。本章でも、法的議論を実践的議論の制度化された一類型という知的地平で理解・評価するためには、全般的に、このような弱い意味での「権利テーゼ」と「正解テーゼ」を、それぞれ、裁判制度や法的議論という概念が「規範的」制度・実践として意味をもつための前提条件とみる実践哲学的地平で考察を進める。

(16)　ドゥオーキンは、フラーから受けた影響にほとんど言及しないけれども、aspirational concept of law は、フラーの morality of aspiration と morality of duty という道徳の二概念を想起させる用語である他、Rundle 2012, ch. 7 で詳しく指摘されているように、ドゥオーキンの法理論には、フラーの「法の内面的道徳」の継承発展とみられる特徴が少なくない。また、ポステマも、後期のドゥオーキンの原理整合性を強調する統合性構想が、フラーの「黙示の法（implicit law）」の観念を受け継いでいるという指摘をはじめ、全般的に、ドゥオーキンの法理論へのフラーの影響を強調している（Postema 1994）。

(17)　ドゥオーキンの裁判過程・法的推論に関する見解は、その平等主義的な権利基底的正義論という背景理論によって独自の方向に展開されているけれども、一八二–八三頁で紹介したフラーの裁判理論と基本的に似通っているところが多い。これは、リーガル・プロセス学派の特徴を共有しているとみることもできるが、コモン・ロー裁判の伝統を自明のものとしてその理論展開の前提として共通に受け継いでいるとみることもできる。このようなフラーとドゥオーキンの関係については、Rundle 2012, ch.7 の他、Postema 1994, Dyzenhaus 1999b も参照。

(18)　ダイシーとドゥオーキンの関係については、一般的に、MacCormick 1983, Allen 1988 など参照。ドゥオーキンは、後期の統合性構想について、ダイシーの第二原理（「法の前の平等」）の継承発展であることは明言しているが（Dworkin 2006, p. 177）、第一原理、第三原理との関係には触れていない。ドゥオーキンの権利基底的な法の支配論が第三原理を受け継いでいるという理解については、MacCormick 1986, pp. 174-76 参照。なお、ダイシーの法の支配論については、法実証主義者や Craig 1997 が「形式的」理論とみるのに対して、Allen 1988, 1999, 2001, Dyzenhaus 2000 などは「実質的」理論とみており、理解が分かれていることも、ダイシーとドゥオーキンの関係の理解に影響を及ぼしている。ダイシーの法の支配論について、私は、三原理相互の内的緊張関係を指摘して、Craig 1997, Allen 1988, 1999 の理解を批判している Dyzenhaus 2000 の理解に基本的に賛同するものである。

(19) Raz 1972, Raz, "Professor Dworkin's Theory of Rights", *Political Studies* 26 (1978), pp. 123-37, MacCormick 1978, MacCormick, "Dworkin as Pre-Benthamite", *Philosophical Rev.* 87 (1978), pp. 585-607, MacCormick 1986 などの批判参照。なお、田中一九七五も、初期の論争の整理と検討であるが、ドゥオーキンの見解についてそこで指摘した疑問には、結局、彼は応えることはなかった。

(20) このような現代法理論の諸潮流の動向と私見については、田中二〇一一、五二-六〇頁、三五五-七六頁、五一三-二八頁参照。ドゥオーキンの統合性構想を基本的にこのような法理論の潮流のなかに位置づけて、「法の支配」論におけるその意義を理解・評価する議論動向のうち、本章の執筆にあたって示唆を得た主な文献は、MacCormick 2005, Waldron 1989, 1997, 2004, 2008b, 2011, Dyzenhaus 1996, 1999a, 1999b, 2000, 2007, Postema 1987b, 1997, Schauer 1987 である。各論者のドゥオーキンの法理論に対する評価は分かれており、シャウアーが否定的である以外は、全面的にではないけれども、基本的に肯定的に理解・評価しているが、マコーミックの場合は、MacCormick 1978 における批判的見解をかなり修正しており、これらの点については、それぞれ関連箇所で触れる。

(21) Waldron 2004 におけるドゥオーキンの法の支配論の変遷の説明も、その手続主義モデルや客観主義モデルの概念には賛同しかねるところがあるけれども、内容的には基本的に私とほぼ同じような理解をしていると解することができる。

(22) 「権利テーゼ」「正解テーゼ」をこのようにきわめて弱い意味で手続的・制度的な側面から理解することは、Waldron 2004 の理解とあまり変わらないと思うけれども、ドゥオーキンがリベラリズムの正当化について用いている表現を借りれば、政治的・法的理論の正当化をできるだけ包括的な政治・道徳哲学的見解から切り離す「非連続戦略」であり、「連続戦略」をとる彼からみれば多分不本意な理解ということになろう (R. Dworkin, "Foundations of Liberal Equality," St. Darwall (ed.), *Equal Freedom: Selected Tanner Lectures on Human Values* (1995), pp. 190-96 参照)。なお、本章で中心的に取り上げる幾つかの代表的な「法の支配」論については、各論者の価値正当化レベルの見解の対立はできるだけ括弧に入れて、基本的に価値分析・解釈レベルの理論の比較検討に焦点を合わせるというアプローチをするため、「権利テーゼ」「正解テーゼ」などのドゥオーキン独特の争論的な政治道徳的・方法論的テーゼや「原理の共同体」理論による統合性構想の政治道徳的正当化など、彼の法の支配論を正当化する背景的な包括的理論自体の当否の検討には基本的に立ち入らない。

四　法の支配・合法性の現代的再定式化の方向とその課題

(1)　以上のような形式的合法性構想とドゥオーキンの統合性構想についての整理をふまえ、次に、それぞれの構想の意義・問題点や両者の相互関係をどのように理解・評価するのが適切かを検討し、法の支配・合法性の現代的再定式化の方向をさぐるにあたっての主な論点と課題を確認し、第二節以下における考察の見取図を示しておきたい。

まず、形式的合法性構想と統合性構想の関係については、一般的には、合法性に関する対立的な構想ととらえられがちである。けれども、以上の整理でも示唆したように、形式的理論対実質的理論、法実証主義対反法実証主義（自然法論）、記述的法理学対規範的法理学などの対比図式から距離をおいてみるならば、両構想の関係は、論争の直接当事者の相互批判が嚙み合っていないこともあって、かなり複雑微妙なところがあり、単純に対立的とのみとらえることは適切ではない。本章では、両構想の基本的内容に、それぞれ以下で説明するような修正・限定を加えることによって、むしろ相補関係にあるものとして、統合的に理解する可能性をさぐりたい。

このような可能性をさぐる前提として、ドゥオーキンの統合性構想については、法実証主義的なルール体系モデルとその貧弱な法的推論モデルを厳しく批判し、それにとって代わる法理論であると主張するけれども、基本的に裁判過程・法的推論に焦点を合わせた限定的な理論にすぎず、法体系全体や裁判制度の一般理論としての制度的法概念論を欠いている、と理解する（詳しくは、田中二〇一七、一五一―一二三頁参照）。他方、いわゆる形式的合法性構想については、以上でたびたび指摘したように、ドゥオーキンの批判する法実証主義的なルール体系モデルや「ルールブック構想」と同一視すべきではなく、その形式的・手続的・制度的諸要請を法実証主義的テーゼにこだわって理解する論理必然性もないと理解して、形式的合法性概念を、法体系・法的過程全体の存立と作動を構成・規制する制度的原理ととらえ、その具体的な要請内容を、ドゥオーキンの統合性構想のような裁判過程・法的推論に関する実践的要請と統合的に接合できるように再構成する理論的可能性をさぐる。以上の考察において、法の支配・合法性に関する形式的・実質的理論という対比図式の問題点を指摘したのも、この対比図式が、法実証主義対反法実証主義（自然法論）の伝統的対立と重ね合わされ、二者択一的に論じられてきたことが、このような方向で統合的に関連づける理論的可能性への視座を閉ざしてきたきらいがあるからである。

このような方向で両構想の統合的な関連づけを試みるにあたっての主な問題点としては、すでに指摘したことと重なるものもあるが、それぞれ、以下のように考えている。

形式的合法性概念について、フラーは、合法性の八原理を、立法過程に限らず、一般市民による法の遵守や法に準拠した相互作用的活動も含め、法的過程全般の構成・規制原理として提示するにあたって、法の社会的次元を重視する相互作用的な法の見方から法実証主義の垂直的な法の見方を批判し（Fuller 1969, とくに ch. V）、市民の日常的な法遵守・準拠過程と裁判過程における法の解釈適用の在り方が法の支配の維持・実現を左右することを強調した。このことは、法の支配にとっては法的規準よりも裁判制度の整備が優先されるという彼の見解とともに、法の支配論の基本的視座とその射程を示すものとしてきわめて重要である。にもかかわらず、ハートをはじめ法実証主義者の対応は、立法過程に焦点が合わされ、法体系・法規範の効力に関する法・道徳分離テーゼの擁護論を中心に展開されていったことが、フラーが「法内在的道徳」として合法性概念を提示したことの意義を十全にとらえることを妨げ、その射程を狭めることになった。

このことに加えて、形式的合法性概念をめぐる論議において、形式的合法性の諸要請がほぼ法の支配に対応するという、フラーのやや不用意な説明のために、法の支配論への彼の今ひとつの重要な貢献である、「参加テーゼ」を基軸とする独自の裁判理論（一八二-八三頁参照）が、法理学的な法の支配論の視野の外に置かれ、ドゥオーキンの法実証主義批判も、フラーの法理論・裁判理論をほとんど無視して展開されていることの影響も無視できない。このような論議の展開が、合法性の諸原理における形式的・手続的要請と制度的要請の構造的・機能的関連に関する理解を歪め、法の支配の法体系・法規範に対する制度的要請と法的推論の在り方に対する実践的要請を統合的に関連づけて考察する視座を閉ざしてしまったとみられる。

形式的合法性の主要原理として、フラーよりも法実証主義者ラズのほうが裁判に関する制度的諸要請を明確に定式化し手厚く挙げており、形式的理論に与するとみられている他の論者についても同様であること（一八四頁注（14）参照）からみても、英米法理学における法の支配論では、裁判が法の支配の確保・実現における中枢的制度であることは、自明の前提とされているとみてよいであろう。けれども、法理学的考察にとって重要なことは、これらの自明の前提を批判的に吟味し、適切に一般理論化することであり、法の支配を論じる場合にも、合法性の形式的・手続的要請の制度的具体化として、立法・行政との抑制・均衡関係のなかでの司法的裁判の権限やその制度的枠組など、「法による裁判（justice according to law）」の構造的特質に関しても一定の原理的要請を導出し提示することが、法理学的な法の一般理論レベルでも必要かつ可能であると考えられる。だが、法理学的な法の支配論では、「合法性」論議と「法による裁判」論議の連携が不十分なため、法体系・法規範の理論的考察と法的推論の規範的理論を架橋する裁判に関する制度的考察は、「法の支配」論の射程外とみられ、法の支配が立憲主義と一体的に論じられる憲法基礎論レベルまで視野を拡げないと、制度的原理が正面から論じられていない観がある。このような法の支配に関する法理学の議論領域の限定の仕方が、形式的合法性概念とドゥオーキンの統合性構想を架橋する一般理論的考察のネックとなっていたとみることができる。

(2)　他方、ドゥオーキンの統合性構想は、法の支配・合法性に関する法実証主義的見解を様々な側面から執拗に批判している。けれども、形式的合法性概念自体との関係については、それらの形式的・手続的・制度的諸原理自体も否定するのか、あるいは、それらの法実証主義的理解のみを否定し、それらの原理自体は自明のものとして基本的に受け容れて、彼なりに修正した上で前提とし、法解釈実践に焦点を合わせた統合性構想を展開しているのか、明確な説明はなく、どちらとも理解できる。本章では、後者の方向で彼の統合性構想を善解ないし改釈して論を進めているが、いずれにしろ、ドゥオーキンが、シュクラーの批判のように、コモン・ロー的裁判制度・実務を自明視した理論展開をしているせいか、あるいは、形式的合法性の諸原理に関する議論を、彼の特異な法哲学観に基づき、社会学的問題であり、哲学的問題ではないと考えているせいか、彼の統合性構想の背景にあるべき法体系・裁判の制度的側面に関する一般理論を提示しないまま、法解釈実践を政治・道徳哲学的な権利論・正義論と短絡的に関連づけた「哲学的」考察を行っているところに、法理学的考察姿勢として偏りがあるように思われる（田中二〇一七、一五一-二一一頁）。

もちろん、統合性構想や構成的解釈理論に関してドゥオーキンが随所で展開している例示的手法による示唆に富む説明を、彼が自明視していると思われるコモン・ロー的な法・裁判・法的推論の伝統と重ね合わせてみると、彼がその理論展開の前提としている裁判制度・法解釈実践の制度的枠組の理解がおおよそどのようなものか、ある程度推測できる。けれども、そのような彼の裁判・法的推論に関する見解は、コモン・ローの法理学的理論としては、〝コモン・ロー・ロマン主義〟(Dyzenhaus & Taggart 2007) などと評され、必ずしも一般的に受け容れられているものではない。統合性構想や構成的解釈理論に対しては、法実証主義サイドからの反論だけでなく、彼のコモン・ロー的裁判・法的推論の理解への批判も少なくない。[23] いずれにしろ、「法の支配」論の現代的再定式化のなかに、裁判過程・法的推論に焦点を合わせたドゥオーキンの統合性構想を適切に位置づけるためには、法実証主義的モデルにとって代わりうる、法体系・法規範に関する法理学的な一般理論を構想し、それを基礎とする裁判制度論を介在させる必要がある。

また、コモン・ロー的な法の支配論における「司法権の優越（judicial supremacy）」は、伝統的に、法曹の専門技術的技法に裏付けられた実践知である賢慮に対する信頼だけでなく、本来的に社会的制度である裁判が、法曹の法的議論などの実践を通じて日常的な社会規範・正義感覚を適切に反映させる場であることに対する社会的な期待にも支えられていたとみられている（Eisenberg 1988, pp. 14-26, Postema 2002, pp. 609-16, 2007, 戒能二〇一三、二九九-三〇四頁など）。ドゥオーキンの初期の司法的裁量論批判や「権利構想」の説明では、このような裁判のコモン・ロー的特質をその法理論に取り込もうとする姿勢もうかがわれたけれども、「統合性構想」の提唱以降は、裁判での法解釈実践の政治道徳的次元の重要性が強調される反面、その社会道徳的次元による制度的支えを重視する姿勢は、具体的事例に則したその構成的解釈理論の説明では背後に退いてしまっている観がある。[24] 全般的に、法の支配に関する法実証主義見解に対する批判の争点を、法理学と政治・道徳哲学との交錯領域にまで拡充した意義は正しく評価されるべきであるけれども、法理学と法社会学などの社会理論との交錯領域への理論的関心を弱めることになったきらいもあり、この点については、後ほど改めて触れるように、フラーの法理論・裁判理論の問題関心などを継承発展させることによる補完が必要であろう。

本章では、形式的合法性概念と統合性構想に関する以上のような問題点に批判的検討を加えながら、法体系・法規範の一般理論と法的推論の理論を、立法過程・裁判過程だけでなく、社会的次元での一般の人びとの法的実践も含めた法的過程全体のなかで動態的に関連づけ、法の支配・合法性を法体系・法的過程全体の制度と実践の構成・規制原理として位置づけることによって、「法の支配」論の現代的再定式化に向けての主要論点の相互関連とそれらの法理論的位置づけについての考察を試みたい。

このような考察においては、「法の支配」原理によって構成・規制されるべき〝法的なるもの〟の領域を、国家権力行使に関わる立法・司法・行政過程に限らず、私人相互間の自主的な法遵守・準拠過程まで含めて、広く理解することになる。また、いわゆる「法の不確定性」問題への理論的・実務的対応を視野に入れて、法を制定法と同一視しがちな法律家的思考枠組から脱却し、ルール・原理などの法的規準の存在構造や規範的機能に関する従来の支配的な考え方を見直すことが必要である。さらに、法的制度の「手続的」特質と法的実践の「議論的」特質をもふまえ、法の支配の確保・実現において中心的な役割を果たすべきだとされてきた司法的裁判の制度的枠組とその正統性について立体的・統合的にアプローチする視座を切り拓き、法体系・法規範の一般理論と裁判過程・法的推論モデルを架橋する理論枠組の構築に取り組むことも不可欠である。

これらの法理論的課題は、いずれも、法理学の伝統的な根本問題につながる論点であり、このような方向での考察は、「法の支配」論を、法理学的考察の基幹的テーマして位置づけることに他ならない。方法論的にみれば、制度的法概念論の中核に「合法性」概念をすえることによって、法体系・法規範に関わる法の一般理論を、裁判過程・法的推論に関する理論だけでなく、規範的正義論とも有機的に関連づけることになるが（詳しくは、田中二〇一七、本書第二章参照）、このような法理学の主要問題領域を相互に関連づける「法の支配」論の基本的構図を提示することも、本章のめざすところである。

以下においては、英米法理学における法の支配・合法性をめぐる最近の論議の展開とその主要争点について、規範的正義論、法概念論、裁判過程・法的推論という、法理学の三つの主要問題領域ごとに分けて、順次検討を加え、「法の支配」論の現代的再定式化の基本的構図とその主要論点の法理論的位置づけの考察を試みたい。

(23) 法的推論における原理の役割を重視して法と政治道徳の関連を強調するドゥオーキンのコモン・ローの法理学的理解に対する評価としては、コモン・ロー〝ロマン主義〟という特徴づけはともかく、コモン・ローの法的実践を理想化してその現実を正しく説明できないという批判が、法実証主義者の間だけでなく、法的推論におけるコモン・ロー独特の原理・類推重視の正当化実践の役割を強調し、ドゥオーキンの法的推論の理論の意義を評価する論者の間でも、かなり一般的であるとみてよい。本章で取り上げる論者に絞れば、ドゥオーキンのコモン・ロー理解にほぼ全面的に賛同しているのは、憲法学者でもあるアラン（Allan 1988, 1999, 2001, 2007）ぐらいである。

法実証主義サイドの見解は、本章では批判的にしか取り上げないが、ラズやマーモーらの概念的法実証主義は、法・道徳分離テーゼに固執したルール・モデルによってコモン—・ロー的な法的推論を説明し、ドゥオーキンの見解を全面的に否定している（Raz 1972, 1994, ch. 13, 2004, Marmor 2001）。シャウアーも、推定的法実証主義の立場から、原理整合性を重視するドゥオーキンの法的推論の理論には与せず、コモン・ロー的な類推推論もルール基底的決定作成方式の一環として説明し、このような立場からの標準的な法的思考入門書を公刊している（Schauer 1987a, 1991a, 1991b, 2009）。サンスティーンは、シャウアーと類似のルール基底的決定方式とみる立場をとるけれども、類推推論の決疑論的性質を重視し、コモン・ロー的推論を個別主義的に理解し、ドゥオーキンのようなトップ・ダウン的な原理整合性の強調を厳しく批判する（Sunstein 1996, 1998）。バートンやアイゼンバーグは、法実証主義的なルール基底的決定作成モデルによるコモン・ロー理解には与せず、コモン・ロー的な類推推論における事例重視のボトム・アップ的な個別主義的特質を重視し、ドゥオーキンのようなトップダウン的な原理整合性の強調には批判的であり、バートンは、このような立場からの標準的な法的思考入門書を刊行し、版を重ねており、アイゼンバーグは、ルールと原理の関係についてはラズに近い見解をとり、先例からの推論・原理からの推論・類推による推論に分けて、明快な概観的説明をしている（Burton 2007, Eisenberg 1998, ch. 6）。

他方、ドゥオーキンの法的推論の理論の意義を基本的に評価する論者も、それぞれ本文の関連箇所で指摘するように、彼のコモン・ロー的な法的推論の理論やその背景にある特定の平等主義的な権利論・正義論に全面的には賛同していない。ウォルドンやマコーミックは、法実証主義的なルール・システム・モデルを超える制度的法概念論の立場から、ドゥオーキンの法的議論の理論という側面を限定的に評価しており（Waldron 1997, 2004, 2008, 2012, MacCormick 2005）、ポステマやダイゼンハウスは、それぞれの実践哲学的立場を背景に、コモン・ロー的実践の理由付与的（reason-giving）特質やその法実証主義との関係について独自の理解を示し、各自の理解と重なり合う限りでドゥオーキンの法的正当化理論を限定的に評価し、ポステマは、類推推論に関して、個別主義とルール合理主義から距離をおいた独自の見解も提示している（Postema 1987a, 1997, 2007, Dyzenhaus 2000, 2007）。このような方向からドゥオーキンの見解を評価している論者のうち、法的推論全体について体系的な理論枠組を提示し、そのなかにドゥオーキンの見解も位置づけているのは、マコーミック（MacCormick 1994, 2005）だけである。マコーミックの理論枠組は大陸法系の法律学的方法論とも共通しており、我々には理解しやすいが、マコーミックの法的推論の理論に対する法実証主義者やアメリカ法理学者の論評は必ずしも多くない。なお、コモン・ロー的な法・裁判・法的推論に関するドゥオーキンの見解の特徴や法実証主義的その他の見解との対比については、戒能二〇一三、とくに補論、終章の法思想史的説明も参照。

（24）もっとも、Dworkin 1986 でも、構成的解釈理論の説明において、批判的政治道徳だけでなく通念的社会道徳に照らしても原理整合性を吟味する過程が内在化されていること（p. 250）、また、訴訟当事者の権利主張が共同体の法的諸規準の見解の反映として裁判官に応答的に尊重であるべきこと（p. 218）などが的確に指摘されていることは、公平に評価されなければならない。ドゥオーキンに対するこのような批判は、主として通念的社会道徳と批判的政治道徳を対比的にとらえているアイゼンバーグらの民事法専攻のコモン・ロー法学者からのものであり、両道徳を融合的にとらえている、憲法学者でもあるアランらにはこのような批判はみられないことも注目される（Eisenberg 1988, Allan 2007）。

第二節　「法の支配」の価値と規範的正義論

一　「法の支配」論の法理学的議論領域

（1）　法理学の主要問題領域のうち、法の実現・追求すべき目的の探究と実定法の批判・評価に関わる領域は、一般に規範的正義論と呼ばれている。正義・自由・平等・法的安定性など、法と密接な関連をもつ価値だけでなく、法的手段を用いて実現・追求される様々の政策目標も合わせて論じられてきており、これらの一般的な価値・目的も含めて正義と総称されていることもある。法の支配は、これらの法的価値と深く関連しており、法による政策目標の実現・追求の仕方を規制する原理とみられており、法の支配の名のもとに実定法の一定の内容や運用が批判・評価されていることから、「法の支配」論がこのような規範的正義論においてどのような位置を占めているかが問題となる。

本章では、「法の支配」論を、法の一般理論、規範的正義論、裁判過程・法的推論の理論という法理学の主要問題領域にまたがり、法理学的問題領域を相互に関連づけ統合する基幹的テーマと位置づけているため、「法の支配」論の法理学的議論の領域ないし射程の画定という問題の一環として考察することになる。実定法の内容の政治道徳的正当性（rightness）と制度的正統性（legitimacy）が重なり合いつつも、必ずしもつねに合致するものではないという現実的情況のもとで、合法性（legality）概念をこれらの概念とどのように関連づけるかという方法論的争点であり、法の支配の形式的・実質的理論という対比図式の適切性にも関わる問題である（Craig 1997, Waldron 1997）。

規範的正義論の問題領域は、実質的正義・形式的正義・手続的正義・衡平・法的安定性などの多義的な正義観念の概念分析に関わる価値分析的考察と、一定の実質的正義や政策目標の構想・正当化に関わる価値評価（正当化）的考察に大別することができる。だが、価値分析と価値評価の境界は、それほど明確でなく、相互規定的であるだけでなく、価値分析や価値評価の真理値の存否・内実・基準などをめぐっては、鋭い見解の対立があり、法理学などの実践哲学の在り方を左右する難問である（田中二〇一七、六一―一頁参照）。このような領域区分が、相対的にしろ、一応可能であると措定して、実定法の内容的正当性は価値評価的考察の問題領域、制度的正統性は価値分析的考察の問題領域にそれぞれ属するとみるならば、法の支配・合法性については、その基本理念や主要原理自体の正当化は価値評価的考察の主題であるが、一定の基本理念や主要原理を前提とする政治道徳的理想・法的原理などの解明は、基本的には、制度的正統性に関わる価値分析的考察ということになる。そして、このような価値分析的考察は、実定法の現実の内容や運用が何らかの実質的正義や政策目標に照らして十分に正当でないにもかかわらず、法的に正統なものとして人びとに対して受容を求めうる規範的妥当性をもつための諸条件を規定する理想・原理の分析・解釈に関わり、実質的正義や政策目標の具体的内容の正当性をめぐる政治道徳的論議と関連してはいるが、相対的に自立した議論領域とみるのが適切であろう。

しかし、このような整理の仕方については、見解が分かれており、法の支配の形式的・実質的理論という対比図式や法実証主義対反法実証主義（自然法論）という伝統的対立構図の争点であり、法の支配・合法性をめぐる議論が「相対的に自立した」議論領域か否か自体が争われており、以下の考察も、「実践理性の法的制度化」という構想の理論枠組を前提としたこの争点に対する一つの解答の試みである。また、以下の説明は、いずれにしろ、個別具体的事例について、法の支配の諸原理の要請をどのように実現するのが適切か、あるいは、適切に遵守されているか否かの実践的判断は、一定の事実の認識・解釈を基礎とする価値分析的考慮と価値評価的考慮の総合的判断であるから、法の支配をめぐる論議の構造とその知的地平もかなり複雑であり、事実と価値を峻別する方法論的二元主義では的確に説明できないという方法論的立場を前提にしている（詳しくは、田中二〇一一、第11章参照）。

法の支配の議論領域をこのように「相対的に自立的な」領域と特徴づけることは、法の支配の形式的理論と実質的理論という対比図式について、実質的正義や政策目標をめぐる政治道徳的論議の学問的可能性に懐疑的な見解も主張されているだけでなく、実質的正義や政策目標に関する論議において多様な見解が鋭く対立している価値多元的情況のなかで、法の支配をめぐる論議において政治道徳的見解の対立の直接的な影響をできるだけ最小化して理性的に議論できる共通基盤を画定しようとする理論的約定として、一定の実際的な合理性があることを認めることになる（Fallon 1997, pp. 53-54）。本章でも，この対比図式を二者択一的に理解すべきではないこと，いわゆる形式的合法性構想には，形式的要請だけでなく，手続的・制度的要請も含めて理解するのが一般的であることなど，以上で指摘してきたこの対比図式の問題点に留意しつつ，法の支配をめぐる理性的な議論の共通基盤に関する最小限のコンセンサス形成をめざすという，この対比図式の趣旨を尊重しつつ考察を進めることにしたい。

法の支配の価値が論じられる場合に，フラーの「法内在的道徳」としての合法性概念の提唱のように，法によって実現・追求されるべき政治道徳的原理・政策目標等々の法外在的な実質的目的の他に，実定法システムの存立・作動の前提として望ましいあるいは必要な形式的・手続的条件である法内在的な目的の存在が主張されることも，法の支配の形式的・実質的理論という対比図式のこのような趣旨と通じるところがある。あるいは，むしろ，このような一定のコンセンサスが存在することを前提にしているとみるほうが適切かもしれない。とくに形式的正義や手続的正義が，伝統的に法独特の価値として広く受け容れられ，法体系と法的過程の構成・規制原理として実定的に制度化されるべきものとみられてきていることが，「法を可能ならしめる道徳」という意味での「法内在的道徳」として，相対的に独自の議論領域として論じることの可能性と必要性を示しているとみてもよいであろう。

(2) 法の支配の形式的理論・実質的理論という対比図式には，以上のような規範的正義論との関連における議論領域の画定の趣旨とも部分的に重なるが，ラズのように（Raz 1979, p. 214），法の支配に関する議論領域を，民主制・基本的人権・平等と正義などをめぐる政治・道徳哲学的議論から区別する趣旨もある。このような区別については，とくに法の支配の制度的要請内容を論じる場合に，立憲主義や民主制などの制度とどのような関係にあるのか，基本的人権や社会的正義に関する特定の具体的要請をどこまで法の支配の要請内容に取り込むかが，重要な争点となっている。法の支配の形式的理論と実質的理論については、二者択一的に対比することなく、実質的理論も、形式的理論による合法性の諸原理の内容自体を否定するものではなく、それだけでは内容的に不十分だとして、法の支配の要請内容に民主制的原理や一定の実質的価値あるいはより具体的な制度的装置などをも取り込んで内容をより濃くしようという相互関係にあると解するのが適切である。だが、このように理解する場合でも、両者の区別の仕方については、かなり見解が分かれている。

近代国家成立以降の法の支配論においては、立憲主義については、法の支配とほぼ同義の制度原理とみられ、「法の支配」は「憲法の支配」に他ならないと言われることもあるのに対して、民主制については、概念的には別個の制度原理とみられるのが一般的な理解であり、基本的人権や社会的正義に関する何らかの特定の具体的要請まで取り込むことは、「実質的」と解されているようである。だが、法の支配を立憲主義とほぼ同義と解する場合には、立憲主義は、権力分立制と一定の基本的自由権の保障を二本柱としているから、例えばJ・ロールズが「公正としての正義」論の第一原理（「平等な自由原理」）に含ませている基本的な自由、あるいは少なくとも、その一環である「法の支配」の内容として挙げている基本的な権利と自由（Rawls 1971, pp. 60-61, 235-43）は、「形式的」概念の内容に含ませるべきかもしれない。また、民主制との関係についても、近代的な法の支配論はもともと自由主義的であるから、民主制一般とは原理的に対立する面があるけれども、「形式的」「実質的」いずれであれ、立憲民主制とは親和的あるいは論理的導出関係にあると理解することもできる。欧米の現代の法の支配論では、法の支配の要請内容に、形式的合法性だけでなく、一定の基本的自由権を含ませ、立憲民主制をその制度的基礎として前提する「薄い」実質的理論が常識だとみられているようである（Tamanaha 2004, p. 111）。現代日本で「法の支配」を論じる場合にも、法理学を中心に、一方では政治・道徳哲学、他方では憲法基礎論まで射程に入れるならば、このような現代欧米の常識的な理解が穏当であり、本章も基本的にこのような緩やかな形式的理論ないし薄い実質的理論の立場で検討を進めることにする。

(3)　以上のような主として形式的合法性構想に焦点を合わせた整理をふまえ、ドゥオーキンの法の支配・合法性に関する見解の位置づけを確認しておこう。彼の見解を第二節三（一八五―九三頁）で説明したように理解できるとすれば、前期の「権利構想」では、彼の「平等な配慮と尊重を求める権利」を基底とする平等主義的正義論を裁判などの法的手段によって的確に実現することが法の支配の目的とされており、かなり濃い実質的理論であり、法の支配の議論領域を実質的正義論や道徳的・政治的権利論をめぐる議論から区別するという問題関心が、当時の彼にあったかどうかはきわめて疑わしい。けれども、後期の「統合性構想」については、「権利構想」当時の実質的背景理論からどの程度独立しているかは分かりにくいが、統合性としての合法性構想が、熱望的概念として法概念内部に位置づけられるようになった段階では、司法的統合性を、制度化された法的推論に対する実践的要請として、政治道徳的正当性と不可分的に関連しているけれども、法の正統性に関わる相対的に自立的な議論領域として解明することがめざされていたとみることもできる[25]。

以上のように、法の支配に関する法理学的な議論領域が、規範的正義論において「相対的に自立的な」議論領域を形成しているとみることができるとしても、法の支配の形式的・手続的・制度的・実践的諸要請は、法が実現・追求すべきだとされる諸々の目的のうち、主要な正義観念や自由・平等の観念とはかなり複雑な関係にあり、法の支配の諸原理の価値の特質や相互関連をどのように理解するかはなかなか難しい。この点については、法の支配を論じる各論者が、権利論・人権論、民主制などに関するどのような政治・道徳哲学的見解を法の支配を基礎づける背景的理論としているかによって異ならざるをえないが、以下においては、このことに留意しつつ、法の支配に関する私自身の価値評価的な背景的理論を前提とした管見的素描であるけれども、法の支配の諸原理が、主要な正義観念や自由・平等の観念とどのような関係にあるかをめぐる議論の状況をできるだけ客観的に整理することによって、法の支配の価値の複雑な規範的特質を確認することを試みたい。

(25) Waldron 1997, 2004 も、基本的に同じような理解をしているが、統合性構想が自立的な議論領域を提示できているかどうかについては疑問を呈しており、私も、「法の前の平等」や統合性と正義・公正の関係についてのドゥオーキンの説明などからみて、同じような見方をしている。この問題については、後ほど改めて触れるが、Postema 1997 も参照。

二　法の支配と正義の諸観念との関係

(1)　法の支配の諸原理を、フラーと同様に、実定法システムの存立・作動の前提として具えていることが望ましいあるいは必要な価値という意味で「法内在的道徳」と位置づける立場から、法の存在や効力という、法実証主義対自然法論の伝統的争点との関連をめぐる問題はさしあたり括弧に入れて、法の支配と主要な正義観念との関係について、かなり見解の対立がみられる議論状況に留意しつつ概観しておこう（説明の仕方を若干変更しているところもあるが、詳しくは、田中二〇一一、第10章参照）。

フラーやラズらの合法性概念の形式的・手続的要請の説明からみて、諸々の正義観念のうち、形式的正義と手続的正義は、その要請が実定法システムの構造的特質として制度化されているべき法内在的道徳とみてよいであろう。

形式的正義は、「等しきものは等しく、等しからざるものは等しからざるように扱え」という古くからの定式であるが、「法の一般性とその公平な適用」という形式的要請として、合法性の諸原理のなかで中心的な位置を占めていることについては、ほぼ共通のコンセンサスがあるとみてよいであろう。ただ、この形式的要請のうち、法の一般性については、「一般的ルール」による規定が要請されているとみられてきたが、法の規定形式の複雑化に伴い、法的規準がルールだけでなく原理なども含む重層的な構造をもつことが共通の認識となっていることから、「ルール基底的な一般的規準」と緩やかに定式化し直すのが適切であることと（一七九頁参照）、「公平な適用」という要請も、論者によって様々に解釈され、内容が濃くされ、ドゥオーキンの見解などのように、法の支配の「実質的」理論が展開される拠点となっていることに注意する必要がある。なお、正義論において、形式的正義は、正義の恒久的・不変的要素としてその概念（concept）を画定し、実質的正義に関する様々の特定の概念解釈・構想（conception）の共通基盤とみられるようになってきていることも（Hart 1961, pp. 155-59, Rawls 1971, pp. 5-6）、法の支配の形式的理論と実質的理論の関係について既に触れたような問題性と絡んでおり、一般的に、「形式」と「実質」の関係をどのように理解するかは、理論的にきわめて難しい問題であることも付言しておこう。

手続的正義は、もともと、法の執行や適用の過程に関するすぐれて法的な観念として、自然的正義（natural justice）の格率や適正手続（due process）の観念を基礎に形成されたものであり、形式的正義の「公平な適用」という要請と重なり合うため、形式的正義と区別されずに、混同されたり、形式的正義のなかに含めて一体的に理解されることも少なくない。けれども、手続的正義は、形式的正義の要請とは関心方向が異なるところがあり、法の執行・適用過程における関係当事者の尊重・保護に照準を合わせた独自の法的価値として、個人の権利として制度的に保障することに馴染みやすく、形式的正義に還元すべきでない固有の存在理由をもっている。現代では、(i)当事者の対等化と公正な機会の保障（手続的公正）、(ii)第三者の公平性・中立性、(iii)理由づけられた議論と決定（手続的合理性）という三側面に関する手続的要請を中心に理解されている。[26] 手続的正義のこのような要請は、形式的合法性の手続的原理としてそのまま取り込まれているだけでなく、ドゥオーキンの統合性構想も、後ほど説明するように、このような手続的要請を制度化した裁判手続を自明の前提とした法的推論に対する実践的要請と位置づけることによってはじめて、その意義を正しくとらえることができるものとみるべきである。

形式的正義・手続的正義、合法性の形式的・手続的要請は、法的過程全般に及ぶものであるが、ラズの挙げている原理（④⑥⑦）のように、法の適用・執行過程の制度的枠組に関する一定の内容的要請を内含している。そして、とくに法の支配を立憲主義と一体的にとらえ、憲法基礎論レベルまで射程を拡げて論じる場合には、法の支配の確保・実現の中枢機関としての裁判の制度的役割に対する一定の要請とそのような裁判へのアクセスの保障に関する要請も、権利として尊重・保護する自由の実現・救済のための手続的・制度的手段（recourse）の保障の一環として、合法性原理に含ませるのが適切であろう（Postema 2014a, pp. 10-11）。また、裁判の制度的役割については、制定法の三段論法的推論による機械的適用というモンテスキュー型モデルに固執することなく、アリストテレス型モデルにまで遡り、合法性の形式的要請の「公平な適用」の〝自然な〟解釈として、衡平の観念もまた、「法内在的道徳」と位置づけるべきであろう。包摂による判決形成が形式的正義の要請であるのに対して、類推による判決形成は衡平の要請であるという区別がされることもあるが、後ほど関連箇所で改めて説明するように、厳密には、包摂も形式論理的演繹推論ではなく、一定の実質的判断がその前提として必要であり、包摂と類推の区別も相対的であること、また、裁判における類推による判決形成も、一般的な判決理由の明示など、形式的正義の要請のもとにあることに注意すべきである。

(2)　実質的正義は、基本的に、法によって追求・実現される外在的目的であり、その追求・実現の仕方が合法性原理によって制約されるという関係にある。そして、何らかの特定の実質的正義の観点からいかに正しい目的であっても、法的な制度・手続がその〝法的〟特質を失うことなく追求・実現できる目的やその手段には超え難い限界があり、法を外部の目的に奉仕するたんなる手段とみる極端な法道具主義的見解に一定の制約を課すことが、法の支配の本領とみるべきであろう。そして、このような実質的正義と合法性原理の緊張関係が、在るべき法（正しい法）と現に在る法（実定法）の関係の典型的事例とみられ、この緊張関係をどのように説明するかが、法の適用・執行過程に関する「法の支配」論の中心的争点となっている。

実質的正義の様々の具体的内容は、一般的には、政治的・社会的・経済的等の政策目標と同様に、このように、法外在的な目的と位置づけて、実定法との関係が論じられている。けれども、実質的正義の具体的内容は、すべてが法外在的なものとは言えず、このような一般的な関係で論じることが必ずしも適切でない場合もある。とくに現代法システムのもとで法的制度・手続の道具的・手段的性質が強まるにつれて、実質的正義と実定法の関係はかなり複雑になっていることに注意する必要がある。アリストテレス以来の正義観念の伝統的な分類をめぐる議論の動向にも、このような問題状況の一端をうかがうことができる。

配分的正義が法外在的で立法者の正義であるのに対して、交換的・矯正的正義は法内在的で裁判官の正義であると説かれたり、また、配分的正義が公法の原理であるのに対して、交換的・矯正的正義が民事法・刑事法の原理であると説かれることもある。さらに、交換的正義・矯正的正義が契約法・不法行為法、応報的正義が刑法、それぞれの法領域に内在的な正義とみる見解も説かれている。そして、「法的」原理には交換的・矯正的正義や応報的正義の観念と関連するものが多いこともあって、裁判の制度的役割や法的推論の在り方に関する法の支配の要請内容をめぐる論議において、これらの正義観念が「法内在的」として提示されることもある。けれども、現代法システムのもとで、公法と私法、契約法と不法行為法の伝統的区分が相対化し、また、応報刑論と目的刑論の融合傾向も進み、配分的正義、交換的・矯正的正義、応報的正義の関係が交錯し流動化するに伴って、実質的正義の諸観念と実定法の関係についての従来の議論枠組も見直しを迫られており、「法の支配」論議にも影響を及ぼしている（正義観念をめぐるこれらの点に関する現代的問題状況の一斑について、田中二〇一一、二五一–五九頁、三二〇–二一頁、三三六–三九頁参照）。

(3) 法的安定性は、正義と対立する別個独立の観念と位置づけられることもあるが、実定法の忠実な遵守・適用を要請する法内在的原理として、適法的正義(legal justice)と呼ばれることもあり、合法性の形式的原理のうち、法の相対的安定性の要請(フラー⑦、ラズ②)と内容的に重なる。法的安定性を秩序・平和と同視して、正義と対立的な価値ととらえ、法の支配・合法性を、秩序と正義の緊張関係のなかで両者の均衡をはかる法独特の価値と位置づける見解は、保守的な〝法と秩序〟イデオロギーとして法の支配を擁護する論者だけでなく、法の支配の理想・原理に批判的・懐疑的な論者の間でも、かなり広くみられ、法の支配と法的安定性の関係をどのように理解するかは、法の支配という理想に対する賛否の論議を左右する複雑微妙な問題である。法の支配と法的安定性の関係の理解においては、法の支配の価値理念としては、たんなる秩序としての安定という価値が一人歩きすることがないように、一定の法的制約を加えることの意義を重視して、〝法的〟安定性ということの意味を重く受け止めるべきであろう。

法的安定性の意味内容には、(i)法による安定性、つまり秩序・平和の維持・確立という、権力による意志の貫徹可能性を意味する実力説的色彩の濃いものから、(ii)法自体の安定性、つまり実定法の内容が明確に認識でき忠実に実現されているという、市民的自由や予測可能性と結びつくもの、さらに(iii)法の規定や解釈がみだりに変更されてはならないという、法の改廃に対する保守的な安定を求めるものまで、かなり多様なものが含まれている。[27] 法的安定性のこれらの内容のうち、(i)法による安定性の強調は、保守的な〝法と秩序〟イデオロギーとして、事実上「力の支配」を正当化することになり、法の支配の基本理念に反することもあるから、法の支配の要請としては、(ii)法自体の安定性と(iii)法の規定や解釈の安定性を中心に理解するのが適切であろう。けれども、法的安定性と法の支配の要請内容が、どれだけ重なっているとみるかは微妙な問題であり、法の支配と法的安定性とは、安易に同一視されるべきではなく、むしろ、一定の緊張関係にあることを認識することが重要である。

「法の支配」論の重要な意義は、このように限定的に理解された法的安定性が法の存立と作動にとって基底的な価値であることを承認したうえで、それだけを独自の価値とみるのではなく、形式的正義や手続的正義と密接不可分な価値として、つねに法的安定性をどの程度どのような仕方で確保・実現するかを、個別具体的状況ごとに形式的正義や手続的正義の要請の制約と比較衡量しつつ総合的に判断することを要請することにある。

以上のように、法の支配の各原理が主要な正義観念とどのような関係にあるるかを概観しただけでも、形式的正義・手続的正義・衡平・法的安定性が基本的に法内在的道徳であるのに対して、各種の政策目標も含め実質的正義が、基本的に法外在的価値であると一応区別できるものの、現実には相互に入り組んでおり、「法の支配」と一口に言っても、その諸原理の内容と主要な正義観念の関係だけでなく、全体として、相当複雑な内容と構造をもった理想・原理であることが分かるであろう。具体的事例における法の支配の要請内容をめぐる論議において、個別的なものと普遍的なものを同時に把握して複雑な現実的状況のなかで何が可能であり理に適っているかを的確に判断する賢慮の役割が格別に重視される所以である。

(26) 英米法理論における手続的正義をめぐる議論状況を、法の支配との関連にも留意しつつ整理したものとして、田中成明「手続的正義に関する一考察―最近の英米の議論を手がかりに」法の理論六号（一九八五年）三七-七七頁参照。なお、手続的正義の諸要請が裁判実務においてどのような論点に関して議論されているかについて、同『現代裁判を考える』（有斐閣、二〇一四年）「第三章 手続的正義からみた民事裁判の在り方について」も参照。

(27) 法的安定性の意味内容の多様性を、本章で取り上げる諸問題とも関連づけつつ、G・ラートブルフとL・L・フラーの見解を手がかりに検討したものとして、田中成明「法的安定性の諸相」同『法への視座転換をめざして』前掲注（15）一二九-三九頁参照。

三　法の支配と自由・平等――法的主体像の拡充

(1)　以上のような法の支配と正義の諸観念との複雑な関係は、自由と平等という、法や正義と密接不可分の価値との関係についてもみられる。法の支配の中心的原理である形式的要請と手続的要請のいずれも、自由の観念からでも平等の観念からでも、どちらからでも導出あるいは正当化できるし、しかも、自由と平等の観念のいずれについても、形式的理解と実質的見解に分かれている。法の支配と自由・平等の関係をめぐるこれらの問題に関しては、幾通りもの異った組み合わせの説明が可能である。法の支配の背景的正義論においては、これらの相互関係をどのように整合的に説明するかをめぐって、多様な相対立する見解が説かれてきている。法の支配と自由や平等の関係については、自由や平等の観念をどのように理解するかによって、法に外在的か内在的か、法の存立や作動の前提条件なのか、それとも、法秩序の存在を前提とする観念なのかなど、正義の諸観念との関係以上に複雑な関係がみられ、法の支配の価値や原理を、自由や平等とどのように関連づけて整理するかは、自由や平等に関する政治・道徳哲学的考察の伝統的遺産と最近の議論動向をふまえた考察が不可欠であり、なかなか難しい。ここでは、このような法の支配自体を正当化する背景的理論における見解の対立をできるだけ前面化させずに、このような複雑な関係のごく一端を素描し、私が関心をもつ最近の議論動向への注意を喚起することしかできない。

このような法の支配と自由・平等との複雑な関係を理解する重要な手がかりとして注目されるのは、法の支配をめぐる論議において、消極的自由と積極的自由、形式的平等と実質的平等をめぐる政治哲学上の周知の議論動向とも絡み合いながら、国家の権力行使による規制・保護の客体である一般市民の自律的主体性だけでなく、社会レベルの自主的な相互調整や国家の権力行使への異議申し立てなどのために権利を主張し議論する能動的主体性をも含めて、人間の尊厳の尊重という要請内容を理解し、法の支配の前提とする法的主体像を拡充しようとする議論動向が強まっていることである。〝法と秩序〟イデオロギーのように、法の支配の原理を一般市民の遵法義務の根拠とする通俗的な法の支配論は、少なくとも法理学的な議論としては姿を消したとみてよいであろう。それに代わって、一般市民を法の支配の原理による国家権力の恣意的行使の抑止によって自由や権利を保護される対象であるだけでなく、市民間の相互調整や国家の権力行使に対する異議申し立てのために、必要とあらば裁判において権利を主張し議論することによって、法の支配の確保・実現において裁判官と協働する主体でもあり、法の支配の担い手と位置づけようとする方向への様々の理論展開が試みられるようになっている。

フラーの形式的合法性に関する見解は、人びとの自己規律的行動の指針と自主的な相互作用活動の公的枠組の提供という法の社会的次元に焦点を合わせたものであり、合法性の諸原理が、広範囲にわたる倫理的問題には中立的であるけれども、ルールを理解して服従する能力をもち、自己の義務不履行に責任を負う「責任ある行為主体としての人間の尊厳」については中立的でありえず、人間を責任ある行為主体として承認することを前提とする。合法性の諸原理からの背反は、このような人間の自己決定能力や責任能力を無視し、「人間の行動を一般的ルールによる指図と規制に服させる」という法の企てが意味をもたなくすることになるから、合法性の諸原理が「法の内面的道徳」と位置づけることができるとみられている（Fuller 1969, ch. IV）。そして、フラーは、このような合法性の諸原理が伝統的な裁判手続に制度化されているとみて、当事者主義的訴訟手続への両当事者の相互主体的参加保障を基軸にすえた独自の裁判理論（第一節二(3)一八二–八三頁参照）を展開し、このような裁判が法の支配の確保・実現において中心的役割を果たしていることを強調した（Fuller 1981, pp. 86–124, とくに 98–103. Allan 2011, pp. 52–59, 77–87, Dyzenhaus 2014 参照）。

フラーの法の支配論の基礎にあるこのような法的主体像と当事者主義的裁判理論は、法の支配・合法性をめぐるその後の論議において、法実証主義とドゥオーキンとの噛み合わない法理学的論争の展開では注目されることがなかった。だが、本章では、フラーのこのような洞察を、ハート＝フラー論争やハート＝ドゥオーキン論争の中心的争点にとらわれない視座から継承発展させてゆくことに、「法の支配」論の現代的再定式化の重要な手がかりがあるとみて重視している。

フラーは、法実証主義的見解について、法を権威の一方的な垂直的な放射とみていると批判するが、ラズは、このような法実証主義的見解の代表的イデオローグと目されるにもかかわらず、以上のようなフラーの見解のうち、法の支配と人間の尊厳の尊重の関係については、法が一般市民の行動に指針を与えるという基底的な規範的機能を果たすためには、市民を各々の将来を計画し構想しうる自律的人格として扱い、人間の尊厳を尊重することが不可欠であると、フラーと基本的に同じような見解を示している。このような見解に基づき、ラズは、法の支配の諸原理が遵守されないと、人びとの将来の予測や確実な期待の形成が損なわれ、その自律性が損なわれ、とくに法の支配の諸原理の意図的な無視が人間の尊厳を侵害することは明白であるとして、法の支配が、人間の尊厳の尊重とつながり、このような意味で一定の道徳的価値を含意することを認めている（Raz 1979, pp. 221–22）(28)。

他方、当事者主義的訴訟手続への相互主体的参加の保障を特徴とするフラーの裁判理論は、コモン・ロー的裁判の伝統的特質の一般理論化とみられているが、このようなコンテキストでは、ドゥオーキンが、法の支配の理想について、裁判所の役割を個人の主張に基づいて権利を強制的に実現することとする「権利構想」を提唱し、また、後ほど触れるように、いわゆる悪法に対して市民が裁判の当事者主義的手続を通じて異議を申し立てその改廃を求める権利について斬新な見解を展開したりしていることに受け継がれているとみることができる。裁判における個人の権利主張とそれに対する判決による応答という制度的責任を、法の支配の基本的要請として重視するドゥオーキンの「権利構想」は、「裁判を受ける権利」を法の支配によって保護される受益権的なものから、法の支配の確保・実現に不可欠な能動的な権利へと転換する視座を切り拓く貴重な理論的基礎を提供するものであった。

　このような能動的な権利としての裁判へのアクセスの保障は、独立の裁判所などとともに、自由を権利として保護するだけでなく、そのような権利の実現やその侵害に対する救済のための手続的・制度的手段（recourse）を保障することをも、法の支配の要請内容と位置づけるものであり、裁判における市民の権利主張を法の支配の確保・実現の中枢的実践とみなし、法の支配の確保・実現を市民の主体的活動に支えられた動態的過程ととらえる理論展開において重視されるようになる。(29) このような理論展開は、従来の法の支配論が、ラズの見解などに代表されるように、人身の自由や思想・良心の自由などの消極的自由の保障に限定し、政治的自由などの積極的自由の保障は民主制の問題としていた支配的な論調から脱却し、このような能動的にとらえ直された「裁判を受ける権利」に支えられた動態的・主体的な法の支配論へと転換されてゆくことを促進し支援する重要な契機であったとみることができる。

　しかしながら、ドゥオーキン自身の法の支配論のその後の展開では、「統合性構想」において、裁判における法解釈実践の「議論的（argumentative）」特質が強調されるようになるけれども、彼の主たる関心は、裁判における当事者の権利主張・法的議論という主体的実践よりも、裁判官の判決の正当化における原理整合性追求の思考過程の解釈学的解明に向けられる。そして、その構成的解釈理論でも、裁判官の判決の正当化が当事者の権利主張・法的議論に応答的に形成されるという、当事者主義的訴訟手続の動態的構造やその手続的・制度的保障の問題への関心はほとんど示されていない。ドゥオーキンの法解釈実践の議論的特質の強調は、法的規準の自立性・確定性を偏重する法実証主義的な静態的な法の支配論に対する鋭い批判ではあったが、もっぱら裁判官の内的視点からの法的実践理論であり、訴訟当事者の視点から法的実践や裁判官の制度的役割を全体として解明するという、「権利構想」にみられたような問題関心は背景に退き、その「統合性構想」内部にこのような問題関心が「権利構想」当時のウエイトをもって受け継がれることはなかった。

本章において法の支配論のいわば動態的・主体的な再定式化という方向への理論展開の主導者として注目しているのは、ドゥオーキンと同じく、法的実践の議論的特質を重視しつつも、人間の尊厳の尊重という、法の支配が前提とする実質的価値について、フラーやラズらのように、自己決定主体の尊重という消極的自由の保障だけでなく、議論主体（argumentative agency）の尊重にまで拡充し、裁判において議論を通じて国家権力行使に説明責任を果たすことを求めたり異議を申し立てたりする権利を「裁判を受ける権利」に含ませることによって、ドゥオーキンとは異なる法の支配論の展開を試みている、N・マコーミック、J・ウォルドロン、D・ダイゼンハウス、G・ポステマらの法理論である。彼らは、いずれも、ドゥオーキンが法的実践の議論的特質を強調していることは評価するけれども、彼の平等主義的正義論や「統合性」構想には必ずしも全面的には賛同せずに、また、法実証主義やフラーの法理論の現代的意義も各人各様に受け止めて、法実証主義と自然法論の伝統的対立を超えた立場から、法の支配に関するそれぞれ独自の見解の展開を試みている（MacCormick 2005, Waldron 1989, 1997, 2004, 2008b, 2011, Dyzenhaus 1996, 1999a, 2000, 2007, 2014, Postema 2010, 2014a, 2014b）。

(2)　以上のように、法の支配の在り方が、消極的自由との関連だけでなく、積極的自由をも視野に入れて論じられるようになるのとほぼ並行して、あるいは、このような展開よりも早い時期からかもしれないが、法の支配の要請内容を、形式的平等から実質的平等へと拡充する傾向も進んできている。法の支配の中核的原理とみられている「法の一般性」は、法的規準が、一定のカテゴリーに属する人びとないし行為に普遍的に適用される類型的指図として予め定立・公示されるべきことを要請するものとされ、このような「非個人性（impersonality）」が形式的平等の標準的な理解とみられてきた。法実証主義に限らず、法の支配に関する従来の理論では、法が、このような一般性の要請を充すことによって、人びとに自己の行動の結果と他人の行動に対する予測可能性を与え、社会的協働の公的枠組と正統な期待の基礎を提供するという価値が重視されてきた。だが、このような法の一般性は、その反面、社会的・経済的条件や人びとの価値観の変化に敏速に対応したり個々の事例における価値・利害の対立にきめ細かに対応することにも一定の限界を画するというデメリットも伴っていた。

より根本的には、法の一般性は、法的レベルの形式的平等の背後で生じる社会的・経済的レベルの実質的不平等の是正に国家その他の公権力機関が積極的に介入することに一定の制約を加えるのみならず、法的形式がこのような実質的不平等を規範的に正当化することも原理上阻止できないという批判が、つとに浴びせられてきた。ダイシーが法の支配の第二原理として提示した「法の前の平等」に対しても、早くからこのような形式的平等の正当化イデオロギーという批判があり、比較的最近でも、法の支配の形式的理論の代表的論者とされるF・A・ハイエクの見解に対しても同様の批判が加えられたところである。

「法の一般性」という原理は、もともと、このような非個人性の要請のように、アド・ホックな規制・決定の排除などの消極的基準を除けば、その適切な要請内容を基準化しにくい原理であり、権力の恣意的行使を法の一般性という要件だけで実効的に規律できるかどうか、また、形式的平等と同一視することができるかどうかについては、当初から疑問があった。他方、およそ法の一般性の要件を充すことなしに実質的平等を〝法的に〟実現・追求することが実際に可能かどうか自体について、懐疑的な見方も少なくない。いずれにしろ、現代国家においては、人権保障のカタログが社会的・経済的人権にまで拡充され、法システムが、社会的・経済的な実質的平等の実現の重要手段として用いられ、法の規定形式や執行方式も変容しており、法の一般性の原理自体の現代的意義の見直しとその再定式化が避け難い状況にある。

ドゥオーキンは、その「統合性構想」についても、ダイシーの「法の前の平等」の要請を継承発展させたものであることを強調する（Dworkin 2006, p. 177）。けれども、ドゥオーキンの「法の支配」論は、「権利構想」段階から一貫して、「法の一般性」よりも「法の公平な適用」に焦点を合わせ、「等しき事例の等しき取り扱い」という要件を、「平等な配慮と尊重への権利」というリベラルな平等主義的正義論を背景理論として、実質的平等の実現・追求に定位して構想しようとする野心的な試みであることに変わりなく、ダイシーやハイエクらの平等論とは決定的に異なっているとみるべきであろう。

ドゥオーキンらのように、法の支配の理想を法による実質的平等の実現・追求に定位して構想するにあたっての最大のネックは、実質的平等の具体的内容についてだけでなく、その適切な実現の方法についても、また、平等に限らず、諸々の実質的価値相互の優先順位を決めたり比較衡量するための適切な規準・手続についても、鋭い見解の対立が存在するという現実である。このような価値多元的現実を直視して、ドゥオーキンの統合性構想に一定の評価を与えつつも、その背景的なリベラルな平等主義的正義論には必ずしも全面的には与することなく、法の支配の現代的再定式化の方向をさぐる動向として注目されるのが、法の支配が前提とする法的主体像を議論主体の尊重にまで拡充し、「裁判を受ける権利」を能動的に再構成しようとする、先ほど触れた法的実践の「議論的」特質を重視する法理学者たちの理論展開である。

マコーミック、ウォルドロン、ダイゼンハウス、ポステマらの法の支配に関する見解には、それぞれの法理学的立場を反映して、後ほど関連箇所で指摘するように、少なからぬズレもみられる。けれども、彼らは、特定の正義観・権利観を前提にして、立法・裁判などの法的制度をそのような正義・権利を追求・実現するための手段としてのみみる、極端な法道具主義的見解（あるいは法的モラリズム）をともに斥けている。そして、現代の価値多元的状況において実定法システムの果たすべき基本的役割が、公正な手続に準拠して段階的に不確定性を縮減し一定の決定を形成するその過程のなかに、関係者がそれぞれの信念に基づき正しいと信じる見解を主張し議論しあって正しい法の実現を志向するという実践を内在化させ、そのような批判的・自己反省的メカニズムを適正に作動させることであるとみる、法の存在理由の理解でも、ほぼ共通している。彼らは、このような実定法システムの存在理由の理解を背景に、法的主体像を自律的主体から議論主体に拡充し、裁判による個別具体的事例の解決についても、各当事者にそれぞれの実質的平等観に照らして具体的な権利主張をするだけでなく、当該事例をどのように取り扱うことが公平なのかに関しても議論する機会を手続的に保障することを重視し、このように、能動的に再構成された「裁判を受ける権利」を基軸にすえて、形式的合法性概念とドゥオーキンの統合性構想を動態的・主体的に架橋することによって、法の支配の再定式化をめざしているとみることができる。

そして、これらの法理学者が試みているように、法的主体像を、自律的主体から議論主体に拡充し、法の支配のたんなる保護対象から、法の支配を支え動かす主体へと転換することは、法動態への相互主体的視座に支えられた「議論・交渉フォーラム」構想のなかに、法の支配の諸原理を〝法的なるもの〟の領域の基幹的な構成・規制原理として位置づけるためにも、不可欠であり、私が彼らの法の支配論に注目する所以である。市民一人ひとりが、たんに法的な規制・保護を受ける客体としてだけでなく、それぞれが善き生き方・正しい社会と確信することを追求・実現するために、必要に応じて法を用い動かす主体でもあることを自覚し、自由平等な市民として相互に尊重し配慮し合いながら、自分たちの共生・協働の公正な枠組として法に関わり合うことを可能とする、そのような法的空間の在るべき像を構想することが、「法の支配」論の重要な課題なのである（田中二〇一一、四一-四七頁、二一七頁）。

（28）　このような法の支配と自律的人格としての人間の尊重の関係については、Rawls 1971, p. 241 も承認しており、また、H. L. A. Hart, *Punishment and Responsibility* (Oxford U. P., 1968), pp. 21-24, 177-85 も、刑罰制度と責任原理に関連して、同趣旨の見解を表明しており、自然法論と法実証主義の対立を超えた洞察とみてよいであろう。けれども、フラー、ラズ、ハートの間には、法と自由の関係についての見解に重要な原理的な違いがあり、このことが彼らの法道具主義的な法の見方に対する態度に顕著に表れていることにも注意する必要がある。この点について詳しくは、Allan 2014, Dyzenhaus 2014 参照。

(29) 法の支配論のこのような理論展開については、とりわけ、恣意的権力に対して自由・権利を防御する消極的「保護」だけでなく、権力行使者の説明責任を追及する手続的・制度的「手段 (recourse)」の保障を、法の支配の核心として強調する見解として、Postema 2014、また、裁判における権利主張が法の支配による自由の保障の動態的実現において不可欠であることの論理構造の明快な説明として、Dyzenhaus 2014 参照。

四 法の支配の原理的要請の規範的特質とその多面的機能

(1) 法の支配と正義の諸観念や自由・平等の観念との関連についての以上のような概観からも、法の支配・合法性の諸要請が、法的制度・実践の構成・規制原理としてかなり複雑な構造をもっていることが明らかになった。このような概観をふまえ、次に、第三節・第四節における法体系・法規範と裁判制度・法的推論に関する一般理論的考察の準備作業として、法の支配・合法性の原理的要請の規範的特質について、法と政治道徳にまたがるその独特の規範的構造および実定法に対する批判・評価その他の多面的機能をどのように理解すべきかという論点に焦点を合わせ、形式的合法性構想とドゥオーキンの統合性構想をめぐる論議を対比しつつ、概括的な整理をしておきたい。

フラーによれば、「法の内面的道徳」としての合法性の諸原理は、立法者・裁判官にその実践の目標・理想を提示するが、法システムの存立と作動に最適な条件と不可欠な最低条件を指示するという二重の機能をもっている。そして、このような合法性の諸原理の道徳的特質について、善き生・卓越性・人間の諸能力の最大限の実現をめざす「熱望 (aspiration) の道徳」と、秩序だった社会の存立やその目標達成に不可欠な「義務の道徳」という概念区分を用いて、義務の道徳から熱望の道徳へと上昇してゆく一種の梯子のような構造をもっている、と説明する。[30] 彼のこのような説明のうち、法理学的論議において主として取り上げられてきたのは、法の効力の問題と関わる「義務の道徳」の側面であるけれども、『法の道徳』において具体的事例を挙げながら詳しく説明されているのは、主に立法過程における合法性の「熱望の道徳」の側面についてである。そこでは、合法性の諸原理の遵守や実現が、もともと程度問題であり、その完全な実現ということはありえないこと、各原理について具体的に何が最適条件あるいは最低条件であるかを確定することは容易ではないこと、各原理の要請の対立を調整し諸原理を比較衡量してどのような配列が最適であるかを決めることは相当複雑で困難であること、諸原理全体についてどのような侵犯が合法性の最低不可欠の条件を損なうことになるかの確定も至難であることなど、合法性の諸原理の遵守・実現が複雑で困難な実践だということが強調されている。

フラーは、裁判過程についても、とくにハード・ケースにおける法解釈実践において、合法性の諸原理の複雑な調整問題が重要な課題となることを強調しているけれども、それほど詳しい説明はしていない。ドゥオーキンは、その「統合性構想」について、『法の帝国』において、憲法・制定法・判例などの解釈実践の具体的事例に則して、各種のコンベンショナルな法律家的技法・ドクトリンを彼独特の流儀で解釈しつつ、司法的統合性の実現の在り方についてかなり詳しく説明しているが、その具体的内容は、フラーの合法性の規範的要請の二側面とその遵守・実現の複雑な性質に関する見解を基本的に受け継ぎ、その複雑な調整問題を独自の概念枠組で分節化しようと試みたものとみることができる（Rumble 2012, ch. 7）。もっとも、理想的な「ヘラクレス的裁判官」の内的視点からの判断過程の解釈学的説明であり、裁判官の役割倫理・専門職倫理に限られ、しかも、統合性を合法性と同一視し、「熱望的」法概念と位置づけていることとも関連するが、「熱望の道徳」の側面の説明に傾きすぎており、「義務の道徳」の側面への言及は少ない。

形式的合法性概念について、後ほど改めて論じる法の効力との関連をめぐる論点をさしあたり括弧に入れるならば、その形式的・手続的・制度的諸原理が、法内在的な構成・規制原理として重要な位置を占め、〝法的なるもの〟の核心と境界の同定において決定的な役割を果たしていることは、「法の支配」論議において形式的合法性概念について肯定的に論じる法理学者の間ではほぼ共通の了解事項とみてよいであろう。けれども、合法性の諸原理の遵守・実現が以上のような複雑な調整を必要とする程度問題であることに加えて、ラズらの強調するように、合法性も法システムが保持・実現すべき数多くの価値のうちの一つにしかすぎないということもまた、ほぼ共通の了解事項であろう。それ故、合法性の諸原理をどの程度どのような仕方で遵守すべきかについては、以上のような合法性の諸原理内部の調整に加えて、法によって実現・追求されるべき他の諸々の道徳的・政治的・社会的・経済的等々の目的・価値との比較衡量も避けることができないのである。

合法性の原理的要請のこのような複雑な構造と機能からみて、合法性の価値を万能視して、あらゆる法的領域で万難を排してその諸原理の貫徹をはかろうと硬直したリーガリズム的姿勢だけでなく、合法性をいかなる道徳的・政治的その他の法外在的な目的・価値の法的追求をも正当化する価値中立的・形式主義的な法の機能様式にすぎないとみる極端な法道具主義的姿勢もまた、法の支配の実現・確保という観点からは避けられるべきである。(31)法の支配の諸原理の基本的な役割は、法システムが、その〝法的〟特質を損なうことなく存立し作動できる最適条件と最低条件を提示し、法システム・裁判がどのような道徳的・政治的その他の法外在的な目的をどのような方法で実現・追求することができるか、その可能性と限界を見定める原理的指針を提示することである。

法の支配をめぐる論議において広く共有されるべき認識は、法というものが、自己目的的存在ではなく、道徳的・政治的その他の価値・目的の追求・実現の手段という側面ももつけれども、合法性の諸原理が、法システム・裁判などによって実現・追求できる価値・目的を一定範囲のものに限定するだけでなく、それらの追求・実現の仕方についても一定の制約を課すという規範的機能をもつことを承認することであろう。このことは、法の支配の独自の存在意義を確実に保証するためにも、また、「法の統合的自立性」の確保にとっても、不可欠である（田中二〇一七、一一－一四頁、本書プロローグ一三－一六頁、第二章第一節三　一二〇－二四参照）。

法の支配の諸原理は、多くの論者が強調するように、その要請内容の理解と実現には、程度問題を内含したその柔構造への鋭い洞察とバランス感覚を必要とする複雑な原理である。けれども、以上のような「法の品質」の保持に関わる規範的機能をもつことから、その要請や遵守は、フラーのいうような意味において「道徳」の問題でもあるとみるべきであり、H・L・A・ハートらのように、合法性の諸原理が極度の邪悪さとも共存しうる事実などを論拠に、合法性の諸原理の遵守をたんなる「効率」の問題にすぎないとみるのは適切ではない（この点に関する見解の対立状況についてはMurphy 2005, Waldron 1994, 2007b, 2008a, Gardner 2012, ch. 9など参照）。一定の目的実現のための有効な手段という効率の問題という側面があることは否定し難いけれども、効率と道徳は二者択一的なものではなく、合法性の諸原理の遵守、とりわけその最低限の要請内容の遵守は、義務論的拘束力をもつ「道徳」の問題であり、法の支配の実現は、裁判官などの法律専門家だけでなく、法の形成・運用に携わる公務員全体の役割倫理・専門職倫理の問題とみるべきであろう。

法実証主義者ラズは、ハートとフラーの中間的な立場をとり、「法の支配が道徳的価値自体ではない」ことを強調しつつも、「法の支配の遵守は、一つの法固有の価値、それどころか、法の最も重要な固有の価値である。……法の支配の遵守は、法それ自体、つまり、法が奉仕する目標を問わず、法そのものとしての法の価値であるから、法の支配は、裁判所や法律家が特別の責任を負う、数少ない法の価値のうちの一つである」（Raz 1979, pp. 225–26）ことは認めている。法の支配自体あるいはその遵守が重要な価値であることを認めつつも、それが「法的」価値にとどまり、「道徳的」価値ではないとするか、あるいは、法的価値と道徳的価値の概念的な関連ないし重なり合いを承認するか否かを、法実証主義的な法・道徳分離テーゼと関連づけて論じることが、従来の法理学的論議の重要争点とされてきた。けれども、既に指摘したように、法の支配やその遵守の価値を、法と道徳の区別と関連という、法実証主義対自然法論の伝統的対立の争点とのみ関連づけて論じることは、法の支配論の射程を狭め、その原理的要請の現代的再定式化の妨げとなっているきらいがあることから、本章では、この伝統的争点との関連の検討は必要最小限にとどめ、基本的に法の支配・合法性をフラー的な「法内在的道徳」と理解する立場を前提に論を進めている。

(2)　法の支配の原理的要請の規範的構造とその機能について、以下の考察の前提として、もう一点確認しておきたいことは、現代法システムにおける法の社会的機能の多様化と規範的機能・構造の変容に伴って、法の規範的機能・構造に関する従来の理論枠組の見直しの必要が生じている結果として、法の支配の射程や要請内容も再検討を求められており、法の支配論の基本構図の再定式化の必要が生じていることである。法の「規範的」機能・構造の変容に伴う問題状況は、次節以下においてそれぞれ関連箇所で取り上げることにして、ここでは、法の支配の射程や要請内容について、社会統制・活動促進・紛争解決・資源配分という主な「社会的」機能とどのように関わり合っているかということに焦点を合わせ、「強制的命令システム」から「議論・交渉フォーラム」への法への視座転換という課題と関連づけて、法の支配の機能も多面化してきている問題状況を素描しておきたい（強制的命令システムから議論・交渉フォーラムへの視座転換、法の社会的機能とそれらの相互関連について、詳しくは、田中二〇一一、四七-五二頁、七一-七八頁、一八九-二一四頁参照）。

法の支配の原理的要請内容は、シュクラーのいう法の支配のモンテスキュー・モデルなどに典型的にみられるように、刑罰などの強制的サンクションによって人びとに一定の行動様式を義務づける第一次的な社会統制としての国家の権力行使について、人びとの自由と安全の保障のために、法的規準・手続によって厳格に規制するという、法の第二次的な社会統制機能を中心に論じられてきた。このような国家の強制的権力の行使の法的規制ということが、現代においても、法の支配の最も基本的な要請として重要な位置を占めていることは間違いなく、法の支配のこのような基本的要請にそって法的過程が「強制的命令システム」として円滑に作動していることが、法的過程が一般の人びとの相互主体的視座に支えられて「議論・交渉フォーラム」として活性化しうる不可欠の前提条件であることは、いくら強調しても強調しすぎることはない。

けれども、法による社会統制において、刑罰などの強制的サンクションが必要かつ適切であり可能な領域はもともと限られており、また、法の機能拡大に伴って、法的社会統制の仕組みも変容し、補助金給付などの肯定的サンクションが用いられたり間接的な行動誘導・操作しかできなかったりする領域が増えてきている。さらに、現代国家においては法的手段による社会経済生活への配慮・介入が広範かつ積極的に行われるようになり、法の資源配分機能のウエイトが飛躍的に高まっているが、このような資源配分的法令については、国家が直接的に物理的な強制権力を行使することは少ないけれども、強制がハードな直接的な力の行使から間接的なソフトなものに形を変えたにすぎず、強制が一段と強化されたとみることもできる。それ故、現代法システムのもとでは、国家の権力行使については、刑罰などの強制的サンクションを伴うか否かを問わず、立法・司法・行政のすべての過程を、法の支配の原理のもとにおき、その具体的な要請内容をこのような国家の権力行使の形態の変容にも適切に対応できるように見直すことが重要な課題である。

このように、法の支配の原理的要請内容は、直接的には、立法・司法・行政という国家機関相互の権限の配分・調整およびそれらの国家機関の私人との関係における活動の規準・手続に関わるものである。けれども、法の支配の射程の理解において重要なことは、法の支配の理念がたんに権力の恣意専断の抑止ではなく、個人の自由と権利の保障であることに対応して、そのような国家機関相互の権限の配分・調整や国家機関の私人に対する行動の規準・手続の在り方が、個々の私人の法遵守・準拠活動や私人間の自主的な相互交渉活動との関連を視野に入れて論じることが不可欠であるとされていることである。このような法の支配の射程とその要請内容の在り方は、法の第一次的な機能が、国家の強制権力の行使と直接関連しない社会的次元において、個々の私人の法遵守・準拠活動と私人間の相互作用的な法的活動のための指針と枠組となる公共的理由を指図することであることに基づくものである。法システムが「強制的なシステムにおける自発的な協働」(Hart 1961, p. 193) の制度的枠組として円滑に作動するためには、このような自主的な相互作用的活動に対して、不当な強制の排除された公正な状況で自主的な交渉や理性的な議論が行われるように、間接的な規制を加えたり指針を示したり、権利侵害などの紛争の発生に備えて、権利救済・紛争解決の規準・手続を整備したりすることによって、活動促進と紛争解決という社会的機能を適正に果たすことが決定的に重要なのである。

このような社会的次元の活動促進と紛争解決に関する法的規準・手続の在り方を構成・規制する基本的諸原理を提示することもまた、法の支配の重要な課題である。法の支配のこのような原理的要請内容を定式化するにあたっては、市民は、たんに法的な規制・保護を受ける客体としてではなく、権利義務観念に準拠しつつ相互関係を自主的に調整するとともに、国家の不当な権力行使に対して異議を申し立てて能動的に法を用い動かす主体としても位置づけられなければならない。このように、市民を、裁判官その他の国家権力の行使者とも協働して、法の支配を支える主体としても位置づけ、法動態への市民の相互主体的姿勢の確立を促進・支援する手続的・制度的仕組みを整備することが、法システムの「議論・交渉フォーラム」としての活性化にとってきわめて重要なことなのである。

このように、法の支配の要請内容も、法の社会的機能の多様化に伴って、法の「強制的命令システム」としての適正な作動に関わる、国家権力の法的コントロールという消極的な機能だけでなく、法を「議論・交渉フォーラム」として活性化するための条件整備に関わる、市民の自主的活動の促進・支援や自律的能力の強化（empowerment）などの積極的な機能にまで拡がってきており、多面的になっている。[32] 法の支配のこのような多面化した要請内容のそれぞれについて、それらと関連する法の社会的機能が法システム全体のなかで果たすべき役割や、「義務の道徳」と「熱望の道徳」あるいは法システムの存立と作動に最適な条件と不可欠な最低条件という、法の支配の原理的要請の柔構造的特質と関連づけ、全体としてのバランスをはかりつつ定式化し、諸原理相互の優先順位を決め、相互調整を行うことが、「法の支配」論全体の基本的構図を描くにあたっての重要な課題である。このような課題に取り組むなかで、先ほど法の支配の原理的要請の規範的特質に関して指摘した諸問題と類似の難しい実務的問題が不可避的に生じるが、それらはいずれも、理論的にも、法そのものの存在理由、法の支配が前提とする人間像・社会像など、法哲学が問い続けてきた伝統的な根本的問題につながる難問である。

さらに、このように、法の支配の多面的な要請内容を法の多様な社会的機能と関連づけて考察することによって、法規範の機能様式・規定方式やその種別・相互関連などの分析の精細化とも相まって、法理論的にも、法源論、法の効力（規範的妥当性）、国家権力行使者の法への忠誠義務、一般市民の遵法義務などについて、「強制的命令システム」としての法構想に照準を合わせた従来の法的思考の基本的諸概念を見直し、「議論・交渉フォーラム」としての法構想にふさわしいものに再構成することが、「法の支配」論の現代的再定式化にとっても避け難い課題となっていることが明らかとなる（田中二〇一一、四七–六〇頁、二〇一三参照）。

次節においては、これらの再検討を迫られている法的思考の基本的諸概念の主なものを取り上げ、法理学的論点を整理しつつ、基本的な考え方の試論的な提示を試みたい。

（30）「熱望の道徳」と「義務の道徳」の区分は、類似の区分も説かれているけれども、必ずしも一般的なものではなく、その内容の説明からみても、フラー独自の用法だとみてよいであろう。フラーの区分は、法曹倫理などの専門職倫理の規定方式が、それぞれのプロフェッションのめざすべき理想・目標やその備えるべき徳性を指図し、プロフェッショナル団体の個々の構成員の自律的な遵守を求めるソフトな「努力規定」と、懲戒などの強制的サンクションの根拠となるハードな「義務規定」との二段階構成をとっていることに類似しており、このような専門職倫理の規定方式の意義や問題点は、法の支配の原理的要請の規範的構造の考察の参考にもなる。法曹倫理の努力規定と義務規定の段階区分については、アメリカ法曹協会の職務責任模範綱領（一九六九年）が、弁護士に期待される職務上の一般的な行動規準を簡潔に宣言する「規程（Canons）」、それぞれの規程に関して弁護士が個別的状況のもとで理想として追求すべき目標・原理を具体的に規定する「倫理的考慮事項（Ethical Considerations）」及び弁護士がそれ以下の行動をとれば懲戒処分を受けることになる最低限の義務を規定する「懲戒ルール（Disciplinary Rules）」という、三段階構成で規定されており、努力規定が倫理的考慮事項、義務規定が懲戒ルールにそれぞれ対応すると言われている。この綱領の改定作業にフラーが関与し、熱望の道徳と義務の道徳の区分という彼の考えが取り入れられたことについて、詳しくは、David Luban, "Rediscovering Fuller's Legal Ethics", Witteveen & van der Burg (eds.) 1999, pp. 193–225 参照。このような綱領の三段階構成と対比すると、法の支配をめぐる法理学的論議は、ほとんど規程レベルにとどまっており、倫理的考慮事項レベルの論議は少なく、懲戒ルール・レベルの論議は法律学の問題とみられているようである。

（31） リーガリズムと法道具主義の相互関係は、法の支配・合法性の原理的要請の規範的特質とその機能の考察における重要テーマであるが、私の理論枠組では、基本的に法の三類型モデル（及び「法化」「非=法化」論議）レベルのテーマとなるので（田中二〇一一、一二三–一二七頁）、本章では、これ以上立ち入らない。フラーが、目的=手段関係についての一般的な功利主義的見解を否定し、手段が目的の選択に道徳的な制約を加えることを強調する独自の見解（アリストテレス的な形相観念に類似しているという指摘もある）をとっていること、また、後ほど触れるように、法道具主義的な目的=手段関係の理解に対するフラーの批判的な見解が、効率性と道徳の関係をめぐるフラーと法実証主義者との見解の対立の背景にあることにだけ注意を喚起しておきたい。Fuller 1981, pp. 47–64, Pauline Westerman, "Means and Ends", Witteveen & van der Burg (eds.) 1999, pp. 145–68, Allan 2014, Dyzenhaus 2014, 田中一九九七、三九六–四〇六頁、同「ロン・L・フラーの社会秩序論」前掲注（15）三一〇–二三頁など参照。

（32） 私は、従来、法の支配へのアプローチについて、「『法の支配』の意義は、……甚だしく不正な法や悪い政治を排除するという消極的な規制原理ということにあるとみるべきであろう。……権力の恣意専断を抑止し、不当な自由の制限や理不尽な格差を排除することが『法の支配』の核心的な要請であり、『法の支配』をめぐる論議を拡散させすぎないためにも、『法の支配』のめざす価値理念については、……『消極的アプローチ』をとるのが適切であろう」(田中二〇一一、三三三頁)と考えていた。このような見解は、現在でも基本的には変わらず、正義問題への「消極的アプローチ(negative approach)」が適切だと考えているけれども、法の支配に関する説明としては、表現の仕方が不用意に断定的であり、法の支配の要請内容のこのような多面化傾向に対する本章の考察姿勢と相容れないきらいもあり、誤解を招かない表現に改める必要があると考えている。なお、この点については、賛同し難いところもあるが、示唆に富む方向として、Ph. Selznick, "Legal Cultures and the Rule of Law", M.Krygier & A. Czarnota (eds.), *The Rule of Law After Communism* (1999), Ashgate, pp. 21-38 参照。

第三節　法の支配と法の概念

一　〝法的なもの〟への制度的・動態的アプローチ

(1)　規範的正義論における法の支配の価値の以上のような整理をふまえ、法の支配と法の概念の関連についての考察に進みたい。まず、法というものが、法の支配論と法概念論において、それぞれ、どのようにとらえられ、どのような視座から論じられ、〝法的なるもの〟の領域のいかなる側面がどのような観点から論点とされているかを確認し、法の支配の価値や諸原理を法概念論のなかにどのように位置づけるべきかについて、基本的な構図を見定める必要がある。

以上の考察では、法の支配を論じる基本的な視座として、法の支配の基本理念が、国家権力の恣意専断を抑止し、個人の自由と権利を保障することであることに対応して、法の支配の諸原理によって構成・規制されるべき〝法的なるもの〟の領域も、国家の強制権力の行使に関わる立法・司法・行政過程に限らず、社会的次元における私人の自主的な相互作用的法的過程まで含めて、広く理解すべきであり、国家機関の権限・責務に関する諸原理の内容と意義も、たんに国家権力機関相互の抑制・均衡という観点からだけでなく、個々の私人の法遵守・準拠活動や私人間の相互作用的な法的活動との関連を射程に入れて論じることが不可欠であることを強調してきた。

このような法の支配へのアプローチは、法概念論において、法のポイント（存在理由）をどのように理解するかに対応しており、フラーやラズらのように、法的ルールの行動指針・行為理由指図という規範的機能を基礎に法理論を構想している場合には、考察視座がボトム・アップ的かトップ・ダウン的かという違いはあるにしろ、基本的に以上のようなアプローチと親和的である。それに対して、ドゥオーキンのように、法のポイントを国家の強制権力行使の制限・正当化ととらえて法理論を構想する場合には（Dworkin 1986, p.93など）、法の支配の原理や機能の考察においても、国家の強制権力の行使と直接関わらない社会的次元との関連は視野の外に置かれがちであり、一般的に、憲法学や公法学における法の支配論にはこのような限定的なアプローチをとる傾向が多い（このような傾向に批判的な見解として、土井二〇〇六、Allan 2014など参照）。ドゥオーキンが、形式的合法性概念に関する論議自体にほとんど関心を示さず、もっぱら裁判過程・法的推論の在り方から法の支配を論じ、法実証主義的な法規範・法体系論を厳しく批判するのみか、社会学的法概念論であるとしてその哲学的・実践的意義を否定したのは、彼の独特の法理学観にもよるが、このような法のポイントの理解の仕方によるところも大きい（田中二〇一七、一五一‐二五頁参照）。

制度的法概念論においては、〝法的なるもの〟の領域は、道徳的価値を志向する一方、他方では社会的事実を基盤とし、法独特の「制度化された実践」空間として存立し作動する「相対的に自立的な」領域ととらえられ、このような法的領域の内的構造・作動方式を、道徳的価値や社会的事実との区別と関連も含めて解明し、法をして法たらしめている重要な基本的諸特質を組み合わせて法の全体像を整合的に再構成することが、その中心的課題となる。このような〝法的なるもの〟の領域は、人々の行動の指針・評価の規準・理由を直接指図する法規範群（法的規準）だけでなく、それらの法規範群の形成と運用を規律する制度的枠組、法律家集団が法的議論・決定などの実践に用いる専門的な技法・ドクトリンなどによって、多面的に画定されており、法の概念の解明においても、これらの側面それぞれの〝法的〟特質を析出し、それらを統合的に組み合わせて、法の全体像を再構成することになる（詳しくは、田中二〇一七参照）。

このような法概念論においては、法の支配の諸原理には、法的空間・法的領域の「相対的自立性」を確保・実現するための最適あるいは最低限の条件を、規準・制度・実践の三側面から提示し、〝法的なるもの〟の核心と境界を多面的に画定する役割が与えられる。法の支配論は、このような役割をもつことによって、同時に、法概念論を、規範的正義論だけでなく、裁判・法的推論の規範的理論とも架橋する役割も果たさなければならない。

ところが、法の支配・合法性をめぐる論議においては、以上でしばしば触れたように、法体系・法規範の規準面に関わる形式的要件に関心が集中し、しかも、法実証主義の影響もあって、法というものを制定法とほぼ同一視して、法体系を既存の確定した一般的ルールからなる自立的なシステムと想定されてきた。そして、裁判における法的推論も、一般的ルールの定める法的要件に認定された具体的事実をあてはめて三段論法的に判決が導出されることが理想とされ、このような法体系・法的推論の在り方が、法の支配の形式的原理の要請であるという理解が支配的であった。このような論調のもとでは、法概念論を規範的正義論や裁判・法的推論の理論と統合的に架橋することにはほとんど関心が払われなかった。

このような法実証主義の影響のもとで形成された法体系・法規範・法的推論に関する従来の支配的な見解に対しては、リアリズム法学以来、いわゆる「法の不確定性」を理由とする理論的・実践的批判が拡がっているだけでなく、現代国家における法の規定方式の複雑多様化・裁判機能の変容・行政作用の飛躍的拡大などの実態を適切に説明できないという限界も広く認識されるようになり、様々な現代的再定式化の試みが行われてきている。

ハートのルール体系モデルや司法的裁量論は、これらの批判・限界への対応を意識しつつ提示されたものであるけれども、法実証主義の「記述的」法理学という方法論的主張と法・道徳分離テーゼや社会的事実（源泉）テーゼに固執した見解であり、法の支配という理念・原理に批判的・懐疑的な立場だけでなく、フラーやドゥオーキンらのように、法の支配を法内在的な道徳的価値として擁護する論者からも批判を浴びせられている。そして、ハートらの法実証主義的法理論に対する様々な立場からの批判が一つのきっかけとなり、〝法的なるもの〟の特質や法の支配の諸原理の要請内容を、従来の法理学的議論におけるように、法的規準面だけから解明することの一面性と限界に対する法理論的関心も次第に拡がり[33]、法の概念や法の支配をめぐる論議も新たな段階を迎えることになった。本章で考察する形式的合法性と司法的統合性という二つの合法性構想をめぐる論議は、まさにこのような段階の議論の展開を方向づけ、その基本的構図の再定式化を主導するものであった。

以上のような議論動向のもとで見直しを迫られている諸々の見解・論点のうち、本節では、法規範・法体系論に関する主な見解・論点について、「法的規準」と「法の効力」をめぐる議論を中心に概観的な整理と若干の考察を試み、それらの見解・論点が裁判・法的推論の理論との関連でもつ意義については、次節で改めて取り上げることにしたい。

(2)　まず、「法的規準」について、判決の正当化理由として準拠するのが適切な権威的「法源」という観点からみると、現代の法体系のもとでは、制定法が中心的な法源であるが、その他にも、憲法、判例、慣習法などが、それぞれ重要な役割を果たしており、法的規準も、制定法に限定せずに、これらの多元的な法源の複合体としてとらえる必要がある（Gardner 2012, ch. 3 など参照）。法形成と法適用の段階的区別についても、近代的な法の支配の基本的な制度的原理であり、現代でもこのような制度的原理が基本的に継承されているとみるべきであるけれども、制定法中心主義の法体系のもとでも、法形成作用を議会による立法に限定することは、このような法源の多元性と相容れないところがある。とくにコモン・ロー的伝統を受け継いでいる裁判実務については、判決の作用は、制定法だけでなく判例との関係でもみる必要があり、多かれ少なかれ法適用と法形成の両面がみられる。法源に関する制定法主義と判例法主義の伝統的な違いにもかかわらず、現代の法体系のもとでの法的規準の構造や特質の法理学的解明は、このような法的現実をふまえた概念的枠組を前提に行われなければならない。

いわゆる「法の確定性」についても、これらの各法源の指図内容がどの程度確定的である必要があるかは、それぞれの法源の法的制度化の段階に応じた役割と相関的に決まるものであるから、法と制定法を同一視して、法の確定性を制定法を念頭に画一的にとらえて、その予測可能性や法的安定性との関連を論じてきた従来の議論枠組も、このような法的現実に合わせて根本的に見直す必要がある。憲法、制定法、判例は、法の形成・適用・執行の各段階において、それぞれの規制領域で範型的と想定される法的な行動・議論・決定に必要かつ十分な共通の公的理由を指図して、関連する法的行動・議論・決定を枠づけ方向づける実践的機能を果たせばよく、すべての法的規準について、予測可能性や法的安定性の確保などを理由に、一般的ルールの要件＝効果図式による画一的確定性を要請することは非現実的であり、実務上その必要もない。法的規準についてどの程度の内容的確定性が必要かつ十分かは、法的規準の裁決規範的作用と行為規範的作用に分けて、前者については強制的（mandatory）法源だけでなく許容的（permisive）法源をも含め、[34] 後者については基本的に側面制約的で手段規定的な行為理由指図であることをふまえ、[35] 裁判における個別事例ごとの行為規範と裁決規範の相互調整をも視野に入れ、適切な内容的確定性の程度を、その実現方式とともに、総合的に検討されるべきである。法的規準の内容的確定性の問題は、理に適った実行可能な法的決定作成制度の設計と理解という実践的問題の一環として、賢慮に基づいて判断されるべき性質のものである。

法的規準の内容的確定性の要請は、法の一般性の一環として、明確性の問題として論じられることが多いが、法の一般性・明確性の要請を各法規範の指図内容から独立した概念的問題として抽象的に論じる法実証主義的アプローチは、実務上の重要な問題への対応指針を提示できず、理論的にも不適切である。法の一般性・明確性自体が、程度問題であることをふまえ、概念必然的な要請ではなく、規制対象の内容的特性と相関的に、法的決定作成手続・制度の公正性・実効性という実践的観点から、語用論的問題をも視野に入れて考察されるべきであろう。

制定法の場合についてみると、特定の制定法の策定においてどの程度の内容的確定性が必要かつ適切かは、その裁決規範的側面については、法律家集団のコンベンショナルな専門的技法・ドクトリンによって指図内容がより具体的に特定化され確定されることを想定して、行為規範的側面については、多様な社会規範と融合しつつ社会通念をふまえて遵守・準拠されることを想定して、規制対象の特性を考慮しつつ決められるべきものである。例えば、制定法に対して要求される内容的確定性の程度が、警察・検察などの恣意的な権力行使が個人の自由・権利の侵犯と直接結びつく刑事法の場合と、私人間の円滑な取引活動を促進・支援する民事法の場合とで、相当異なることは、関連法規の規定方式や実際に生じている具体的問題などをみても一目瞭然である。法の一般性・明確性による予測可能性の確保という要請が、重要な価値をもっている領域があることは正しく認識されるべきであるけれども、フィクション的意義しかもたない領域もあり、過大評価されるべきではない。

逆に、現代の多くの先進諸国においては、法的ルールによる要件＝効果図式を中心とする制定法の規定方式が一般的であり、このような方式のもとで、民事裁判・刑事裁判を問わず、いわゆるハード・ケースは訴訟事件のごく一部であるという状況、裁判外代替的紛争紛争解決手続（ADR）の盛況、刑事犯罪の発生状況などを全体としてみるならば、このような規定方式によって、ほとんどの法領域において大体において法の実効性が確保されているとみるのが穏当である。それ故、ポスト・モダン法学の諸潮流による「法の不確定性」の強調は、「法の不確定性」のもつ実務的・理論的意義を誇張しすぎであり、法体系・法的過程全体の説明としては偏っており、法的ルールによる要件＝効果図式を中心とする法的規定方式が理に適った実行可能な制度化の仕組みとしてもっている価値は正しく評価されるべきである。「法の不確定性」問題は、法の支配の要請内容について、規制対象ごとの法実務の現実の作動状況に適切に対応できるように見直す必要性を認識させるものの、法の支配の理想の実現可能性に一般的に懐疑的・否定的な見解の十分な論拠とは言い難い。

このように、法的行動・議論・決定の理由を指図する法的規準について、要件＝効果図式によって規定される「ルール」が中核的な位置を占めているという一般的事実自体は、法の支配の要請内容をめぐる論議においても、共通の了解事項として前提とされるべきである。けれども、法的規準に関する現代の議論状況においては、法的規準には、このような個別具体的事例に直接適用される一般的ルールの他にも、そのようなルールの背景的正当化理由と位置づけうる「原理」と呼ばれる、ルールとは質的に異なる独特の規範的拘束力をもつ一群の法的規準が含まれており、一定の法的ルールの個別具体的事例への適用可能性の確定やそのルールの意味内容の特定化などにおける裁判官の判断を規範的に拘束する重要な役割を果たしていることもまた、一般的に認められているところである。それ故、ルールと原理のそれぞれの規範的拘束力や相互関係をどのように理解するかについては、なお検討すべき論点があるものの、基本的には、法的規準をルールと原理に範疇的に区別して、重層的構造をもつものとして説明するのが適切であろう。

先ほど触れたように、現代の多くの先進諸国においては、ほとんどの法的領域において、一般的ルールによる要件＝効果図式という規定方式の行為規範的作用と裁決規範的作用が全体として円滑に作動し、大体において実効的に遵守され適用され、いわゆる「過剰／過少包摂（over/under inclusiveness）」問題への立法技術や法解釈技法による実効的な対応策（「原理」の規定や援用はその中心的手法）も講じられている。このような法的状況では、

F・シャウアーのいう「ルール基底的決定作成（rule-based decision-making）」方式[36]が、権力分立制による法の不確定性への段階的対応における裁判の制度的役割を理解する基本的モデルとして穏当なものと評価してよいであろう。そして、このような決定作成方式のもとでは、裁判官は、個別具体的な事例に関連する法的諸ルールのいわゆる排除置換的（preemptive）作用を内的視点から受容する義務があり、判決作成過程においてそれらのルールの背後にある関連諸原理に配慮することはあっても、ルールの排除置換的作用を斥けて何らかの原理を判決の直接的な理由とすることはごく例外的なことと考えるべきである。もちろん、法的ルールの排除置換的作用については、ラズらの法実証主義的見解と一体的に理解する必要はなく、原則的要請と理解すれば十分であり（本書第二章一二六頁注（9）参照）、一般的に、法の効力・拘束力については、後ほど説明するように、従来の支配的な理解を見直し、必要に応じて従来の概念規定を修正することも検討する必要がある。

もっとも、ルールを中心とする従来からの法的規定方式においても、一般化に不可避的に伴う「過剰／過少包摂」問題に対応するために、「相応の（due）」「理に適った（reasonable）」などの規範的概念の活用をはじめ、立法技術や法解釈技法による様々な対応の工夫が積み重ねられてきている。また、アリストテレスも指摘したように、衡平の実現は裁判の重要な任務であり、裁判官の賢慮に基づく個別的判断にゆだねられてきた範囲は一般に考えられている以上に広い。次節で改めて説明するように、判決形成におけるルールの適用と原理に基づく正当化は、従来から実務上それほど明確に区別されずに融合的に行われてきており、ルール基底的推論と原理に基づく正当化をあまり対立的にとらえることは適切でない。けれども、ドゥオーキンに限らず、コモン・ロー裁判実務の伝統を肯定的に評価する論者には、法的推論・議論における原理の役割の重要性を強調するあまり、ルールを規範的拘束力のない〝経験則（rule of thumb）〟と同じように扱い、ルールの第一次的な排除置換的作用を軽視しすぎるきらいがあることは、法の不確定性問題への段階的対応において裁判が「ルール基底的決定作成」方式をとることの実践的意義を過小評価するものであり、賛同し難い。

他方、法的原理についても、制定法や判例に明示されている場合でも、適用範囲の狭いものから広いものまで、幾段階かのレベルの原理が多層的に存在しており、個別具体的事例においてどの範囲のどのレベルの原理にまで遡ることが義務づけられ、あるいは許容されるのかという、難しい実務的問題がある。また、法的議論で援用される原理には、実定法規として明示的に規定されているもの、確立された判例や学説として法律家集団のなかで受け継がれてきているもの、個々のあるいは一群の実定法規の背後にあるものとしてそれらの法規の体系的・目的論的解釈によって解明されるものなど、その形態は様々である。内容的に政治道徳的原理と重なり合うものも少なくないが、それらの原理が、法源という意味での法的規準なのか、それとも、法的規準の具体的内容の確定にあたって考慮される非=法的要因なのか、明確でなく、そのような区別すら意識されていないきらいがあり、一定の原理を〝法的〟とする理論的根拠やその同定方法などについては意見が分かれている。法的原理を媒介に法的領域・観点と政治道徳的領域・観点が交錯し、〝法的なるもの〟の境界が一般に考えられているほど明確ではない事実をふまえ、後ほどそれぞれ関連箇所で改めて取り上げるように、法の効力・規範的妥当性、判決の正当化・法的議論の理由づけの在り方について、法実証主義的な法・道徳分離テーゼをはじめ、従来からの支配的な議論枠組を再検討し、法の自立性の考え方自体を見直すことが必要となっている。だが、このような考察においては、法実証主義的テーゼの批判的検討だけでなく、判決形成における「原理」の役割に関するドゥオーキンの見解についても、その問題提起的意義を認めつつも、原理に関する具体的な政治哲学的・法解釈論的所論には異論が多いことをふまえて、慎重な批判的検討が不可欠であることも、予め付言しておく。

(3)　次に、法的規準について、法規範・法体系論との関係についてみておこう。実定法の制度的規範的秩序として重要な特質がその「体系性」にあるとみられ、このような法体系は、様々な種類の法規範の複合体であるという理解が一般的である。そして、このような法体系を構成する法規範群の中心に位置するのは、一般私人や公務員の法的行動・議論・決定の理由を指図する法的規準（行為規範・裁決規範）であるが、これらの法的規準の形成・適用・執行過程全体が、統一的な自己組織的システムとして存立し作動するための制度的仕組みが不可欠であり、法規範のなかには、立法・司法・行政などの法的機関の組織・権限やその活動の規準・手続などの制度的仕組みを規定する独特の規範群（組織規範）も含まれているとみるのが、説明用語に相違はあるものの、現代の制度的法概念論の共通の了解事項とみてよいであろう。そして、行為規範、裁決規範、組織規範は、それぞれ独自の規定方式によって、命令・禁止・許容・授権という指図様式を組み合わせ、義務賦課や権能付与という規範的機能を果たしているが、個々の規範群の構造的・機能的特質や、これらの規範群の相互関係をどのように理解するかについては、意見が分かれている。[37] このような見解の対立状況が、法の支配の基本理念・主要原理の内容や意義を、行為規範、裁決規範のいずれに照準を合わせて論じるべきか、また、裁判官の法への忠誠義務の理解に関して、裁決規範と組織規範との関係をどのように理解するかなどの論議に影響を及ぼしている。

このように、法体系は、全体としてみれば、行為規範・裁決規範・組織規範という、三種類の規範群が相互に支え合った立体的な構造をなしていることに対応して、〝法的なるもの〟の全体像をとらえるためには、諸々の法的規準だけでなく、それらの法的規準の形成・適用・執行の制度的枠組、さらには、法律家集団が法的議論・決定などの実践に用いる専門的な技法・ドクトリンをも含めて、それらの相互関連によって構成・規制される〝法的なるもの〟の領域の動態的特質を、多面的・立体的に見定める必要がある。法体系が社会の変化に応答的に対応しつつも、相対的に自立的な動態的システムとして存立し作動し続けるためには、法律家的実践の専門的技法・ドクトリンの蓄積が不可欠であり、また、法体系の整合性や統合性の確保は、個別的な制定法・判例などの法的規準の積み重ねだけでは不可能であり、このような専門的技法・ドクトリンによる継続的な理論的構成が重要な役割を果たしているのである（Waldron 2008, pp. 32-36, Postema 2010, pp. 274-75など参照）。法の支配・合法性をめぐる従来の法理学的な議論が、法実証主義的ないわゆる「ルール体系モデル」の影響のもとに、「法的規準」の概念分析に焦点を合わせた静態的な法規範・法体系論に照準を合わせて展開されてきた状況から脱却し、例えばR・アレクシーの三次元的な「ルール／原理／手続モデル」[38]などのように、法規範・法体系論と法的議論の理論を架橋する動態的な法モデルの構築をめざす必要がある。

最後に、法の支配の現代的再定式化の方向をさぐるうえで無視できない問題状況として、以上の諸論点の共通の背景でもあるが、現代の積極国家・規制国家のもとで法が実質的正義・政策目標などの実現手段としても広範に用いられるようになっていることから生じている現代的状況を指摘しておく必要があろう。このように、現代国家における法の機能領域が拡がってきていることによって、立法＝法形成、司法＝法適用、行政＝法執行という、近代的な権力分立制が前提としていた対応関係が崩れ、とくに行政が法の執行だけでなく、法の形成や適用にも関与するようになり、法の形態と作動方式が大きく変容し、立法段階における法的規準の確定性とその忠実な適用・執行という、近代的な法の支配論の前提が根本的な見直しを迫られている。このような問題状況は、すでにダイシーが法の支配の三原理を提唱し、議会主権と法の支配の調整をめざした当時から認識されてはいたけれども、英米における法理学・憲法基礎論レベルの法の支配論では、ダイシーの伝統を受け継いで、法の支配の制度的要請の問題としては、司法審査制や裁判官法などをめぐる立法と司法の権限調整は重要争点の一つとして論じられるが、司法と行政の権限調整、とくに司法の行政チェックの在り方は、法の支配の問題として論じられることは少ないように見受けられる[39]。

とりわけ、法の支配の形式的理論には、コモン・ロー的な法・裁判の伝統を自明視して、フラーの〝法〟と〝管理的指令（managerial direction）〟の区別（Fuller 1969, ch. V）、ハイエクの〝ノモス（nomos）〟と〝テシス（thesis)〟の区別[40]などのように、実質的正義・政策的目標などの実現に関わる行政過程だけでなく、資源配分的管理型法を制定する立法過程をも「法の支配」論の射程外においている見解が少なくない。このような理論状況は、シュクラーの批判にもみられるように、法の支配の現代的定式化をめぐる論議を偏らせている背景として無視できず、とくに現代日本の法状況のもとでの英米法型「法の支配」論と大陸法型「法治国家」論の対抗構図[41]に照らしてみた場合、本章で取り上げる英米法理学の合法性概念をめぐる議論構図の致命的限界であろう。

以上のような法的規準を中心とする法規範・法体系の法理学考察の諸論点と問題状況をふまえ、以下においては、「法の効力」をめぐって法の支配論と法概念論がどのように関連しているかという問題に焦点を絞って、整理と検討を試みたい。

(33) 田中二〇一七(本書第二章)は、ハートらの法実証主義的な法体系論に対するドゥオーキンの政治・道徳哲学的方向からの批判とW・トワイニングらの社会理論的方向からの批判を手がかりに、このような理論動向を方法論的側面から概観したものであり、本章で考察する法の支配論のいわば背景的理論の方法論的論点の解明を試みたものである。本章は、そこでの法概念論についての一般的説明を前提として、法の支配というテーマに焦点を合わせた考察を試みており、重複する内容は、説明を簡略化ないし割愛して、関連箇所の参照を指示するにとどめた。また、ハートのルール体系モデルと司法的裁量論及びそれに対する諸批判については、田中一九七五でかなり詳しく紹介・検討したことがあるが、それ以降の論議の進展との関連をふまえて再検討の必要を感じている論点もある。とくに、司法的裁量と法的規準の関係は、ハート＝ドゥオーキン論争の法理学的議論枠組で論じる意義に懐疑的になっており、民事訴訟に関する手続裁量論をめぐる論議なども関連づけて、実体法的規準と手続過程の規律を統合的にとらえる動態的な考察が不可欠であり、行政的裁量とその法的規制に関する理論と実務の近時の飛躍的な進展とも対比しつつ、法律学・法理学の従来の議論枠組自体の見直しをすることが必要である考えている。しかし、これらの点に詳しく立ち入ると、本章のテーマからはみだしてしまうおそれがあるので、機会を改めて別個に考察することにして、本章では、とくに補足・補正が必要なものをのぞき、基本的に論点の整理と問題の所在の指摘だけにとどめたい。

(34) Hart 1961, pp. 246-47. MacCormick 1978, pp. 159-64.「許容的」法源という用語は、必ずしも一般的なものではないが、ハートは、実務において、法体系が裁判官に用いることを「要求」しないけれども、そうすべきであることが完全に適切なものとして受け容れられており、決定の〝適切な理由〟として承認されている法源をこのように呼んでおり、いわゆるフォーマルな権威的法源だけでなく、一部のインフォーマルな説得的法源も含めているようである。しかし、権威的法源と説得的法源の境界を明確に規定することは難しく、フォーマルな権威的法源についても、その作用様式からみて〝mandatory〟と特徴づけることが、語感的に無理があるものもあり、法源の法的拘束力の性質については、法的規準の効力（規範的妥当性）の性質と同様、法理論的に再検討の必要がある。

ハートのこのような見解は、実務では妥当な法とそうでない法の境界は必ずしも明確でなく、ドゥオーキンのいうような「原理」の法的妥当性が認められる可能性を承認することになり、法と非=法を峻別する法実証主義的な法源理論・法的効力論が不整合であることを示すものとして引き合いに出されている。しかし、法源の外延を、このように許容的法源にまで拡げるとしても、やはり、実務上どこかで法的に許容可能な法源の範囲の線引きが必要であり、法実証主義的な社会的事実（源泉）テーゼを基本的前提とせずに、それとの関連なしに、その同定基準・手続を定式化することは難しく、マコーミックが、ハートの見解をふまえつつ、原理についてこれらの問題について示唆に富む説明をしている。

(35) N. MacCormick, "Citizens' Legal Reasoning and Its Importance for Jurisprudence", *ARSP* Beiheft 40, pp. 15-21. 田中二〇一三、二六-二九頁（本書第一章五一-五五頁）、同「法的交渉と裁判・法規範・法的議論との関係（一）」民商法雑誌一四七巻二号（二〇一二年）一五二-五八頁（本書第一章六二-六六頁）参照。

(36) F・シャウアーの「ルール基底的決定作成」方式については、Schauer 1991a, 1991b, 1991c, Postema 1991, 那須二〇〇一、八〇-一二二頁参照。彼は、「固定化された一般性（entrenched generality）」としてのルールとそのようなルールの背景的正当化理由（原理・目的・趣旨・政策など）という概念枠組を用いて、公共的決定作成の権限・責任の配分という制度的環境設計の観点から「ルール基底的」決定作成のメリット・デメリットを、「全事情考慮的（all-things-considered）」個別主義的決定作成（および一定のルールの価値を尊重する中間的な「ルールに敏感な（rule-sensitive）」個別主義的決定作成）と比較衡量し、ルール基底的方式が、一般化（generalization）に不可避的に伴う「過剰／過少包摂」問題に適切な対応策を組み込んでいるならば、法の支配の要請に適い、裁判における法的決定作成制度の構造的特質の実行可能な現実的モデルであることを、基本的にプラグマティズム的立場から説明している。彼が「次善の」方式としてこのモデルを擁護する理論的前提としている二つの見解のうち、法的議論で利用可能な理由・規範の限定に関する「限定領域テーゼ」という見解（Schauer 2004）については、一定の修正をした上で基本的に賛同するものであるが（田中二〇一七、一一－一四頁、本書第二章一二六頁（注９））、「推定的（presumptive）法実証主義」については、見解を異にするところがある。

「ルール基底的決定作成」方式自体については、Postema 1991, 那須二〇〇一などで指摘されている問題点を認識しているけれども、事実審をも含めた、司法的裁判の決定作成制度の記述的・規範的モデルとしては、法実証主義的な概念的テーゼをめぐる不毛な概念的論争を避けて、実行可能な現実的な裁判制度の設計と理解という実践的問題としてとらえなおして、形式的合法性の制度的諸原理と法の支配の法的推論に対する要請との架橋を試みるプラグマティズム的アプローチとして示唆に富んだものとして評価できる。ただ、シャウアーは、原理・類推・先例によるコモン・ロー独特の決定作成方式を、「ルールに敏感な」個別主義的決定作成方式と位置づけ、ドゥオーキンの法解釈理論も「理由の法理学」として、このような中間的方式の一例とみて否定的に論評しており（Schauer 1987、コモン・ロー独特の推論方式も彼の概念枠組に取り込んで説明している（Schauer 2009）。フラーやドゥオーキンにみられるコモン・ロー独特の裁判・法曹・法的思考様式などの賞賛には批判的であり、法的正当化実践の内的構造の分析やその実践的指導原理についての彼らの「内的視点」からの規範的説明にも距離をおいた評価をしている（Schauer 1994）。

また、法的ルールを「固定化された一般性」としてとらえるだけでは、法的ルールの法的推論に対する規範的要請を特定化するのに不十分であり、マコーミックらのように（MacCormick 1978, 2005）、「一般的ルールの要件＝効果図式による定式化」まで形式的原理の要請内容に含める必要がある。それ故、形式的合法性の制度的諸原理を、ドゥオーキンらのような原理を重視する法的推論の理論とより整合的に架橋するためには、後ほど説明するように、法的正当化過程全体をルール基底的推論と原理基底的推論の統合として「二段階正当化モデル」によって説明するマコーミックらのアプローチを、非基礎づけ主義的に理解して基本的な理論枠組とするほうが適切だと考えられる。この点については、田中二〇一一、五四六－五五二頁参照。

(37)　私見については、田中二〇一一、六三－七一頁参照。法体系を第一次的ルールと第二次的ルールの結合ととらえるハートの見解が、法理学的な法体系論の議論の共通基盤となっているけれども、後ほどそれぞれ関連箇所で触れるように、法体系をルールだけから構成されるとみるのは適切ではないと考えていること、裁判を、制定法の適用という規範論理的観点からだけでなく、行為規範と裁決規範とのフィードバックの場という社会的機能の観点からも位置づける必要があること、裁判官の法への忠誠義務の内容を法的規準による直接的拘束と制度的・手続的規範・原理による間接的拘束を分けて考察するのに適していることなどから、本章では、私の従来からの整理の仕方にそって説明する。

(38)「ルール／原理／手続モデル」については、アレクシーの見解に全面的に賛同するものではなく、修正が必要と考えているが、さしあたり、R. Alexy, "Rechtssystem und praktische Vernunft", *Rechtstheorie* 18 (1987), S. 405-19, "Idee und Structur eines vernünftigen Rechtssystem", *ARSP*, Beiheft 44 (1991), S. 30-44. 田中成明「法的思考についての覚書」山下正男編『法的思考の研究』（京都大学人文科学研究所、一九九三年）五七三-八〇頁参照。

(39) 管見の限りでは、本章で取り上げた英米法理学の文献のうち、法の支配と関連づけてこの問題にも言及しているのは、Dyzenhaus 1999a, 2000, Allan 2001 だけのようである。この点は英米法理学における法の支配論の議論枠組の重大な欠陥であると理解しており、本章では立ち入ることができないが、法の三類型モデルを用いてわが国の現代的問題状況をふまえて法の支配・合法性の限界を考察する際に、リーガリズムと法的道具主義の緊張関係の問題とも関連づけて補完することにしたい。

(40) F. A. Hayek, *Law, Legislation and Liberty: Vol. 1 Rules and Order* (Univ. of Chicago Press, 1973), chs. 5, 6 参照。なお、本章において、法の支配の形式的理論の代表的論者と目されているハイエクの見解にほとんど言及しないのは、彼が本章で取り上げる法の支配・合法性をめぐる英米法理学の論議に直接加わっていないからであり、私は、彼の法の支配論を、法思想・政治思想として示唆に富んだものであり、英米の法の支配・立憲主義のコモン・ロー的起源・特質に関する彼の理解（とくに Hayek, *The Constitution of Liberty*, Univ. of Chicago Press, 1960）が、理想化しすぎているきらいがあるものの、我々大陸法圏の法理学者にとって分かりやすく、的確なものであると評価している。ハイエクの法の支配論については、阪本昌成『法の支配――オーストラリア学派の自由論と国家論』（勁草書房、二〇〇六年）参照。

(41) このようなわが国の議論構図については、本章一七三-七四頁注（7）で挙げた文献の他、髙田敏『法治国家観の展開』（有斐閣、二〇一三年）第四章・第六章・結章参照。

二　法の効力と法の支配

(1) 以上のような法規範・法体系論をめぐる議論状況の整理からもうかがえるように、法概念論は、「法的規準」と「法の効力」の問題をめぐる議論を中心に、法の支配論と交錯している。法的規準の存在構造と機能方式を、各種の法規範との関係やその法体系における静態的位置づけだけでなく、裁判過程・法的推論との動態的関係も含めて、全体的に解明することは、法の規範的・構造的特質の解明にとってだけでなく、法の支配・合法性の諸原理の内容や意義の考察にとっても中心的課題であり、このような問題群は、法理学においては、伝統的に法の効力（妥当性）という概念に焦点を合わせて論じられてきた。

法の効力という概念は、実定法独特の存在様式であるが、この概念をどのレベルでどのように規定するかは、実定法体系の内的構造・作動方式が、道徳的価値や社会的事実とどのように区別され関連づけられているかをめぐる法実証主義対自然法論の伝統的論争の中心的争点であり、法理学的な法の支配論も、このような伝統的論点と絡み合いながら展開されてきた。このような法の効力の概念やその識別基準の解明が、法の規範性の哲学的説明に不可欠であり、法概念論の重要な課題であることを決して軽視するものではないけれども、制度的法概念論においては、その全体的課題のあくまでも一部であり、法の効力に関する法律学独特の思考様式を自明視することなく、法の制度的規範的構造全体のなかに位置づけて批判的に論じることによってはじめて、規範的正義論だけでなく、裁判制度・法的推論の理論との在るべき関連も明らかにすることが可能となるのであり、従来の伝統的な議論枠組にとらわれないアプローチが必要である。(42)

法の効力という概念は、典型的な法律学的概念であり、制定法や判決を、妥当なものとそうでないものとに二値的に区別し、確定的な内容をもつ妥当な制定法・判決のみが拘束力をもつとする説明が、法律学・法実務では一般的に行われてきた。そして、法理学的考察、とくに法実証主義的アプローチにおいては、このような法律学的思考を自明視して、〝法的なるもの〟の領域を政治道徳的領域などの関連諸領域から、また、妥当な法的規準を政治道徳的規準などの非＝法的諸規準から明確に区別できるという概念的前提で、その識別基準の解明に主たる関心が向けられてきた。けれども、法理学における法体系・法規範の理論的考察にとっては、このような法律学・法実務の二値的な思考枠組をそのまま受け容れるべき必然性はなく、法理学的考察の課題としては、妥当な法の拘束力が一体どのような性質のものなのか、制定法と判例で異なるのか同じなのか、また、法の自立性と確定性の関係、すなわち法が非=法的なものから区別されるということと法の内容が確定的であるということとはどのような関係にあるのか、その内実を解明し、何故に法律学・法実務ではこのような二値的思考枠組がとられるのか、その理由をさぐることが哲学的に重要なのである。

実定法システムの内的構造・作動方式の法理学的考察においても、道徳的価値や社会的事実との区別だけでなく、関連をも視野に入れ、〝法的なるもの〟の中心的・核心的な構造的特質と同時に、その周縁的・境界的領域における動態的過程の仕組みをも含めた、統合的な全体像の解明がめざされるべきであろう。フラーの「法内在的道徳」としての形式的合法性概念の提唱や、ドゥオーキンの「確定的な法的規準」という観念を否定する「統合性としての合法性」構想の提唱は、いずれも、少なからぬ難点をもっているものの、それぞれ異なる観点から法実証主義的な法の支配論を批判することによって、従来の法理学的な議論枠組の軌道修正を迫る問題提起として受け止められるべきである。

法の効力という概念は、法が人びとの実践的考慮・決定・行動を拘束するという規範的妥当性のことであり、法が現実に遵守・適用され実現されているという事実的実効性とは別個の概念である。だが、法の規範的妥当性と事実的実効性が何らかの相互関係にあることは否定できず、この相互関係をどのように理解し概念化するか、妥当性と実効性、それぞれの内実を、法の道徳的内容やそれに対する道徳的評価と関係なしに同定・識別できるのかどうか、また、それが適切かどうかということが、法実証主義対自然法論の伝統的対立の中心的争点であった。本章は、〝謎解きゲーム〟化したこの論争の議論枠組の呪縛からできるだけ距離をおいた考察をめざしており、法の規範的妥当性については、一定の制度的規範的秩序が大体において実効的な実定法体系として存在し作動している経験的事実を前提に、その法体系に属する法的規準を実践的行動・議論・決定の共通の正当化理由として受け容れるという「法的観点」を公務員や一般私人が共有したうえで、法的規準を遵守・適用するという実践的慣行（コンベンション）であると理解する（田中二〇一一、八九-九八頁参照）。そして、法理学的な課題は、このような実践的慣行を規範的現象として解釈学的に解明し説明することであり、法的規準が現実に遵守・適用されているという事実も、〝ナマの事実〟ではなく、一定の法的観点から関連する法的諸規準に照らして解釈されてはじめて意味をもつ〝制度的事実〟であると理解する（MacCormick 2007, pp. 290, 304）。このような理解に基づいて、ここでは、法の支配・合法性をめぐる論議が、法の効力の概念やその識別基準の問題とどのように絡み、関連し合っていると理解し説明するのが適切かについて、考え方の基本的な方向を説明したい。

(2)　法の効力の問題は、(i)法体系全体の存在条件、(ii)個々の一般的法的規準の法的資格とその内容の同定、(iii)個別具体的な判決の効力という、三段階に分けて論じることができ、段階ごとにその同定の基準・方法や拘束力の内実に少なからぬ違いがある。このような段階的区分と関連づけて整理すると、形式的合法性概念をめぐる議論では、法実証主義は主として理論的関心から、フラーは主として実践的関心から、(i)法体系全体と(ii)一般的法的規準に焦点を合わせ、法の効力の問題を論じているのに対して、ドゥオーキンの統合性構想は、法実証主義などの従来の法の支配論が、(iii)個別具体的判決の法的な正しさ（真理条件）を、(ii)一般的法的規準による拘束との関連のみで論じてきたことを批判し、法的規準による拘束を基本的に認めつつも、正義・公正などの政治道徳的原理との内的関連をも視野に入れ、それらの緊張関係のなかで、もっぱら実践的関心から論じようとするものとみることができる。法の効力の概念については、実務上は一応のコンセンサスがあるようにみえるけれども、理論上は、概念自体にそれほど十分なコンセンサスがあるわけではない。法理学者の問題関心には、このように、法実証主義、フラー、ドゥオーキンのアプローチをみただけでも、無視し難いズレがあり、法の効力の問題をめぐる論議がなかなか嚙み合わない理由を確認することが重要である。

法の効力はその拘束力と同義的に説明されることが多く、義務づけ力とも同一視されることもあるが、許容的法源、権能付与規範、自主法規などの存在を考慮すると、拘束力はともかく、義務づけ力という表現は、法の規範的妥当性の一般的な特徴づけとして必ずしも適切でないことに留意すべきである。また、法的ルールのいわゆる排除置換的（preemptive）作用についても、その指図内容について否認・拒否などの議論を一切遮断する「最終決定的な（peremptory）」ものと理解する見解は、一般的ではなくなっている。実務上、法的に最終的な強制的拘束力をもつのは、個別具体的な確定判決だけであり、判決の正当化理由となる一般的法的規準の拘束力については、排除置換的作用をもつとされる権威的な法的ルールであっても、想定外の事情が生じたり相応の格別の理由があったりする場合には「阻却可能な（defeasible）」ものであることを重視する見解が増えている。個別具体的事例への一定のルールの適用結果がそのルールと関連する背景的原理と著しく不整合であったり通念的正義感覚や批判的政治道徳原理に著しく反する場合などには、その解釈適用の法的当否を議論し、その法的ルールの拘束力に異議を唱えることも可能であり、そのような意味では、権威的な法的ルールも、「一応の（*prima facie*）」あるいは「推定的（presumptive）」効力しかもたず、このような意味では必ずしも確定的ではないとみられるようになっている。法的ルールの阻却可能性は、あくまでも例外的事例で問題化するにすぎないけれども、このような阻却可能性の故に、多くの法的ルールについて、その確定的（determined）とみられている内容も議論可能な（arguable）ものに転化するという動態的な緊張関係が内含されていることを正しく認識する必要がある。(43)

一般的な法的ルールの拘束力がこのような性質のものであることに加えて、要件＝効果図式で規定される一般的ルールが法的規準全体のなかで中心的な位置を占めているとしても、実定法的規準には、既述のように（二三五―三七頁参照)、ルールとは範疇的に異なる多様な「原理」も含まれており、そのなかには、法実証主義的な社会的事実(源泉)テーゼに照らして法的効力を認められるものも少なくない。そして、法源を、制定法だけに限定せず、憲法や判例なども含め、多元的なものとみれば、個別具体的事例と関連する法的規準の内容の確定においてこのような原理のもつ独特の拘束力の比重は一段と高まる。そして、法的原理については、その性質上、不確定な側面ないし範囲だけでなく、議論可能な(arguable)側面ないし範囲も当然広くなる。このような法源としての法的規準について各段階で要求される確定性は、既述のように(二三三―三五頁参照)、一定の類型的な問題事例ごとに、一般私人や公務員が個別具体的な法的な行動・議論・決定やそれらの正当化理由を考慮するにあたって必要かつ十分な枠づけと方向づけをする程度の明確性であり、個別具体的事例における一般的規準の具体的な指図内容については一定範囲の解釈・議論の余地が残されているのが通例であり、一般的法的規準の内容的確定性を固定的かつ画一的に考える概念的説明は、法実務の実態の説明モデルとして適切ではない。

このような法実務の実態をふまえて、法の効力の問題と一体的に論じられている、法的規準の「確定性」についても、その内容を現実的かつ弾力的に、法源の種別ごとに解明することが必要であり、一般的法的規準が政治道徳的その他の非=法的諸規準から明確に区別されて存在するという、法の自立性に関する従来の支配的な見解もまた見直されなければならない。このような法の確定性や自立性について、ドゥオーキンは、独特の拘束力をもつ諸々の法的原理が政治道徳的原理でもありうることを強調して、「既存の法」を「他の諸規準から区別され確定された特定の法的諸規準の集合」とみる法実証主義的見解を「学者的フィクション」批判しているが、この批判が「一般的な法的規準」の観念自体まで否定しているとすれば、賛同し難い(田中二〇一七、一九―二〇頁、本書第二章一二二―二三頁参照)。法的規準には議論可能な不確定な側面が不可避的に含まれていることが事実であるとしても、実践的議論の段階的制度化における法的規準の主たる存在理由は、既述のような意味での確定的な側面をもつことであるから、後ほど改めて説明するように、法解釈実践の暫定的起点となる「法的」規準の同定基準・手続の理論的定式化は不可欠である。

法理学的な法規範・法体系論においては、以上で説明したような拘束力と確定性をもった一般的な法的規準が、法体系の存立と法的過程の作動の中枢に位置しているとみるのが適切であり、そのような法的規準の法的資格の同定は、法的原理も含めて、法実証主義的な社会的事実（源泉）テーゼを基軸に、後ほど説明する「関連性（relevancy）テスト」の要件を加味した基準・手続によって行うことができると考えられる。けれども、「関連性テスト」が、法実証主義者のいうような「内容独立的」なものではなく、個別事例や関連法領域と相関的な側面をもつこともあって、このような法的規準の同定は、先ほど触れたように基本的に〝制度的事実〟の解釈学的解明である。しかも、個別具体的事例において一定の政治道徳的原理を法的原理として組み込むことができるかどうかは、このような概念的基準だけでなく、それぞれの実定法体系における憲法を頂点とする各法領域の一群の法的諸規準の規定内容との関連性によって左右され、その限りで、原理の法的資格の同定は、法解釈実践と融合することになる。ドゥオーキンの統合性構想のもとで提唱されている構成的解釈理論は、このような考え方とも両立する見解と解することもできるけれども、後ほど説明するように、原理の法的資格の同定と法解釈実践とは、どちらも基本的に解釈学的実践だとしても、それぞれの目的・視点が異なり、段階的に区別されるべき実践である。ドゥオーキンのように、裁判官的視点を全面化して一体的に論じることは、形式的合法性の法の公示性の要請の市民社会的意義を無視することになり、法的規準の一般市民に対する行為理由指図機能を視野の外におく法律家的思考という批判を免れ難い。

(3)　以上のような法の効力（妥当性）に関する基本的諸概念の整理をふまえ、法の支配・合法性論議が、法の効力をめぐる理論的・実務的論争と直接に関連する争点についてみてみよう。フラーが、ハートとの論争において、ナチス独裁体制の戦後処理判決をめぐる法実証主義的な法・道徳分離テーゼの批判に用いたのは、合法性の諸原理の最低限の尊重は法体系の存在に不可欠であり、合法性の諸原理から甚だしく背反したりその遵守に全面的に失敗したりすると、法体系そのものが存在しなくなり、そのもとでの個別的な法的規準・判決もまた効力を失うという論法である（Fuller 1969, pp. 38-41, 197-200）。個別的な法規・判決の効力についても、法体系全体の効力・存在を背景として、それと関連づけて論じる必要があることを説くものであった。

　このように、伝統的な高次の法としての自然法概念に訴えることなく、合法性の諸原理の最低限の要請を充すことが法体系の効力・存在の条件であるとするフラーの論法を支える理論的根拠は、合法性の諸原理が「法内在的道徳」であるとする反法実証主義的テーゼである。フラーの「法内在的道徳」という概念の意義は、ハートの法実証主義的見解との対比で説明するならば、ハートが法体系の存在に必要かつ十分な二つの最低条件として挙げている条件のうち、法的ルールが私人によって一般的に遵守されておれば十分であるという条件に対する批判である。フラーによれば、このような条件は、実効性の条件に過ぎず、規範的妥当性の要件としては緩すぎ、私人にも自律的主体として「内的視点」から受容する可能性を外的に保障することが法の遵守を要求できる前提条件である（「道徳的当為は可能性を前提とする」「法の外面性・道徳の内面性」）から、ハートが「屠殺場にひかれる運命にある、嘆かわしい羊の群れのごとき社会」とか「強制的権力の体系に抑圧された犠牲者」と説明しているような極端にひどい病理的事例（Hart 1961, pp. 114, 196-97）については、「法」体系としての資格・効力を認めることはできないのである（Postema 1998, Rumble 2012, ch. 3 参照）。

　このようなフラーによる合法性原理の「法内在性」・「道徳性」の説明が適切で十分なものかどうかは検討の余地があるけれども（Waldron 1994, Winston 1994）、理論と実践を峻別する、ハートらの法実証主義的法体系論の概念枠組では、裁判実務における具体的問題への「内的視点」からの実践的対応の役に立たず、法体系の内容や作動に対する市民社会的視点からの道徳的批判をこのように法的過程に内在化させることによってはじめて、裁判官によるいわゆる悪法問題への適切な実務的対応が可能になるというのが、フラーの基本姿勢である。このような実践を理論に優先させるという姿勢は、ドゥオーキンにも受け継がれ、一層強化される（Schauer 1994 参照）。

このようなフラーの反法実証主義的姿勢は、ナチスの「制定法の形態をとった不法（gesetzliches Unrecht）」体制を批判したいわゆるラートブルフ定式[44]の一つの継承の仕方であり、「正当性主張（claim to rightness）」を法概念に内在化させるR・アレクシーの反実証主義的法理論とも軌を一にし、法実証主義対自然法論の伝統的対立を超えて〝第三の道〟をめざす潮流に属する見解と位置づけることができる。ラートブルフ、アレクシー、フラーの見解の関係については、合法性の諸原理からの「甚だしい背反」やその実現の「全面的な失敗」というフラーの基準が、「正義と制定法の矛盾があまりにも耐え難い」（受忍不能定式）や「正義の核心をなす平等が意図的に否認されている」（否認方式）というラートブルフ定式を意識したものであったかどうか、そもそも、フラーの基準、受忍不能定式、否認定式が理論的・実践的性質を同じくするものかどうか、フラーとアレクシーの見解の理論的基礎づけや実践的含意にどのような異同がみられるかなど、検討すべき論点は少なくない[45]。

個別具体的事例におけるこれらの基準・定式の適用をめぐって判断が分かれることは避け難いけれども、フラーの「法内在的道徳」という概念も、「正当性主張」を法概念に内在化させるアレクシーの法理論も、法と制定法を同一視する法（制定法）実証主義的見解を拒否し、一定の道徳的価値を欠いた制定法の法的資格を否定する閾値的な批判的機能をもつことを主張する点では共通している。合法性の諸原理が、法体系の存在・効力の最低限の条件を充しているか否かを識別する基準として、一定の極端な例外的状況において法体系の効力を否認するという閾値的な消極的機能をもつことを基本的に認めるかどうかが、法の支配と法の効力の関係に関する中心的争点とされてきたのである。

だが、合法性原理に関する法実証主義的見解に対するフラーやドゥオーキンの批判の意義を、このように、合法性原理が一定の極端な例外的状況において法体系の効力を否認するという閾値的な消極的機能をもつという側面にだけ焦点を合わせて論じている限り、彼らの法の支配論の「熱望的な」積極的意義を正しくとらえることができない。もちろん、合法性原理がこのような閾値的な消極的機能を果たすことそれ自体が重要な実践的意義をもつことは決して軽視されるべきものではない。問題は、合法性原理のこのような消極的機能だけをみていると、一定の実定法体系が、合法性の諸原理の最低限の基準・定式を充している限り、その内容や運用が合法性の諸原理の要請を十全に充していなかったり、多くの実質的正義・平等に共通する基本的な要請から違背していたりすることがあっても、その実定法体系の存在・効力が、積極的に肯定されることはなくとも、少なくとも事実上容認されることとである。現実の実定法体系が合法性の諸原理を実現している程度は様々であり、しかも、実質的正義・平等に関する多様な見解が対立するなかで、それらの見解のいずれかの基本的要請にすら必ずしも十分に適っていないという意味で不完全あるいは非理想的な状況が、現実に存在し日常的に作動している多くの法体系の常態である。このような状況のもとでは、法の支配は、このような実定法体系の現実の内容や作動状況を正当化するという機能をもつだけではないか、という常套的な批判から免れることはできないということになる。

現代の価値多元的状況のもとで、法システムがその機能の多様化に伴って構造的にも変容しつつあるなかで、法の支配の諸原理が、古典的なアリストテレス型モデルの基本理念を継承し、正しく理に適った法秩序の実現をめざす法律専門家や一般市民の賢慮に基づく法的実践に対して一定の規範的指針を提示するという積極的機能を果たすことは、シュクラーの診断するように時代錯誤的であり、もはや期待できないのであろうか。また、合法性の諸原理の最低限の要請を充しておれば、その法体系は正統性をもち、その法体系に属する個々の法規範やそれを適用した個別具体的な判決もまた正統性を認められ、一般の人びとも当然にそれらの法規範や判決に従う義務を負うことになるのであろうか。合法性だけで制定法や判決の正統性を正当化でき、法への忠誠義務や遵法義務を基礎づけることができるのであろうか。合法性原理の消極的機能にのみ焦点を合わせて議論している限り、これらの実践的にも理論的にも重要な問いに十全に応えることはできない。

法実証主義的な合法性概念に対しては、合法性を制定法適合性としてとらえて、事実上正統性と同一視し、合法性概念だけでなく正統性概念についても、その批判的機能を喪失させたという批判が浴びせられてきたが（本書第三章一六六-六七頁注（1）参照）、ハートやラズらの法実証主義的な合法性概念の理解にも、いくら法に対する道徳的非難は別に可能であることを強調しても、法的実践への内的視点からみる限り、このような批判が基本的にあてはまるであろう。合法性原理と法の効力を関係を、以上のように、その消極的機能にだけ焦点を合わせて論じている限り、このような議論状況から脱却することは難しい。

フラーは、「法内在的道徳」としての合法性の諸原理には、「義務の道徳」だけでなく、「熱望の道徳」という側面も含まれていることを指摘し、ドゥオーキンは、統合性としての合法性を、「熱望的概念」として彼の解釈的法概念内部に位置づけた。彼らは、このような合法性構想を提示することによって、合法性＝正統性という議論構図を打破し、現に在る法の正統性を正当化する機能ではなく、より正しい在るべき法の実現に向けて、現に在る法の正統性を問い続けるという、合法性概念の批判的機能を法的実践に内在化させ、活性化することをめざしたのである。彼らのこのような見解の現代的意義は、法の支配や合法性の諸原理を、このような在る法と在るべき法とのギャップを是正する原理として再認識させることにあった。彼らの法の支配・合法性の構想は、法の支配や合法性の諸原理が、実定法秩序の内容や作動をより正しいものとすべくめざす法律家や一般市民の法実践に対して一定の規範的指針を提示し、そのような法律家や一般市民の正しい法の実現をめざす実践を、反省的な自己批判過程として法体系に再帰的に内在化させる制度的構想を示すという、積極的機能をもつべきことを強調することによって、「法の支配」論の軌道修正と視座転換を迫ったのである。本章において、「法の支配」論の現代的再定式化の手がかりを、フラーとドゥオーキンの独自の合法性構想をめぐる議論に求めた所以もここにある。

(42)　ドゥオーキンの用いる法概念の区分を借りて説明するならば、制度的法概念論においては、法というものを、彼のいう教義学的（doctorinal）・社会学的・熱望的（aspirational）概念の複合体ととらえ、法の効力問題に関わる教義学的法概念自体の存在理由や特質を法体系全体のなかに位置づけて、法の制度的社会構造に関わる社会学的法概念や法の支配・合法性の理想に関わる熱望的法概念との独特の関連を解明し、法秩序の内的構造と作動方式の特質を統合的に説明し、制度的規範的秩序としての法の全体像を解釈学的に再構成することが、その基本的課題とみるべきである。ドゥオーキンは、ハートやラズの法実証主義的法体系論だけでなく、フラーの法概念論も、社会学的法概念論であり、哲学的に重要でないと批判するが、それらに代わる哲学的な法体系論を提示しておらず、法の一般理論としての法概念論を欠いた裁判過程・法的推論の理論であり、法の支配・合法性に関する彼の見解にも、それぞれ関連箇所で指摘するように、このような欠陥が反映されている。Dworkin 2006, pp. 1-5, 223-40. 田中二〇一七、二一-二三頁、本書第二章一三五-三七頁参照。

(43)　法的規準の効力の特質の説明に用いられるこれらの用語のうち、「最終決定的な（peremptory）」という特徴づけの問題点については、MacCormick 2007, p. 287 における H. L. A. Hart, *Essays on Bentham* (Oxford U. P. 1982), pp. 253-55 の見解に対するコメント参照。「推定的（presumptive）」という用語も、従来から法的専門用語として一般的に用いられており、「一応の（*prima facie*）」と同義とみることもできるが、Schauer 1991a, pp. 196-206, 1998 などにおいて、presumptive positivism の一環として少し独自の定義がされている。法的ルールの「阻却可能性（defeasibility）」も、Hart, "The Ascription of Responsibility and Rights," *Proceedings of the Aristotelian Society* 49 (1948-49), pp. 171-94 で用いられて以来、かなり広く用いられ（ハート自身は撤回）、「排除置換的（preemptive）」は、Raz 2009 などで用いられて以来、徐々に用いられるようになっているが、これらの用語のそれぞれの意味について必ずしもコンセンサスはみられず、相互関係の理解についても見解が分かれている。法的ルールのこれらの特性が具体的に意味することやその語用論的な働きなどは、憲法・制定法・判例などの法源の種類ごとに、また、各法領域ごとに異なるところがあり、具体的には実務上のコンベンションによって決まる部分が多く、法理学的な概念分析によってどこまで一般理論的な再構成ができるかは、今後の検討課題である。本章では、「排除置換的」については、ラズとは少し異なった意味で用いており（田中二〇一七、一二頁、本書第二章一二六頁注（9）参照）、「阻却可能性」については、Schauer 1991, 2009, pp. 104-05 と MacCormick 2005, ch. 12 とでは説明が異なるところもあるが、マコーミックの見解に近い理解でこの用語を用いている。なお、法的ルールについては、その一定内容の効力の阻却を求める場合だけでなく、その内容の個別事例への特定化・継続形成に関する主張についても、議論されることから、法的ルールの「議論可能な（arguable）」側面ないし範囲は、「阻却可能な（defeasible）」側面ないし範囲よりも広いということになる。

（44） Gustav Radbruch, "Gesetzliches Unrecht und übergesetzliches Recht" (1946), Radbruch, *Rechtsphilosophie*, 6. Aufl. (K. F. Koehler, 1963), S. 353. 大橋智之輔「所謂『ラートブルフ定式Formel』をめぐって—小さな『ラートブルフ・ルネッサンス』」奥島孝康・田中成明編『法学の根底にあるもの』（有斐閣、一九九七年）一-二九頁参照。

（45） Robert Alexy, "A Defence of Radbruch's Formula", D. Dyzenhaus (ed.), *Recrafting the Rule of Law: The Limits of Legal Order* (Hart Publishing, 1999), pp. 15-39, Alexy, "Law and Correctness", *Current Legal Problems* 51 (1998), pp. 205-21, Alexy, *Begriff und Geltung des Rechts* (Verlag Karl Alber, 1992) など参照。法の支配・法の概念・法の効力の相互関係の概念分析については、ラートブルフやフラーの見解は、現在の議論水準からみて物足りないものであり、アレクシーの見解が、ハート＝ドゥオーキン論争の経緯をもふまえ、法体系論だけでなく、法的推論の理論との関連にも留意しつつ展開されており、彼らの見解のなかでは、現代的論点の理解にもっとも参考になる。酒匂一郎「理念志向の法哲学—ラートブルフと現代法哲学」角田猛之・市原靖久・亀本洋編『法理論をめぐる現代的諸問題』（晃洋書房、二〇一六年）二一一-二三〇頁参照。なお、私見については、説明の仕方が若干異なるが、田中二〇一三、二一-二二頁（本書第一章四七頁）も参照。

三　「法の支配」論の問題関心の移行ないし拡大

(1)　法の支配・合法性をめぐる論議において、法の効力との関係が論じられる場合、以上でみてきたように、合法性の諸原理の最低限の要請すら充さない法体系・法的規準は規範的妥当性をもたないから、一般市民はそれらを遵守する義務を負わないという側面に焦点が合わされがちであった。法の支配のこのような側面に焦点を合わせた論議において注意すべきことは、法の支配を〝法と秩序〟イデオロギーと同視する論者だけでなく、法実証主義的な法・道徳分離テーゼを批判する論者にもみられるのであるが、以上のような論法の前提あるいは帰結として、法の支配の原理が市民の遵法義務を直接的かつ積極的に正当化する原理と理解されていることが少なくないことである。

だが、法の支配・合法性の諸原理の要請内容が、立法者・裁判官などの国家権力の行使者の「法への忠誠（fidelity to law）」義務や一般市民の「遵法（obedience to law）」義務とどのように連関しているかについては、「忠誠」や「遵法」という義務（duty）ないし責務（obligation）（厳密には区別すべきであるが、本書ではどちらも義務としている）の概念自体をどのように理解するかという問題とも絡んで、論者によって見解がかなり分かれている。本章では、法の支配・合法性の諸原理の要請内容は、直接的には、裁判官など、法の形成・運用にプロフェッショナルな責任を負う公務員の「法への忠誠義務」に関わる役割倫理・専門職倫理であり、合法性原理の最低限の要請を充した法体系・法的規準へのこれらの公務員の忠誠義務を正当化するものと理解している。法の支配・合法性は、一般市民の遵法義務を積極的に正当化する原理ではなく、むしろ、何らかの一般的な遵法義務の存在を前提に、その遵法義務を制限ないし阻却する原理であり、直接的には、一般市民の遵守すべき法体系・法的規準の品質証明に関わり、合法性原理の最低限の要請を充しているだけで、法体系・法的規準に対する一般市民の遵法義務を基礎づけるのに十分かどうかは、法の支配についての形式的理論・実質的理論のいずれのアプローチをとるかをはじめ、「法の支配」論の射程や議論領域をどのように考えるかによって見解が分かれる論点だと理解している。

法の支配の「法の前の平等」原理が、国家権力の行使者も一般市民も同一の法に服することを要請するとされていることから、国家権力行使者の法への忠誠義務と一般市民の遵法義務の内容も、同一と言わないまでも、大幅に重なり合っている面があることは否定し難い。けれども、それぞれの義務の性質（duty か obligation か）やその正当化根拠に異なる面があることも否定し難く、とくに一般市民の遵法義務の内容については、私的権能付与規範やいわゆる自主法規の規範的妥当性、法的交渉における市民・法律家の法規範への戦略的視点の法的特質などの検討をふまえ、従来の議論枠組自体を見直す必要があると考えている。このようなことを考え合わせて、本章では、一般市民の「遵法義務」の正当化の問題は、法の支配の議論領域と関連するけれども、基本的には、法の支配を論じる前提条件に関わるレベルの別個の議論領域の問題であるという理解で考察を進めている。

法の支配、国家権力行使者の法への忠誠義務、一般市民の遵法義務の相互関係について、フラーやドゥオーキンは以上のように理解していなかったと思われるけれども、(46) 〝法的なもの〟が相対的に自立的な領域であるという措定を前提とする限り、このように理解することによってはじめて、フラーが合法性を「法内在的道徳」と位置づけ、ドゥオーキンが統合性としての合法性を、正義や公正とは別個の独特の法的価値とし、「熱望的概念」として法概念のなかに位置づけた趣旨を的確に理解することができると考えるものである。

フラーは、合法性の諸原理の内容や意義を、一般市民を責任を負う自律的人格として尊重することを前提に、市民と公務員との互酬的相互関係を基礎とする協働活動によって法の支配を実現するという視座から論じている。彼のこのような合法性概念の位置づけは、彼が、在るべき法の可及的実現に向けての目的志向的な法解釈実践を、合法性の「熱望の道徳」的側面として、法の支配の実現の中心的活動と位置づけていることの理論的背景でもある（詳しくは、Rundle 2012, ch. 3 参照）。だが、彼は、法解釈実践の場である裁判については、法の支配の形式的・手続的要請の制度化とみられる「参加テーゼ」を基軸とする独自の裁判理論を提示したけれども、法解釈実践自体の在り方について合法性原理の実践的要請を一般的に理論化することにまで立ち入ることはなかった。合法性を法概念内在的な熱望的概念として位置づけ、「司法的統合性」としての合法性の裁判における法解釈に対する実践的要請を解明することに、「法の支配」論の中心的主題として取り組んだのが、ドゥオーキンの「統合性構想」に他ならないのである。

(2) ドゥオーキンが法解釈の「議論的」特質に焦点を合わせた「司法的統合性」構想を提唱する以前の初期の見解として注目されるのが、既に触れたように(第二章一三二―三三頁、第三章二四八頁参照)、法実証主義的な「確定的な法的規準」という観念に対する彼の厳しい批判である。彼の批判には、そこで指摘したような問題があるけれども、原理をも含む重層的な法的規準の内容が、一般的規準の段階ですべて要件=効果図式で適用可能なほど確定的ではなく、非=法的諸規準からも明確に区別できないものであり、まさにその内容を個別具体的事例ごとに特定化し継続形成してゆくところに裁判における法解釈実践の存在理由があることを強調するものであった。彼が、原理の独特の規範的拘束力を執拗に強調し続けたのも、法実証主義的な硬直した「法的ルール」への忠誠義務が、その司法的裁量論によって裁判官の裁量を大幅に許容することを批判し、裁判官の「法」への忠誠義務が、法的ルールの遵守に尽きるものではなく、原理をも含む法的規準はもちろんのこと、正義や公正などの政治道徳的原理への配慮にまで及ぶ、より複雑な賢慮的判断を必要とする責任の重いものであることを認識させることであった。

このような「確定的な法的規準」に対するドゥオーキンの批判が法解釈の「議論的」特質の強調へと展開されていくことになるが、このような法の支配論の新たな展開の重要拠点となっているのが、先ほど触れたように(二四七頁参照)、法的規準の効力の規範的特質の分析が精細化し、法の「阻却可能性」や「議論可能性」に対する関心が高まり、従来の一般的ルール中心の法的決定作成方式の意義と限界が、法の不確定性問題への対応とも関連づけて論議されるようになった理論状況である。法の「阻却可能性」をめぐって法的規準の「確定的」側面と「議論的」側面の動態的な関係がクローズアップされることによって、「法の支配」論の従来の主たる関心が法の「確定的」側面に偏っていた状況が改められ、法の「議論的」側面へと移行ないし拡大することになる。ドゥオーキンのこのような方向への展開を予測させるものとして注目されるのが、彼が比較的早い時期に「市民的不服従」を論じた論文で提示した「疑法（doubtful law）」という観念である（Dworkin 1977, ch. 8）。

市民的不服従における不正な制定法への不服従・抵抗は、一般に「悪法」問題として論じられてきているが、ドゥオーキンは、ある制定法が何らかの超実定法的な正義原理に照らして悪法と主張されている事例の多くにおいて、憲法などの実定法的規準についての一定の解釈によって、その制定法の実定法としての効力そのものが疑わしいという論法がとられていることに着眼する。そして、このような「疑法」問題が、市民的不服従のような極端な状況に限らず、法的過程が大体において通常に作動している状況でも法の遵守や解釈をめぐってかなり日常的に生じる問題であり、基本的に実定法内在的に決着がつけられるべき性質の問題であることに注意を喚起する。彼は、このような法的効力の疑わしい制定法について、裁判による審理・裁定を通じて改廃を求める実践を、「市民による実験と当事者主義的手続を通じた法の展開と検証」（Dworkin 1977, pp. 216–17）をめざすものと位置づけ、このような形で疑法に異議を申し立てる市民の権利は、判例変更の可能性があることから、ひとたびある制定法の合憲性などの法的効力が判決によって確定しても、それによってその制定法の法的効力に異議を申し立てる権利が将来にわたってなくなってしまうものではないとする。個別具体的な判決は、関係当事者には確定的な最終的（peremptory）拘束力をもつけれども、判例としての効力は、あくまでも阻却可能な（defeasible）なものであるから、将来の訴訟ではその効力に異議を申し立てることは法的に正統な実践なのである。

「疑法」という観念は、一般的な法的規準の確定的とされる内容についても、法の効力の阻却可能性の故に原理上つねに争点化され議論される潜在的可能性があり、その限りで法的規準の内容も暫定的となり不確定となるという、法の一般的な規範的特質をクローズアップさせるものである。このようなドゥオーキンの見解は、直接的には市民的不服従の問題との関連で提示されたものであるが、法の効力の阻却可能性や法的規準の確定性に関する既述のような理解と重ね合わせるならば（二三三―三五頁、二四七頁参照）、「疑法」問題のように、法の効力・内容を争う異議申し立て・議論は、法に対する不服従・抵抗というような極端な事例に限らず、裁判において法の解釈について自己の見解を主張して他者と争ったり国家機関の決定に異議を申し立てたりして議論することも、日常的な法実践の延長線上に位置づけて、実定法秩序の動態的な展開を支える主要な法的実践とみることができるようになる。

このような法的実践の「議論的」特質を重視する視座から「法の支配」論にアプローチするならば、法の支配をめぐる論議の関心も、法体系・法的規準の形式的・構造的特質に対する制度的要請によって市民の自由や正統な期待を保障することだけにとどまらなくなる。市民が、必要に応じて弁護士の支援も得て、裁判過程に主体的に参加し、公の場で自己の権利を主張して議論し、裁判官と協働して、「在るべき法」を志向しつつ「在る法」の具体的内容を特定化・継続形成し確定することをめざす実践も、法の支配の確保・実現を支える重要な活動として位置づけられることになる。そして、市民のそのような法的実践を、「裁判を受ける権利」の保障を中心に、法の支配の手続的・制度的要請の一環として取り込み、さらには、裁判制度・手続の運営に直接的責任を負う裁判官などの法律家のプロフェッショナルな法的実践に対しても、その理想像・目標などを実践的指針として提示することにまで、法の支配の実践的原理の要請内容を拡充する方向へと展開されてゆくことになる[47]。

(3)　以上のような展開と並行して、法の支配の前提とする法的主体像が、既にみたように（二一六―一九頁参照）、生活設計を自律的に行いそれに責任を負う個人から、自律的に判断するだけでなく必要とあらば公の場で議論し法的過程にも積極的に参加する能動的な市民へと拡充する論調が強まってきていることも重要である

（Waldron 2008b, pp. 35–36, Dyzenhaus 2000, p. 172 など）。このような議論動向をふまえて、裁判官らの専門職倫理・役割倫理の要請内容についても、法への忠誠義務をめぐる立法との権限配分・調整関係だけでなく、このような能動的な市民の法的主張・議論への応答責任という関係からも考察されなければならず、法の支配論には、このような相互作用的協働関係を法的過程にその自己反省的メカニズムとして再帰的に内在化させる適切な手続保障の仕組みを、現代的諸条件のもとで再定式化することが求められることになる（Postema 1999, pp. 110–12, 2014a, 2014b）。

ドゥオーキンの法の支配論が、「権利構想」から「統合性構想」へと展開したことの意義としては、合法性論議においても、法秩序の存立の限界状況における「義務の道徳」的側面から、その日常的作動における「熱望の道徳」的側面へと、その視座が転換ないし拡大されることになったことが重要である。合法性を法概念に内在化させたドゥオーキンの「統合性構想」のめざすところは、裁判における法解釈実践を、このような法の日常的作動の中心に位置づけ、その在り方を合法性の熱望的な理想とも関連づけて論じることであり、彼の「統合性構想」によって、法の支配・合法性をめぐる論議の中心が、法体系・法的規準の形式的・構造的特質に対する制度的要請から、裁判過程における法解釈・議論に対する実践的要請に移ることになった。

形式的合法性概念に焦点を合わせた「法の支配」論が、法実証主義的見解の強い影響のもとで、全般的に、裁判・法的推論に周辺的な関心しか払っていなかった状況を改め、法の支配をめぐる論議の射程を裁判過程・法的推論にまで拡げる必要があることについては、ドゥオーキンの指摘する通りであり、「法の支配」論の問題関心をこのように拡大したことは、彼の最大の功績であろう。けれども、裁判における法解釈実践に対する法の支配・合法性の原理の要請を、ドゥオーキンのように、法規範・法体系に関する制度的法概念論を全く前提とせず、それと関連づけることなしに考察することが可能かどうかについては、疑問が少なくない（方法論的な疑問については、田中二〇一七、一五一-一三三頁、本書第二章一二七-一三九頁参照)。とりわけドゥオーキンの「統合性構想」は、法的規準の自立性・確定性に関する法実証主義的見解を批判するに急なあまり、法規範・法体系の形式的・制度的特質についての法の支配の制度的要請にはほとんど言及しておらず、「統合性構想」と形式的合法性概念との関連だけでなく、彼の「権利構想」との関連についてすらほとんど説明されていない。法実証主義に対してだけでなく、フラーの見解も含めた形式的合法性構想に対するこのようなドゥオーキンの対応は、彼の不必要に争論的な議論スタイルとあいまって、「法の支配」論における形式的合法性構想の意義や法実証主義の貢献を正しく理解し評価することの妨げとなり、「法の支配」論の射程を拡大した意義よりも、「法の支配」論を法律家的イデオロギーに縮減した弊害のほうが大きいとみられてもやむをえない面もある。

法実証主義かドゥオーキンかという論争の構図から距離をおいた視点から、ドゥオーキンの「統合性構想」の意義を評価するならば、法の支配・合法性の形式的理論にとって代る実質的理論が提唱されているとみるよりも、実際には、法の支配・合法性をめぐる論議の中心軸が、法的規準に焦点を合わせた法規範・法体系の形式的・構造的特質に関する問題領域と、裁判における法解釈実践に対する合法性原理の実践的要請に関する問題領域との二つになったとみるのが適切であろう。法の支配・合法性の諸原理の現代的再定式化にとっては、問題領域を前者から後者に移すことではなく、それぞれの問題領域の理論的蓄積を、他の領域の知見に照らして反省吟味し、両問題領域の論点・論議を架橋する統合的な理論枠組を構築することが、重要な課題となったとみるべきであろう。そのためには、法の支配・合法性をめぐる論議の射程を、その制度的要請だけでなく、実践的要請にも拡げ、しかも、いずれの要請についても、その消極的機能(「義務の道徳」的側面)だけでなく積極的機能(「熱望の道徳」的側面)にも照準を合わせ、裁判過程に限定せずに、法体系・法的過程全体を視野に収めつつ、議論全体の基本的構図の再構築をめざす必要がある。

本節では、このような方向で形式的合法性構想とドゥオーキンの統合性構想の架橋をめざすにあたって、法の効力や法の確定性など、法の支配論と法概念論の交錯領域における難問の議論状況を整理しつつ、主として法の支配の形式的・手続的・制度的諸要請をどのように理解することが、法規範・法体系の静態的・構造的理論と裁判過程・法的推論に関する動態的・規範的理論との統合をはかるのに適切かについて考察してきた。次節では、以上のような伏線的考察をふまえ、フラーの裁判理論とドゥオーキンの統合性構想の批判的検討を手がかりに、法の支配の形式的・手続的要請を具体化した司法的裁判の制度的枠組をどのようにとらえ、法概念に内在化された合法性原理が裁判における法解釈実践の在り方をどのように規制しているとみるのが適切かについて、さらなる考察を進めたい。

（46）法の支配・合法性と一般市民の遵法義務との問題関連は、法実証主義対自然法論の伝統的争点の一つであるとともに、法理学・法哲学と政治・道徳哲学の交錯領域の代表的論点である。法実証主義者は一般的にこのような直接的な問題連関を認めないが、フラーやドゥオーキンの見解は、私見と基本的に同じような中間的立場と解することもできるけれども、フラーはこのような問題連関をほとんど意識せずに自明視して議論をしており、ドゥオーキンは、Dworkin 1986, pp. 108-13 における法の根拠（grounds）と力（force）の説明や、統合性構想を「原理の共同体」や市民の連帯的責務によって基礎づけている見解などから推して、合法性構想と市民の遵法義務の直接的連関を認めているのではないかとみられる。この点については、Waldron 2002b, pp. 369-74 参照。もっとも、法の支配に関するウォルドロンの見解も、この点では基本的に私見とほぼ同じような立場をとっていると解しているが、法の正統性と遵法義務の関連については、少し見解の違いがあるように思われる。また、「法の支配」の理想を、法的諸規準とそれらの運用に関わる制度・公務員に適用される規準である「合法性」と、それらに関わる人びと全員の信念・コミットメント・互恵的責任というエートスである「忠誠」からなる、ととらえるポステマの最近の見解（Postema 2014a, 2014b）については、その構想自体には共鳴するところが多く、「忠誠」観念の分析からも示唆を得たところもあり、本章の考察でも取り入れている見解もあるけれども、法の支配論としては、「忠誠」観念の理解と位置づけが本文で説明した私見と異なっている。本章では、法の支配を正当化する背景的理論自体にはできるだけ立ち入らない考察姿勢をとっているため、ポステマの法理論全体を、フラーやドゥオーキンらの見解と対比しつつ、法の支配の背景的理論というレベルも含めて検討することは機会を改めたい。なお、法の支配と一般市民の遵法義務との関係について、フラー、ドゥオーキン、ポステマらと見解を異にする主な理由は、私が、カントの合法性（Legalität）と道徳性（Moralität）の区別の意義との関連でも法的義務・責務と道徳的義務・責務の関係について考察したことがあり、この点について、彼らの見解、あるいは英米法理学の一般的理解と異なった理論枠組で理解しているからである。見解が若干変わっているところがあるが、田中成明「ハンス・ヴェルツェルの人格主義的法哲学」法学論叢八八巻一・二・三号（一九七〇年）二二七-四九頁、同「法と道徳の区別と関連について」法と教育四号（二〇一四年）九三-九六頁参照。

(47) ドゥオーキンの法の支配・合法性に関する見解の展開を、本章とほぼ同じように理解するものとして、Waldron 2004 参照。MacCormick 2005, pp. 15-31, Dyzenhaus 2000, 2007 も、若干異なるところもあるが、基本的にこのような方向で理解しているとみることができる。なお、ポステマは、Postema 2014a, b などで独自の法の支配論を展開するようになったが、このように理解されたドゥオーキンの見解と重なるところも多く、とくに「市民的異議申し立て（civil dissent）」という観念を提示して、その意義を市民的不服従と対比しつつ説明している見解は（Postema, "Law's Sovereignty: How Can Law Rule?（A Paper by Prof. Postema in his seminar at Doshisha Univ. in Kyoto, March 2016)," pp. 17-21)、本文で紹介したドゥオーキンの「疑法」という観念の趣旨を法の支配論のなかに一層明快に位置づけたものとして示唆に富む。ポステマのこの観念について教示いただいた戒能通弘教授に謝意を表したい。

第四節 法の支配のもとでの司法的裁判と法的推論

一 「法による裁判」とコモン・ロー的伝統の遺産

(1) 法の支配論と法概念論の交錯領域における諸論点についての前節の考察では、法の支配・合法性をめぐる新たな議論構図を構築しようとする動向が、法概念論の伝統的な主要論点についてどのようなアプローチを試み、どのような展望を切り拓こうと試みているかを、法・道徳分離テーゼなどの法実証主義的ドグマが主要論点の議論に及ぼしている影響の批判的検討に焦点を合わせて、さぐってきた。以上の考察を通じて確認できたことは、フラーやドゥオーキンらの反法実証主義的な法の支配論がめざしている方向は、伝統的な〝高次の法〟としての自然法論の復権ではなく、「法による裁判（justice according to law）」の理想の実現であり、彼らが、法実証主義の立法中心のルール体系モデルによる法の支配論の批判において依拠したのは、裁判中心のコモン・ロー的な法的制度・実践の伝統とそれを支えてきた法曹精神（リーガル・マインド）、E・クックが国王大権の裁判干渉に抗して擁護した「法についての技術的理性（artificial reason）と判断」の伝統であるということであった。本節では、彼らは、このように、コモン・ロー的伝統の継承と現代的復権によって、「法の支配」論の現代的構図の再定式化をめざしているという理解のもとに、彼らの裁判制度・法的推論に関する理論に焦点を合わせ、彼らの理論の意義と問題点を、たんにコモン・ロー的法の支配論の現代的展開としてではなく、法の一般理論レベルでの法理学的な理論展開と受け止めて批判的に考察したい。

フラーやドゥオーキンらの法の支配論をこのようにとらえることは、シュクラーが、彼らの法の支配論をアリストテレス的な「理性の支配」モデルの現代版と位置づけつつも、コモン・ロー的裁判の実務・手続の伝統的遺産を自明視して受け継いでおり、「英米的偏狭」と批判していることを（一六八‐七三頁参照）、部分的に是認することにはなる。けれども、伝統的なコモン・ロー的制度・実践は、ベンサム以降のイギリスの法実証主義的分析法理学の影響を受けて、立法中心のルール体系モデルとも整合的に再構成されて説明されるようになっており、フラーやドゥオーキンのコモン・ロー的法・裁判の理解は、それぞれ一定の賛同者をもつものの、あくまでも一つの理解にすぎない[48]。また、両者とも、アメリカ型の〝司法権の優越（judicial supremacy）〟を前提としている点では共通しているが、フラーが両当事者の当事者主義的訴訟手続への参加保障を重視するのに対して、ドゥオーキンは理想的な「ヘラクレス的裁判官」主導の判決形成を重視するなど、裁判における協働的実践への視座・関心に少なからぬズレがみられる。

フラーやドゥオーキンらの法理論をコモン・ロー圏外で法理学的考察に携わる者が理解・評価するにあたって少なからず困惑させられるのは、彼らが裁判・法的推論に関する法実証主義的見解を批判したりそれに代わる裁判・法的推論モデルを提示したりする際に、コモン・ロー的制度・実践を自明視して考察を進め、制定法主義と判例法主義という法系・法源論の相違を超えて通用する一般理論レベルの説明をほとんどしていないことである。また、とくにドゥオーキンの場合は、その不必要に争論的な議論スタイルに加えて、法実証主義的テーゼの批判に急なあまり、法実証主義的テーゼを一面的に曲解しているきらいがあり、法実証主義的な法規範・法体系論に含まれている洞察やそれらを修正しつつ彼の批判に対応しているポスト実証主義的法理論の試みなどを公平に評価する姿勢が乏しいことも、建設的な議論の展開を妨げている一因である。シュクラーによって「英米的偏狭性」と批判されたり、法社会学者らによって法律家的イデオロギーそのものとして非難されたりする所以であろう。

もちろん、裁判制度や法的推論技法は、各国ごとに異なるコンベンショナルなもので偶然的な面が多いことから、基本的に個別法理学・法律学のテーマであり、普遍的な概念的真理の理論化をめざす一般法理学のテーマではないという学問観もあり、裁判制度や法的推論に関する法実証主義的分析法理学の概念分析的モデルが概して貧弱なのは、このような学問観によるところが大きい。けれども、裁判制度や法的推論技法には、制定法主義か判例法主義かを問わず、少なくとも先進諸国の法的制度・実践にある程度共通している類型的な特質もみられ、このような類型的な共通性に着眼した一般理論の展開は可能であり、伝統的に憲法基礎論や法的推論・議論の理論（法律学的方法論）はこのような一般理論を展開してきており、法律学・法理学の共有遺産として継承されてきている理論枠組や実践知的蓄積も存在している。フラーの裁判モデルやドゥオーキンの法的推論モデルについても、それらが自明の前提としたりそこから論理的に導出できる見解も合わせて、このような一般理論レベルでとらえ直して、批判的に検討するとともに、マコーミックやウォルドンらに代表されるように、法実証主義的な法体系論の見直しを試みているポスト実証主義の理論動向もふまえ、制度的法概念論と法的推論技法・ドクトリンを架橋する裁判制度論を提示することが、法の支配論の射程の拡充にとって必要であろう。

このような観点から、以下における裁判制度・法的推論の考察につなげる準備作業として、コモン・ロー的な法・裁判の見方が、前節一（二二九-四三頁）で素描した法規範・法体系論に関する主要論点との関連でどのような意義をもっているかを、法圏を問わず、大陸法圏で法理学的考察に携わる我々でも受け容れうる一般理論レベルの概念的整理によって確認しておきたい。

(2)　まず、コモン・ロー的な法の見方について、その重要な特徴は、判例・制定法・憲法など、多元的な法源論を背景に、法というものを、それらの法源の規定するルール・原理などの法的規準だけでなく、法の形成・適用・執行の制度的仕組みを規定する各種の組織規範、さらには、法律家集団の専門技術的技法やそれに関するドクトリンをも含めて立体的・動態的にとらえることであると言われてきている（Postema 2002, 2010 など）。そして、このような法の見方のもとでは、近代的な法の支配の一般的な制度的要請として、法形成と法適用が段階的に区分され、司法的裁判が規範論理的に立法の下位に位置づけられ、制定法が中心的な法源とされるようになった後も、法形成は立法に限定されず、裁判も、制定法の適用と判例の形成という両面をもち続けたため、立法と裁判の権限配分・調整は、必ずしも規範論理的な上下関係に対応するものとはならず、とくにいわゆるハード・ケースや憲法訴訟について見解の対立が続いた。

立法と裁判の関係がこのように理解されている状況のもとでは、裁判官の「法」への忠誠義務についても、一般的な法的規準の拘束力や確定性に関して前節でみたような見解の変化とも相まって、確定的な法的ルールの拘束力を前提に、制定法の忠実な適用ということに焦点を合わせて論じることが、裁判実務の説明として非現実的であるのみでなく、裁判官に対する実践的指針としても役立たないという認識が一般的となるのは当然であった。そのため、裁判や法解釈実践に対する法の支配の要請を論じる場合には、静態的な「合法性」概念よりも、動態的な「法による裁判（justice according to law）」という表現が用いられることが多く、そこでは、裁判官の「法」への忠誠義務は、既存の法規・判例などの法的規準による拘束だけでなく、裁判官の権限・義務や裁判の管轄・手続などに関して組織規範が規定する制度的拘束、さらに法律家集団で受け継がれてきている法律学的技法・ドクトリンによるコンベンショナルな拘束も含めて、裁判官に対するいわば有機的な「法的」拘束に関心が向けられて、「司法的裁量」という概念自体に否定的な姿勢が一般的となる。

このように、コモン・ロー的な法の支配論は、もともと、〝ルール対裁量〟という対比図式にあまり馴染まない議論枠組のもとで形成され展開されてきたのであり、ハートらのルール体系モデルによる司法的裁量論に対するドゥオーキンの批判の意義も、以上のような背景のもとで理解されなければならない。両陣営の論争が、法実証主義の方法論的関心から主として法的規準の規範的拘束力の問題を中心に論じられ、ドゥオーキンの初期の批判も、その背後にあるコモン・ロー的な制度的・法律学的拘束を自明視し、そのような拘束自体の批判的考察を法哲学的課題とはみなかったため、司法的裁量をめぐる議論は嚙み合わなかった。

ドゥオーキンは、『法の帝国』における「統合性としての法」構想と構成的解釈理論において、判例、制定法、憲法、それぞれに関する具体的事例を挙げて、個別的事例に適用される法的規準の具体的内容の確定において各種の制度的・法律学的制約がどのように絡み合うか、法実践における裁判官の「法」への忠実義務の複雑な様相の説明を試みている。だが、このような法解釈実践の説明は、法実証主義的な理論的関心からは、周辺的なもの、あるいは、そもそも概念分析の対象とならないパロキアルな偶然的現象とみられていたため、法実証主義の理論志向の静態的法規範・法体系論とドゥオーキンの実務志向の動態的法解釈理論は、相互に批判し合うだけであった。両者を架橋する方向への建設的な議論の深まりは、両陣営から一定の距離をおいたアプローチによって両者の理論的蓄積と洞察を新たな視座から評価し直そうとする試みが相次ぎ、それらがめざす共通の方向に対する関心の拡がりを待たなければならなかった。

(3)　コモン・ロー的裁判の役割の伝統的特徴として、個別的な紛争解決によって同時に一般的な法的規準を明確化することが強調されてきており（Eisenberg 1988, ch. 2 など）、このような伝統的な役割について、立法機関の制定した一般的な法的規準の個別事例への適用という、近代的な法の支配が前提とする司法的裁判の役割との関係をどのように整合的に説明するかが、一般理論レベルの法理学的考察では重要な課題となる。具体的紛争の個別的解決という社会的機能は、争訟性・事件性（cases and controversies）の要件を充たした具体的紛争を当事者の訴えを待って事後的に裁定するという、裁判の対象の事項的限定と密接に関連している。そして、司法的裁判の役割やその制度的枠組を、立法から司法へという規範論理的関係のなかでの国家権力機関相互の権限の配分・調整という観点からだけではなく、市民の日常的社会生活の相互作用的な行動調整への法的関与における公私の役割分担・協働の在り方という観点からも、いわば複眼的に考察する必要性を認識させる重要な意義をもっている。(49)

民事法や刑事法などの典型的な法的規準の多くの指図方式は、主として裁判関係者に向けて裁判における紛争解決のための規準を要件=効果図式で規定する裁決規範と、一般市民に対して直接一定の行為を指図する行為規範の二層構造をとっている（二三三―二三四頁参照）。裁判の役割は、立法から司法へと直接的にトップ・ダウン式に作用する裁決規範の適用を中心に論じられがちであるけれども、法の行為規範的作用を介して間接的にボトム・アップ式に裁判に向けられる権利主張への個別的応答による裁決規範の内容の特定化・継続形成という社会的役割も見落とされてはならない。多くの法的規準は、第一次的には社会的次元で行為規範として作用し、裁決規範は、行為規範がその第一次的作用を十分に果たせず、紛争や違法行為が発生し、その解決が裁判所に求められた場合に補助的・第二次的に作用するものである。裁判官の役割は、当事者やその弁護士の主張・議論をふまえて、裁決規範の指図内容を特定化したり継続形成したりして当該の個別紛争を最終的に裁定することである。裁判過程は、個別紛争の解決において行為規範と裁決規範の指図内容が相互に調整され、時宜に適った法的規準が明確にされ公にされる場として、法システムが社会的な要請に応答しつつ動態的に作動する過程において中枢的位置を占めているのである。

裁判の個別的紛争解決という社会的機能は、国家機関相互の抑制・均衡関係において裁判の権限を対象的に限定するという意義をもつだけでなく、諸々の社会規範と一体的に遵守され準拠されている行為規範をめぐる見解の対立や変化を、当事者・弁護士の主張・議論を通じてボトム・アップ的に汲み上げ、独自の方式で民意を反映させるフォーラムとして、裁判の役割の社会的基盤を示すものでもある（Fuller 1981, pp. 90-103, Eisenberg 1988, chs. 2, 3）。

法の支配の動態的・主体的再定式化をめざす理論展開においては、「裁判を受ける権利」は、法システムに対する民主制的要請の一環としてではなく、法の支配を支える内在的な制度的要請としてとらえられ、裁判のこのような側面に着眼して、「裁判を受ける権利」の手続的・制度的保障が司法的裁判の制度的枠組のなかに位置づけられることになる。フラーの「参加テーゼ」を基軸とした裁判理論（一八二−八三頁参照）は、このようなコモンロー裁判の特徴の一般理論的解明を試みたものであり、「法内在的道徳」としての合法性概念の提唱と並んで、法の支配論への貢献として高く評価されるべきであろう。このような裁判理論があってはじめて、制度的法概念論と法的推論の規範的理論とを統合的に接合することが可能となるのである。

(4)　法の支配の一般理論の構想・説明において対応が難しいのは、英米法系と大陸法系における法源論と法的推論技法に関する伝統の相違である。英米法系諸国で制定法の比重が高まり、大陸法系諸国でも判例の重要性が高まってくるにつれて、伝統的相違も相対化してきていると言われるけれども、法の一般理論の概念的枠組を実際の法的制度・実務と関連づけて構想し説明する段階になると、その影響は依然として無視できない。現代では、法源論については、法系の伝統的相違にあまりこだわらずに、制定法を典型的法源として、その特質と問題点を考察し、判例や憲法はそれぞれその法的制度化の段階に応じて適宜修正しつつ対比的に論じるというアプローチによって理論的にさほど不都合なしに対応できる状況になっているとみることができるかもしれない。それに対して、法的推論技法については、比較法史的事実や実務慣行をある程度捨象して一般化・抽象化し、共約可能なレベルで約定的なアプローチをせざるを得ない状況にある。それでも、英米法系の法的推論の理論と大陸法系の法律学的方法論の現況を比較検討すると、両法圏に共通する一般的な解釈・適用技法や法的ドクトリンが存在し、それらを形成・発展させる法律家共同体のグローバル化現象がみられることもまた否定し難いところであり、法理学的考察においても、このような動向に着眼して一般的・抽象的レベルの理論化を試みることが可能とみてよいであろう。

法的推論技法については、大陸法系における制定法による包摂方式と英米法系における判例による類推方式という伝統的な対比的理解に関しては、今触れた法源論と同様の相対化現象が進んでいる。それに加えて、英米法系内部でも、制定法は包摂推論、判例は類推推論と、対比的に理解されていたのが、判例についても、制定法と基本的に同様に一般的ルールによる定式化が行われるようになり（Schauer 1991, pp. 174-81）、判例についても包摂推論、制定法適用でも類推推論が行われ、両技法の結合がみられるようになってきていると言われる（Burton

2007, ch. 4)。このような裁判実務の動向をもふまえ、比較法理論的考察のための約定的措定という面もあるが、法的推論の在り方に対する法の支配の主として「義務の道徳」的側面の要請を「一般的ルールの要件=効果図式による個別的判決の正当化[50]」とみるという共通の了解を基本的前提として、法の支配の法的推論・議論に対する補完的な実践的要請を考察するというアプローチをとるのが適切だと考えられる。

法の支配の法的推論に対する実践的要請は、「法の一般性とその公平な適用」という制度的原理の「公平な適用」というプロセス的側面に関わるが、一般的ルールの要件=効果図式による個別的判決の正当化方式は、最終的に判決が法的三段論法方式で説明されることによって公共的議論による検証・批判を受けるという仕組みになっている。だが、そのような判決の形成(探求)過程には、演繹的推論だけではなく説得的・評価的議論も含まれ、その公平性は、判決の正当化方式の形式論理的妥当性だけでは確保されないということは、裁判実務における共通の了解であろう。判決の形成・正当化において包摂技法が用いられる場合でも、裁判官の賢慮的判断が必要であり、その際、審理の争点ができるだけ対立当事者間の二元的に対立する事実問題に限定され単純化されて、裁判官の判断が、法的規準によって限定された対象・争点についての対立当事者の主張・立証という所定の手続過程を経て形成されるという仕組みになっている。このように、法適用の公平性を確保する仕組みにおいては、裁判制度についての手続的要請や事項的限定が重要な役割を果たしているのである。

類推技法が用いられる場合には、事例の類似性やその重要な関連性に関する裁判官の賢慮的判断を、同様に当事者間の弁論に基づかせることによって公平性の確保がめざされるが、この重要性や関連性に関する当事者の主張や裁判官の判断は、然るべき法的原理に基づいて行うことが、法律家集団の実践的慣行となっている。そして、このような原理を探究し主張や判決を正当化する過程で、既存のルールの規定する従来の法的要件の見直しを迫られる事例では、事実問題だけでなく、法律問題も、審理の対象となる。他方、一般的ルールの「過剰/過少包摂」問題への対応が当初から裁判にゆだねられている場合（二三五―三六頁参照）、あるいは、いわゆるハード・ケースの場合には、当該事例に適用可能な法的ルールと関連する諸原理を同定し、審理の対象となりうる法的要件の規定内容について裁判官と両当事者間の共通の認識を形成することが不可欠であり、事実問題の審理に先立ってあるいは並行して、法律問題の審理も必要となる。(51)

法の支配は、裁判官が最終的に一般的な法的ルールによる要件=効果図式で正当化する判決という、結果の形式的「合理性（rationality）」の確保のために、「義務の道徳」的側面の要請を規定するだけではない。同時に、そのような判決に至るまでの裁判官と両当事者の三者関係における協働的実践活動という手続過程にも、〝法的〟実践としての独自の実質的「適理性（reasonableness）」の質の維持向上のための「熱望の道徳」的側面の要件を、その役割倫理・専門職倫理として提示しなければならない。このことに対応して、法の支配の法的推論に対する実践的要請も、裁判官によるモノローグ的な判決の正当化過程だけではなく、裁判官と両当事者の協働的解釈実践による法的に正しい判決の形成・探求過程まで、その射程に入れなければならない。法実証主義的な法の支配論が、裁判の最終的結果である判決の形式・内容にまでしか関心を向けなかったのに対して、フラーやドゥオーキンら、アメリカの法理学者による法の支配論は、このような裁判の手続過程とそのもとでの法的実践の在り方を、むしろ中心的な関心事としてクローズアップさせることに貢献したのである。もちろん、フラーが、民事訴訟中心に法社会学的関心と重なり合う方向での裁判制度論の構想を試みたのに対して、ドゥオーキンは、憲法訴訟中心に政治・道徳哲学的議論との重なりを強調する方向での法解釈実践論の展開を試みたという違いがあり(Dyzenhaus 1999b)、以下における考察の関連箇所で指摘するように、このような違いに由来するそれぞれの理論の偏りや限界がみられることも否定し難い。

法の支配の裁判制度・法的推論に対する要請に関する論議は、どうしても各国の法的制度・実践の伝統・慣行に制約されたパロキアルな面をもつことは避け難く、実務にも直接有益な意義のある考察は法律学的な法解釈論レベルの議論にゆだねざるを得ないところが多く、制度的法概念論の考察姿勢の在り方の難しいところである（田中二〇一七、二九-三〇頁、本書第二章一四六-四八頁参照）。以下においては、このような限界に留意しつつ、わが国での法の支配論の現代的再定式化においても基本的に受け容れることが可能な法理学的な一般理論レベルでの考察を試みたい。

（48）コモン・ロー的な法・裁判・法的推論に関するドゥオーキンの見解の特徴や法実証主義的その他の見解との対比については、一九九-二〇〇頁注（23）参照。本章では、コモン・ロー的な法・裁判・法的推論に関するフラーやドゥオーキンの見解を、法実証主義的な理解や大陸法圏の法理論とも重ね合わせ、共通の理論枠組を用いて法理学的レベルで考察するために、裁判制度・法的推論の基本的分析枠組については、MacCormick 1978, 2005, Schauer 1991a, 1991b, 1991c, 2009 の見解に依っているが、それ以外のコモン・ロー的な法・裁判・法的推論（及びフラーやドゥオーキンの法理論との関係）に関する説明は、いちいち注記しない場合でも、基本的に Postema 1986, 1987a, 1994, 1997, 1998, 2002, 2007, 2010 など、ポステマの見解に依っているところが多い。戒能二〇一三は、本章で取り上げる法の支配・合法性論議だけでなく、その背景にある英米法理学の対立構図について、コモン・ロー的伝統のコンテキストから法思想史的な解明を試みており、理解を異にする点もあるが、示唆を得たところが多い。

（49）このようなコモン・ロー裁判の社会的機能の見方は、裁判の機能について、国家権力の行使による社会統制の一環という特質よりも、社会的紛争の平和的解決の一環という特質を重視するものであり、シュクラーが、アリストテレスの法の支配論について、裁判を調停としてみており、社会統制とみていないと指摘していることとも関連するが（一七〇頁参照）、法の支配におけるコモン・ロー裁判と近代の大陸法系の司法的裁判との基本的役割の重要な相違を示すものでもある。

（50）法の支配の最小限の要請のこのような理解は、基本的に MacCormick 1978, 1994, 2005 などで示されている法の支配と法的推論の特質・構造の関係の説明、とくに MacCormick 1994 緒言におけるその簡にして要を得た説明に依っている。Waldron 2012 も、マコーミックと基本的に同じような説明をしている。法的推論の基本的モデルとして、マコーミックに依る理由については、二四一-四二頁注（36）で説明した通りであるが、彼の理論枠組が、原理・類推・先例に関するコモン・ロー独特の思考とルール中心の法的推論・議論方式とを組み合わせた二段階正当化モデルを提示しており、裁判を「ルール基底的決定作成」方式とみるシャウアーの見解（二四一-四二頁注（36）参照）とも整合的であり、法の支配の法的推論に対する制度的・構造的要請に適合していると考えるからである。マコーミックもシャウアーも、フラーやドゥオーキンらのように、コモン・ロー的制度・実践を自明視して、その理論展開の前提とすることなく、それらの制度・実践を対象化して、大陸法圏の法理学的考察とも共通の理論枠組で説明しており、私が、マコーミックの見解に依拠しているのは、彼の法的推論の理論が、R. Alexy, *Theorie der juristichen Argumentation* (Suhrkampf, 1978) などの大陸法系の法律学的方法論とも実践理性の現代的復権をめざす共通の潮流を背景に構造的に類似した理論枠組を提示しており、私も彼らの理論から学びつつ法律学方法論を展開してきたということもある（田中二〇一一、第15章・第16章参照）。

（51）法的推論・訴訟審理における事実問題の重要性については、後ほど関連箇所でも説明するが、MacCormick 1978, pp. 32-37, 86-97, Burton 2007, pp. 29-31, 50-52, 98-102, 160-65, Schauer 2009, pp. 203-18 など参照。

二　法の支配と司法的裁判の制度的枠組

（1）法の支配の裁判に対する制度的要請は、一般的な法的規準の裁判官・判決に対する規範的拘束力の問題を中心に議論されてきたが、以上の考察の関連箇所でたびたび触れたように、裁判官の役割や判決の正当化の在り方は、法源としての法的規準との関連だけでなく、裁判の手続や対象に関する制度的制約とも関連づけて立体的・統合的に考察しないことには、その動態的で多面的な特質を的確に理解することができない[52]。ここでは、司法的裁判の制度的枠組のそのような制約原理を規準・手続・対象の三側面に分けて説明するが、これら三側面のうち、とくに手続的側面には、法の支配の手続的要請が典型的に制度化されており、この手続過程的特質が、法規範・法体系の一般理論と法的推論の規範的理論の架橋において決定的に重要な役割を果たしている。

司法的裁判に対する法の支配の中心的な要請が、個々の判決は、その裁判の対象となっている具体的事実（司法的事実）に対して、権威的法源として受け容れられている一般的な法的規準を適用した結果として導き出されたものであることを、要件=効果図式を基軸とする合理的な推論によって正当化されなければならないという、その規準面の制約原理であることについては、異論のないところであろう。それ故、既存の法規・判例などの法的規準をそのまま適用する場合だけでなく、衡平の実現のために従来の法的規準を変更する場合でも、当該個別事例に少なくとも論理的に先行して、当該事例と同一類型の一群の事実関係にも適用可能な一般的な法的ルールを明示し、それを具体的事例に適用するという方式をとることが要請される（Schauer 1995, 2009, pp. 175-80, Waldron 2012）。このような制度的仕組みは、形式的正義と法の支配の核心的要請であり、法的に制度化された理由付与（reason-giving）実践としての法的推論の基本的特質を構成し、判決の正統性だけでなく、裁判過程全体の公正かつ理性的な運営にとって不可欠とみられている（MacCormick 1978, pp. 73-86）。

従って、法源としての法的規準は、法の一般性の要請に基づき、当該裁判において当事者や裁判官が一定の判決を要求したり正当化したりするのに援用できる程度にまでその内容が確定的に規定され、公にされていることが原則である。裁判の審理手続も、関連する法的諸規準（法的観点）について両当事者と裁判官の共通の了解が形成されることを前提に、できるだけ事実問題の審理だけで決着が付けられるように設計・運用されている。だが、ハード・ケースのように、当該事件に適用されるべき法的規準の存否や指図内容について当事者間に見解の対立があり、このような法律問題の解決が裁判に求められる事例もある。法律問題については、最終的には裁判官の賢慮的判断にゆだねられるが、その判断は、ハートらのいうような司法的裁量の行使ではなく、裁判における当事者主義的手続のもとでの両当事者間の議論に基づくものでなければならず、適用されるべき法的規準の確定的な内容を、両当事者と裁判官の三者関係における相互作用的協働活動によって裁判の手続過程の展開のなかで具体的に明確にし特定化することが、司法的裁判の重要な役割なのである。

ハード・ケースにおける法的規準の内容の具体的な確定については、法的ルールとは異なる独自の規範的拘束力をもつとされる法的原理に関心が向けられ、ルールと原理の重層構造をもつ法的規準の同定・解釈の在り方を中心に、法的推論に関する法理学的議論の応酬がされてきた。このような問題が、法的推論の在り方をめぐる重要な関心事であること自体を何ら否定するものではないが、以下の関連箇所で説明するように、裁判官が法的原理も含め法的規準をどのように同定・解釈するか、その在り方は、当事者主義的訴訟手続や裁判対象の個別具体的な紛争解決への限定といった手続面・対象面の制度的特質によっても制約されており、法的推論という実践の在り方を規準面だけから論じていても、その独特の〝法的〟特質を十全に解明することはできないということに注意を喚起しておきたい。

次に、裁判の手続面における法の支配による制約原理の代表的なものは、裁判の公開と当事者主義的手続である。このような手続的原理は、裁判の規準や結果だけでなく、その手続過程も公開され、法律家や一般市民による公共的な理性的議論・批判に開かれていることを要請し、当事者双方に対して、公的な場で自己の言い分を主張し相手方の主張を質す機会を公正に保障することによって、裁判官の恣意専断を抑止し、市民の「裁判を受ける権利」を制度的に保障することになる。もちろん、裁判手続を円滑に進めるためには、裁判官の適切な訴訟指揮が必要であり、裁判手続が、両当事者に裁判官が加わった「三者関係」で行われるメリットもこの点にあるが、当事者主義手続のもとでの裁判官の基本的な役割は、積極的に自己のイニシアティブで正しい内容の判決を直接発見し当事者に宣告するという、プラトン的な哲学王のごときものではなく、両当事者間の自律的な相互主体的弁論の活性化によって正しい内容の判決が徐々に確定されてゆくように、適切な後見的配慮をするという、ソクラテス的な産婆役である。ドゥオーキンの「ヘラクレス的裁判官」の内的視点からの法解釈実践のモノローグ的説明は、このような裁判の協働的なダイローグ的特質が視野に入れられておらず、誤解を招きやすく、裁判モデルとして不適切である。

判決の法的正統性は、その最終的所産である判決内容が法的規準からの合理的推論によって適切に正当化されているかどうかだけでなく、その判決がこのような両当事者の対等な主体的参加のもとでの裁判官との三者関係における相互主体的協働活動の所産であるということにもかかっているのである。このような裁判の手続過程の当事者主義的特質は、法の支配の法的規準に対する要請と法的実践に対する要請とを、法の支配の前提とする能動的な市民の「裁判を受ける権利」の保障によって動態的に架橋するという重要な位置を占めている。このような裁判の特質は、とくにフラーの「参加テーゼ」を基軸とする裁判の形式と限界の考察によって強調されたところであり（一八二-八四頁参照）、フラーは、法の支配にとっては、裁判の規準となる法・法源の存在よりも、このような裁判制度の存在のほうが決定的に重要であるとすら主張している（Fuller 1981, pp. 99-101）。

(2) 裁判の制度的枠組の以上のような規準・手続面の制約原理は、「法の一般性とその公平な適用」という、法の支配の制度的要請の具体化として分かりやすいのに比べて、裁判の対象が対立当事者間の具体的な権利義務ないし刑罰権の存否に関する紛争の事後的個別的解決に限定されているという対象面の制約原理は、法の支配のこのような制度的要請との関連がそれほど明確はでない。そのため、法の支配の裁判の制度的枠組に対する要請をめぐる法理学的議論でも、規準・手続面の制約原理ほど注目されることはない。けれども、このような裁判対象の事項的限定は、〝司法権の優越〟の及ぶ問題領域を画定し、司法と立法・行政との権限配分・調整における決定的要因の一つであり、実質的正義をはじめ法外在的諸目的の司法的裁判による追求・実現の可能性と限界を規定するきわめて重要な特質である。

このような裁判対象の事項的限定に関して注目されるのは、裁判の形態的特質に関する独自の見解を提示したフラーが、行政法の領域や経済的資源配分の問題などを例に挙げ、争点が多岐にわたり複雑に入り組んでいる

「多中心的（policentric）」問題を、裁判に本来的に適しない種類の問題として、裁判の限界を強調していることである（一八三頁、Fuller 1978, pp. 394-404）。また、ドゥオーキンも、法の支配に関する「権利構想」を提唱していた頃は、ハード・ケースにおける裁判官の法的決定は、社会全体の集合的目標の保護や促進に関わる「政策論拠（arguments of policy）」ではなく、個人の権利の保護や尊重に関わる「原理論拠（arguments of principle）」によって正当化されなければならないと主張し、裁判を「原理のフォーラム」と特徴づけていた（Dworkin 1977, pp. 90-100, 1985, ch. 2）。彼らのこのような見解については、現代行政国家のもとで法の資源配分機能が一段と重視されるようになっている状況をふまえ、裁判の現代的役割を再検討する必要があるものの、裁判対象の事項的限定に関わる原理的指針としての意義は評価されるべきであろう。

裁判対象の事項的限定が裁判実務で重要な争点となるのは、憲法訴訟における事件・争訟性の要件や立法事実をめぐる議論である。だが、憲法訴訟に限らず、裁判による法形成や政策形成が問題となるハード・ケースでは、裁判の直接の対象である具体的個別的な法的争点の審理・裁定において、その法的争点と関連する政治的・道徳的・社会的・経済的等々の一般的争点やそれらに関連する原理をそもそも考慮に入れることが法的に正統とされるのか、許されるとしてどのような争点・原理をどのような仕方で考慮すべきかなどが、審理の重要争点となることが少なくない。このような争点への対応においても、裁判対象の事項的限定の意義が、裁判の規準面・手続面の制約原理とも関連づけて、多面的かつ総合的に考察されなければならない。

裁判対象のこのような事項的限定は、法適用による正当化方式や当事者主義的手続とも内的に分かち難く関連し合って、裁判全体の正統性や法的議論の適理性の確保にとって不可欠な位置を占めている。当事者主義的手続が円滑に行われそのメリットが十全に発揮されるためには、当事者として裁判に参加できる人びとの範囲が比較的少数に限定され、事実上・法律上の争点が二元的に対立する形で個別的に明確化され、法廷弁論の主題が特定の具体的で現実的な争点に限定されている必要がある。そのためには、このような当事者と争点をナマの具体的紛争を取り巻く全体的状況のなかから識別し抽出する基準となる法的規準が予め存在していなければならない。当該事例の解決に関連する法的規準の存在とその内容について、不確定な部分が残るにせよ、法的議論を枠づけ方向づけうるような程度・範囲での基本的な相互了解があってはじめて（二三三―三四頁参照）、両当事者と裁判官の三者関係における法的議論に共通の観点からの判断・評価枠組が形成され、両当事者間の法廷弁論の争点も絞られ、嚙み合った理性的な議論の展開が可能となるのである。

裁判は、具体的な社会的紛争全体を全面的に解決するものではなく、対立当事者間の事実上・法律上の争点について法的観点からのみ、しかも、事実認定についても、法的権利義務関係や有罪・無罪の規範的確定についても、〝全か無か（all-or-nothing）〟方式の二分法的思考で議論・判断する仕組みになっている。司法的裁判において、確定判決による紛争の終局的解決が実践的に可能となり制度的に正統なものとみなされるのは、このような規準・手続・対象の三側面からの制約を前提に、それらの制約と相関的なコンベンションとして社会的に受け容れられているからである。裁判による法的解決は、「全事情考慮的（all-things-considered）」決定方式による最善のものと必ずしも同一のものとはならず、「法による裁判」として、あくまでも「法的観点」からの部分的で限定的な解決であり、次善のものでしかないことが少なくないという限界を認識することが肝要である。

司法的裁判の制度的枠組は、以上のように、規準・手続・対象の三側面の制約原理から立体的に構成されており、このようにして相対的に自立的な議論空間として制度化された裁判が、〝法的なるもの〟の領域の中枢に位置し、このような裁判という公共的な場での法的議論が、法的実践のパラダイムとされてきているのである。たしかに、現代法システムの機能拡大に伴い、法的実践の形態も多様化し、裁判外での交渉・議論のもつ独自の法的ウエイトが高まり、裁判での法的議論が必ずしも法的実践のパラダイムとみられない、いわゆる〝脱中心的な〟法的問題も増えつつある現況に留意する必要はある（田中二〇一三、とくに九-一〇頁参照）。けれども、現代法システムのもとでも、基本的には、司法的裁判の制度的枠組が、法を用い動かす専門技術的な法的推論・議論の在り方を決定的に規定しており、法的推論・議論という実践に対する法の支配の要請の考察は、以上のような司法的裁判の制度的枠組と相関的なものという理解のもとに行われなければならないのである。

裁判の正統性の問題は、裁判においてどのような規準・手続・方法によって法的に正しい内容の判決が議論され形成されるべきと規律されているかという、裁判の役割・権限や制度的枠組の理解に関わる制度的・規範的な問題である。だが、裁判の役割・権限や制度的枠組は、以上のように、法の支配の諸原理の一環として、いわば内在的に規定されているだけでなく、同時に、権力分立制や民主制などの統治原理によって、法の支配論にとっては外在的にも規定されていることが見落とされてはならない。裁判のこのような内在的制約と外在的制約の区別は、後ほど触れるドゥオーキンの「政治的公正」と「手続的デュープロセス」の区別にほぼ対応するものとみてよいが、両者の関係をどのように理解するかは、法の支配の形式的理論・実質的理論という対比図式の適切性とも関連し、法理学と政治・道徳哲学の関係と同様、なかなか難しい問題である。本章では、既に説明したように（二〇一三-〇五頁参照）、統治原理による制度的制約のうち、権力分立制は法の支配と一体的な統治原理であるのに対して、民主制は法の支配と別個の統治原理と位置づけており、法の支配の制度的要請の具体的内容については、立憲民主制、つまり立憲主義的制約のもとにある民主制を前提に論じている。(53)

(52)　司法的裁判の制度的枠組に関する以下の説明は、フラーの裁判理論をはじめ、リーガル・プロセス学派に属する論者の裁判理論を主たる手がかりしているが、Paul Weiler, "Two Models of Judicial Decision-Making", *Canadian Bar Rev.* 46 (1968), pp. 406-37 において「紛争裁定（Adjudication of Dispute）モデル」として提示されている説明を参考に以前に整理した私見

（田中成明『裁判をめぐる法と政治』（有斐閣、一九七九年）一五七-八〇頁、同二〇一一、二六九-八六頁）に基づいて、法の支配の要請との関連について適宜敷衍したところが多い。司法的裁判の制度的特質とその正統性や機能の考え方については、田中二〇一一、第9章で法理学的な概観をしている。以下においては、これらの文献での説明と重なる内容は、簡略化ないし割愛したので、詳しいことはこれらの文献を参照していただきたい。裁判の制度的枠組を規準・手続・対象の三側面から統合的に理解する概念的枠組は、土井一九九八、八八-九四頁で説明されている司法権の「対象＝型式志向型」概念構成の一試論であり、本文で説明するように、法の一般性とその公平な適用という形式的合法性概念の制度的原理とドゥオーキンの統合性構想における原理整合性という実践的原理を架橋するのに適した理論枠組であると考えている。

（53） 裁判の制度的枠組と権力分立制・民主制との関係についての私見は、田中『裁判をめぐる法と政治』前掲注（52）一八〇-九三頁参照。本章の考察の前提としている私見を結論的に述べておくと、権力分立制との関係については、裁判所が、個々の具体的事件に即して社会各層の正義・衡平感覚を汲み上げて、既存の法的規準を特定化したり修正・変更して法的規準を継続形成することは、憲法を頂点とする実定法的規準全体と原理整合的であり当該紛争の解決に必要かつ十分な範囲内にある限り、司法固有の正統な権限であり、裁判所がこのような機能を時宜に適った仕方で果たさない限り、その法適用機関としての責務すら適正に果たすことができないと考えている。他方、民主制との関係については、立法機関のみが民意を正統に反映する国家機関とみて、立法機関に対する裁判所の全面的な敬譲を主張する、多数決主義的民主制論の裁判所の役割に関する見解には批判的である。現代立憲民主制のもとでの裁判の役割は、私人相互間の紛争解決、刑事的サンクションの発動の正当化、公権力機関による私人の自由や権利に対する不当な規制・侵害の抑制・救済などの伝統的機能だけに限られず、立法・行政レベルの政策形成過程に有効な働きかけができないが故に不利益を受けがちな少数者や弱者の権利主張その他の要求・意見を、個々の具体的事件に即して的確に汲み上げ、その要求・意見が政策形成過程全体に実効的に反映され、公正な配慮を受ける機会を手続的に保障することもまた、現代裁判の重要な役割であると考えている。

三 ドゥオーキンの司法的統合性構想と構成的解釈理論

(1) ドゥオーキンは、法の支配・合法性を、独特の法的価値で解釈的理想であり、法概念内在的な熱望的概念と位置づけ、「国家はできる限りその便益がすべての市民に及ぶような一群の整合的な政治的諸原理によって統治されるように努めるべきだ」（Dworkin 2006, p. 13）という「政治的統合性」をこのような理想として提唱する。彼によれば、このような統合性は、「等しき事例の等しき取り扱い」という伝統的スローガンの解釈であり、「政府に対して一つの声で語ること、原理に基づき整合的な仕方でその市民に向かって行動すること、その政府がある人びとに用いる正義や公正の実質的規準をすべての人びとに及ぼすこと」を要請するという（Dworkin 1986, p. 165）。

ドゥオーキンは、「法的」規準の確定性・自立性に関する法実証主義見解を執拗に批判してきたけれども、国家権力の行使がそれに先立って存在する何らかの「規準」によって制限され正当化されなければならないという「法の支配」論の一般的な了解は概念的に受け容れ、「どのような種類の規準が合法性の要請を充すのか、また、規準が予め正しい仕方で確立されたとみなされるのはどのようなものか」（Dworkin 1986, p. 169）に関する構想として、政治的統合性という構想を提示している。だが、ここで彼のいう「規準」に、法の支配の要請内容に関する従来の議論のように、法的ルールあるいはルールと原理からなる法的規準が含まれているのかどうかは必ずしも明確でなく、彼の議論は、「整合的な政治的諸原理」という、かなり漠然とした規準の観念を中心に展開されており(54)、以上で説明したような形式的合法性構想やその制度的諸原理とどのような関係にあるのかについてもほとんど説明されていない。ドゥオーキンの統合性構想については、形式的合法性の制度的諸要請をはじめ、裁判官の法解釈実践を拘束する多様な規準ないし原理とどのような関係にあると理解するのが適切かを確認することから検討をはじめる必要がある。

以上の考察で幾度か触れた伏線的な説明でも示唆してきたように、結論的には、整合的な政治的諸原理による制度的拘束を説くドゥオーキンの政治的統合性構想は、立法過程ないし法体系全体については、司法的統合性の要請の理論的前提として措定する必要があるかもしれないけれども（Fuller 1964, p. 210 など参照）、既にみたような形式的合法性の諸要請の「熱望の道徳」的側面の総括的原理としてはともかく、「義務の道徳」的側面が漠然としすぎており、それだけでは現実の立法過程を実効的に枠づけ方向づけうる原理として論評しにくいので、本章ではとくに検討しないことにする。そして、司法的裁判のもとでの法的推論に対する要請としても、穏当な形式的合法性構想に全面的にとって代わりうる構想としては受け容れ難く、むしろ、判決における一般的な法的ルールの明確化と要件=効果図式による正当化を要請する、形式的合法性の制度的制約原理を前提に、司法的裁判のもとで制度化された法解釈に対する実践的指導原理という補完的な位置づけを与えるという方向で、その意義や問題点を検討することが適切ではないかと考える。

実践理性の法的制度化という法構想の理論枠組では、法体系全体が〝ルール／原理／手続モデル〟による実践的議論の不確定性への段階的対応過程ととらえられるのに対して（田中二〇一三、一九‐二三頁、本書第一章四三‐四七頁参照）、ドゥオーキンの司法的統合性構想は、裁判での法的推論における「原理」の役割を「ルール」「手続」から切り離して論じることによって、裁判での法解釈実践の政治道徳的次元を過大評価し、司法的裁判制度が全体として基本的に「ルール基底的決定作成」方式をとり、段階的に制度化され「相対的に自立的な」議論領域として画定されていることの実践的意義を軽視しており、司法的裁判のもとでの法的推論に対する法の支配の実践的な指導・規制原理としては、不適切だと評せざるを得ない。ドゥオーキンの原理整合性を基軸とする司法的統合性構想を、シュクラーが酷評するのも、穏当な形式的合法性の諸要請を内在化した司法的裁判の制度的枠組から切り離して、それだけをみるならば、彼の不必要に争論的な法律家的議論スタイルとも相まって、政治・法思想的には「裁判官の支配」を正当化する法律家的イデオロギーそのものとみられるからであろう[55]。

しかし、ドゥオーキンの司法的統合性構想を、このように、穏当な形式的合法性の制度的要請の補完的理論と位置づけることは、決してその意義を過小評価する主旨ではない。司法的裁判の役割を、事実審だけでなく、法律審をも含めて全体としてみた場合、一般的な法的規準の具体的事例への個別的適用という方式によって、一般性と個別性とのバランスをはかりながら、法的規準の内容をケース・バイ・ケースに特定化し継続形成していくことは、裁判の正統な機能であり、そのような機能が適正に行われ、「法の支配」が確保・実現されるかどうかは、現実には、裁判官をはじめ法律家集団の賢慮にかかっているところが多い。ドゥオーキンの司法的統合性構想とその構成的解釈理論は、過去に制定・形成された既存の法的規準全体との整合性という制度的制約のもとで、このような制約と両立する限りで法的規準の内容の将来に向けての展望・展開にも配慮しつつ、今ここでの適正な解決をめざすことを、法解釈実践の基本的任務であることを的確に指摘し、その法解釈実践の基本的構造と指導原理に関する挑発的な構想を提示し、法解釈実践の在り方に関する法理学的議論を活性化させた。彼の具体的な主張内容や争論的な議論スタイルに賛同するか否かにかかわらず、このような問題提起的な意義自体は正当に評価されなければならない。

一般的な法的ルールの明確化と要件=効果図式による正当化という、形式的合法性の制度的要請が、基本的に裁判の結果に対する形式的・論理的な合理性の要請であるのに対して、司法的統合性の要請は、そのような一般的な法的ルールと要件=効果図式による正当化に収斂するまでの裁判の手続過程において判決形成に携わる裁判官・法律家に対して、その賢慮・実践理性の理想的な行使の在り方を指図する倫理的適理性に関する要請であると位置づけるのが適切である。司法的裁判における「制度化された実践」の典型としての法解釈・法的議論の品質は、このように、形式的合法性の制度的要請による制約と裁判官・法律家の賢慮に対する実践的要請の提示という両面からの規律によってはじめて確保されるということが正しく理解されなければならない。

ドゥオーキンの提唱する司法的統合性構想と構成的解釈理論を、彼の争論的な議論スタイルに惑わされずに、このように距離をおいた視点からみるならば、とくにハード・ケースにおける裁判官の「法への忠誠」義務と「正しさへの志向」の緊張関係に焦点を合わせた彼の法解釈理論は、司法的裁判における法解釈実践の基礎理論の構造化の試みとして、法実証主義的なルール体系モデルの司法的裁量論よりははるかに理論的にも実践的にも示唆に富むものである。「統合性」「原理」「整合性」など、法律専門家集団における法的推論・議論の理想的な在り方をめぐる議論でキーワード的に広く用いられてきたにもかかわらず、その意味することが必ずしも明確でなかった諸概念について、独自の背景的正義論・権利論に基づく挑発的な見解を提示し、〃ルール対裁量〃という従来の二分法的図式を超える法解釈理論の展開を方向づけ、法の支配論の議論領域の拡充を決定的とした意義は大きい[56]。

もちろん、ドゥオーキンの法解釈・法的議論の理論自体についても、また、彼独自の合法性構想の背景的前提とされる特定の平等主義的正義論・権利論についても、批判や疑問が少なくないが、それらについて系統的な検討を加えることは機会を改めざるをえない[57]。ここでは、「統合性」「原理」「整合性」などの概念を基軸にすえたドゥオーキンの法の支配と法解釈実践に関する構想について、その法律家的実践に対する役割倫理・専門職責任としての要請という側面に限定して、彼の司法的統合性構想に一定の制限と補正を加えたうえで、形式的合法性の制度的原理の補完的理論と位置づけるのが適切と考える理由の説明を中心に、法の支配・合法性論議の基本構図の現代的再定式化に関わる主な問題点を指摘しておきたい。

(2) まず、ドゥオーキンの法理論全体のキーワードである「原理」については、彼は「原理」という概念を多義的に用いており、コンテキストごとに異なることもあり、彼の司法的統合性構想や構成的解釈理論の説明でも、新たな原理群が加わり、原理に関する彼の主張内容の全貌を正確に理解しずらくなっている。法的規準としての「原理」と「ルール」、判決の正当化論拠に関する「原理」と「政策」という、初期からの対比図式に加えて、

「正義」（結果の正しさ・資源の正しい配分）、「公正」（政治的決定権限の正しい配分）、「手続的デュープロセス」（法的なルールや規制の手続の正しさ）という三つの政治的理想に関する「諸原理の整合性」という問題が加わり、これらの種類を異にする原理の概念的区分が彼独特であることもあって、統合性において整合性が問題とされる政治道徳的諸原理と、法解釈実践において援用される法的・政治道徳的原理がどのような関係にあるのか、また、統合性の要請として、法的推論において政治道徳的諸原理を〝法的〟規準として同定したり解釈の考慮要因としたりする場合、その基準・手続・方法はどのように考えられているかなど、分かりにくい。彼の「法的規準」に関する見解の分かりにくさが、「原理」に関する見解に集約的に現れている観がある。そのため、彼の見解を論評するためには、何らかの善解ないし改釈が避けがたいが、諸々の批判への彼の対応の仕方をみると、どのように解釈しても、彼はそれを誤解だと反論していることが多いので、本章での論評もまたそのような類のものと受け止められるかもしれない。

司法的統合性と「正義」「公正」「手続的デュープロセス」との関連についての彼の説明（Dworkin 1986, pp. 164-67, 403-07 など）からは、「正義」がいわゆる実質的正義の問題だけを指しているようであるが、「政治的公正」と「手続的デュープロセス」の関係は明確でなく、選挙制度・議会手続（及び権力分立制・司法審査制のもとでの裁判官の権限）などが政治的公正、立法部の優越・先例拘束法理・局部的優先性などが手続的デュープロセスの具体例と考えられているようである。だが、彼が『法の帝国』で判例・制定法・憲法それぞれの解釈の具体的事例に則してこれらの制度的・手続的原理に関して説明している内容は、法律学的コンベンションを自明の前提とした例証的な解釈技法の実践の説明の域を出ておらず、これらの原理自体に関する一般理論的分析はほとんどみられない。

ドゥオーキンは、各論点の説明・議論の決定的なところで頻繁に「原理」や「整合性」という概念に言及するが、これらの種類を異にする諸原理の整合性の追求ということがどのようなものなのか、また、どのような「規準」として裁判実務に対して実効的な指導・規制原理となりうるのか、きちんとした説明はされていない。彼の争論的な幾つかの説明を全体として善解すれば、司法上の統合性は、裁判官に対して「可能な限り」このような整合的な諸原理に準拠して判決を下すことを要請する、判決の正統性に関する原理であり、実質的正義「のみを純粋に」追求することが政治的公正と実定法的諸制度の拘束の故に制約されている情況（〝統合性の情況〟）において、できる限り実質的正義の実現をめざそうとする志向といわゆる法への忠誠義務との緊張関係のなかでどのようにして判決を形成し正当化すべきかの実践的指針を提示することをめざしている、と解することができる（Waldron 1997, Postema 1997）。司法的統合性の要請は、たんに判決の法的な正しさを事後的に正当化する過程に対する論理的要請ではなく、法的に正しい判決を探求し決定を作成する過程に対する倫理的要請でもあるところに、その本領がみられるのである。

　司法的統合性の要請をこのように理解するならば、正しい判決内容を直接的に規律する「法的規準」として考慮される可能性のある原理は、基本的に実質的正義に関する政治道徳的原理であり、裁判官の権限（政治的公正）や裁判の制度的枠組（手続的デュープロセス）に関する原理は、そのような実質的正義原理のいずれをどのような仕方で裁判で考慮し判決の理由とすることが義務づけられたり許容されたりするかについて間接的に裁判官を規律する制度的・手続的原理という関係にあるということになろう。ドゥオーキンの法解釈理論の方法論的特徴は、このような権限・制度に関する制度的・手続的原理の内容やその確認・同定の基準・手続について明確な一般理論的説明がなく、個別具体的な法解釈実践と一体的に「解釈」問題として論じられていることである。おそらく、このような権限・制度に関する制度的・手続的原理の問題は、政治社会学的・歴史的な事実問題あるいは個別法理学（法律学）の実務的問題であり、法律家の間でコンベンショナルなコンセンサスがあれば、それを自明視し、意見の対立がある場合にのみ、法解釈実践と一体的に法哲学的問題として考察すればよいという、彼独特の法理学観に基づくものであろう（田中二〇一七、一六一―二一頁、本書第二章一二九―三四頁参照）。

しかし、法的推論において判決内容の正当化理由として裁判官を直接的に拘束する原理と、そのような裁判官の法的推論の在り方を間接的に拘束する制度的・手続的原理とはカテゴリー的に区別されるべきであり、後者の制度的・手続的規律に関する一般理論的説明は、法解釈を「制度化された実践」と位置づけるならば、法的推論・議論という実践の規範的理論の前提として不可欠である。このような一般理論的説明は、制度的規範的秩序としての法体系の内的構造・作動様式の解釈学的再構成として可能であり、制度的法概念論あるいは司法的裁判制度論に関する法理学的説明の一環として提示されるべきものである。ドゥオーキンは、法実証主義的な法・道徳分離テーゼや社会的事実（源泉）テーゼに鋭い批判を加えているものの、それらにとって代わりうる制度的法概念論と裁判制度論を提示しておらず、このことが、彼の法の支配論についても、その致命的な欠陥となっているとみられる。彼の法的推論・議論の規範的理論は、裁判官の法的推論を間接的に規律する制度的・手続的原理を、個々の法解釈実践に先だって提示できないために、そのような間接的な制度的原理と判決内容を直接的に規律する法的原理とが区別されず、その結果として、個々の裁判の判決内容を直接的に拘束する法的原理の同定という制度的事実の解釈と、そのような原理との整合的をはかりつつ法的規準の内容を特定化し継続形成する実践としての法解釈を、異なる性質の解釈学的営為として段階的に区別することもできなくなっており、法解釈実践の構造やその指導原理を考察する概念枠組としては、不完全であると評せざるを得ない。

(3)　以上のような司法的統合性構想のもとでの原理概念の多義性に関する問題点とも関連するが、司法的統合性の要請と関連づけた構成的解釈実践のプロセスに関するドゥオーキンの説明についても、同様の疑問がある。彼は、構成的解釈がきわめて複雑なプロセスであることを繰り返し説いており、その説明もコンテキストによって微妙に異なっているが、ここでは、構成的解釈の複雑なプロセスを、過去に決定された制定法・判例などの法的データとの整合性を追求する「適合性（fit）」と、それらの決定の背後にある原理に基づいて法実践全体を最も適切に「正当化」するという、おおまかな二次元に分け、手続的公正が適合性の次元、実質的正義が政治道徳的正当化の次元の中枢に位置するという説明（Dworkin 1986, pp. 254-58, 2006, p. 171 など）について、以上で触れた点とも関連する疑問を指摘しておきたい(58)。

ドゥオーキンが、法解釈を二次元に分けつつも、法への忠誠義務に関わる整合性テストが、適合性次元だけでなく、政治道徳的正当化次元でも、構成的解釈全体に対して作用することを強調していること自体は、法解釈の〝解釈学的循環〟という特質からみて当然であり、適切な方向である。だが、このような実定法的規準による過去志向的な規範的拘束が、純粋な将来志向的な実質的正義の追求に対してどれだけのウェイトをもって「規準」として対抗的ないし制約的に作用しているかは、彼の具体的な法解釈事例に則した例示的説明から推測できるだけであり、一般理論的説明はない。構成的解釈の対象となる法的データをどのように同定するかについての一般理論的説明なしに、整合性テストを適切に行い、選択肢を絞ることが可能なのかも疑問である。先ほどの指摘とも関連するが、やはり、個別具体的事案に即して法的規準の具体的内容を確定する解釈実践を開始するに先立って、解釈学的循環の暫定的起点として、解釈的議論の共通の前提となる程度まで確定された暫定的な法的規準が同定される段階・次元が存在すべきではなかろうか。このような法源論の伝統的争点について、法律家集団のコンベンショナルなコンセンサスを自明視し、見解の対立があれば、個別的な法解釈実践と一体的に対応すればよいとする構成的解釈理論のアプローチは、ドゥオーキンの独特の法理学観に基づく解釈的法理論の致命的な欠陥とみることができる。ドゥオーキンの統合性構想による法的推論に対する実践的原理を、形式的合法性の制度的要請を前提とする補完的理論と位置づけざるをえない所以である。

整合性テストに一応パスした幾つかの選択肢について、まず通念的道徳に適っているかどうかを検討したうえで、最終的に、裁判官の信念に基づく政治道徳に照らして、法実務全体をもっともよく正当化する原理に基づく解釈論を選択するという手順の説明も、判決の正当化過程が、通念的社会道徳次元だけでなく批判的政治道徳次元にも開かれていることを、裁判官の内的視点から解釈学的に解明し、法的議論に内在化されている自己批判・反省メカニズムの構造を説明する理論枠組としては基本的に的確であろう。けれども、既存の実定法的規準との整合性テストをパスした原理について、通念的社会道徳次元や批判的政治道徳次元による吟味を具体的にどのような範囲でどのような手続によって行うのか、両次元の吟味のいずれを優先し相互関係をどのように考えるのかなど、理論的にも実務的にも関心の高いテーマに関する系統的な説明はほとんどない[59]。これらの問題を、裁判官の内面的な判決作成過程だけでなく、訴訟当事者の弁論活動などの相互作用的審理過程との関連をも視野に入れて考えてみると、いろいろと難しい検討課題が浮かんでくる。

法的議論・決定において依拠できる正当化理由を段階的に限定し縮減することによって法の不確定性問題に対応するという、実践理性の法的制度化という構想の趣旨からみて、法的推論に対する法の支配の要請としてとりわけ重要なことは、第四節二で説明したように（二七五―八二頁参照）、裁判制度の三側面からの制約原理によってその審理対象が個別具体的な事実問題とそれに関連する一定範囲の法律問題に限定されており、このことに対応して、通念的社会道徳や批判的政治道徳に含まれる様々な原理・論拠についても、それらのうち裁判官が判決の正当化に用いたり当事者が法的主張の正当化に援用したりできる理由は、個別具体的事例で審理されている法律上・事実上の争点と「重要な関連のある（relevant）」ものに限られているという、制度的・手続的拘束である[60]。裁判官の制度的職責は、ドゥオーキンもその「権利構想」で強調していたように、当事者がその法的主張の理由づけに持ち出す政治道徳的見解に対して法的観点から的確に判断する応答義務であろう。けれども、このような義務の一環として、裁判官が個人的な政治道徳的信念に基づいて判断することまで義務づけられているとするのは、裁判官の制度的責任を過度に政治道徳化することになり、「法の支配」を「裁判官の支配」に転化させかねないおそれがある。[61] 裁判官に制度的役割倫理として要請されているのは、何らかの特定の批判的政治道徳的信念に基づいて判決を正当化することではなく、通念的道徳や批判的道徳に示されている正義・衡平感覚に応答的な感受性をもち、憲法を頂点とする法的諸規準や当該訴訟の審理対象となっている司法的事実との関連性(relevancy)を的確に判断し、裁判の審理・正当化過程に汲み上げる賢慮的判断力であるとみるべきであろう。

(4) 他方、ドゥオーキンが法的推論・議論に対する実践的要請として、「原理」と並んで「整合性(coherence)」概念に重要な役割を与えていることは、法律家的集団のコンベンショナルな共通の了解(Fuller 1958, p. 636など)を前提として受け容れたものであり、このこと自体に異論はあまりないであろう。問題は、具体的事例に則した法解釈の在り方の例示的説明において整合性概念が随所で用いられているにもかかわらず、この概念自体についての一般理論的説明がほとんど行われていないことである。

一般的に、整合性という概念は、「一貫性(consistency)」と互換的に用いられることもあるが、両概念は、関連しているけれども、異なる概念とみる論者のほうが多いようであり、両概念の要請内容や相互関係の理解についても論者によって理解のズレがみられ、統合性、整合性、一貫性の相互関係についてのドゥオーキンの説明もコンテキストによって微妙に食い違っている。[62] 整合性が、論理的な無矛盾性や含意・導出関係などの形式論理的要請以上のものであり、全体論的な相互支持・強化などを含む、基本的に倫理的適理性に関わる要請であることは、ドゥオーキンも前提としているようであるが、真理や正当性に関するいわゆる整合説に与しているかどうかは必ずしも明確ではない(批判的な見方として、Raz 1994, pp. 279-86参照)。また、整合性の要請の充足が基本的に程度問題であることについては、ほぼ見解が一致しているようであるが、法の統合性や法的推論におけるこの要請の充足が、法的な正しさの必要条件か、十分条件か、あるいは望ましいだけで他の諸要請との比較衡量によって覆されるものかなど、その役割については意見が分かれており、ドゥオーキンの見解も明確ではない。ここでは、これらの基本的な論点自体にこれ以上立ち入ることはできないが、法的決定・議論の正当性については、その判定・識別は複数の基準の組み合わせで行われる複合的なものであり、整合性だけが唯一ではないけれども、その不可欠の重要な基準の一つであり、このような意味で法的正当性の必要条件であるとみる立場から検討を進めたい(63)。

ドゥオーキンの場合、統合性概念について一群の整合的な政治的諸原理といわれる場合の整合性と、法解釈における適合性に関する制定法・判例などの法的データとの「原理整合性（coherence in principle)」といわれる場合の整合性とが、同じ要請内容なのかどうかもあいまいである。統合性概念に関わる政治的諸原理の場合はともかく、法解釈に関連する法的・政治道徳的諸原理のレベルは多層的であり、その関連領域も多様に区切られているから、それらの整合性の追求の基準・手続について、彼が理想的なヘラクレス的裁判官の判断形成過程として例示的に説明している以上に、綱要的・類型的な形であれ、構造化して説明することが、パロキアルな法実務・法律学レベルを超えて、法の一般理論レベルでどれだけ可能なのかは、法理学の任務の考え方によって見解が分かれざるをえないであろう。原理整合性ということが法的議論・決定の正当性の判定・識別に不可欠な重要な基準であることを基本的に認めるとしても、個別具体的事例におけるその判定・識別は、その時々の法律家集団のコンベンショナルなコンセンサスを暫定的な前提とし、その専門職責任を自覚した個々の裁判官の職人技的手腕と賢慮的判断力にかかっているところが多く、誰の眼にも不整合と写る極端な場合などを除き、原理整合性の要件が充たされているかどうかの判断は、理性的な思考能力を具えた人びとの間でも見解が分かれることが少なくないであろう。ドゥオーキンの原理整合性に関する見解については、その具体的内容への賛否はさておき、原理整合性という要件が、法的推論・議論における実践理性の理想的な在り方を判定・識別する一つの重要な基準であることが明確にされ、その要件の吟味・彫琢をめぐって議論が展開されるようになったこと自体の意義を評価したい(64)。

裁判官によるこのような原理整合性の追求については、ハートらのいう法実証主義的な司法的裁量論は、裁判官の恣意的判断の実効的抑止にほとんど役に立たず、以上の考察で幾つかの側面から指摘してきたように、裁判官の判断過程を、法の支配の裁判過程に対する制度的・手続的要請と関連づけて、裁判の手続過程の展開を一体的にとらえることによって、その意義を動態的・語用論的に理解することが肝要である。裁判官による判決作成は、当事者主義的訴訟手続のもとでの両当事者の主張・立証活動をふまえて行われ、判決においてどのような規準・要因をどのように考慮したかが理由として明示され、その判決内容が審級制度のもとでチェックされるという制度的仕組みのもとで行われる。そして、判決の理由づけの法的正当性は、このような仕組みによって、法律家集団だけでなく、判決によって直接・間接に影響を受ける関係者、さらには社会一般の公共的な議論・批判にさらされ、法律家集団のコンベンション自体の適切性を含め、公共的理性によるたえざる批判的吟味に開かれているのである。このような裁判の審理手続や判決公表という仕組みは、法の支配による法の公共性や手続的正義の要請の一環に他ならず、原理整合性という要請も、このような法の支配の制度的要請と一体となってはじめて、その規制作用を実効的に発揮しうるのである。

法解釈における原理整合性の追求手続については、ドゥオーキンは、反省的均衡探求技法の構成主義的モデルで説明できると考えていたようであり（Dworkin 1977, ch. 6 とくに pp. 160-61）、先ほどみた構成的解釈のプロセスの説明もそのような均衡探求技法の定式化の試みとみることができる。だが、構成的解釈のいわば起点となる「法的データ」と、解釈によって最も適切に正当化すべきとされる「法実践全体」について、それぞれ、憲法・

制定法・判例などのいわゆる権威的法源に尽きるのか、それ以外にどのような範囲のものが含まれるのかなど、肝心なところがかなりあいまいである。法解釈における均衡探求手続に「法への忠誠義務」がどのように織り込まれ、通念的道徳や批判的道徳の判断・原理・理論などとどのように関連づけられ吟味されるのかなど、ドゥオーキンの職人技的な鮮やかな例示的説明にもかかわらず、全体的構造についても、考慮されるべき諸要因についても、よくわからないところが少なくない。

反省的均衡探求技法は、判決の正当化過程だけでなく、判決を探求し作成する過程にも関わるというか、むしろ、主として後者において重要な役割を果たす技法である。ドゥオーキンの構成的法解釈理論の説明では、このことは正しく認識されているようであるが、問題は、この探求手続において考慮されるべき価値的・事実的要因のレベル・範囲について明確な説明がないことである。この技法は、ドゥオーキンのようなトップ・ダウン的な原理基底的アプローチでも、ボトム・アップ的な事例基底的アプローチ（Burton 2007, Eisenberg 1998, ch. 6, 本章一九九-二〇〇頁注（23）参照）でもなく、双方向的な均衡探求アプローチであることがその本領であるが、[65]彼の構成的法解釈の過程・技法の説明は、法解釈があくまでも個別具体的事例への一般的な法的規準の適用過程の一環であることへの配慮が不十分であり、原理基底的なアプローチに偏ったものと評せざるをえない。また、個別具体的事例での法の解釈・適用において、法的・政治道徳的原理についてどのレベルまで遡りどの範囲まで拡げて均衡探求を行う必要があるかは、既存の実定法的規準との関連性だけでなく、当該事例の司法事実との関連性によっても画定される仕組みになっている（二四九頁参照）。従って、少なくとも事実審については、K・エンギッシュのいう「規範と生活事態の不断の相互作用・視線の往復」[66]が均衡探求手続にも内在化されていなければならず、事実審と法律審とでは均衡探求技法を区別して論じるべきであろう。[67]

最後に、以上でたびたび触れた点とも重なり合うが、ドゥオーキンが、裁判官の法への忠誠義務の説明において、きわめて的確にも、市民の権利主張に対する応答責任・説明責任という役割倫理を終始強調しているにもかかわらず、その法的推論の説明が、理想的なヘラクレス的裁判官の内的視点からのモノローグ的な判決形成過程の解釈学的説明にとどまり、両当事者と裁判官の三者関係におけるダイアローグ的な議論・審理過程の語用論的説明には全く立ち入っていないことは、彼の統合性構想の「法の支配」論としての射程を著しく縮減しているという限界を指摘しておきたい。彼の統合性構想が、両当事者の権利主張・法的議論をふまえた裁判官の応答的な判決という、彼の初期の「権利構想」では重視されていた当事者的視点をも取り込み、フラーの「参加テーゼ」を基軸とする裁判理論などのような司法的裁判制度論を背景理論として、裁判官と両当事者による「正しい決定」の協働的探求活動をその解釈実践に内在化させる動態的な法的推論・議論の理論を伴っていたならば、[68]「法の支配」の要請内容を、法の「議論的」特質に合わせてより適切に再定式化でき、本章の前半で考察したような形式的合法性の制度的・構造的諸要請と相補的に、「法の支配」論の基本構図のなかでより重要な位置を占めることができたのではなかろうかという観がある。

以上、ドゥオーキンの統合性構想については、法の支配論全体の基本的構図のなかにどのように位置づけるのが適切か、また、その場合の意義と問題点がどこにあるかを指摘することまでしかできなかった。以上で指摘した諸論点は、いずれも法理学の伝統的な根本問題に関連する難問であり、それらについての立ち入った考察は、それぞれ稿を改めて取り組むことにせざるをえない。

(54)　裁判官を規範的に拘束する「法的規準」に関するドゥオーキンの見解には、当初からあいまいなところがあり、ラズらの法実証主義サイドからの批判（Raz 1972 など）にもきちんと対応しておらず、Dworkin 1986, 2006 で述べられている見解が、初期の見解と同じなのか、変更されたのかも判断しかねるところがある。この点については、Dworkin 1996 以前に公刊されたものであるが、Soper 1984 の論評が、統合性構想提示以降の彼の見解の問題点の理解にも参考になる。

(55) ドゥオーキンのように、法的推論における「原理」の重要性を強調する姿勢は、コモン・ロー的な裁判過程・法的推論の一つの重要な特徴であるが、法律家による原理の用い方は、ルール以上に専門技術的で、部外者には分かりにくく、秘儀的と評され、ルールを万能視するリーガリズム的姿勢とともに、法律家的イデオロギーとして批判の的となることが多い。ドゥオーキンの統合性構想に対するこのような批判への法理論的対応について、本章では立ち入らないが、那須一九九七-九八、Roger Cotterrell, *Law's Commyunity* (Oxford U. P. 1995), chs. 11, 13 など参照。なお、コモン・ロー法理論では、ドゥオーキンのように、原理の政治道徳的次元を強調する傾向よりも、原理の社会道徳的次元を強調し、裁判の社会的基盤とのつながりを重視する傾向のほうが一般的なように見受けられる。ドゥオーキンの見解も、初期には原理の社会道徳的次元も強調されていたが、次第に原理の政治道徳的次元の強調が前面化し、論調に変化がみられるが、これは、憲法訴訟や正義論・平等論などの政治・道徳哲学への彼の関心の拡がりと並行しているのではないかと推測される。

(56) ドゥオーキンの「統合性構想」について、Schauer 1987, Raz 1994, ch. 13, 2004, Marmor 2007 など、法実証主義者は、ほぼ全面的な否定的評価をしているのに対して、MacCormick 2005, Waldron 1997, Postema 1997 などは、裁判官の法への忠誠義務と実質的正義志向との動態的な緊張関係を解明する構想として、その意義を基本的に評価している。本章では、法実証主義サイドからの批判をふまえつつ、基本的に後者の論者たちの評価にそって考察を進めている。ただ、統合性構想の意義を評価する論者の間でも、法の「議論的」特質やその効力の「阻却可能性」という問題状況が主な背景的事情として共通に認識されているが、Waldron 1997 のように、実質的正義をめぐる価値多元的社会という現実的情況への制度的対応という側面を重視するか、Postema 1997 のように、既存の法への自己批判・反省の契機を内在化させて法への忠誠義務の拘束力を相対化するという実践的側面を重視するかによって、ドゥオーキンの構想に対する具体的評価には相違がみられる。

(57) ドゥオーキンの法解釈・法的議論の理論については、田中二〇一一、四〇一-〇八頁、五〇六頁、五六一頁、同「ハード・ケースにおける裁判官の判断をめぐって」同『現代裁判を考える』前掲注（26）一六三-二〇八頁などで論評したことがあり、本章では、これらの文献で述べた見解と重複する内容は割愛するか簡略化することにして、法の支配論と直接関連する事項に限定して考察したい。

(58) ここでいう手続的公正は、政治的公正と手続的デュープロセスを指していると理解する。また、「適合性」と「正当化」

（「適切性（soundness）」という表現も用いられており、「適合性」も法的正当化過程の一環というよりも、その基幹的部分であることを明確にするためには、適切性のほうがよい）という二次元に分ける理論枠組についても、既述のような法的規準・法的原理の同定の問題も合わせて考察するためには、「同定（identification）」という次元を加え、法解釈実践の構造を三次元に分けて、相互関連を説明することも考えられる。さらに言うならば、法的推論の一般理論レベルの説明としては、法的推論過程をすべて「解釈」問題として論じているドゥオーキンのアプローチ自体が必ずしも適切なものではなく、例えばマコーミックのように（MacCormick 2005, pp. 42-43）、法的推論過程全体を、要件事実の立証問題、分類（法律関係の性質決定）問題、解釈問題、関連性問題と、段階的に区別し、分節化して相互関連や全体的構造を解明するアプローチのほうが分かりやすい。一般的に、法適用と法解釈、法的推論と法的議論の関係については、各論者によってだけでなく、英米法系の法的推論の理論と大陸法系の法律学的方法論の間でも、かなりズレがあるので、各論者の見解の正確な理解や対比比較はなかなか難しい。

（59）ドゥオーキンが法実証主義批判の切り札とする「原理」について、全般的に、初期の司法的裁量論批判の段階では、原理が通念的社会道徳によって支えられているという関連が強調されており（とくにDworkin 1977, ch. 3）、「統合性としての法」構想の提唱後は、原理の批判的政治道徳次元の正当化ということが強調されるようになった観がある。だが、例えばDworkin 1986, p. 250などでは、通念的社会道徳と批判的政治道徳の比較均衡について、商法・民法などの事案では前者、憲法事案では後者が優先されるという趣旨の説明がされており、いずれの原理を基礎に法解釈を行うかについては、通念的（実定的）社会道徳と批判的政治道徳の両次元の論拠の優先関係を、法領域に応じて個別的に考慮するという姿勢がとられていると解するほうが適切なようにも思われる。通念的（実定的）道徳・批判的道徳と実定法との相互関係はかなり複雑であるが、原理に対してコミットした視点をとるか距離をおいた視点をとるかによって、実定法と批判的道徳の動態的な転換関係を説明しているMacCormick 2008, ch. 5の見解が、法的正当化において原理をめぐる実定法と道徳の二次元との相互作用の動態を理解するのに示唆に富む。

（60）既存の妥当な法的ルールとの関連性については、MacCormick 1978, pp. 229-46、Gardner 2012, pp. 185-90、司法的事実との関連性については、二七五頁注（51）に挙げた文献参照。マコーミックは、「関連性（relevancy）」の問題を、法的三段論法の非演繹的過程における、解釈問題を超えた評価問題と位置づけ（前掲注（58）参照）、独自の技術的用語として説明しているが（MacCormick 1978, pp. 70-72, 80-82, 2009, p. 43）、本章における関連性の説明も、「道徳的」原理・論拠の「法的」議論への受容条件に関わる限りで、法的推論における位置づけは彼のいう関連性問題と同じである。

（61）　立法・司法など政治的強制権力の行使に関わる公共的フォーラムにおける議論・決定については、公共的理性・理由（public reason）による理由づけのみが正統な論拠として受け容れられるべきだとするロールズの見解（J. Rawls, *Political Liberalism*, Expanded. ed. (Columbia U. P. 1996), pp. 212-54, 372-434, *The Law of Peoples* (Harvard U. P. 1999), pp. 131-80）に対して、ドゥオーキンは、このような制約があると、裁判官が法的推論において個人的な道徳的確信に訴えることが認められなくなり、裁判官がハード・ケースにおいてその職責を果たせなくなると、批判しており（Dworkin 2006, pp. 251-54）、裁判官に対するこのような制限を認めない。この点については、サンスティーン（Sunstein 1996, 1998）が、法の支配による裁判官の権限の制約を重視して、シャウアー（Schauer 1987a, 1991a, 1991b）とほぼ同じようなルール観に基づき、ドゥオーキンの見解を根本的に批判しつつも、ロールズのいう「重なり合うコンセンサス」に支えられた中間レベルの原理の役割を組み込み、決疑論重視の個別主義的アプローチとも距離をおいた折衷的な推論モデルを提唱しているが、ドゥオーキンはDworkin 2006, ch. 2で反論している。また、ポステマ（Postema 1987b）は、ドゥオーキンの原理整合性の要求が批判的・反省的活動を内在化させていることにシャウアーよりは肯定的であるけれども、ロールズと類似の公共的実践的討議の理論に与する立場から、ドゥオーキンの「プロテスタント的」解釈という見解がコモン・ローの法解釈実践の理解を歪めていると批判している。法的推論における原理の性質・役割をめぐるこれらの論争については、サンスティーン、ポステマらの穏当な見解が基本的に適切ではないかと考えている。

（62）　ドゥオーキンがこれらの概念の相互関係について概念的な説明をしている箇所は、Dworkin 1986, pp. 219-24ぐらいである。そこでは、一貫性は「等しき事例の等しき扱い」と同義とされ、統合性は整合性とほぼ同義とされ、一貫性と統合性の違いが説明されている。法的推論における整合性概念の意義と統合性・一貫性との関連については、ドゥオーキンの見解に対する批判も含めて、MacCormick 1978, chs. VII, VIII, 2005, ch. 10, Kress 2010, Raz 1994, ch. 13, 2004など参照。本章の説明は基本的にマコーミックの見解に依っているところが多い。

（63）　実践的な決定・議論一般の正当性基準とその法的制度化の意義に関する私見については、田中二〇一一、三五二―七五頁参照。基本的にマコーミックやアレクシーらの見解に適宜修正を加えつつ依っているところが多いが、法的推論における整合性の位置づけに関しては、アレクシー（R. Alexy, “Die juristische Argumentation als rationaler Diskurs,” Alexy/H.-J. Koch/L. Kuhlen/H. Rußmann (hrsg.), *Elemente einer juristischen Begründungslehre*, Nomos Verlagsgesellschaft (2003), S. 113-22）が、法律学的議論の討議モデルを、演繹モデル・決断モデル・解釈学的モデル・整合性モデルの四類型に分け、ドゥオーキンの理論を整合性モデルと位置づけて、他のモデルと対比しつつ、その意義・問題点を簡潔に論評しており、その見解に基本的に賛同するものである。また、公共的正当化の性質・規律原理・制度的様式・正当性基準などについては、Postema 1995が、ドゥオーキンの見解の批判的検討も含め、本章で取り上げた諸論点をもふまえて示唆に富む構想を提示しており、ポステマの構想には私見と重なり合うところが多く、従来の私見の補正が必要なことも認識しているが、ポステマの実践哲学・実践理性に関する見解をもふまえて、私見を見直すことには、機会を改めて取り組みたい。

（64）ドゥオーキンの統合性構想に対しては、法的推論における原理や整合性を重要視する一つの理論モデルとして評価する論者も含めて、原理の中範囲的（middle-range）性質や多元性・多次元性、それに伴う整合性追求の限界を理由に、その要請内容が強すぎることを批判するだけでなく、原理とルールの区別、整合性概念などに関して異論を唱える見解は多いが、主な批判として、Schauer 1987, Raz 1994, ch. 13, 2004, Sunstein 1996, Postema 1987b, 1997, 2007, 戒能二〇一三、二九一–九四頁など参照。本文の説明も、これらの批判から示唆を得たところが多い。

（65）反省的均衡探求手続のこのような理解については、伊勢田哲治「広い往復均衡と多元主義的基礎づけ主義」同『倫理的に考える』（勁草書房、二〇一二年）三–三二頁、また、直接的には生命倫理学の方法論論争に関するものであるが、田中成明「生命倫理学における原則主義（Principlism）論争覚書」亀本洋編『スンマとシステム』（国際高等研究所、二〇一一年）四七–六五頁参照。Postema 2007が、コモン・ロー的な類推推論について、個別主義（ボトム・アップ的アプローチ）とルール合理主義（トップ・ダウン的アプローチ）を批判して、このような反省的均衡探求手続の理解と基本的に同じような、示唆に富む見解を提示している。

（66）Karl Engish, *Logische Studien zur Gesetzesanwendung*, 3. Aufl. (1963), S. 14–15 参照。

（67）法的推論モデルについてであるが、事実問題をも組み込んだ説明として、Gidon Gottlieb, *The Logic of Choice: An Investigation of the Concepts of Rule and Rationality*（George Allen & Unwin, 1969）参照。また、Stephen Toulmin, Richard Rieke and Allan Janik, *An Introduction to Reasoning*, 2nd ed. (Macmillan Publishing, 1984), ch. 26では、トゥールミンの議論図式を応用した法的推論モデルが、法律問題と事実問題に分けて説明されている。

（68）基本的にこのような方向で動態的な法律学的方法論を構想する試みとして、まだ試行錯誤を重ねている段階の中間的報告の域を出ない不十分なものだが、田中二〇一一、第15章、第16章、同『現代裁判を考える』前掲注（26）第二章〜第五章など参照。

むすび

以上、英米法理学における「法の支配」をめぐる比較的最近の論議の展開を方向づけてきた二つの「合法性」構想、すなわち、いわゆる「形式的」合法性構想とドゥオーキンの「統合性としての合法性」構想について、「制度化された実践」としての〝法的なるもの〟の制度的側面と実践的側面に関わる相補的原理として位置づけて、「法の支配」に基づく「実践理性の制度化」という統合的な法構想の構築をめざす立場から、それぞれの合法性構想の意義と問題点を批判的に検討したうえで、これら二つの構想に一定の修正・限定を加えて架橋し、「法の支配」論の全体的構図を再定式化する可能性とその条件をさぐりつつ、関連する法理学的な主要論点の概観的な考察を試みてきた。

まず、「法の支配」を論じる基本的視座として、法の支配の基本理念が、国家権力の恣意専断を抑止し、個人の自由と権利を保障することであることに対応して、法の支配の諸原理によって構成・規制されるべき〝法的なるもの〟の領域も、国家権力の行使に関わる立法・司法・行政過程に限らず、社会的次元における市民相互間の自主的な法遵守・準拠過程まで含めて、広く理解すべきであること、そして、国家機関の権限・責務に関わる法の支配の諸原理の内容と意義も、たんに国家権力相互の抑制・均衡という観点からだけでなく、個々の市民の法遵守・準拠行動や市民間の相互作用的な法的活動との関連をも射程に入れて論じることが不可欠であることを強調してきた。法の支配の本領は、一般市民の「遵法義務」を説いたり正当化したりすることではなく、市民が遵守し準拠するに値する「法の品質」の確保を、国家権力の行使者に対して要請することである。従って、法の支配の諸原理も、基本的に、裁判官などの国家権力の行使者の役割倫理であり、その役割倫理の核心とされる「法への忠誠義務」の要請内容もまた、法の支配のこのような本領に照らして定式化されなければならない。

このような「法の支配」論の全体的な射程からみれば、いわゆる形式的合法性概念をめぐる論議において、議論の焦点が、法実証主義の理論枠組や問題関心の影響のもとで、法的規準の存在構造やその自立性・確定性など、法の効力の問題に縮減されがちであったことは適切ではなく、議論構図の修正が必要である。この概念を最初に提示したフラーなどが強調したように、国家と市民との垂直関係だけでなく、市民相互間の水平関係も含め、法的過程全体との関係における制度的規範的秩序としての法体系の構造的特質に関する制度的原理を、「法の支配」論全体の中枢に位置づけて論じることが重要である。それに対して、ドゥオーキンの「統合性としての合法性」構想は、基本的に裁判過程・法的推論における裁判官の制度的役割・職業的責任に関する倫理的原理を論じたものであり、法的過程全体を視野に入れた法体系の構造的特質に関する制度的原理を欠いている。それ故、「法の支配」論の基本構図の再定式化においては、このような二つの合法性構想を、対立的ではなく、相補的な関係にあるものととらえ、それぞれ必要な修正・限定を加えた上で、両者を架橋する方向をめざし、その可能性と条件をさぐるというアプローチをとることが適切である。

形式的合法性の諸原理については、形式的正義と手続的正義の諸要請を実定法システムに内在化させる形式的・手続的諸要請を、「法の一般性とその公平な適用」という原理を基軸に、法の効力やその自立性・確定性に関する法実証主義的ドグマにとらわれずに、現代法システムのもとでの法的規準の規定方式や法的推論の実態をふまえ、実行可能で理に適ったものとして、法律専門家集団内部だけでなく、一般市民の間でも、できるだけ広く基本的なコンセンサスの得られる形で定式化することが必要である。同時に、法の支配の確保・実現において中枢的な位置を占めるべき司法的裁判の制度的枠組についても、このような形式的・手続的諸要請を「裁判所の独立」と「裁判を受ける権利」の保障と重ね合わせて、形式的合法性に固有の制度的原理と位置づけて、その基本的要請内容を提示することも、裁判過程・法的推論に対する法の支配の実践的要請との架橋にとって不可欠である。そして、このような裁判制度に対する法の支配の制度的要請の具体的内容については、フラーの「参加テーゼ」を基軸とする裁判理論と、当事者の権利主張に応答すべき裁判官の制度的責任と正しい判決を志向する裁判官と両当事者の協働的実践を重視する、ドゥオーキンの初期の法の支配の「権利構想」とが、コモン・ロー的裁判の普遍的意義を継承した洞察として貴重な示唆を与えている。フラーの裁判理論やドゥオーキンの「権利構想」は、法の支配論への法理学的貢献として、彼らの「法内在的道徳」としての合法性概念や「統合性としての合法性」構想に優るとも劣らぬものとして評価されるべきであろう。

他方、ドゥオーキンの「統合性としての合法性」構想自体には、判決における一般的な法的規準の明確化と要件=効果図式による正当化を要請する、形式的合法性の制度的原理を前提に、このように制度化された法解釈実践に対する指導原理という補完的な位置づけを与えるのが適切である。形式的合法性の裁判・法的推論に対する制度的要請が、基本的に裁判・法的推論の結果に対する形式的・論理的要請であるのに対して、法律専門家集団で広く用いられてきた原理や整合性などの観念を基軸に独創的な見解を提示する彼の司法的統合性構想は、そのような一般的な法的ルールに準拠した要件=効果図式による正当化に収斂するまでの裁判過程において、判決形成に携わる裁判官・法律家に対して、その賢慮・実践理性の理想的な行使の在り方を指図する倫理的適理性に関する要請である。彼の司法的統合性構想は、法の支配を法律家的イデオロギーに縮減しかねない論調をはじめ、少なからぬ難点がみられるものの、裁判官の法への忠誠義務と実質的正義への志向との動態的緊張関係に焦点を合わせ、通念的社会道徳・批判的政治道徳の次元を内在化させた法解釈実践の構造化とその指針提示を試み、「法の支配」論の問題関心を裁判過程・法的推論に移行ないし拡大させることに大きな貢献をした。

だが、ドゥオーキンの司法的統合性構想のもとでの構成的解釈実践の在り方の法理学的考察が、裁判官の内的視点からのモノローグ的な判決形成過程の解釈学的説明にとどまり、両当事者と裁判官の三者関係におけるダイアローグ的な議論・審理過程の語用論的説明には全く立ち入っていないことは、彼の司法的統合性構想の射程を限定的で偏ったものとすることになった。彼の司法的統合性構想が、形式的合法性の制度的・構造的原理と相補的な実践的原理として期待される役割を十全に果たしうるためには、両当事者の権利主張・法的議論をふまえた裁判官の応答的な判決という、彼の初期の「権利構想」にみられた当事者的視点をも取り込んだ裁判制度論を架橋的理論として介在させ、裁判官と両当事者の「正しい決定」の協働的探求活動を内在化させる動態的な法的推論・議論の理論へと拡充することが不可欠であろう。

このようなドゥオーキンの司法的統合性構想の偏りを是正し、形式的合法性概念の制度的原理との架橋を促進する理論動向として注目されるのが、法的ルールの「阻却可能性」をめぐる論議などをきっかけに法的規準の「確定的」側面と「議論的」側面の動態的相互関係への関心が拡がってきていることである。このような動向とほぼ並行して、法の支配の前提とする法的主体像が、自律的に行動しそれに責任を負う個人から、必要とあらば公の場で議論し法的過程にも積極的に参加する能動的な市民へと拡充され、裁判での議論を通じて国家の権力行使に説明責任を果たすことを求めたり異議を申し立てたりする権利を「裁判を受ける権利」に含ませて、「法の支配」論のいわば動態的・主体的な再定式化の方向をさぐる理論展開が試みられ、そのような関心が拡がってきていることも重要である。このような方向は、法動態への相互主体的視座に支えられた「法の支配」論の現代的再定式化をめざしている私の法理学的な理論枠組・問題関心とも軌を一にするものである。

本章では、「法の支配」論全体の基本構図をこのような方向で再定式化することをめざして、二つの合法性構想をめぐる論議のそれぞれの意義・問題点を批判的に検討するとともに、二つの合法性構想を架橋するにあたって生じる諸論点について、法理学の三つの主要問題領域における伝統的諸問題と関連づけつつ、問題の所在と見直しの方向について一通り概観的な考察を試みてきた。「はしがき」で触れたような私の目下の問題関心（田中二〇一三、三-一〇頁、二〇一七、三-四頁、三二-三三頁も参照）に引き寄せた試論的な考察に終始し、論点の選択や検討が繁簡よろしきを得ず、とくに法実証主義サイドからの法の支配論において共通に重要視されている論点にそれにふさわしい位置づけを与えていなかったり、その検討が一面的で不十分であったりしてしているところがあることは承知している。

「法の支配」論全体の基本的構図の再定式化の方向について、私の法理学的な理論枠組・問題関心から一定の見通しをさぐりつつ、「法の支配」「合法性」の原理的要請の複雑な規範的構造と多面的な機能の一端を整理し紹介することしかできなかった。このような試論的な考察によって、「法の支配」「合法性」「法による裁判」などの概念と、裁判官などの国家権力の行使者の「法への忠誠義務」や一般市民の「遵法義務」との相互関係が、政治的スローガン化した一方的な主張・批判の応酬のなかでみられるほど単純明快なものではないことを明らかにし、「法の支配」論の伝統的遺産を現代の知的・政治社会的環境のもとでどのように継承し発展させてゆくかについて、「法とは何か」という、法哲学・法理学の伝統的課題と密接不可分な諸論点と関連づけつつ、その可能性と諸条件を法理学的に考察することの意義に対する関心を喚起することにいささかなりとも役立てば幸いである。

「法の支配」論の基本構図をこのような方向で再定式化するにあたって取り組まなければならない、法理学の主要問題領域における伝統的課題と関連する諸論点については、いずれも難問ばかりであり、問題の所在の指摘と基本的な考え方の素描しかできなかった。それぞれについて今後どれだけ掘り下げた考察ができるか覚束ないけれども、機会を改めて取り組むことにして、ひとまず章を閉じることとしたい。

【参考文献】

Alan, Trevor R. S 1988, "Dworkin and Dicey: The Rule of Law as Integrity," *Oxford J. of Legal Studies* 8, pp. 266–77.

—— 1993, *Law, Liberty, and Justice*, Oxford U. P.

—— 1999, "The Rule of Law as the Rule of Reason: Consent and Constitutionalism," *Law Quarterly Rev.* 115, pp. 221–44.

—— 2001, *Constitutional Justice: A Liberal Theory of the Rule of Law*, Oxford U. P.

—— 2007, "Text, Context, and Constitution: The Common Law as Public Reason," D. E. Edlin (ed.), *Common Law Theory*, Cambridge U. P., pp. 185–203.

—— 2014, "The Rule of Law as the Rule of Private Law," L. M. Austin & D. Klimchuk (eds.), *Private Law and the Rule of Law*, Oxford U. P., pp. 67–91.

Bix, Brian H 2010, "Legal Reasoning, the Rule of Law and Legal Theory," P. Cane (ed.), *The Hart-Fuller Debate in the Twenty-First Century*, Hart Publishing, pp. 281–87.

Burton, Steven J. 2007, *An Introduction to Law and Legal Reasoning* (3rd ed.), Wolters Kluwer

Costa, Pietro & Zolo Danilo (eds.) 2007, *The Rule of Law: History, Theory and Criticism*, Springer

Craig, Paul 1997, "Formal and Substance Conceptions of the Rule of Law: An Analytical Framework," in *Public Law*, Autumn 1997, pp. 467–85.

Dicey, A. V. 1885 (1st ed.), 1959 (10th ed.), *Introduction to the Study of the Law of the Constitution*, Macmillian & Co Ltd.（伊藤正己・田島裕訳『憲法序説』学陽書房、一九八三年）

Dworkin, Ronald M. 1965, "Philosophy, Morality, and Law—Observations promised by Professor Fuller's Novel Claim," *Univ. of Pennsylvania L. Rev.* 113, pp. 668–90.

——1977, *Taking Rights Seriously*, Harvard U. P.（木下毅・小林公・野坂泰司訳『権利論（増補版）』木鐸社、二〇〇三年、小林公訳『権利論Ⅱ』木鐸社、二〇〇一年）
——1985, *A Matter of Principle*, Harvard U. P.（森村進・鳥澤円訳『原理の問題』岩波書店、二〇一二年）
——1986, *Law's Empire*, Harvard U. P.（小林公訳『法の帝国』未来社、一九九五年）
——2006, *Justice in Robes*, Harvard U. P.（宇佐美誠訳『裁判官の正義』木鐸社、二〇〇九年）
Dyzenhaus, David 1996, "The Legitimacy of Legality," *ARSP* 82, pp. 324–60.
——1999a, "Recrafting the Rule of Law," Dyzenhaus (ed.) *Recrafting the Rule of Law: The Limits of Legal Order*, Hart Publishing, pp. 1–12.
——1999b, "Fuller's Novelty," W. J. Witteveen & W. van der Burg (eds.), *Rediscovering Fuller: Essays on Implicit Law and Institutional Design*, Amsterdam U. P., pp. 78–99.
——2000, "Form and Substance in the Rule of Law: A Democratic Justification for Judicial Review?," Ch. Forsyth (ed.), *Judicial Review and the Constitution*, Hart Publishing, pp. 141–72.
——2007, "The Rule of Law as the Rule of Liberal Principle," A. Ripstein (ed.), *Ronald Dworkin*, Cambridge U. P., pp. 56–81.
——2014, "Liberty and Legal Form," L. M. Austin & D. Klimchuk (eds.), *Private Law and the Rule of Law*, Oxford U. P., pp. 92–115.
Dyzenhaus, David & Taggart, Michael 2007, "Reasoned Decisions and Legal Theory," D. E. Edlin (ed.), *Common Law Theory*, Cambridge U. P., pp. 135–67.
Edlin, Douglas E. (ed.) 2007, *Common Law Theory*, Cambridge U. P.
Eisenberg, Melvin Aron 1988, *The Nature of the Common Law*, Harvard U. P.（石田裕敏訳『コモンローの本質』木鐸

社、二〇〇一年）

Fallon, Richard H. Jr. 1977, "'The Rule of Law' as a Concept in Constitutional Discourse," *Columbia L. Rev.* 97, pp. 1-56.

Finnis, John 1980, *Natural Law and Natural Rights*, Oxford U. P.

Fuller, Lon L. 1958, "Positivism and Fidelity to Law—A Reply to Professor Hart," *Harvard L. Rev.* 71, pp. 630-72.

——1964 (1st ed.), 1969 (revised ed.), *The Morality of Law*, Yale U. P.（稲垣良典訳『法と道徳』有斐閣、一九六八年）

——1981, (K. I. Winston ed.), *The Principles of Social Order*, Duke U. P.

Gardner, John 2012, *Law as a Leap of Faith*, Oxford U. P.

Hart, H. L. A. 1958, "Positivism and the Separation of Law and Morals," *Harvard L. Rev.* 71, pp. 593-629.

——1961 (1st ed.), 1994 (2nd ed.), 2012 (3rd ed.), *The Concept of Law*, Oxford U. P.（長谷部恭男訳『法の概念（第3版）』筑摩書房、二〇一四年）

——1983, *Essays in Jurisprudence and Philosophy*, Oxford. U. P.

Kress, Kenneth J. 2010, "Coherence," D. Patterson (ed.), *A Companion to Philosophy of Law and Legal Theory* (2nd ed.), Wiley-Blackwell, pp. 521-38.

MacCormick, Neil 1978 (1st ed.), 1994 (2nd ed.), *Legal Reasoning and Legal Theory*, Oxford U. P.（亀本洋他訳『判決理由の法理論』成文堂、二〇〇九年）

——1981 (1st ed.), 2008 (2nd ed.), *H. L. A. Hart*, Stanford U. P.（角田猛編訳『ハート法理学の全体像』晃洋書房、一九九六年）

——1983, "Jurisprudence and the Constitution," *Current Legal Problems*, 36, pp. 13-30.

——1984, "Coherence in Legal Interpretation," A. Peczenik et al. (eds.), *Theory of Legal Science*, D. Riedel Publishing, pp. 235–51.

——1986, "Institutional Morality and the Constitution," N. MacCormick & O. Weinberger, *An Institutional Theory of Law: New Approach to Legal positivism*, D. Riedel Publishing, pp. 171–88.

——1989, "The Ethics of Legalism," *Ratio Juris*, 2, pp. 184–93.

——1990, "Reconstruction after Deconstruction: A Response to CLS," *Oxford J. of Legal Studies*, 10, pp. 539–58.

——1992, "Natural Law and the Separation of Law and Morals," R. P. George (ed.), *Natural Law Theory*, Oxford U. P., pp. 105–33.

——1998, "Norms, Institutions, and Institutional Facts," *Law and Philosophy* 17, pp. 301–45.

——2005, *Rhetoric and the Rule of Law*, Oxford U. P.

——2007, *Institutions of Law: An Essay in Legal Theory*, Oxford U. P.

Marmor, Andrei 2007, "The Rule of Law and its Limits," Marmor (ed.), *Law in the Age of Pluralism*, Oxford U. P., pp. 3–38.

Murphy, Colleen 2005, "Lon Fuller and the Moral Value of the Rule of Law," *Law and Philosophy* 24, pp. 239–62.

Postema, Gerald 1986, *Bentham and the Common Law Tradition*, Oxford U. P.

——1987a, "Some Roots of our Notion of Precedent," L. Goldstein (ed.), *Precedent in Law*, Oxford U. P., pp. 9–33.

——1987b, "'Protestant' Interpretation and Social Practices," Law and Philosophy 6, pp. 283–319.

——1991, "Positivism, I Presume?…Comments on Schauer's 'Rules and the Rule of Law'," *Harvard J. of Law & Public Policy* 14, pp. 797–822.

——1994, "Implicit Law," *Law and Philosophy* 13, 361–86.

——1995, "Public Practical Reason: Political Practice," I. Shapiro & J. W. Decew (eds.) *Theory and Practice: NOMOS* 37 (New York U. P.), pp. 345-85.

——1997, "Integrity: Justice in Workclothes," *Iowa L. Rev.* 82, pp. 821-55.

——1998, "Norms, Reasons, and Law," *Current Legal Problems* 51, pp. 149-79.

——1999, "Law's Autonomy and Public Practical Reason," R. P. George (ed.), *The Autonomy of Law: Essays on Legal Positivism*, Oxford U. P., pp. 79-113.

——2002, "Philosophy of the Common Law," J. Coleman & S. Shapiro (eds.), *Oxford Handbook of Jurisprudence and Philosophy of Law*, Oxford U. P., pp. 588-622.

——2007, "A Similibus ad Similia: Analogical Thinking in Law," D. Edlin (ed.), *Common Law Theory*, Cambridge U. P., pp. 102-33.

——2010, "Positivism and the Separation of Realists from their Scepticism: Normative Guidance, the Rule of Law and Legal Reasoning," P. Cane (ed.), *The Hart-Fuller Debate in the Twenty-First Century*, Hart Publishing, pp. 259-79.

——2014a, "Law's Rule: Reflexivility, Mutual Accountability, and the Rule of Law," X. Zhai & M. Quinn (eds.), *Bentham's Theory of Law and Public Opinion*, Cambridge U. P., pp. 7-39.

——2014b, "Fidelity in Law's Commonwealth," L. M. Austin & D. Klimchuk (eds.), *Private Law and the Rule of Law*, Oxford U. P., pp. 17-40.

Rawls, John 1971 (1st ed.), 1999 (revised ed.), *A Theory of Justice*, Harvard U. P. (川本隆史・福間聡・神島裕子訳『正義論（改訂版）』紀伊國屋書店、二〇一〇年)

Raz, Joseph 1972, "Legal Principles and the Limits of Law," *Yale L. J.* 81, pp. 823-54.

——1975, *Practical Reason and Norms*, Hutchson

——1979, "The Rule of Law and its Virtue," Raz, *The Authority of Law*, Oxford U. P., pp. 210–29.

——1994, *Ethics in the Public Domain*, Oxford U. P.

——2004, "Speaking with One Voice: On Dworkinian Integrity and Coherence," J. Burley (ed.), *Dworkin and His Critics*, Blackwell, pp. 285–90.

——2009, *Between Authority and Interpretation*, Oxford U. P.

Rundle, Kristen 2012, *Forms Liberate: Reclaiming the Jurisprudence of Lon L. Fuller*, Hart Publishing

Schauer, Frederick 1987a, "The Jurisprudence of Reasons," *Michigan L. Rev.* 85, pp. 847–70.

——1987b, "Precedent," *Stanford L. Rev.* 39, pp. 571–605.

——1991a, *Playing by the Rules: A Philosophical Examination of Rule-Based Decision-Making in Law and in Life*, Oxford U. P.

——1991b, "Rules and the Rule of Law," *Harvard J. of Law & Public Policy* 14, pp. 645–94.

——1991c, "The Rules of Jurisprudence: A Reply," *Harvard J. of Law & Public Policy* 14, pp. 839–52.

——1994, "Fuller's Internal Point of Law," *Law and Philosophy* 13, pp. 285–312.

——1995, "Giving Reasons," *Stanford L. Rev.* 47, pp. 633–59.

——1998, "On the Supposed Defeasibility of Legal Rules," *Current Legal Problems* 51, pp. 223–40.

——2009, *Thinking like a Lawyer: A New Introduction to Legal Reasoning*, Harvard U. P.

Soper, E. Philip 1984, "Legal Theory and the Obligation of a Judge: The Hart/Dworkin Dispute," M. Cohen (ed.), *Ronald Dworkin & Contemporary Jurisprudence*, Duckworth, pp. 3–27.

Shklar, Judish 1987, "Political Theory and the Rule of Law," A. C. Hutchinson & P. Monahan (eds.), *The Rule of Law: Ideal or Ideology*, Carswell, pp. 1–16.

Summers, Robert S. 1993, "A Formal Theory of the Rule of Law," *Ratio Juris* 6, pp. 127-42.

——1999, "The Principles of the Rule of Law," *Notre Dame L. Rev.* 74, pp. 1691-1712.

Sunstein, Cass R. 1996, *Legal Reasoning and Political Conflict*, Oxford U. P.

——1998, "Practical Reason and Incompletely Theorized Arguments," *Current Legal Problems* 51, pp. 267-98.

Tamanaha, Brian Z. 2004, *On the Rule of Law: History, Politics, Theory*, Cambridge U. P.

Waldron, Jeremy 1989, "The Rule of Law in Contemporary Liberal Theory," *Ratio Juris* 2, pp. 79-96.

——1994, "Why Law—Efficacy, Freedom, or Fidelity?," *Law and Philosophy* 13, pp. 259-84.

——1997, "The Circumstances of Integrity," *Legal Theory* 3, pp. 1-22.

——2001, "Does Law Promise Justice?," *Georgia State Univ. L. Rev.* 17, pp. 759-88.

——2002a, "Is the Rule of Law an Essentially Contested Concept (in Frolida)?," *Law and Philosophy* 21, pp. 137-64.

——2002b, "Legal and Political Philosophy," J. Coleman & S. Shapiro (eds.), *The Oxford Handbook of Jurisprudence & Philosophy of Law*, Oxford U. P., pp. 352-81.

——2004, "The Rule of Law as a Theater of Debate," J. Burley (ed.), *Dworkin and His Critics*, Blackwell, pp. 319-36.

——2007a, "Legislation and the Rule of Law," *Legisprudence* 1, pp. 91-121.

——2007b, "Hart and the Principle of Legality," M. H. Kramer et al. (eds.) *The Legacy of H. L. A. Hart: Legal, Political, and Moral Philosophy*, Oxford U. P., pp. 67-83.

——2008a, "Positivism and Legality: Hart's Equivocal Response to Fuller," *New York Univ. L. Rev.* 83, pp. 1135-69.

——2008b, "The Concept and the Rule of Law," *Georgia L. Rev.* 43, pp. 1-61.

——2010, "Legal Pluralism and the Contrast between Hart's Jurisprudence and Fuller's," P. Cane (ed.), *The Hart-Fuller Debate in the Twenty-First Century*, Hart Publishing, pp. 135-55.

——2011, "The Rule of Law and the Importance of Procedure," James E. Flemming (ed.), *Getting to the Rule of Law: NOMOS* 50, pp. 3-31.

——2012, "Stare Decisis and the Rule of Law: A Layered Approach," *Michigan L. Rev.* 111, pp. 1-31.

Winston, Kenneth I. 1994, "Legislators and Liberty," *Law and Philosophy* 13, pp. 389-418.

Wittenveen, Willem J. & Wibren van der Burg (eds.) 1999, *Rediscovering Fuller: Essays on Implicit Law and Institutional Design*, Amsterdam Univ. P.

井上達夫二〇〇三、「法の支配—死と再生」井上『法という企て』（東京大学出版会）

戒能通弘二〇一三、『近代英米法思想の展開』（ミネルヴァ書房）

田中成明一九七五、「判決の正当化における裁量と法的規準—H・L・A・ハートの法理論に対する批判を手がかりに」法学論叢九六巻四・五・六合併号、一五九-二六七頁。

——一九九七、「『合法性』に関する法理学的考察—ロン・L・フラーの見解を手がかりに」『現代の法哲学・井上茂教授還暦記念論文集』（有斐閣）、三七一-四〇八頁。

——二〇〇八、「『法の支配』論議からみた司法制度改革」『国民主権と法の支配・佐藤幸治先生古稀記念論文集（上巻）』（成文堂）、四四三-七四頁。

——二〇一一、『現代法理学』（有斐閣）

——二〇一三、「実践理性の法的制度化再考—『議論・交渉フォーラム』構想の再定式化のための覚書」平野仁彦・亀本洋・川濱昇編『現代法の変容』（有斐閣）三-四九頁。

——二〇一七、「法の一般理論としての法概念論の在り方について—現代分析法理学への二方向からの批判を手がかりに」『法と哲学』三号（信山社）、一-三七頁。

土井真一一九九八、「法の支配と司法権―自由と自律的秩序形成のトポス」佐藤幸治・初宿正典・大石眞編『憲法五十年の展望Ⅱ 自由と秩序』（有斐閣）七九‐一四一頁。

――二〇〇六、「『法の支配』論の射程―司法制度改革と法の支配」民商法雑誌一三四巻一号一‐三一頁。

那須耕介一九九七‐九八、「法の支配の両義性について（一）（二・完）―複眼的な法的思考のために」法学論叢一四二巻一号一五‐三三頁、一四三巻一号二六‐四四頁。

――二〇〇一、「法の支配を支えるもの」摂南法学二五号一‐一四七頁。

日本法哲学会編二〇〇六、『現代日本社会における法の支配―理念・現実・展望：法哲学年報二〇〇五』（有斐閣）

深田三徳二〇一一、「法哲学・実定法学と『法の支配』の諸問題」日本法哲学会編『市民／社会の役割と国家の責任：法哲学年報二〇一〇』二〇〇‐一二頁。

エピローグ

はじめに

「法とは何か」という法哲学・法理学の伝統的な問いに関連する現代的諸課題について、私は、法動態への相互主体的視座、実践理性の法的制度化としての「議論・交渉フォーラム」という法構想、自立型法と管理型法・自治型法からなる「法の三類型モデル」を組み合わせた複合的なアプローチで取り組んできた。ここ数年間は、これらの視座・構想・モデルを相互に関連づけて、制度的規範的秩序としての法体系の内的構造と法的過程の作動方式の特質を解明し、法の全体像を整合的に再構成する統合的な法理論を構築することをめざして、それぞれの基礎的諸概念・理論枠組・哲学的基礎などを見直しつつ、必要な補完や修正を試みてきており、本書はこれらの準備的考察の主な成果をまとめたものである。

第一章では、実践理性の法的制度化に関する基礎的諸概念・理論枠組を、法の一般理論としての議論・交渉フォーラム構想にふさわしいものに整理し直し拡充すること、第二章では、法の一般理論としての制度的法概念論の学問的性質とその任務を、法理学の伝統的な主要問題領域や隣接諸分野と関連づけて確認すること、第三章では、「法の支配」論の基本的構図を再定式化する可能性とその方向をさぐるとともに、その主要論点を法理学の伝統的諸課題と関連づけて検討することに取り組んだ。各章の考察が、法動態への相互主体的視座、議論・交渉フォーラム構想、法の三類型モデルとどのように関連し、どのような問題状況の解明をめざし、全体として統合的な法理学的理論枠組においてどのような意義をもっているかについては、プロローグで概観的に説明し、各章の考察でそれぞれのテーマに即して考察したところである。

以上のような考察によって本書のめざしたことは、大別すれば次の二点である。そのひとつは、「実践理性の法的制度化」という構想を、裁判官などの法律専門家の裁判過程における法的議論の在り方に関わる法律学的方法論の基礎理論としてではなく、国家権力の行使者や一般市民を含め、法を用い動かすすべての人びとの法的実践の在り方に関わる法の一般理論の基礎理論として、議論・交渉フォーラム構想と法の三類型モデルに共通の理論的基礎と位置づけ直すことである。もう一つは、このような法構想においては、法的領域は「制度化された実践」ととらえられ、「法の支配」は、この法的領域を制度的側面と実践的側面から構成・規制する理念・原理と位置づけられるが、このような「法の支配」論について、法に関与するできるだけ多くの人びとの相互主体的姿勢に支えられて「議論・交渉フォーラム」がその期待通りに作動することを確保・促進するために、その基本構図をどのように構築し、その諸原理の要請内容をどのように再定式化すべきか、その方向をさぐることである。本書のタイトルを『法の支配と実践理性の制度化』とした所以である。

エピローグでは、以上における各章の考察の結果を、第二章・第三章の考察については、その手がかりとした英米法理学の議論枠組の限界や偏りを適宜是正しつつ、整理したうえで、統合的な法理論としての実践理性の法的制度化という構想において、その法的制度・実践の構成と規制に関わる「法の支配」の諸原理の要請内容の現代的再定式化をどのような方向で試みるかというテーマに焦点を合わせて、それらについての更なる考察に向けての展望とその主な課題を確認しておきたい。

Ⅰ　実践理性の法的制度化の課題

一　〝法的〟領域・実践の拡大に伴う諸問題

実践理性の法的制度化という構想においては、裁判官などの法律家だけでなく、国家権力の行使者や一般私人をも含め、法を用い動かすすべての人びとの法的実践が、実践理性の公共的行使という知的地平に位置づけられる。それに伴い、法的実践の範囲は、裁判における法律家の専門技術的活動に限定されることなく、裁判外の法律家の活動、国家権力の行使者による法の形成・適用・執行活動、さらに、国家権力の行使と直接関連しない社会的次元における私人の自律的活動や私人相互間の自主的な相互作用活動まで含めて、広く理解され、〝法的なるもの〟の領域も拡大されることになる。

第一章では、法システム全体が相互主体的姿勢に支えられた議論・交渉フォーラムとして円滑に作動するためには、私人相互間の自主的な相互作用活動がその原動力として活性化されることが決定的に重要であることを強調した。同時に、法的交渉を、法的議論と並ぶ独自の法的実践の形態として法的空間内部に位置づけるにあたって、そもそも議論と交渉の異同・関連をどのように理解すべきかをはじめ、法的交渉において法規範をどのような視点で用いれば、どの側面が実践理性の公共的行使として法的観点から評価されることになるのかなどについて、法的交渉と法的議論の関係を裁判の内外に分けて考察した。

第三章では、法の支配の諸原理によって構成・規制されるべき〝法的なるもの〟の領域は、国家の強制権力の行使に関わる立法・司法・行政過程に限らず、社会的次元における私人相互間の自主的な法遵守・準拠過程をも含めて、広く理解すべきであり、国家機関の権限・責務に関わる法の支配の諸原理の内容と意義も、たんに国家機関相互の抑制・均衡や国家機関の私人に対する権力行使の規制という観点からだけでなく、第一次的には個々の私人の法遵守・準拠行動や私人間の相互作用的な法的活動との関連に焦点を合わせて論じることが重要であることを強調した。そして、第一章で確認した裁判の内外における法的交渉と法的議論の相互移行関係への関心の拡がりに対応する動向とみることもできるが、法の支配の前提とする法的主体像について、自律的に行動し責任を負う個人から、必要とあらば公の場で議論し法的過程にも積極的に参加する能動的な市民へと拡充し、裁判での議論を通じて国家の権力行使に異議を申し立てたり説明責任を果たすことを求めたりする権利を「裁判を受ける権利」に含ませて、「法の支配」論を動態的・相互主体的なものとして再定式化する方向をめざす理論展開への関心も高まってきていることを確認した。

このように、法的な領域・実践の範囲を拡大する必要性とその理由およびその基本的な方向については、一通り説明できたと思うが、法理学的に注目すべきことは、その考察の対象ないし背景となる〝法的〟な領域・実践の範囲が拡大されることに伴って、法理学的考察の新たな課題が次々と浮上していることである。このような拡大された法的な領域・実践については、とくに社会的次元における私人の自主的な法遵守・準拠活動の場合、法規範は、側面制約的で手段規定的な仕方で限定的に作用するにすぎず、裁判での議論・判決におけるような排除置換的（preemptive）効力はもたない（第一章第三節四・第四節五一─七九頁参照）。法規範は、道徳的・経済的・心理的等々の非=法的考慮要因と並ぶ一論拠という位置しか占めず、このような意味では、法的な領域・実践は、非=法的な領域・実践と交錯し、その〝法的〟な自立的性質も弱まることになり、法的な領域・実践全体の境界も限りなく曖昧となる。このような国家権力の行使と直接関連しない法的な領域・実践について、法の「境界」という概念やその画定基準をめぐる問題を、国家権力の行使を伴う法的な領域・実践を念頭に形成されてきた法理学の伝統的なアプローチによって論じ続けることが適切なのかどうか、考え直す必要がある。グローバル化時代に対応して台頭してきた法多元主義的アプローチの問題提起（第二章第三節三　一四六-四八頁参照）とも重ね合わせて、法理学が取り組まなければならない焦眉の課題であろう。

同様に、法源、法の効力・妥当性、法的権利・義務・責任など、法的思考の基本的カテゴリーも、裁判における法律家の法的議論や判決あるいは国家権力の行使を伴う法的過程に焦点を合わせて形成されてきたものが多く、社会的次元における私人の自主的な法遵守・準拠活動についてそのまま用いて理論的・実践的に不都合がないかどうかを、再検討する必要があろう。例えば、一般の人びとの遵法義務について、刑事法などの義務賦課規範の場合は説明しやすいけれども、民事法の権能付与規範の場合にはかなり違和感があり、説明しにくいところがある。また、一般の人びとの遵法義務が、法システム全体についてのみ論じられるのか、それとも個々の法規範についても論じられるのか、あるいは、そもそも遵法義務の性質・内容がいかなるものであり、その正当化根拠は何なのか、国家権力行使者の法への忠誠義務と同じものなのか異なるものかなど、原理的問題に関して従来あまり問われなかった論点も浮上している。

より根本的な問題として、このように法的な領域・実践の範囲を拡大した場合、その内部において、少なくとも、裁判過程における法律家の議論や決定、立法過程における法形成活動、行政過程における法執行活動、私人の自主的な法遵守・準拠活動という、四つのそれぞれ独自の特質をもつ領域・実践を区別することができ、これらの相互に緊張・対立関係を含みつつも、密接に関連し交錯している領域・実践全体をどのように構造化・分節化するかという、制度論的な課題がある。また、これらの各領域ごとに法的実践への参加者は必ずしも同じでなく、ズレがあることが少なくなく、各参加者の法規範への視点についても同じことが言え、少なくとも、法律専門家、それ以外の国家権力行使者、一般私人の視点を類型的に分けることができる。そして、各類型の参加者の視点には少なからぬ対立・緊張関係もみられるけれども、法システム全体の円滑な作動には、法的実践に関わるすべての人びとの協働的活動が不可欠である。法理学的考察にとっては、法規範への内的視点・外的視点・解釈学的視点のいずれをとるかという難問に加えて、これらのいずれの参加者の視点に照準を合わせるか、そのうち特定の視点と同化したりその代弁をしたりするのか、あるいは、各法理学者独自の関心を交えて解釈・評価したり批判的に考察したりするのかという、難しい方法論的・世界観的選択を迫られることになる（第二章第一節二(3)一一六-一二〇頁参照）。

とりわけ、あらゆる領域でいわゆる専門家支配に懐疑的・批判的な論調が強まっているなかで、法理学的考察においても、少なくとも「法律家的」「統治者的」「市民社会的」という法構想・法的思考様式の対立・緊張に関する一定の態度決定は避けられないところであろう。第三章における「法の支配」論の基本構図の説明は、これら三つの法構想・思考様式の相互関係に関する一定の私見を前提としているが、法の三類型モデルにおける三つの法類型の相互関係に関する私見にほぼ対応している。

形式的合法性概念の形式的・手続的・制度的諸要請を、市民社会的法構想に適合的なものとして再構成するとともに、それらの要請が統治者的法構想の法道具主義的思考様式に合わせて、たんに便宜的・手段的なものと理解され運用されないように、裁判の制度的枠組のなかにその重要な基本的要請を具体化し、そのような裁判を受ける権利を手続的・制度的に保障することが不可欠であることを強調した。そして、ドゥオーキンの合法性構想の原理整合性などの要請については、市民社会的法構想としての形式的合法性の制度的要請を前提として、裁判における法律専門家の法実践に対する指導原理という、基本的に法律家的構想として限定的な位置づけをした。これらの形式的合法性概念とドゥオーキンの統合性としての合法性構想の諸要請が、裁判外における法律家の法的実践、一般市民の法的議論や法的交渉に対してどのように作用すると考えるかについては、第一章第四節（五七-七九頁）・第六節（九〇-一〇三頁）において基本的な考え方を示したが、法の支配の現代的再定式化という観点からの立ち入った考察は今後の課題として残されている。法的推論・議論の〝法的〟特質は、裁判の制度的枠組に具体化された法の支配の諸原理との関連で規定されたものであり、裁判外での法律家の法的実践や一般市民の法的実践に対して、法の支配がどの程度どのような仕方で作用すると考えるかは、「法化」「非＝法化」論議の重要争点でもあり、理論的にも実践的にもなかなか難しい問題であり、どこまで法理学的考察の射程に入るかについても意見の分かれるところであろう。

以上のような法的領域・実践の拡大に伴う諸問題については、本書でかなり立ち入って考察した論点もあるけれども、多くは、問題の所在を指摘し、基本的な考え方を示唆するところまでしか考察できなかった。私にとっては、それらの問題を、実践理性の法的制度化という統合的な法構想自体の基礎的諸概念・理論枠組の見直しとして、法理学的な一般理論レベルで取り組むべきものと、法の三類型モデルの理論枠組の拡充・補正という、法の基礎理論的研究のレベルで取り組むべきものに分けて、更なる考察を進めることが残された課題である。

二　制度的・動態的な法規範・法体系論の構築に向けて

本書における考察では、〝法的なるもの〟の領域における「実践理性」の公共的行使に関わる知的地平を拡大し、法的実践の諸形態を法理学的に適切に理解し位置づけることに主たる関心を向けてきたが、実践理性の「法的制度化」という側面については、第三章における法の支配の形式的・手続的・制度的諸要請の解明というレベルの考察にとどまり、法の一般理論としての制度的法概念論の中心的課題である法規範・法体系論自体にはほとんど立ち入ることができなかった。法実証主義的な現代分析法理学の見解については批判的な言及をすることが多かったが、私は、法実証主義や現代分析法理学を決して全面的に否定するものではなく、それらの方法論的・教条主義的主張に批判的なだけであり、H・L・A・ハートやJ・ラズらの法規範・法体系論、さらにN・マーコミックのポスト法実証主義的な制度的法理論などから多くのことを学んできた。また、L・L・フラーやR・ドゥオーキンの法理論からも、同様に多くのことを学び、彼らの法実証主義批判から貴重な示唆を得てきたけれども、彼らの法実証主義理解がすべて的確であったとはみておらず、ドゥオーキンの法理論、とくにその法実証主義批判の問題点については、第二章・第三章で詳しく論じたところである。基本的に、英米法理学の法実証主義対反法実証主義（自然法論）という対立構図から距離をおいた私なりに納得のゆく視座から、法哲学・法理学における伝統的諸問題に取り組むことに心掛けてきた(1)。

統合的な制度的法構想における法規範・法体系論の課題は、法的推論・議論の理論と統一的な説明ができる整合的な概念整理を行ない、動態的な理論枠組を構築することである。その基本的な方向と全体的な構図については、第三章で、法の支配の形式的・手続的・制度的諸原理の要請内容とその射程という側面から、法規範・法体系論と法的推論・議論の理論を架橋する裁判制度論の介在の重要性を強調しつつ、概観的な説明を試みた。また、このような理論構築の必要性と可能性に関する方法論的諸論点についても、第二章において現代分析法理学に対する対照的な二方向からの批判を対比検討するという形で一通りの説明をしたところである。その説明から、私が何故に現代英米法理学の法実証主義対反法実証主義（自然法論）という対立構図から距離をおいているか、統合的な制度的法構想の方法論的基礎としてどのような方向をめざしているかは理解していただけると思う。

なお、このような法規範・法体系論には、法的推論・議論の理論との連携だけでなく、法の三類型モデルの基礎理論という役割も期待される。第一章・第三章の考察は、自治型法の関連領域への拡大をも射程に入れたものであるのに対して、管理型法の関連領域への拡大はその射程外におかれており、偏りがみられることは否定し難く、公共的選択理論・公共政策学や行政法理論などの理論枠組・知見などと擦り合わせて、この方向への拡大にも対応できる概念整理と理論枠組の拡充が必要だと考えている。法規範・法体系論のこのような射程の拡大と偏りの是正は、後ほど触れる「法の支配」論の現代的再定式化とも基本的に共通するものであり、今後の重要な課題である。

法規範・法体系論の具体的内容について若干の補足的な説明をすると、法規範の行動指針・評価規準となる理由を指図するという規範的機能、ルールと原理という二層的な法的規準の規定方式、義務賦課規範と権能付与規範を法規範の基本型と位置づけること、行為規範・裁決規範と組織規範という規範群の基本的区分など、主として第三章第三節一（二二九-四三頁）の説明で用いている基礎的諸概念やその整理は、私の従来の見解(2)と基本的に変わらない。ただ、法的規準におけるルールと原理をカテゴリー的に区別することが適切とする見解は堅持しているが、ルールと原理のそれぞれの規範的機能・法的資格の同定基準や相互関係などについては、従来の説明をかなり修正しており、とくにドゥオーキンの見解には幾つかの重要な点で批判的なものとなっている。また、法体系が行為規範・裁決規範・組織規範から組成されるという従来の説明について、このような説明自体を否定するものではないが、法秩序の制度的・動態的特質や段階的・重層的構造を説明するためには、R・アレクシーの三次元的な「ルール／原理／手続モデル」という構想を基礎に、彼の四段階手続モデルとJ・ロールズの手続的正義の類型区分を用いた正義原理の社会的諸制度への適用段階の説明を組み合わせるなどして、新たな説明モデルを構成したほうが適切ではないかと考えている（本書第一章四三-四六頁、第三章二三八-二三九頁参照）。

判決の正当化理由としての法源、法の効力・妥当性という基本的概念、法の自立性や法の確定性という観念について、法理学や法律学・法実務における支配的あるいは正統的とみられている見解（すべて〝法実証主義的〟と特徴づけることは必ずしも適切ではないが、法実証主義の影響を受けた、あるいはその背景となった見解であることは間違いないであろう）とはかなり異なった試論的な見解を提示している（とくに第二章第一節三、第三章第三節一、二参照）。これらの概念や観念が、法実証主義対反法実証主義（自然法論）の伝統的対立の中心的争点であることは十分承知しつつも、それ故にこそ、そこでほぼ共通の前提とされている概念・議論枠組からできるだけ距離をおいた考察と説明を試みたのであるが、このようなアプローチが適切だったかどうかについては迷いもある。

これらの概念・観念の考察において、〝法的なるもの〟の領域の「制度化された実践」としての相対的自立性の措定と合わせて、〝法的〟領域を相対的に自立的なものとして構成・規制する一定の「法的」規準群が、非=法的諸規準から必ずしもつねに明確に区別できず、相互に交錯し関連している部分があるとしても、独自の規範群として存在し作動していると措定し、その法的資格を識別・同定する何らかの制度的基準が存在すると想定することが、〝法的なるもの〟の存在理由からみて理に適っていると考えている（本書第二章第一節三 一二〇-一二四頁参照）。本書では、このような法の相対的自立性の観念を「統合的自立性」と措定したうえで、実践理性の法的制度化の全体的構造について、実践的議論と法の不確定性を、憲法―立法―裁判という段階で順次それらの不確定性を縮減する仕組みと、法的規準の行為規範レベルと裁決規範レベルの相互調整の仕組みを組み合わせ、段階的・重層的に対応するという側面からとらえて、法源や法の効力の問題を考察するという制度的・動態的アプローチをとっている。

このような制度的・動態的アプローチは、法・道徳分離テーゼをめぐる法実証主義対自然法論の対立構図のなかに位置づければ、ソフト（包括的）な規範的法実証主義の一種とみられるかもしれない。たしかに、このように位置づけられうる側面があることは否定しない。けれども、マコーミックの表現を借りれば、法実証主義は「妥当な法であるが故に、その内容を問わず、いかなる法をも遵守する普遍的ないし絶対的責務などは存在しない」「極端な不正義は法と相容れない」というような主張を概念上排除する立場と一般的に理解されており、マコーミックも、このような主張をするようになった晩年の立場を、「反（anti-）」実証主義でも「非（non-）」実証主義でもなく、「ポスト」実証主義と特徴づけており、本書で私のとっているアプローチもそのようなポスト実証主義的立場の一種であると自己認識している。[3] 私は、これらの問題は、基本的に概念的必然性の問題ではないと考えており、H・L・A・ハートの承認の（究極的）ルールという観念のような法実証主義的概念を措定した議論枠組の意義にも懐疑的である（田中二〇一一、九一–九八頁参照）。むしろ、相対的に自立的な法的領域における中核的な決定作成手続・制度に関する憲法的原理の解釈学的再構成の問題として、法理学と憲法基礎論の領域にまたがる規範的な問題であり、法の支配に基づく実践理性の制度化としての法構想においては、法の支配の構成的・規制的諸原理のなかで根幹的位置を占めるものと理解している。

三　規範的正義論や政治・道徳哲学との交錯

実践理性の法的制度化という統合的な法構想の在り方については、以上のような裁判過程・法的推論の理論との連携だけでなく、規範的正義論、政治・道徳哲学との交錯ということも、重要な方法論的論点である。この論点については、「法の支配」論との関連も視野に入れて、少し補足的な整理をしておこう。

統合的な制度的法構想における重要な哲学的課題は、法の規範性の説明における法の効力（妥当性）の概念とその識別基準及び妥当根拠・遵法義務の解明であるが、これらの問題の解明において、法理学的な法の一般理論は、規範的正義論、さらには政治・道徳哲学の問題領域と交錯することになる（第二章第三節二　一四二–四五頁参照）。第三章の考察において、法の支配の諸原理の要請内容の解明における重要論点が、法の効力や遵法義務の問題と絡んでいることについて幾つかの関連箇所で触れているが、このことは、「法の支配」が、政治道徳的理想・原理であると同時に、法的制度・実践を構成・規制する実定法内在的原理でもあることに対応して、「法の支配」論が、法の一般理論、規範的正義論、政治・道徳哲学の諸領域にまたがるテーマであることによるものである。

実践理性の法的制度化という法構想は、〝理性に代わりて意志が立つ（Stat pro ratione voluntas）〟という主意主義、〝真理ではなく権威が法を創る（Auctoritas non veritas facit legem）〟（ホッブス）という決断主義にとって代わる法構想であり、「正しく理に適った法」への志向を実定法秩序に内在化させることをその本領とする。けれども、このような法構想のもとでも、人間の理論理性にも実践理性にも限界があり、意志や権威が法の存立と作動に不可欠な局面もあることから、〝法的なるもの〟の領域を完全に理性や真理の支配のもとにおくことは不可能であり、「法の支配」という規範的伝統は、このような難しい情況のもとでの法的制度・実践の構成・規制原理として形成され発展してきた。

第三章では、このような法の支配の法的制度・実践に対する構成・規制原理としての要請内容に焦点を合わせ、実践理性の法的制度化という構想、とくにその「正法への志向の実定法への内在化」という本領と整合的なものとして、「法の支配」論を現代的に再定式化するためにどのように考えるのが適切かについて、私なりの見解の提示を試みた。だが、いずれも見解が分かれている論点であり、一通りの説明はしたものの、異なる諸見解と比較して論拠を挙げて論じることはほとんどできなかった。ここでは、これらのうち、私にとって今後の課題として残さざるを得なかった二つの基本的な問題についてコメントしておきたい。

その一つは、法の支配の原理と一般私人の遵法義務との関連である。法の支配の原理は、第三章で中心的に論じた法的制度・実践の構成・規制原理に関する限り、一般私人の遵法義務を積極的に正当化する原理ではなく、むしろ、一般的な遵法義務が存在するとすれば、そのような義務を制限ないし阻却する原理であり、一般私人の遵法義務の正当化の問題は、法の支配の議論領域とも関連するけれども、基本的には、法の支配を論じる前提条件に関わるレベルの別個の議論領域の問題であると考えている（第三章はじめに 一六六頁、第三節三 二五五-五八頁参照）。遵法義務は、法の妥当根拠とメダルの両面をなす観念であり、〝法的なるもの〟の道徳的・政治的・社会的存在理由に関わる問題領域であるという理解のもとに、このような法の支配と遵法義務の関係を、私の法理学的理論枠組で説明すれば、次のようになる。

法の支配は、実践理性の法的制度化という構想を前提として、そのような法的制度・実践の構成・規制原理であるのに対して、遵法義務の正当化問題は、実践理性の法的制度化という構想自体の正当化問題の一環に他ならない。そして、このような遵法義務・法の妥当根拠の哲学的解明は、一定の人間観・社会観を想定した世界観的関心を背景とする価値評価（正当化）的考察が必要であるが、第三章では、実践理性の法的制度化という法構想の存在理由に鑑み、このような価値評価的考察にはできるだけ立ち入らずに、基本的に価値分析的・解釈的考察のレベルにとどまるように努めた。しかし、このような価値分析的・解釈的考察が、私の一定の価値評価的見解を事実上前提としていることは否定しない。このことは次の論点についても同様である。

もう一つは、法の支配の基本理念・価値として、「自由」と「権利」を挙げていることについてである。自由を権利として保護しその実現・救済の手続的・制度的保障をすることが法の支配の本領であり、安全は独立の価値としてではなく自由の保障の一条件とみる理由について、それぞれ関連箇所で一通り説明してはいるが（第三章はじめに 一六五頁、第二節二 二一〇-一一頁、三 二一二-二〇頁など）、基本的に価値分析的・解釈的説明であり、その背景にある、法の存在理由の考え方や規範的正義論に関する私自身の見解に関しては、ごく結論的なことしか説明していない。第三章で中心的に取り上げた各論者の法の支配自体の正当化理論の検討に立ち入ることも意識的に避けたが、その理由は、これらの背景的理論の相違にもかかわらず、できるだけ多くの人びとに理に適ったものとして受け容れられる法の支配の議論枠組を構築したいという実践的関心を重視する説明を心掛けたからである。私自身の課題としては、これら二つの論点に関する価値評価（正当化）的考察についても、「私の法哲学」として見解を提示することをめざして準備はしてきているが、このような価値評価（正当化的）言明の真理値についてドゥオーキンほど確信的になれず（第二章第三節二 一四二-四六頁参照）、試行錯誤な考察を続けているのが現状である。[4]

全般的に、実践理性の法的制度化という法構想に関する本書における考察は、法を用い動かす人びとの「実践理性」の健全な行使に対する信頼と期待にかかっている側面の解明に力点をおいている。けれども、実践理性の「法的制度化」ということの第一次的な存在理由は、人間による実践理性の個人的および集団的な行使の「限界」に対する現実的な対応であり、その中心に位置するのが、他ならぬ以上のような正義問題などの公共的な実践的問題に関する価値判断的な考慮・議論・決定能力の人間的限界への対応なのである。「法の支配」論の在り方についても、このような問題連関をふまえ、正義問題に関する価値評価（正当化的）考察の可能性と限界を見きわめつつ、法哲学的な考察を進めることが肝要である。第三章第二節二（二〇六-一一頁）における説明は、規範的正義論の複雑な議論構図の素描にとどまっており、第三章で提示した「法の支配」論を正当化する背景的理論としての規範的正義論をもう少し体系的に展開することが、私が取り組まなければならない次の法哲学的課題である。

Ⅱ わが国における「法の支配」論の現代的課題

一 英米法理学の「法の支配」論の意義と射程

第三章における「法の支配」に関する考察は、基本的に議論・交渉フォーラム構想に対応するレベルで、法の支配のいわば理念型の法理学的な再構成をめざしたものである。法の三類型モデルをも視野に入れたレベルで、法の支配の現代的意義と限界を検討し、その再定式化に取り組むことは、今後の課題として残すという限定的なものであった。第三章では、法の支配を、西欧的法・政治文化の中核的な規範的伝統ととらえ、英米法理学における比較的最近の二つの合法性構想をめぐる議論を、このような伝統を形成した二つの代表的な原型（アリストテレス・モデルとモンテスキュー・モデル）と関連づけて批判的に考察することを手がかりに、法の支配の諸原理について、法の一般理論レベルでその普遍的意義をもつ要請内容を再構成することを試みた。

法の三類型モデルでは、そのような法の支配の諸要請を典型的な形で制度化した自立型法が、法的領域の中核をなすものとして位置づけられるとともに、拡大された法類型である管理型法と自治型法の形態や作動の在り方を規制していると措定されている。(5) 法の三類型モデルは、現代日本の法状況の動態を主として比較史的に解明するという問題関心から用いはじめたものであり、最近では、日本・英米・ドイツの「法化」「非=法化」論議をこのモデルで比較分析することを試みてきたが、(6) 英米法的な法の支配論と大陸法的な法治国家論の異同・関連をどのように理解するかが、このような論議においても重要争点の一つとなっている。このような議論の問題状況をも視野に入れ、わが国における法の支配の現代的再定式化という課題に取り組むにあたっては、英米法理学の法の支配・合法性をめぐる論議を手がかりとしたことに伴う考察視座の偏りや限界を是正することが不可欠である。

法の支配の現代的再定式化をめぐる以上のような問題連関と課題については、第三章において幾つかの関連箇所で触れたけれども、いずれもごく簡単な説明にとどまっている。このエピローグの後半では、現代日本の法状況をふまえた法の支配の現代的再定式化にとって重要と思われる主な課題について、本書の考察を整理し、補足的な説明をしておこう。

現代日本の法状況に焦点を合わせた課題の説明に進む前に、以上の考察でもたびたび強調したことであるが、わが国に限らずいずれの国においても、国家の強制権力の恣意的行使の法的コントロールという「近代的」法の支配の原点ともいうべき基本的要請が、その「現代的」再定式化においても基幹的位置を占め続けるべきであることを確認し、少しコメントしておきたい。

本書では、法システムの特質を「強制的命令システム」という側面ではなく「議論・交渉フォーラム」という側面に焦点を合わせて解明すべきだという視座転換を提唱し、法の支配の要請内容についても、「議論・交渉フォーラム」との関連を中心に考察してきた。けれども、国家の強制権力の行使を法的規準・手続によって厳格に規制するという、法の支配の要請に従って、法的過程全体が「強制的命令システム」として円滑かつ適正に作動していることが、そもそも法的過程が「議論・交渉フォーラム」として現実に活性化され、期待された役割を十全に果たしうるための不可欠の前提条件であることも強調したところである（第三章第二節四 二二〇－二九頁参照）。法秩序の強制的命令システムという側面が典型的にみられるのは刑事法の制定・適用・実現に関わる分野であり、シュクラーは、モンテスキュー型の近代的法の支配論を刑事法に関する要請ととらえ、第三章で取り上げた英米法理学における法の支配論議ではこの分野が等閑視されていることを厳しく批判している。モンテスキューの法の支配論が刑事法にのみ関わるというシュクラーの理解には疑問があるが、罪刑法定主義、事後立法の禁止、適正手続の保障など、近代的な法の支配論の重要な原理的要請が刑事法の分野を中心に形成されたものであることは間違いなく、また、少なくとも第三章で取り上げた英米法理学の法の支配論議においては、刑事法分野への直接的な言及がほとんどなく、民事法・憲法分野に偏っているという一般的批判があることもたしかである。

だが、最近の英米法理学の法の支配論において刑事法分野の問題があまり論じられないのは、この分野の法の支配をめぐる論点については憲法・刑事訴訟法などの専門技術的議論の豊富な蓄積があり、法理学がこれらの専門技術的議論から学ぶことはあっても、そのような議論の進展に直接寄与することがあまり期待できないという事情などによるところも大きい。法理学が刑事法分野における法の支配の理論的・実践的重要性を一般的に軽視しているとみるのは少し短絡的であろう。一般的に、法理学は、法による道徳の強制、法的パターナリズム、刑罰の性質とその正当化、非犯罪化（decriminalization）やディヴァージョン（diversion）などの原理的な諸問題の考察を深めることによって、刑事法分野の法の支配論にもそれなりに寄与してきていることが見落とされてはならない（田中二〇一一、第5章、第8章参照）。

民事法分野に偏っているという批判についても、英米法圏では刑事法と民事法をともに市民社会の法と位置づけ、国家的制度の権限に関わる公法と対置するという法分野編成の理解もあり[7]、民事法分野といわれる場合、このように、刑事法も含めて、市民社会の法という、緩やかな意味で用いられていることも少なくない。法の支配の諸原理の国家権力行使者に対する要請内容が、個々の市民の法遵守・準拠行動や市民間の相互作用的な法的活動に対する法的規律の在り方に照準を合わせて論じられるべきだという、本書で繰り返し強調してきた見解も、市民社会的法構想の重要な特徴であり、刑事法と民事法をこのように一体的にとらえて民事法分野とみる緩やかな理解を前提としており、民事法＝私法、刑事法＝公法という、わが国などで一般的な法分野の区分とは少し異なることに注意する必要がある。

二　法の支配と法の三類型モデルからみた現代日本の法状況

私が法理学的な考察において法の支配について一般的に論じる場合には、英米法的な法の支配論議をできるだけそのコモン・ロー的コンテキストから切り離して、英米法系・大陸法系に共通に通用する一般的な法理論レベルで近現代西欧の理念型「法の支配」として再構成したものを念頭においている。そして、そのような法の支配と法の三類型の関係については、基本的に次のように考えてきており、本書における説明もこのような理解を前提としている。「法システムの相対的『自立性』が確保され、〝法的なるもの〟が政治・行政や道徳・経済などに還元されないためには、……自立型法の基幹的な作動方式が堅持されるべきである。自立型法は、現代法システム全体の核心をなす背景的枠組であり、裁判過程を基軸に作動する自立型法がしっかりと社会的に定着していることが、管理型法や自治型法が、補助的な調整装置として適切に作動するための前提条件でもある。このことは、『法の支配』の基本的な要請であり、管理型法や自治型法が、法システム全体の背景的枠組としての自立型法の存在理由を全面的に否定したり、その規範的規制を全く受けずに作動したりすることは、〝法的なるもの〟の相対的自立性をも損ない、法の支配の否定につながりかねない」（田中二〇一一、一一〇頁）。

このような理解に基づいて、法の三類型モデルを用いてわが国の法秩序・法文化の伝統的特徴やそれらの最近の改革・変容の動向を「法化」「非=法化」論議に焦点を合わせて分析し、比較的最近に至るまでの日本社会の「法化」への制度的対応の在り方について、訴訟手続の活性化や裁判へのアクセスの拡充といった自立型「法化」戦略よりも、行政的規制・保護による管理型「法化」戦略や裁判所内外の代替的紛争解決手続（ＡＤＲ）の活用・拡充による自治型「法化」戦略が重視され続け、管理型法と自治型法が自立型法と司法的裁判による規制を回避して結びつき作動するという伝統的な特徴が根強く残存し、このような特徴が、世界的な「非=法化」戦略を推進する動向を背景に強化されているという問題状況を指摘してきた（田中二〇一一、一二三―三三頁参照）。そして、このような現況の打開には、法システム全体の作動方式を、行政主導から司法中心に転換し、法の支配を確立強化することが不可欠であり、そのためには、管理型法を運用する行政過程自体を公正・透明なものとするだけでなく、司法の手続・制度の整備と人的基盤の拡充によって、行政に対する司法的コントロールを強化し、国家機関相互の抑制・均衡関係を実効的なものとすることが焦眉の課題であると認識している。このような現況理解に基づき、各種の自治型法による社会的次元での自主的な行動調整が公正かつ円滑に行われるためのインフラを整備し、社会的基盤に支えられた紛争解決・権利救済手続として裁判を実効的に利用可能な身近なものとすることが重要であることを強調し、司法・法曹制度の改革提言をしてきた。(8) また、その一環として、前世紀末から今世紀初めにかけて行われた司法制度改革について、わが国における法の支配の確立強化という観点から、その意義と問題点を検討する機会もあった。(9)

だが、これらの現代日本の法状況の批判的分析や改革提言において「法の支配」をキーワードとして用いつつも、その基本理念・中心的原理などの全体的構造や基本的諸論点についての法理学的考察が必ずしも十分でないことに忸怩たる思いをすることが少なくなかった。第三章では、このような理論的な跛行状況を、英米法理学における二つの合法性構想をめぐる最近の議論動向の批判的検討を手がかりに是正し、法の支配に関してこれまで断片的に述べてきたことを統合的に説明できる理論的な基礎と枠組を構築するための準備的考察を行った。これまで、法の一般理論、正義論、法律学的方法論（法的思考・推論・議論の理論）、裁判制度・手続論、憲法基礎論など、それぞれの分野・レベルで法の支配について別々に語ってきた内容を（第三章一六七頁注（2）で挙げた文献参照）、相互に関連づけて全体的な議論構図のなかに位置づけ、法理学的レベルの諸論点に関して私なりの考え方を整理して説明することに努めたので、私がこれらの分野・レベルで法の支配について論じてきたことの法理学的な背景、とくに法の支配の確立強化において市民社会的基盤を重視し、裁判に中心的な役割を与えている理論的基礎について、賛同いただけるかどうかはともかく、その基本的な論旨とめざしている方向を理解していただくことはできたのではないかと思っている。また、わが国における法の支配の確立強化のためには、司法・法曹制度の改革が不可避であるけれども、それだけでは不十分であり、法の運用に専門的に携わる法律家だけでなく、国家権力の行使に携わる公務員、法を遵守し法に準拠して社会生活をする一般の人びとも、それぞれの立場から法についての従来の考え方と用い方を見直すことが不可欠であるということを機会があるたびに強調してきたが、どのような方向への視座転換を期待しているかについても、第一章と第三章の考察で一通り示すことができたのではないかと思う。

本書の考察をふまえ、わが国の法制度・法実務・法文化が現実に直面している問題状況に対応できる「法の支配」論を、法の三類型モデルと「法化」「非＝法化」論議の問題関心と重ね合わせて展開することが、私が取り組まなければならない次の課題である。このような「法の支配」論の再定式化においては、第三章で確認したような法の支配のいわば理念型について、わが国の法制度・法文化の現状に照らしてその現代的意義を点検し確認するとともに、法の支配に批判的・懐疑的な立場から指摘されてきた「限界」問題への対応を避けて通ることはできない。

このような課題について、法の三類型モデルと関連づけて説明すると（田中二〇一一、一〇九頁図表、本書プロローグ一一頁図表参照）、自治型法・私的交渉過程の方向への法的過程の拡大に伴う諸問題については、第三章だけでなく、第一章でも、このような方向への考察を進めるための理論的基礎を提示し、とくに法的議論と法的交渉の関係、ＡＤＲの位置づけについては、インフォーマリズムの浸透が法の支配の確立強化を妨げていることに注意を喚起しつつも、私の従来の裁判中心の見方を少し改め、法多元主義的な見方に近づく方向へ修正した。このような修正は、グローバル化時代に対応する法理論や法の支配論の展開には、国家権力の行使から相対的に独立した市民社会的次元での法的関係のネットワークが国境を越えて形成されていく現実を適切に理論化することが重要な現代的課題となっているという認識に基づくものである。法の支配の法理学的考察をこの方向へ拡充してゆくにあたっては、法社会学・交渉理論・紛争解決理論などの概念・知見との擦り合わせが重要であるだけでなく（第一章第四節五七‐七九頁、第六節九〇‐一〇三頁参照）、そこにおける法の支配の現代的意義や限界の究明には、法多元主義的な社会的法理論の理論展開（第二章第三節三　一四六‐五一参照）から示唆を得るところが多いであろう。

三　現代行政国家のもとでの法の支配の再定式化

他方、法の三類型モデルにおける管理型法・行政過程の方向への法的過程の拡大に伴う諸問題ついては、英米法理学の法の支配論議の偏りと限界が、現代国家における行政のウエイトの飛躍的な高まりに伴い、一段と深刻化していることと合わせて、行政主導の法運用体制が続いてきたわが国における法の支配論の現代的再定式化において、これらの問題への対応が焦眉の課題であることについても、関連箇所で指摘はしておいた。けれども、本書で取り上げた二つの合法性構想をめぐる論議で中心的な主題とされていなかったこともあって、残念ながら、こちらの方向へ考察を進める新たな理論的基礎はほとんど提示できておらず、すべてを今後の課題として残さざるをえなかった。

もちろん、英米でも、行政過程についての法の支配の問題に関しては、憲法学・行政法学など公法学の領域において専門技術的・政策論的議論の豊富な蓄積があり、法理学的論議で中心的な主題にならないのは、先ほど刑事法領域について指摘したのと同じような事情によるところが大きいであろう。わが国において行政過程をも視野に入れて法の支配論を展開するためには、このような英米の公法学の成果をも取り入れて展開されているわが国の行政法学の最近のめざましい理論展開から学ぶべきことが多い。このような事情に加えて、わが国における行政と司法の関係は、英米法型の司法中心の法運用システムと大陸法型の行政主導の法運用システムが原理的に対立する問題領域であり、大陸法型の法治国家論の理論動向との調整と統合という制度論レベルの難問を避けて通ることができず、法理学的考察がこのような領域の実践的課題の解明に直接寄与できることはそれほど多くはないかもしれない[10]。

法の支配の原理と行政過程との関連については、行政過程自体の司法化（judicialization）の当否と行政過程の司法的コントロールの在り方という二つの問題群が中心的論点とみてよいであろう。いずれの問題群に関しても、もともと、行政法の作動方式が、法の規定する政策目標の実現のための裁量的判断を不可欠とする目的=手段図式を基軸としており、伝統的な民事法・刑事法の要件=効果図式と原理的に異なっており、しかも、現代法システムにおける行政法の肥大に伴い、近代の市民社会的な法的空間も変容し、要件=効果図式による実効的な規律が難しい法的関係が増えてきているという現況を直視する必要がある。[11] 法の支配の近代的原理は、自立型法による市民社会レベルの予測可能性の確保に照準を合わせてきたとみられているが、「法の不確定性」の増大に伴って、全般的に、自立型法と要件=効果図式による規律の限界が説かれるようになってきている。加えて、行政的裁量の必要や行政立法の増大などによる行政過程における「法の不確定性」は、市民社会レベルのそれの比ではなく、管理型法と目的=手段図式を基調とする現代国家の行政活動の実態に即した「法の支配」の現代的再定式化が必要とされているのである。

行政の司法的コントロールの在り方に関しては、現代型訴訟における裁判の政策形成機能の一環として、比較的早くから理論・実務の動向に関心をもち考察してきたが、[12] 行政訴訟をめぐる理論と実務の乖離の理由は複雑であり、英米法的制度・思考と大陸法的制度・思考の違いだけでは説明しきれないところがある。個人の権利利益の保護救済に照準を合わせた司法的裁判の仕組みによって、公益実現に関わり多中心的な（policentric）紛争が多い行政事件において「法の支配」の実効的な実現をはかることには一定の超えがたい限界があるとしても、従来の司法的裁判の手法によって行政に対する司法的コントロールを強化する余地はまだまだあることは間違いない。しかし、同時に、従来の手法の射程も見直し、行政活動の目的=手段関係の目的合理性や原理整合性などに関する説明責任を、適正手続、とくに手続的な公正・合理性の確保という手続的正義の要請をも組み込み、要件=効果図式と重ね合わせて理性的に議論し実効的にチェックする基準・手続を工夫することも、今後の重要な課題であろう。[13]

立憲民主制のもとでは、行政の司法的コントロールは、司法審査制による立法の司法的コントロールと並んで、法の支配の実効的な確保・実現において裁判に期待されている中心的な役割であるが、立法・行政・司法の三権相互の抑制・均衡関係における権限の再調整という憲法問題に関わり、各国の国制特有の制度論レベルの理論的・実務的論点が多く、法理学の一般理論的考察がどれだけの寄与ができるか、判断しかねるところがある。憲法学・行政学あるいは政治学・公共政策学から学ばなければならないことのほうが多いであろうが、ドゥオーキンの憲法訴訟などのハード・ケースの法理学的・政治道徳哲学的論点に関する挑発的な見解をめぐる議論の応酬などをみると、行政訴訟をめぐる類似の原理的な争点の考え方についても、法の支配の原理的要請の法理学的考察というレベルでも何らかの寄与をなしうる余地はあるようにも思われる。

ドゥオーキンの統合性としての合法性構想は、法の三類型モデルによる「法化」「非=法化」論議の説明では、勢力拡張型リーガリズムの一例ということになるが、行政過程に限らず、あらゆる法的過程において、管理型法や目的=手段図式による対応が重用され、法道具主義的傾向が強まっているなかで、「法の支配」論の現代的再定式化においては、リーガリズムと法道具主義の対立相剋という問題を避けて通ることはできない。しかも、現代日本のような非西欧社会では、リーガリズムや自立型法の社会的基盤が弱いこともあって、問題状況はかなり複雑な様相を呈している（田中二〇一一、一二三―一三三頁参照）。法道具主義的傾向の浸透が〝法的なるもの〟の拡散を招き、「法の支配」の空洞化をもたらす危険についてはつとに指摘されてきているところであるが、法の支配のいわば理念型の再構成をめざした第三章の考察では、このような原理的問題の重要性を指摘することまでしかできなかった（本書第三章第二節四　二二二―二四頁、二二八頁注（31）参照）[14]。

法の三類型モデルの問題関心に対応する「法の支配」論の法理学的考察にとっては、このような指摘に耳を傾けつつも、同時に、リベラル・リーガリズム批判の一環としての法の支配に対する諸批判、法道具主義的思考と親和的な公共政策学の手法・知見など、異なるアプローチからも学びながら、[15]わが国における法の支配の原理的要請やそのもとでの法的思考の理想的な在り方について、それらが期待された役割を果たしうる前提条件やその限界もあわせて、解明することが、残された次の課題ということになる。だが、このような方向へ考察を拡げ深めてゆくことは、法の支配や法的思考の専門的な法律学的議論枠組だけでなく、法哲学・法理学という学問分野の依って立つ知的・政治社会的基盤自体の見直しにもつながるということが見落とされてはならない。

「法の支配」とは何かを問うことは、「法とは何か」という問いと同様、〝法的なるもの〟の存在理由について、人間の理性と社会的制度、それぞれの可能性と限界、その相補的ないし対立的な関係をどのように考えるかという、人間観・社会観と関連づけて考察することに他ならず、このような意味においてはすぐれて哲学的な問いなのである。

(1) このような考察姿勢と問題関心の方法論的背景については、第二章で説明した通りであるが、それに加えて、個人的な事情として、法実証主義対自然法論という伝統的な対立に関しては、英米法理学の研究に取り組む以前に、戦後のドイツの法思想・法律学的方法論の展開過程について、制定法実証主義（Gesetzespositivismus）批判から再生自然法論を経て「正しい法への志向の実定法への内在化」をめざす潮流へという理解のもとに考察し、一定の見解をもっていたので（田中成明「ドイツ法思想における裁判官と法律との関係（一）」法学論叢八二巻一号（一九六七年）一－一〇頁、同『「正法」問題への新局面』『理論法学の課題・ジュリスト増刊・基礎法学シリーズⅢ』（一九七一年）五四－六二頁など参照）、英米法理学の議論動向をそれと対比したり重ね合わせたりして検討するというスタイルをとってきたということもある。英米の現代分析法理学の法実証主義とドイツの制定法実証主義の異同・関係を丁寧に説明しないまま、両者を重ね合わせて法実証主義的見解を一般的に批判している箇所があるのも、このような事情によるところがあり、指摘を受けて限定的な表現に改めるなど、誤解を招かないように配慮したが、なお不適切な箇所が残っているかもしれない。なお、ドイツの制定法実証主義を法実証主義的諸傾向全体のなかにどのように位置づけその歴史的役割をどのように評価するかは、なかなか難しい問題であり（加藤新平『法理学概論』（有斐閣、一九七六年）

二四七-六一頁参照)、私もその考察を途中で投げ出した苦い経験があるが、現在でも、この問題には強い関心を持ち続けている。

(2)　田中成明『現代法理学』(有斐閣、二〇一一年)六三-七一頁参照。以下、この拙著については、適宜本文中に括弧書きで田中二〇一一という略号で関連箇所を指示する。

(3)　引用箇所は、N. MacCormick, *Practical Reason in Law and Morality* (2008) p. 205, MacCormick, *Institutions of Law: An Essay in Legal Theory* (2007), preface, v. ポスト実証主義についての説明は、MacCormick, *Institutions of Law*, pp. 278-79 参照。本書の考察においては、法の効力の問題以外に、法理学の学問的性質や法の支配へのアプローチなどの関連問題についても、マコーミックと同様、法実証主義対自然法論という対比構図に批判的な法理論から示唆を得たところが多いが、それらのうち、これらのアプローチに共通の特徴の明快な説明として、二つの要約的見解を挙げておきたい。「実効的なシステムとしての法と道徳的理想としての正義との区別を保持することは重要である。しかし、明確に区別することは、関連を調査し動態を解明する理論と両立するどころか、実は、その重要な前提条件なのである。法は、必ずしも正義に適っていないけれども、間違いなく正義を約束する。我々が法と正義の理論に関心を向けなければならないのは、何故その約束が存在し、いかなる条件の下でその約束が果たされたり損なわれたりするかを理解するためである。この問題は、定義による命令によって決着を付けることはできない。」(Philip Selznick, *The Moral Commonwealth: Social Theory and the Promise of Community* (1992), pp. 443-44.)。「法の支配が政治権力の行使を制約するのは、正義が広範に争われているところで正義に奉仕するという熱望のためである。法の支配は、正義が行われるであろうということを確実に約束することはできない。しかし、正義は、法を運用する義務を負うすべての人びとが、この目標を熱望することを確実に要求する。」(Gerald J. Postema, "A Similibus ad Similia: Analogical Thinking in Law," D. E. Edlin (ed.), *Common Law Theory* (2007), p. 127.) なお、Jeremy Waldron, "Does Law Promise Justice?," *Georgia State Univ. Law Rev.* 17 (2001), pp. 759-88 参照。

(4)　この点については、J・ロールズの規範的正義論を「憲法の法理学」として「実践的議論の法的制度化の理論」という側面から理解し、とくに後期の政治的リベラリズムの公共的正当化に関する見解に関して、ロールズとドゥオーキンの見解を対比的に検討した田中成明「ロールズと法理学―ハート、ドゥオーキンとの関係を中心に」井上彰編『ロールズを読む』(ナカニシヤ書店、二〇一八年)一五一-八三頁参照。

(5)　詳しくは、田中『現代法理学』(前掲注(2))一〇五-一三頁、同「法の三類型(自立型法と管理型法・自治型法)モデル

再考」北海道大学情報法政策学研究センター編『新世代法政策学研究』四号（二〇〇九年）五九-九二頁参照。

（6）　田中成明『現代社会と裁判』（弘文堂、一九九六年）、同『転換期の日本法』（岩波書店、二〇〇〇年）参照。

（7）　N. MacCormick, *Institutions of Law*（前掲注（3））, ch. 3, Part 3参照。なお、このような法観念が、わが国の伝統的法文化の特徴である、行政法・刑法中心の律令制的法観念と異なることとその問題性については、田中『転換期の日本法』（前掲注（6））第三章「日本の法観念―その過去、現在、そして将来」一〇一-二四頁参照。

（8）　詳しくは、田中『現代社会と裁判』（前掲注（6））とくに「第一章　現代裁判をめぐる法状況」、同『転換期の日本法』（前掲注（6））とくに「プロローグ」「第八章　現代司法の位置と課題」参照。

（9）　田中成明『法への視座転換をめざして』（有斐閣、二〇〇五年）「Ⅲ　日本法の行方―ポスト司法改革」、同「『法の支配』論議からみた司法制度改革」『国民主権と法の支配（上巻）』（成文堂、二〇〇八年）四四三-七四頁、同「今次司法制度改革と『法の支配』」『法の支配』一八〇号（二〇一六年）六九-七四頁など参照。

（10）　この問題に関するわが国の議論状況については、一般的に、土井真一「法の支配と司法権―自由と自律的秩序形成のトポス」佐藤幸治・初宿正典・大石眞編『憲法五十年の展望Ⅱ』（有斐閣、一九九八年）七九-一四一頁、同「立憲主義・法の支配・法治主義」日本法哲学会編『現代日本における法の支配―理念・現実・展望：法哲学年報二〇〇五』（有斐閣、二〇〇六年）三〇-四一頁、佐藤幸治『日本国憲法と「法の支配」』（有斐閣、二〇〇二年）三-一二二頁、高橋和之「法の支配の分析視座」日本法哲学会編『現代日本における法の支配―理念・現実・展望：法哲学年報二〇〇五』（前掲）九四-一〇五頁、同『現代立憲主義の制度構想』（有斐閣、二〇〇六年）一二三-九三頁参照。

（11）　このような問題状況の示唆に富む整理として中川丈久「行政による新たな法的空間の創出」『岩波講座・憲法4・変容する統治システム』（岩波書店、二〇〇七年）一九五-二三一頁参照。そこで提示されている法的空間モデルを、法の三類型モデルと重ね合わせると、その法的空間モデルでは、目的=手段図式で作動する管理型法の規制領域だけでなく、合意型調整図式で作動する自治型法の規制領域も、行政によって創出された新たな法的空間と位置づけられているという違いはあるけれども、法の支配の近代的原理の一般的ルールによる要件=効果図式だけでは実効的に規律しにくい法的関係が重要になってきているという現状認識では一致している。なお、中川「議会と行政―法の支配と民主制：権力の抑制から質の確保へ」磯部力・小早川光郎・芝池義一編『行政法の新構想Ⅰ』（有斐閣、二〇一一年）一一五-六六頁も参照。

（12）　田中成明『裁判をめぐる法と政治』（有斐閣、一九七九年）二八七-九五頁、同『現代社会と裁判』（前掲注（6））「第四章　現代型訴訟と政策形成機能」、同「私法・公法の〈協働〉と司法の機能—現代型訴訟を素材に」『現代における私法・公法の〈協働〉・法社会学六六号』（有斐閣、二〇〇七年）六六-七九頁など参照。

（13）　このような方向については、高橋和之「法の支配の分析視座」『現代日本における法の支配—理念・現実・展望：法哲学年報二〇〇五』（前掲注（10））九九-一〇〇頁参照。

（14）　法道具主義の問題性について、第三章の考察では、フラーの見解と直接関連する文献しか注記していないが、法の三類型モデルの問題関心からこの問題にアプローチするにあたっては、勢力拡張型リーガリズムとの複雑な緊張関係をめぐる法理学的論点を法思想史的・法社会学的・政治学的観点からも分析している以下の文献が示唆に富む。Philippe Nonet & Philip Selznick, *Law and Society in Transition: Toward Responsive Law* (1978)（六本佳平訳『法と社会の変動理論』岩波書店、一九八一年）, Robert S. Summers, *Instrumentalism and American Legal Theory* (1982), Ph. Selznick, *The Moral Commonwealth*（前掲注（3））, chs. 12, 15, Brian Tamanaha, *Law as a Means to an End: Threat to the Rule of Law* (2006).

（15）　これらのアプローチについては、那須耕介「法の支配の両義性について（一）（二・完）」法学論叢一四二巻一号（一九九七年）一五-三三頁、一四三巻一号（一九九八年）二六-四四頁、同「法の支配を支えるもの」摂南法学二五号（二〇〇一年）一-一四七頁、平井宜雄『法政策学・第2版』（有斐閣、一九九五年）、佐野亘「範型としての問題解決型思考—政策的思考と法的・政治的思考の違いは何か」足立幸男編『政策学的思考とは何か』（勁草書房、二〇〇五年）八七-一二八頁など参照。

あとがき

本書は、「法の支配に基づく実践理性の制度化」という法構想の基本的な方向をさぐり、その全体的な理論枠組を再構築することをめざして、最近数年間にわたって試みてきた幾つかの準備的な法理学的考察のうち、主なものをまとめた論文集である。

「法とは何か」という法哲学の伝統的な問いに関連する現代的諸課題について、私は、法動態への相互主体的視座、実践理性の法的制度化としての「議論・交渉フォーラム」、自立型法と管理型法・自治型法からなる「法の三類型モデル」を組み合わせた複合的アプローチで取り組んできた。『現代法理学』（有斐閣、二〇一一年）をまとめた頃から、これらの視座・構想・モデルを着想するにあたって示唆を得てきた内外の同世代の法理学や関連諸分野の研究者の理論展開とそれらをめぐる論議動向を系統的に読み直しながら、これらの視座・構想・モデルを「法の支配」という理念・原理を基軸として相互に関連づけて、制度的規範的秩序としての〝法的なるもの〟の全体像を再構成する統合的な法理論の展開に向けて、従来の試論的見解をどのように見直し、どのような補完や修正が必要かについて、検討を重ねてきた。そして、ある程度方向と輪郭がまとまったテーマから、順次、考察の結果を整理して、軌道修正をはかってきた。

このような本書全体のめざすところと各章のテーマとの問題連関については、「プロローグ」で概括的に説明し、各章の「はしがき」でも説明しているから、詳しいことはそれらを参照していただくことにして、ここでは繰り返さない。このように、一冊の書物にまとめてみて、「法の支配に基づく実践理性の制度化」という法構想の全体像を、「私の法哲学」として語れる境地にはまだ到達できておらず、残された課題が少なくないことを改めて認識させられている。このような意味では中間報告的論集の域を出ないものだけれども、私の法理学的な考察姿勢を従来よりも明確に示しつつ、『現代法理学』では十分に関連づけた説明ができていなかった視座・構想・モデルなどについて、どのように整合的に関連づけて、全体としてどのような理論枠組を再構築しようとしているか、その基本的な方向と理論構造の骨格が見えるところまでは漕ぎ着けることができたのではないかと思っている。

本書に収めた各論考は、当初からこのような体裁で一冊の書物として刊行することを予定して執筆したものではなく、もともと、『現代法理学』では説明が不十分だった法哲学・法理学の原理的諸問題についていずれ改めてもう少し体系的な書物をまとめるための準備作業として、関連論点に関する代表的な諸見解やそれらをめぐる論議を批判的に検討しながら、基礎的諸概念の整理と理論枠組の拡充などを試みたものであった。だが、第三章に収めた法の支配に関する論考について、これまで気になっていた諸論点の考察を個別に進めてきて、最後にそれらの考察の草稿を系統的に整理してみると、全体として予想外に長くなってしまった。私の目下の関心に合わせてかなり自由なスタイルで執筆していたこともあって、そのままの形では適当な公表方法が見つかりそうになく、整理し直して、その一部のみを公表するとか、分割して何回かに分けて公表するなど、公表方法を検討しなければならなくなり、有斐閣京都支店の一村大輔氏にも相談に乗っていただき、幾つかの可能性を検討してみた。そのなかで、当初の予定と異なることになるけれども、せっかくまとまった論考が出来上がったのだから、この際思い切って、最近執筆した関連論文と合わせて、一冊の書物にまとめて公表することを考えてはどうかということになった。かなり迷ったけれども、法の支配や立憲主義をめぐる内外の政治的論議の状況、わが国の法哲学界の関心方向や議論動向、加齢による机に向かう体力・気力の衰えなど、公私様々の事情を考え合わせると、現時点において、関連論文に必要な加筆補正をし、法の支配に関する論考も、それに合わせた体裁に整理し直し、内容も旧稿での考察と相互に関連するように書き直して、新たにプロローグとエピローグを書き下ろし、全体として一定のまとまった内容をもつ書物に仕上げ、「法とは何か」「法の支配」などの原理的な問題に関心をもたれる方々のご批判を仰ぐことが適切ではないかという思いが次第に強くなった。幸い一村氏のご尽力により有斐閣で刊行していただけることになり、思いがけずこのような論文集を上梓できることになった次第である。

このような専門的な学術書の出版事情が厳しいなか、本書の刊行を引き受けてくださった有斐閣の関係者各位、とりわけ一村大輔氏の相変わらぬご厚情に御礼を申し上げます。

本書の各章の基礎となった論考の初出箇所など、各章の内容が確定するまでの経緯は、次の通りである。

第一章は、「実践理性の法的制度化再考――『議論・交渉フォーラム』構想の再定位のための覚書」（平野仁彦・亀本洋・川濱昇編『現代法の変容』（有斐閣、二〇一三年））と、「法的交渉と裁判・法規範・法的議論との関係――『裁判所の影での交渉』からの脱却動向についての一考察（一）（二・完）」（民商法雑誌一四七巻二号、三号（二〇一二年））を基礎にしている。これら二篇の旧稿は、もともと、一篇の論文として執筆したが、分量が増えすぎたため、二篇に分け、後者については若干視点を変え必要な加筆をして公表したものである。本書に収録するにあたっては、全体の構成を元の体裁に戻して、その後の研究の進展をふまえ、本書の他の説明との整合性を確保するために、本文の一部を加筆補正し、幾つかの注を新たに付けたり補正したりした。

前者は、私の古稀祝賀論集に寄稿したものであるが、このような型破りの押しかけ寄稿をしたのは、私どもの学問分野の研究指導は基本的には自らの研究の実践を通じてしかできないのではないかという持論に基づくものであるが、このようなわがままをお許しいただいた編集者と有斐閣に改めて謝意を表したい。本書もまたこのような持論の実践のつもりであるが、祝賀論集に私の知的関心をそそるテーマについて力作を寄稿してくださった若い世代の研究者たちから刺激を受け続けているおかげという面のほうが多いのかもしれない。後者については、その内容の一部を、当時副所長を務めていた国際高等研究所の研究プロジェクト「交渉学の可能性―新しい世界の関係構築と紛争の予防のために」（代表者・故松岡博教授）の研究会で報告し、大阪大学の野村美明教授ら、法的交渉の理論と実践の専門家から貴重な教示をいただき意見交換をする機会があり、隣接諸分野との交流の愉しさと難しさの一端を実感したことが懐かしく思い出される。

第二章は、「法の一般理論としての法概念論の在り方について―現代分析法理学への二方向からの批判を手がかりに」（井上達夫責任編集『法と哲学』第3号（二〇一七年））に加筆補正したものである。旧稿発表時に紙幅の制約から割愛した部分を復活させた箇所が多いが、第一章と同様、その後の研究の進展に合わせ、本書の他の説明との整合性を確保するために、本文に加筆補正したり、注を新たに付けたり補正したりした箇所もある。ある時期から敬して遠ざけてきた方法論的テーマについて管見を整理する機会を与えてくださった井上教授に感謝するとともに、この内容の一部について、「京都法理学ディスカッショングループ」で報告する機会があり、若い世代の法理学者たちとの意見交換から有益な示唆と刺激を受けたことにも謝意を表したい。

第三章は、新たに書き下ろしたものであるが、これまで法の支配に関して教示を受けたり意見を交換したりしてきた内外の多くの研究者から学んできたことを、L・L・フラーとR・M・ドゥオーキンの合法性概念に関する見解及び彼らの見解をめぐる論議に焦点を合わせて私なりに系統的に整理したものである。原稿の作成については、ロンドンで在外研究中の近藤圭介京都大学准教授が、元の原稿に眼を通して、説明が分かりにくい箇所や疑問のある箇所などを数多く指摘してくださったこと、また、この内容の一部を「法理学研究会」で報告したときにコメンテーターを勤めていただいた同志社大学の深田三徳名誉教授、濱真一郎教授、戒能通弘教授が、報告内容だけでなく元の原稿についても、貴重な教示をしてくださったことが、本章の考察内容を最終的に整理し、プロローグとエピローグをまとめるにあたって、大変参考になった。これらの方々のご意見・ご指摘に従っていないところも少なくないけれども、直接的あるいは著作を通じた間接的な対話から多くの示唆を得てきたことに改めて御礼を申し上げたい。

注の付け方が各章によって異なっていることについて釈明しておきたい。第二章と第三章については、従来、紙幅の節約にはなるが、当該テーマに詳しくない読者に少し不便だという印象もあり、敬遠していたが、学会誌や学術論文で一般化しつつある方式に倣って、末尾に参考文献一覧を掲げ、それらの文献の参照ないし引用は、簡単なものは、本文中の括弧内で略記し、内容的な説明を伴うもののみについて別注をつけることにした。注の付け方をすべてこの方式で統一することも検討したが、この方式をとると、本文も合わせて書き直す必要が生じそうなところも少なくないので、注を付ける箇所がバラバラであったのを、各節ないし各項の最後に分けて付け直すことに統一した以外は、基本的に旧稿のままにした。

なお、外国語文献で日本語訳があるものについては、読者の便宜のために、初出箇所あるいは参考文献一覧において、訳者・邦訳タイトル・出版社を挙げておいた。それらの訳書のなかには、適宜参照して原書の理解や訳語の選定の参考にさせていただいたものもあるけれども、訳語や訳文はそれらの訳書に依っていない場合が多いので、いちいち邦訳の該当箇所まで指示することはしなかった。

本書に収めた論文のうち、第二章や第三章のように、主として外国語文献に依拠した論文の執筆は、久しぶりのことであり、最近の文献に関しては、京都大学法学部図書室を利用させていただいたが、電子情報化などの新しい方式に対応しきれず、京都大学の服部高宏教授と近藤圭介准教授を煩わせることが多く、ご迷惑をおかけすることになった。面倒なお願いにも快く応えてくださった皆様のご厚情に謝意を表したい。

索引については、本書の性質からみて、事項や人名を網羅的に挙げることまでは必要ないのではないかと考え、複数箇所で取り上げたり言及したりしていて、相互参照が必要で有益だと考える項目・人名に限定する方式をとることにした。また、章や節のタイトルに含まれている項目については、当該章ないし節全体の頁を太字で示し、それ以外の関連頁は個別に示すことにした。人名も、H・L・A・ハートとR・M・ドゥオーキンは第二章と第三章、L・L・フラーは第三章について同じ方式をとることにした。なお、事項・人名とも、本文で言及している場合だけでなく、注で言及している場合でも、本文の理解に参考になると思われるものは挙げることにした。

実際の編集作業については、一村大輔氏と田顔繁実氏にお世話になった。何かとお手数をおかけしたにもかかわらず、手際よく作業を進めてくださり、希望どおり年内に刊行できることになり、ご配慮に感謝の意を表したい。

二〇一八年九月

田中成明

事項・人名索引

（作成方針は「あとがき」参照）

あ　行

か　行

さ　行

た　行

な　行

は　行

ま　行

や　行

ら　行

《著者略歴》

田中　成明（たなか　しげあき）

1942年　兵庫県三田市に生まれる
1964年　京都大学法学部卒業
　　　　京都大学大学院法学研究科教授，関西学院大学大学院司法研究科教授などを経て，
現　在　京都大学名誉教授

主要著書

『裁判をめぐる法と政治』（有斐閣，1979年）
『法的思考とはどのようなものか』（有斐閣，1989年）
『法的空間：強制と合意の狭間で』（東京大学出版会，1993年）
『現代社会と裁判』（弘文堂，1996年）
『転換期の日本法』（岩波書店，2000年）
『法への視座転換をめざして』（有斐閣，2006年）
『現代法理学』（有斐閣，2011年）
『現代裁判を考える』（有斐閣，2014年）等

法の支配と実践理性の制度化
The Rule of Law and the Institutionalization of Practical Reason

2018年12月20日　初版第1刷発行

著　者　田　中　成　明
発行者　江　草　貞　治

発行所　株式会社　有　斐　閣
郵便番号 101-0051
東京都千代田区神田神保町 2-17
電話（03）3264-1314〔編集〕
（03）3265-6811〔営業〕
http://www.yuhikaku.co.jp/

制作・株式会社有斐閣学術センター
印刷・株式会社精興社／製本・大口製本印刷株式会社

ISBN 978-4-641-12604-6